Bio mein schöner Garten

KOSMOS GARTEN-KLASSIKER

Herausgegeben von Jürgen Wolff

KOSMOS

Impressum

Mit 480 Farbfotos von: BASF, Agrarzentrum, Limburgerhof (29 r. Mitte); Herbert Bischof, Oberteuringen (113 re. u., 114 u., 117 re. Mitte); Ursel Borstell, Essen (1, 7 o. und u., 9, 10 u., 13 o., 27 r. o., 42 li. u. und Mitte, 57 u., 60 o., 64 l. Spalte u., r. Spalte o., 67 r. beide, 68 u., 69 l. o. und r. u., 70 Mitte u., 71 l. u. und r. Mitte, 72 re. Mitte, 75 li. o. und re. u., 76 li. und re. o., 77 o. li. und Mitte, 78 li. u., 103, 104 li. o., 107 o., 109 li. u., 117 l. o., 118 re. u., 119 li. u., 127 li. Mitte und oben, 220 l. u., 222 u. beide); Ursula Braun-Bernhart, Gengenbach (97 re. o., 99 re. o., 101 re. Mitte, 122 li. u.); Rolf Bühl, Stuttgart (42 li. o., 43 li. und re. Spalte Mitte sowie li. u., 44 o. mittlere Spalte sowie li. und re. Mitte, unten Mitte, 45 re. Spalte oben, 46 li. Spalte unten, 47 li. Spalte Mitte); Gerhard Götz, Obersulm (122 re. o.); Henseler Bildarchiv, Bonn (42 r. Mitte, 43 o. Mitte und r. u., 44 l. u., 45 r. Spalte u. und Mitte, 46 r. Spalte o., 47 mittl. Spalte u., 47 r. Spalte Mitte); Petra Jarosch, Schutterwald (89 u., 100); Jost GmbH, Metalldünger, Iserlohn (29 re. o.); Roland Krieg, Waldkirch (82 u., 91 beide, 92/93 alle, 94 li. Mitte, 96 li. o., 97 re. u., 101 re. u., 102 u., 184 li. u., 190 beide, 191 li. u. und re. o., 192 re. u., 193 re. u., 194 re. o. und Mitte, 195 beide, 196/197 alle, 198/199 alle, 200 alle, 201 li. u. Mitte, 202/203 alle, 204/205 alle, 206/207 alle, 208/209 alle, 210/211 alle, 212 li. o., 213 beide, 216 li. u., 219 re. u., 220 re. u., 223 re. u.); Hans E. Laux, Botanikbildarchiv, Biberach/Riß (30 li. o. und u., 39 re. o. und Mitte, 66 u., 67 u., 68 oben beide, 72 li. u., 74 li. o., 78 Mitte, 79 re. u., 87 u., 89 u., 94 li. u., 95 alle, 96 re. o., 99 re. Mitte, 101 oben beide, 128 u. beide, 141 li. o., 143 re. o., 145 re. u., 146 li. u., 147 li. u., 149 li. u., 156 beide, 161 li. u., 165 beide, 178 li. u. und re. u., 180 li. und re. u., 222 li. o.); Beate Leufen-Bohlsen, Offenburg (6 li., 16 u., 46 li. Mitte, 72 li. o., 83, 137 re. o., 150 li. Mitte, 162 o., 163 o., 179 Mitte o.); LfP, Landesanstalt für Pflanzenschutz, Stuttgart (20 li. u., 45 o. Mitte); Helmut Partsch, Wechingen (26 li. u., 132 re. u., 144 li. u., 145 li. o., 147 li. u., 148 re. o., 163 re. Mitte und u.); Naturbildarchiv Pforr, Langenpreising (10 li. u., 12 li. o., 21 unten, 30 re. u., 50 li. Mitte u., 52 li. u., 62 o., 63 u., 64 r. Spalte u., 70 rechte Spalte o. und, 107 re. u., 116 li. u., 117 li. u., 118 li. o., 128 li. u., 129 re. o. und li. u., 144 re. u., 157 o. beide, 158 li. u., 162 u., 221 li. Mitte); Reinhard Tierfoto, Heiligkreuzsteinach-Eiterbach (Vor- und Nachsatz, 5, 18 o., 25 li. Mitte und re. u., 39 u., 41 li. und Mitte, 50 li. u., 59 alle, 73 li. u., 74 re. o., 77 u., 79 li. o. und unten beide, 84 re. o. und li. o., 98 re. o., 99 re. u., 105 re. o., 106 re. u., 108 oben beide, 110 re. u., 114 re. o., 116 li. o., 118 li. Mitte, 121 re. u., 122 li. o., 124 li. u., 125 re. o., 126 li. und re. u., 127 re. u., 129 li. u., 143 li. u., 158 re. Mitte, 159 re. o., 187 re. u., 217 li. Mitte, 221 re. u.); Reto Rohner, CH Ermenswil (47 re. Spalte u.); Ralf Roppelt, Stuttgart (14 li. u., 56 u., 61 u., 86 u., 88, 90, 115 li. u., 119 re. beide, 192 li. o., 194 u., 201 u., 214 re., 226 sowie 9 Vignetten und 5 Freisteller im Anhang); Sammer Bildarchiv, Neuenkirchen (6 re., 41 li., 80/81 alle, 87 o., 123 li. u., 189 re. Mitte, 193 o., 212 u., 221 re. u.); Ulrike Schneiders, Breitbrunn (185, 215); Peter Schönfelder, Pentling (71 re. u.); Jürgen Stork, Ohlsbach (2/3, 10/11, 16 li., 17 o., 18 unten beide, 19 re. Mitte und u., 20 li. u. und re. o., 21 re. o., 23 li. o., 26 o., 27 li. u., 29 u., 32 li. Mitte u., 33 li. Mitte und re. u., 34 u., 35 beide, 38 beide, 51 unten beide, 52/53, 55 li. o., 58 re. Mitte, 63 li. o., 73 li. o., 75, 104 u., 105 re. Mitte, 164 u. viermal, 167, 181 beide, 189 u., 217 re. o., 219 li. u. und Mitte sowie re. o., 220 Mitte o., 225); Wolfgang Willner, Moosberg (27 re. Mitte, 61 re. o., 65 beide, 106 li. o., 116 Mitte und re. u., 120 re. o. und Mitte, 121 li. o., 124 li. u., 133, 134 re. o., 125 Mitte, 130 li. u., 143 re. u., 158 re. o., 159 li. u. und re. u., 161 re. o., 218 re. u., 224 li. u.)

Mit 125 Farbillustrationen von: Karin Aichele, Mallorca/Spanien (58 l. o. und Mitte sowie u., 217 r. Mitte und u.); Gisela Dürr, München (128); Reinhild Hofmann, München (13 r. u., 15, 36/37, 54 beide (Gestaltung von Gisela Zinkernagel, Freising), 154/155 u., 168 li. u., 171 (Gestaltung von Gisela Zinkernagel, Freising)); Manuela Hutschenreuter, München (70 li. Spalte oben); Horst Lünser, Berlin (13 li. Mitte, 17 u., 23 re. u., 24 beide, 26 oben beide, 28, 31 re. o., 32 re. u., 33 re. o., 50 r. o. 51 li. o., 55 u., 57 oben alle drei, 60 u., 61 Mitte alle drei, 62 u., 63 r. Mitte, 66 oben alle sechs, 69 r. Spalte Mitte, 73 re. u., 74 li. u. und re. Mitte, 76 Mitte u. und rechts, 78 li. o., 84 li. Mitte und u., 85 o., 89 u., 105 u., 109 oben li., Mitte und rechts, 110 unten dreimal, 111 alle, 112 re. o., 113 alle drei, 120 u., 122 re. Mitte, 123 re. o. und Mitte, 124 re. o. und li. u., 125 li. u., 126 u., 127 l. u. und re., 136 unten beide, 137 li. Mitte und unten, 141 re. o. und Mitte, 152 oben dreimal, 153 unten beide, 154 o., 160 alle, 168 li. und re. oben, 169 re. u., 170, 171 re. Mitte, 186 li. o., 187 re. o., 189 re. o., 191 re. u., 216 li. o., 223 li. o. und u. sowie Mitte und re. Mitte); Andrea Merz, München (186/187); Johannes-Christian Rost, Stuttgart (19 o., 22, 48/49, 112 Mitte und u., 115 re. alle drei); Peer Ziegler, Neustadt/Weinstraße (108 l. u., 109 r. Mitte).

Umschlaggestaltung von Atelier Reichert, Stuttgart, unter Verwendung von 4 Farbfotos von Ursel Borstell, Essen (Hintergrundmotiv, Gemüsekorb) Ulrike Schneiders, Breitbrunn (Obstschale) sowie Roland Krieg, Waldkirch (Flaschenarrangement).

Die Deutsche Bibliothek – CIP-Einheitsaufnahme

Mein schöner Bio-Garten : Kosmos-Garten-Klassiker / hrsg. von Jürgen Wolff. [Mit 560 Farbfotos und Farbzeichn. von Ursel Borstell . . .]. – Stuttgart : Kosmos, 1999
ISBN 3-440-07606-7

© 1999, Franckh-Kosmos Verlags-GmbH & Co., Stuttgart
Alle Rechte vorbehalten
ISBN 3-440-07606-7
Grundlayout von Atelier Reichert, Stuttgart
Scribble von Gisela Dürr, München
Lektorat: Angelika Throll-Keller, Ulrike Pfeifer
Herstellung: Heiderose Stetter
Printed in Germany/Imprimé en Allemagne
Satz: Typomedia Satztechnik GmbH, Ostfildern
Druck und buchbinderische Verarbeitung: Westermann Druck Zwickau GmbH, Zwickau

Alle Angaben in diesem Buch sind sorgfältig geprüft und geben den neuesten Wissensstand bei der Veröffentlichung wieder. Da sich das Wissen aber laufend und in rascher Folge weiterentwickelt und vergrößert, muß jeder Anwender prüfen, ob die Angaben nicht durch neuere Erkenntnisse überholt sind. Dazu muß er zum Beispiel Beipackzettel zu Dünge-, Pflanzenschutz- bzw. Pflanzenpflegemitteln lesen und genau befolgen und Gebrauchsanweisungen und Gesetze beachten.

Inhalt

Die Autoren 8
Vorwort 9

Die Gartenpraxis 10
Planung 12
Schritt für Schritt zum Biogarten 13
Boden und Bodenbearbeitung 16
Sand-, Lehm-, Ton- und Moorböden 16
Mulchen schützt 17
Lockern oder Umgraben? 18
Bodenbearbeitung im Jahresverlauf 19
Der pH-Wert 20
Seinen Boden kennen 20
Der Kompost 21
Planung 21
Was wird kompostiert 22
Hilfreiche Kompostzutaten 23
Sonderkomposte für den Garten 24
Kompost richtig ausbringen 25
Düngung und Nährstoffe 26
Wichtige Nährstoffe 27
Organische und mineralische Dünger 28
Düngen mit Kompost und Jauchen 28
Düngerpraxis im Biogarten 29
Gründüngung 30
Wasser und Bewässerung 32
Gießzeitpunkt 32
Gießkanne, Schlauch und Regner 33
Pflanzenschutz 34
Handelspräparate 34
Nützlinge 35
Schädlingsfallen 36
Mechanischer Schutz 36
Brühen, Tees, Jauchen 38
Unkräuter 41
Schaderreger an Gemüse 42
Schaderreger an Obst 44
Schaderreger an Zierpflanzen 46
Vermehrung 48
Selbst vermehren 48
Teilung, Steckholz und Stecklinge 48
Gärtnern mit dem Mond 50
Welcher Mondkalender ist der richtige? 51

Der Gemüsegarten 52
Planung 54
Starkzehrer, Mittelzehrer, Schwachzehrer .. 54
Fruchtwechsel 56
Mischkultur 57
Pflegearbeiten 58
Unter Folie und Glas 59
Beetabdeckungen 59
Das Frühbeet 60

Das Kleingewächshaus 61
Hügelbeet und Hochbeet 62
Richtig anlegen 62
Pflanzen und pflegen 63
Gemüseporträts 64
Salate 64
Kohlgemüse 68
Fruchtgemüse 70
Hülsenfrüchte 73
Wurzelgemüse 74
Zwiebelgemüse 77
Mehrjährige 78
Speisepilze 80

Der Kräutergarten 82
Kräuter im Garten 84
Kräuterhecken 84
Der Standort 85
Vermehrung 88
Die Kräuterspirale 89
Pflanzenpflege 90
Die Ernte 90
Kräuter in Töpfen 91
Richtig auswählen 92
Kräuterporträts 94

Der Obstgarten 102
Die Planung 104
Tips für den Einkauf 104

6 Inhalt

Baum- und Strauchformen 105
Die Unterlagen 106
Der Standort 106
Die Pflanzung 108
Pflegeprogramm 109
Richtig schneiden 110
Wann und wie wird geschnitten? 110
Einfluß von Schnittmaßnahmen 111
Kronenformen und ihre Erziehung 111
Ernte und Lagerung 114
Veredlungs-Methoden 115
Obstporträts 116
Kernobst 116
Steinobst 120
Erdbeere 123
Beerenobst 124
Schalenobst 128
Wildobst 128

Rosen fachgerecht schneiden 153
Schützende Hecken 154
Pflanzung und Pflege 155
Schnittzeitpunkt 155
Schöne Gartengehölze 156
Blütensträucher 157
Immergrüne 158
Rhododendren, Azaleen 158
Einige Nadelgehölze 159
Starthilfen für Gehölze 160
Vielseitige Kletterstars 161
Auf zur Blumenwiese 162
So wird's gemacht 162
Das Rasen-ABC 164
Gefährliche Pflanzen 165

Der Ziergarten 130
Bunte Sommerblumen 132
Porträts Einjährige 133
Zweijährige 135
Zwiebel- und Knollenpflanzen 136
Porträts 137
Prächtige Stauden 139
Prachtstauden 140
Schattenstauden 142
Wildstauden 144
Hübsche Bodendecker 146
Porträts 147
Farne 148
Ziergräser 149
Königin Rose 150
Rosengruppen 150
Standort 151
Richtige Pflege 152

Balkon und Terrasse 166
Praxis 168
Schöner Blumenschmuck 168
Gefäß-Auswahl 168
Erden und Substrate 169
Pflanzenauswahl 169
Pflanzung 170
Düngung 170
Bewässerung 170
Winterschutz 171
Pflanzenporträts 172
Der Duftbalkon 178
Porträts der Duftpflanzen 179
Einjährige Kletterpflanzen 180
Der Genußbalkon 181
Vitaminreiches Gemüse 181
Saftiges Obst 182
Würzige Küchenkräuter 183

Inhalt

Lagern, Haltbarmachen 184
  Einlagern im Garten 186
  Die Erdmiete 186
  Waschmaschinentrommel 187
  Im Frühbeet einlagern 187
  Einlagern im Haus 188
  Wurzelgemüse lagern 188
  Kopfkohl und Chinakohl lagern 188
  Obst lagern 188
  Trocknen 190
  Kräuter trocknen 190
  Dörrobst schmeckt 191
  Einkochen 192
  Rezepte 193
  Auf Eis gelegt 196
  Kräuter einfrieren 198
  Brokkoli zum Einfrieren vorbereiten 199
  Himbeeren einfrieren 199
  Konfitüre und Co. 200
  Kleine Konfitürenkunde für jedermann 200
  Rezepte 201
  Vitaminreiche Säfte 204
  Rezepte 205
  Paste, Öl und Essig 206
  Aromatisches Kräuteröl 206
  Vorräte und Mitbringsel aus dem eigenen Garten 206
  Italienisches Basikum-Pesto 207
  Dekorativer Kräuteressig für die eigene Küche oder zum Verschenken 207
  Milchsäuregärung 208
  Rezepte 208
  Alkoholische Köstlichkeiten 210
  Aromatische Liköre aus eigener Herstellung ... 210
  Rezepte 211

Arbeitskalender 214
  Januar 216
  Februar 216
  März 217
  April 218
  Mai 219
  Juni 219
  Juli 220
  August 221
  September 222
  Oktober 222
  November 223
  Dezember 223

Was tun, wenn ...? 224
  Gesammeltes Gärtnerwissen 226

Tabellen, Übersichten 234
  Aussaatdaten 260

Anhang 303
  Bezugsquellen und Adressen 303
  Register 305

Die Autoren

Jürgen Wolff, 1947 in Hamburg geboren, ist Herausgeber des vorliegenden Buches. Nach dem Soziologiestudium in Hamburg mehrere Jahre Ressortleiter beim „Hamburger Abendblatt". Seit 1984 im Redaktionsteam von MEIN SCHÖNER GARTEN in Offenburg und ab 1995 Chefredakteur der auflagenstärksten Gartenzeitschrift in Europa. Mehrere Buchveröffentlichungen mit dem Schwerpunkt Nutzgarten und Gewächshaus.

Wolfgang Bohlsen, geboren 1963 in Leer/Ostfriesland, hat die Kapitel „Die Gartenpraxis" und „Der Gemüsegarten" verfaßt. Nach seiner Ausbildung zum Zierpflanzengärtner studierte er in Hannover Gartenbau. Danach Volontariat beim Kosmos Verlag im Gartenlektorat, seit 1995 im Redaktionsteam von MEIN SCHÖNER GARTEN und ab 1998 dort Textchef.

Ursula Braun-Bernhart, 1958 in Gengenbach/Baden geboren, ist Autorin der Kapitel „Der Kräutergarten", „Lagern und Haltbarmachen" und „Jahres-Arbeitskalender". Sie gehört der Redaktion MEIN SCHÖNER GARTEN seit 1983 an. Obst, Gemüse und Kräuter sind auch ihre Spezialgebiete als Redakteurin. Schwerpunkt ihrer Arbeit ist die Verwertung aller Nutzpflanzen; ihre Vorliebe gilt neuen und ungewöhnlichen Obst- und Gemüsearten.

Heide Günther, 1947 in Saaleck, Kreis Weißenfels/Sachsen geboren, ist Autorin der Kapitel „Balkon und Terrasse" und „Was tun, wenn…?". Sie gehört der Redaktion MEIN SCHÖNER GARTEN seit der ersten Ausgabe 1972 an. Zu ihren Spezialgebieten zählen u. a. auch dort der Bereich Balkon und Terrasse, außerdem die Tierwelt im Garten und in der Natur.

Beate Leufen, 1963 in Sinzig/Rhein geboren, ist Verfasserin der Kapitel „Der Ziergarten" und „Der Obstgarten". Nach dem Abitur Ausbildung zur Staudengärtnerin und mehrjährige Berufserfahrung. 1986 bis 1992 Studium der Gartenbauwissenschaften in Hannover. 1993–94 Volontariat zur Gartenbau-Journalistin im Landbuch Verlag, Hannover. Seit 1995 im Redaktionsteam von MEIN SCHÖNER GARTEN.

Ulrike Pfeifer, 1971 in Neustadt an der Weinstraße geboren, stellte den Tabellenanhang dieses Buches zusammen. Nach dem Studium der Gartenbauwissenschaften in Hannover und München/Weihenstephan zunächst Trainee zur Gartencenterleiterin. Seit 1998 ist sie Volontärin beim Kosmos Verlag im Gartenlektorat.

Dr. Otto Schweinsberg, 1955 in Kassel geboren, ist Autor des Kapitels „Pflanzenschutz im Biogarten". Nach dem Studium der Agrarwissenschaften in Göttingen war er zehn Jahre als Abteilungsleiter bei der Neudorff GmbH KG tätig und maßgeblich an der Gründung und dem Aufbau des Nützlingszuchtbetriebes beteiligt. Seit 1993 ist er u. a. für die „Biologische Entwicklung" in der Celaflor GmbH zuständig. Seit 1995 ist er außerdem als freier Autor und Berater zum Thema Pflanzenschutz für MEIN SCHÖNER GARTEN tätig.

Vorwort

Kann ein biologischer Garten gleichzeitig ein schöner Garten sein? Na klar! Der Biogarten hat längst das Image eines stets sanft nach Jauche duftenden Gärtleins abgelegt, in dem Schachtelhalm und Brennesseln fröhlich wuchern dürfen. Und es sind keineswegs nur Ringelblumen und Tagetes, die den Biogarten attraktiv machen. Sie brauchen weder auf herrliche Rosenblüten oder prachtvollen Rittersporn zu verzichten. Der entscheidende Unterschied zum konventionellen Garten besteht darin, daß die Beete nach den Regeln der Natur angelegt und gepflegt werden.

Vorurteile gegen den naturgemäßen Anbau stammen vorwiegend aus der Pionierzeit der Biogärtner. Der Verzicht auf chemische Präparate sollte Gartenfreunden heute leicht fallen, denn die Industrie hat sich längst umgestellt und bietet inzwischen ausgezeichnete Abwehrmittel auf natürlicher Basis gegen Schädlinge und Krankheiten. Organische Dünger als Alternative zu Mineraldüngern gibt es in zahlreichen Variationen. Enorm gewachsen ist vor allem die Auswahl an robusten Pflanzensorten für den Zier- und Nutzgarten, die den Einsatz von Pflanzenschutzmitteln in der Regel überflüssig machen. Um keine Mißverständnisse aufkommen zu lassen: Eine Beschränkung der Pflanzenauswahl auf ausschließlich einheimische Gewächse ist damit keineswegs gemeint.

Als ich in den siebziger Jahren meinen ersten eigenen Garten anlegte, war das natürlich ein Biogarten. Denn zu dieser Zeit stand alles, was die Vorsilbe „Bio" oder „Öko" trug, hoch im Kurs. Nach mehr als zwei Jahrzehnten mit ausgiebigen, fast ausschließlich positiven Praxiserfahrungen kann ich jedem Gartenfreund mit voller Überzeugung raten, „biologisch" zu gärtnern. Der Arbeitsaufwand ist keineswegs höher als im „normalen" Garten, aber das Erfolgserlebnis, das sich sehr bald einstellt, ist riesig. Es macht eben mehr Spaß, **mit** der Natur zu leben, als ständig gegen die Tücken der Natur zu kämpfen.

Voraussetzung ist allerdings, daß Sie die Standort- und Wachstumsbedingungen der wichtigsten Pflanzen kennen. Ein sonnenliebendes Gewächs im Schatten oder ein wärmebedürftiges Pflänzchen in ausgesetzter Lage – unter solchen Bedingungen wird auch der eifrigste Biogärtner kaum Erfolg ernten. Eine weitere entscheidende Grundlage ist ein kerngesunder Boden; und den erzielen Sie mit Sicherheit durch regelmäßiges Ausbringen von Kompost. Ein großzügiger Kompostplatz als „Humusfabrik" für den Garten, das ist eins der wichtigsten Erfolgsgeheimnisse des funktionierenden Biogartens.

Das Biogartenbuch von Europas größtem Gartenmagazin MEIN SCHÖNER GARTEN bietet Ihnen die Grundlagen, damit Ihr Garten noch mehr Freude macht; im Einklang mit der Natur, aber ohne erhobenen Zeigefinger. Ich wünsche Ihnen viel Vergnügen beim Lesen und als Ergebnis einen schönen Biogarten.

Chefredakteur MEIN SCHÖNER GARTEN

Manche Gartenbesitzer stellen sich unter einem typischen Biogarten noch immer eine ungepflegt aussehende Fläche vor, auf der es trotz großer Anstrengungen nur wenig zu ernten gibt, wo „Unkräuter" wild umherwachsen und wo die Rosen unter der Last der vielen Blattläuse kaum zur Blüte kommen. Dabei sieht es in Wirklichkeit ganz anders aus: Biologisch Gärtnern heißt nicht, daß man den Garten einfach sich selbst überläßt. Man versucht jedoch, mit sanften Maßnahmen die natürlichen Vorgänge im Garten zu regulieren. Das alles geschieht mit dem Ziel, gesundes Gemüse und Obst zu ernten; Ziergewächse sollen sich auf schonendem Weg zu voller Pracht entfalten.

Die Gartenpraxis

Planung

Gern gesehen im Biogarten: Natursteinmauer mit Blaukissen (*Aubrieta*)

Es verwundert nicht, daß das häufigste Vorbild des Biogartens der Bauerngarten ist. Schließlich haben unsere Großeltern und Generationen davor ihre Gärten naturgemäß bewirtschaftet und Keller und Vorratskammern mit Obst und Gemüse aus dem eigenen Garten gefüllt. Vieles von dem reichen Erfahrungsschatz unserer Vorfahren droht jedoch in der modernen, schnellebigen Zeit verlorenzugehen.

Im Unterschied zu den heutigen Gärten ist im typischen Biogarten der Flächenanteil des Nutzgartens mit Obst, Gemüse und Kräutern höher als der Anteil des Ziergartens. Ansonsten gelten die gleichen Grundregeln wie bei der Planung herkömmlicher Gärten. Besonders wichtig sind auch hier Sitzecken, in denen man sich entspannen und den schönen Garten genießen kann.

Aus praktischer Sicht ist darauf zu achten, daß es einen guten Zugang zu allen wichtigen Gartengeräten gibt, ideal ist ein kleines Gerätehäuschen. Der Kompostplatz liegt meist am Rand des Gartens, sollte aber mit der Schubkarre gut zu erreichen sein und genug Bewegungsfreiheit bieten. Wichtig ist auch ein leichter Zugang zum Wasservorratsbehälter (Regentonne oder unterirdischer Sammeltank). Ein Hauswasseranschluß in Gartennähe ist günstig, jedoch sollten Sie auf das Gießen mit kostbarem Leitungswasser nach Möglichkeit verzichten.

Vor allem im Nutzgarten gilt: Alle Beete müssen leicht zugänglich sein. Planen Sie also hier ausreichend Wege ein. Die Gemüsebeete sollten nicht breiter als 1,20 m sein, damit man die Beetmitte vom Weg aus noch gut erreichen kann.

Falls Sie sich aus dem Garten mit Gemüse, Obst und Kräutern komplett selbst versorgen wollen, brauchen Sie pro Person etwa 100 m² Nutzgarten, davon sind etwa 40 m² Gemüse, 1 m² Kräuter, 20 m² Beerenobst und 40 m² Baumobst. Natürlich läßt sich dies nur in großen Gärten realisieren; außerdem wollen die meisten Gartenbesitzer einen größeren Anteil des Ziergartens. Doch auch wenn Sie den Nutzgarten mit etwa 25 m² pro Person veranschlagen, gibt es dort noch reichlich zu ernten.

Nutzgarten und Ziergarten müssen nicht getrennt sein. Hier sind beide zu einer schönen Einheit verwachsen.

Der Eingang zum Bauerngarten mit Kräutern und Gemüse läßt das Herz eines jeden Biogärtners höher schlagen.

Minimum-Maximum-Thermometer

Der Erfolg beim Gärtnern stellt sich schneller ein, wenn man wichtige Kulturdaten über das laufende Jahr notiert. Wenn Sie die Temperaturen mit einem Minimum-Maximum-Thermometer (siehe Zeichnung) messen, können Sie morgens ablesen, wie kalt es in der vergangenen Nacht war; die Niederschlagsmengen werden mit einem Regenmesser genau erfaßt.

Diese Daten können Sie in einem kalenderähnlichen Gartentagebuch aufzeichnen. So bekommen Sie im Lauf der Zeit einen genauen Überblick über die Verhältnisse in Ihrem Garten. Sie können später nachschlagen, welche Pflanzen an welchem Standort am besten gedeihen und wie gut zum Beispiel eine biologische Pflanzenschutzmaßnahme gewirkt hat.

Schritt für Schritt zum Biogarten

Der Übergang zum naturgemäßen Gärtnern kann in den seltensten Fällen sprunghaft erfolgen. Viele Gartenbesitzer, die bisher auf herkömmliche Weise gearbeitet haben, entdecken bei Pflanzenschutz, Bodenpflege oder Kompostwirtschaft nach und nach immer mehr biologische Methoden, die gute Erfolge zeigen. Auch die für den naturgemäßen

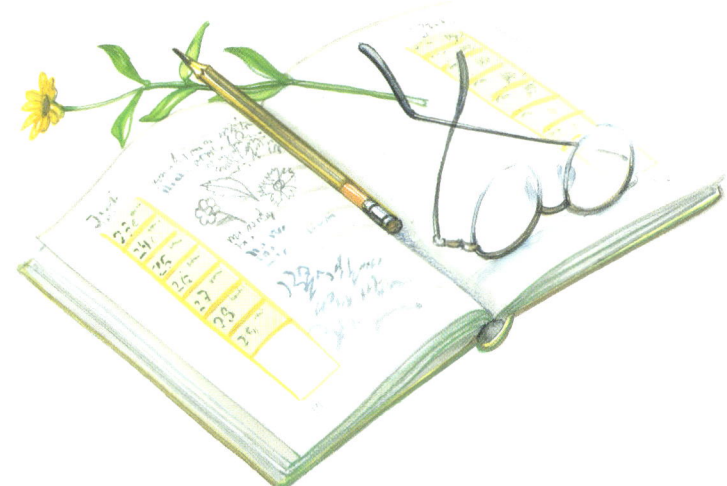

Pflanzenschutz so wichtige Artenvielfalt an Nützlingen stellt sich nicht von heute auf morgen ein. Mit ein paar einfachen Maßnahmen und unter Berücksichtigung weniger Grundsätze können auch Sie Ihren Garten auf den richtigen Weg zum Biogarten bringen:

- Es gibt so gut wie keinen „Abfall": Fast alles Pflanzliche kann im Garten wiederverwendet werden. Wichtig ist eine geregelte Kompostwirtschaft.
- Achten Sie auf schonende Bodenpflege. Das regelmäßige herbstliche Umgraben schadet unter Umständen mehr, als daß es nützt. Sinnvoller ist eine sanfte Bodenlockerung.
- Vermeiden Sie einen „nackten" Boden. Das erreichen Sie zum Beispiel durch regelmäßiges Mulchen oder Aussaat von Gründüngungspflanzen auf freie Beete.
- Mineralische Dünger kommen nur im äußersten Notfall zum Einsatz. Die Nährstoffversorgung im Biogarten übernehmen Kompost, Gründüngungspflanzen und organische Handelsdünger.
- Wählen Sie für den Pflanzenschutz nur sanfte und nützlingsschonende Mittel und Methoden. Besonders wichtig sind vorbeugende Maßnahmen zur Abwehr von Schaderregern.
- Pflanzenvielfalt ist Trumpf. Eine artenreiche Vegetation, zu der auch eine Ecke mit blühenden Wildkräutern gehören darf, lockt viele nützliche Insekten an.
- Laubgehölze und Hecken bieten Unterschlupf für verschiedene Vogelarten. Stellen Sie außerdem eine Vogeltränke im Garten auf.
- In einem Reisig-, Laub- oder Holzhaufen fühlen sich Nützlinge wie der Igel besonders wohl.
- Achten Sie im Gemüsegarten auf regelmäßigen Fruchtwechsel und günstige Mischkulturpartner (siehe Tabelle S. 56).

Wegweiser durch den Biogarten
1 Gewächshaus
2 Frühbeet
3 Stangenbohnen
4 Hügelbeet
5 Beerensträucher
6 mit Vlies abgedeckte Beete
7 Mischkultur: Salat mit Blumen
8 ca. 30 cm breiter Nebenweg, der mit Gehölzhäcksel bedeckt ist

Planung

9 Hochbeet
10 Geräte-/Gartenhäuschen
11 Brunnen, Wasserzapfstelle
12 Jungpflanzenbeet, teilweise mit Folientunnel geschützt
13 Hauptweg
14 Kräuterspirale
15 Kinderbeet
16 mit Stroh gemulchtes Erdbeerbeet

17 Mischkultur: Möhren mit Zwiebeln
18 Gemüsebeet mit Mischkultur
19 Mischkultur: Bohnen mit Bohnenkraut
20 Himbeeren
21 Kompost
22 kleinere Obstbäume

Boden und Bodenbearbeitung

Die richtige Bodenbearbeitung und -pflege sowie eine geregelte Kompostwirtschaft schaffen die nötigen Grundlagen für wüchsige Pflanzen im Garten. Außer dem Kompost liefern organische Dünger und regelmäßig ausgesäte Gründüngerpflanzen die notwendigen Nährstoffe. Krankheiten und Schädlinge werden mit „sanft" wirkenden Mitteln und schonenden Verfahren in ihre Grenzen verwiesen. Zugegeben: Der Weg zum gesunden Biogarten ist nicht frei von Stolpersteinen; aber mit dem nötigen Praxiswissen können Sie für fast jedes Gartenproblem eine geeignete Lösung finden.

In einem gesunden Gartenboden leben unzählige, meist mikroskopisch kleine Organismen, vor allem Pilze, Bakterien, Regenwürmer und Insekten.

Oberflächlich betrachtet bietet der Boden den Pflanzen lediglich Halt und versorgt sie mit Wasser und Nährstoffen. In Wirklichkeit handelt es sich jedoch um ein umfangreiches, lebendiges System, in dem sich unzählige Lebewesen – meist Mikroorganismen – aufhalten und im Verborgenen organisches Material ab- und umbauen, das dann wieder für die Pflanzen verfügbar wird. Zu den Mikroorganismen gehören Bakterien, Pilze, Algen, Einzeller (Protozoen), Milben und Nematoden. Weniger zahlreich vertreten, dafür aber mit bloßem Auge sichtbar, sind Regenwürmer, Asseln, Tausendfüßer und Springschwänze.

Sand-, Lehm-, Ton- und Moorböden

Je nach Korngröße der mineralischen Bodenteilchen unterscheidet man zwischen Sand-, Lehm- und Tonböden. Ein reiner Sandboden besteht aus Mineralkörnern von 0,06–2 mm Größe. Zwischen den einzelnen Körnern bleibt viel Raum, so daß man den Sandboden auch als „leichten" Boden bezeichnet. Dagegen läßt ein Tonboden, dessen Körner kleiner als 0,002 mm sind, kaum Platz für größere Poren. Durch die dichte Lagerung ergibt sich hier ein „schwerer" Boden. Eine Zwischenstellung nimmt der Lehmboden ein. Die Übergänge zwischen den einzelnen Typen können je nach Korngrößenanteil fließend sein; so gibt es zum Beispiel sandige Lehmböden oder lehmige Tonböden. Eine Sonderrolle spielen Moorböden, die hauptsächlich aus organischen Ablagerungen aufgebaut sind.

Je nach Bodenart ist manchmal eine besondere Pflege nötig.

Leichte Sandböden können Wasser und Nährstoffe nur in begrenztem Maße speichern, deswegen empfehlen sich regelmäßige Kompostgaben, die

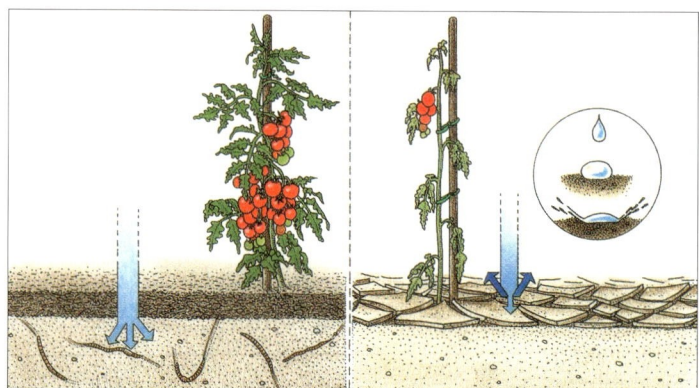

Der gemulchte Boden (links) ist vor starker Sonne, Wind und Schlagregen gut geschützt. Das Bodenleben findet ideale Lebensbedingungen, die Bodenfruchtbarkeit bleibt erhalten. Ein ungemulchter Boden (rechts) wird schnell hart und rissig, das Bodenleben und die Bodenfruchtbarkeit nehmen ab.

Boden und Bodenbearbeitung

Nur auf einem gut gepflegten Boden kann sich ein schöner Gemüsegarten entwickeln.

Lupine verbessern den Wasserhaushalt. Kohlgewächse gedeihen auf Tonböden häufig besonders gut.

Mittelschwere Lehmböden vereinen die guten Eigenschaften von Sand- und Tonböden auf sich und gelten als die besten Gartenböden. Ziel des Gartenbesitzers sollte sein, die Fruchtbarkeit zu erhalten und durch regelmäßiges Mulchen und Einarbeiten von Kompost möglichst zu verbessern.

Moorböden sind in der Regel nährstoffarm und enthalten viel Wasser. Sie können einen solchen Boden mit reichlichen Gaben von Gesteinsmehl, Sand, Lehm und Kompost gut aufbessern.

den Humusanteil der oberen Bodenschicht erhöhen. Kontrollieren Sie häufiger die Bodenfeuchte, und sorgen Sie im Sommer für regelmäßige Wassergaben. Günstig wirkt sich das Einarbeiten von Bodenhilfsstoffen wie Gesteinsmehlen aus. Starkzehrer wie Sellerie oder Tomaten gedeihen auf Sandböden eher schlechter, empfehlenswerte Gemüsearten sind dagegen Möhren, Bohnen oder wärmeliebende Gurken.

Schwere Tonböden neigen stark zum Verkleben, sind also vor allem bei nasser Witterung nur schlecht zu bearbeiten. Wie beim Sandboden können Kompostgaben bodenverbessernd wirken. Sofort wirksam ist das Einarbeiten von grobem Sand (erhältlich beim nächsten Kieswerk, siehe Branchenfernsprechbuch) in die oberste Bodenschicht. Tiefwurzelnde Gründünger wie Ölrettich oder Weiße

Mulchen schützt

Ein unbedeckter Boden ist Wind und Wetter schutzlos ausgeliefert, er trocknet bei warmer oder windstarker Witterung schnell aus, starker Regen kann die oberste Bodenschicht verschlämmen. Das alles geschieht zum Nachteil des Bodens und der Pflanzen, die in ihm wachsen. Unter einer Ab-

Beim Entnehmen der Bodenprobe ist darauf zu achten, wie tief der Boden im jeweiligen Gartenteil durchwurzelt ist.

deckung dagegen bleibt der Boden feucht, warm und locker; Unkraut wird unterdrückt und die Bodenfruchtbarkeit gefördert. Geeignet zum Mulchen sind angetrockneter Grasschnitt, Stroh, Laub, halbreifer Kompost sowie zerkleinerte Holz- und Rindenabfälle. Im Nutzgarten kommt auch schwarze Folie zum Einsatz, die mit Kreuzschlitzen versehen und dann z. B. mit Erdbeeren oder Gurken bepflanzt wird. Rasenschnitt nur in dünnen Schichten ausbringen, weil es sonst wegen Luftmangels leicht zu Fäulnis kommt. Das stickstoffreiche Material düngt nach der Zersetzung den Boden, ebenso wie halbreifer Kompost, der zur schnelleren Zersetzung mit Laub oder Stroh bedeckt werden sollte. Rindenmulch ist eine gute Unterlage für Gehölze; im Gemüsebeet würde die keimhemmende Wirkung der darin enthaltenen Gerbstoffe eventuell schaden. Ähnlich ist das beim Herbstlaub, zum Beispiel von Eichen. Mit Stroh, Sägespänen oder Holzhäckseln können Sie mulchen und bei trockener Witterung gleichzeitig den Schneckenbefall reduzieren und empfindliche Früchte wie Erdbeeren, Zucchini oder Gurken vor Bodenkontakt und somit auch vor Verunreinigungen schützen.

Rhododendren und Azaleen brauchen zum Gedeihen einen leicht sauren Boden.

Bodenarten

Sandboden: Positiv: Leicht zu bearbeiten; erwärmt sich im Frühjahr schnell; keine Neigung zu Staunässe. Negativ: Kühlt im Herbst schnell aus; Nährstoffe werden leicht ausgewaschen.

Lehmboden: Er vereinigt die positiven Eigenschaften von Sand- und Tonböden und ist somit der „ideale" Gartenboden.

Tonboden: Positiv: Gute Speicherfähigkeit für Wasser und Nährstoffe. Negativ: Häufig schlecht durchlüftet; schwer zu bearbeiten; neigt bei starkem Regen zu Staunässe.

Lockern oder Umgraben?

Im Biogarten wird auf das früher übliche, jährliche Umgraben weitestgehend verzichtet. Das Umwenden stellt die stark belebte oberste Bodenschicht im wahrsten Sinne des Wortes auf den Kopf; bei zu tiefem Umgraben holen Sie unbelebte Gartenerde nach oben und begraben damit den belebteren Teil.

Hacken zwischen Gemüsepflanzen

Bodenhilfsstoffe wie Steinmehl fördern die Krümelstruktur des Bodens.

Boden und Bodenbearbeitung

Geräte auf einen Blick

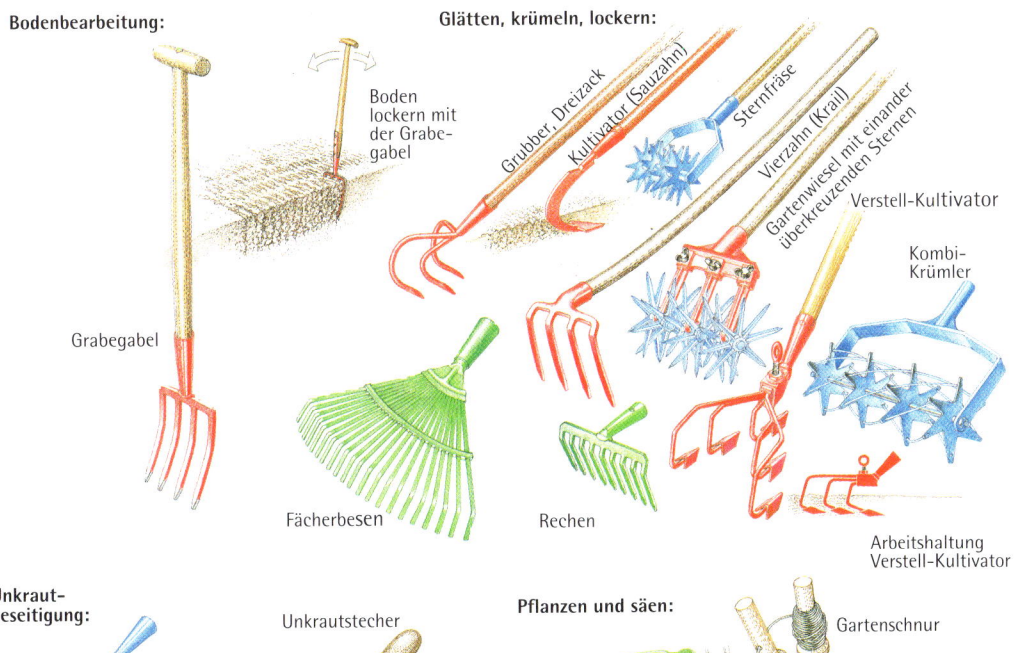

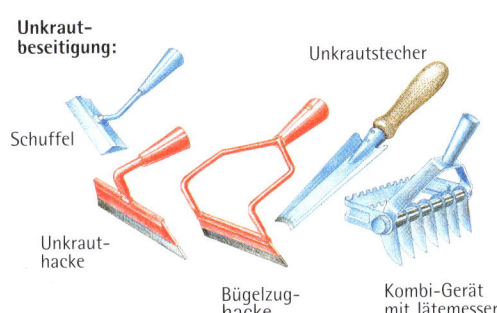

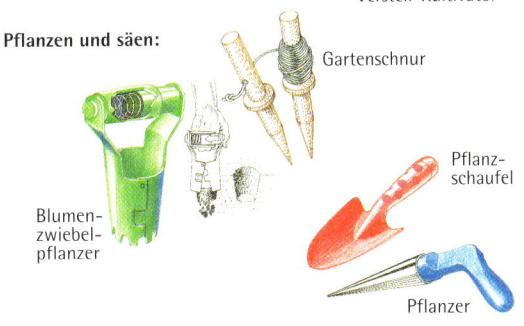

Schonender ist die Arbeit mit Grabegabel und Sauzahn (Kultivator). Die Grabegabel wird in regelmäßigen Abständen in den Boden gestochen und danach hin- und herbewegt. Mit dem sichelförmigen Sauzahn durchzieht man danach die Beete, ohne den Boden zu wenden.
Der Spaten kommt lediglich zum Einsatz, wenn Sie beispielsweise einen Rasen oder eine Wiese in ein Gemüsebeet umwandeln wollen. Falls Sie einen schweren Boden im Herbst umgraben, damit er im Winter „feinkrümelig" friert, müssen Sie vor den ersten Regenfällen im darauffolgenden Frühjahr für eine gute Mulchdecke sorgen, sonst verschlämmt der Boden und wird wieder steinhart.

Mit der Grabegabel wird der Boden lediglich gelockert. Die verschiedenen Bodenschichten werden nicht durchmischt, und das Bodenleben bleibt erhalten.

Bodenbearbeitung im Jahresverlauf

Im Frühjahr wird der Boden zunächst mit einer Harke von groben Resten aus dem Vorjahr befreit, danach werden je nach geplanter Bepflanzung Kompost, organischer Dünger oder Bodenhilfsstoffe eingearbeitet. Gartenwiesel, Sauzahn oder Hacke leisten dabei gute Dienste. Danach werden

Der Spaten kommt nur selten zum Einsatz, z. B. beim Umwandeln einer Wiese in ein Gemüsebeet.

20 Die Gartenpraxis

Mit einer Spatenprobe lernen Sie Ihren Gartenboden richtig kennen.

die Pflanzen auf das feinkrümelige Beet gesät oder gepflanzt. Denken Sie in den folgenden Monaten an eine Mulchschicht; der Boden sollte immer leicht bedeckt sein. Unkraut wird mit Hacke oder Gartenwiesel beseitigt und kann in den meisten Fällen (Ausnahme sind Wurzelunkräuter wie Quecke und samentragendes Unkraut) an Ort und Stelle liegenbleiben. Nach dem Abräumen der Beete im Herbst kommen Grabegabel und Sauzahn, wie vorher beschrieben, zum Einsatz. Im Winter bleibt der Gartenboden einfach sich selbst überlassen.

Der pH-Wert

Der pH-Wert gibt Auskunft über den Säurezustand des Bodens und beeinflußt Nährstoffverfügbarkeit, Aktivität der Bodenlebewesen oder das Auftreten mancher bodenbürtiger Krankheitserreger. Je niedriger der pH-Wert, desto saurer ist der Boden. Bei den meisten Böden liegen die pH-Werte zwischen 5 und 8, wobei viele Pflanzen eine schwach saure Bodenreaktion mit Werten zwischen 5,5 und 6,5 bevorzugen. Teststäbchen aus dem Fachhandel messen den Säuregehalt des Bodens sehr ungenau, so daß Sie den pH-Wert besser von einem Untersuchungslabor bestimmen lassen sollten. Ist der gemessene Wert zu niedrig, können Sie den Boden aufkalken. Verwenden Sie langsam wirkenden Kalk, zum Beispiel kohlensauren Kalk oder Algenkalk. Ist der pH-Wert zu hoch, wirken größere Kompostgaben ausgleichend. Das früher übliche Einarbeiten von Torf zur Absenkung des pH-Wertes ist nicht mehr zeitgemäß. Verzichten Sie daher auf Torfprodukte und verwenden Sie statt dessen sauren Laub- oder Rindenkompost.

Ein gesunder Boden riecht frisch und erdig.

Bodenprobe

Staatliche und private Labors analysieren Bodenproben auf pH-Wert, Nährstoffgehalte und nach Anfrage auch auf Schadstoffgehalte. Die Bodenproben müssen von einer einheitlich genutzten Fläche stammen, zum Beispiel dem Gemüsebeet oder Rasen.

1. + 2. Entnehmen Sie an 10 verschiedenen Stellen des jeweiligen Gartenteils etwas Erde (mit Metallrohr oder Spaten) und vermischen Sie die Proben gut. Wiegen Sie 250 g der gut gemischten Erde ab (3. + 4.) und verschicken Sie dann die verpackte und beschriftete Probe an das Labor (5.) mit Angaben zur Probe, Düngung und gewünschten Analyse.

Seinen Boden kennen

Mit einer Spatenprobe können Sie vieles über Ihren Boden erfahren. Stechen Sie einfach einen Spaten voll Erde aus dem Boden. Das Ganze zunächst im Überblick betrachten: Viele Regenwurmgänge zeigen ein reges Bodenleben an. Machen Sie dann eine Geruchsprobe: Ein würziges Aroma weist auf gut durchlüfteten Boden hin. Wenn es modrig riecht, ist der Boden wahrscheinlich verdichtet. Versuchen Sie, zwischen beiden Handflächen ein Erdröllchen zu formen. Zerfällt die Erdprobe schnell, ist das ein Hinweis auf einen hohen Sandanteil; klappt es, enthält der Boden wahrscheinlich viel Ton. Bei der Farbe gilt: Je dunkler der Boden, desto größer ist in der Regel der Humusanteil. Weitere Aufschlüsse über den Bodenzustand geben sogenannte Zeigerpflanzen: Auf stickstoffreichen Böden wachsen häufig Ackersenf, Brennessel oder Vogelmiere. Stickstoffarme Böden werden von Gänseblümchen und Weißklee bevorzugt. Huflattich und Schachtelhalm zeigen Staunässe an; Breitwegerich und Gänsefingerkraut findet man eher auf verdichteten Böden.

Der Kompost

Der Komposthaufen ist nicht nur eine Sammelstelle für Garten- und Küchenabfälle, er ist vor allem der „Verdauungsapparat" des Gartens. Unzählige Organismen finden im Komposthaufen ideale Bedingungen vor und sorgen für einen schnellen Abbau und Umbau organischer Substanz. Erfreulicher Nebeneffekt: Das Müllvolumen wird durch geregelte Kompostierung im Hausgarten um etwa 30 Prozent verringert.

Planung

Der ideale Kompostplatz liegt windgeschützt an einer gut zugänglichen Stelle im Garten. Er ist mit der Schubkarre auch bei feuchter Witterung gut zu erreichen und wird von hochwachsenden Hecken oder Sträuchern beschattet. Günstig ist eine gepflasterte Arbeitsfläche am Kompostplatz. Gesetzlich ist ein Mindestabstand von 50 cm zum Nachbargrundstück vorgeschrieben. Vermeiden Sie aber Streitigkeiten, und plazieren Sie den Kompostplatz nicht auf Höhe der nachbarlichen Terrasse.
Geht man von einer vierköpfigen Familie mit 200 m² Gartenfläche aus, so ist ein Behälter mit 600 bis 800 Liter Fassungsvermögen einzuplanen, der die anfallenden organischen Abfälle aus Küche und Garten aufnimmt. Aus praktischen Gründen sind mindestens 2, im besten Fall 3 Komposte auf dem Kompostplatz einzurichten: für frischen, für halbverrotteten und für reifen Kompost. Der Kompost sollte nach oben offen sein, günstig ist eine sturmsichere Abdeckung zum Schutz vor Vernässung bei starken Regenfällen. Der Kompost braucht Kontakt zum offenen Boden und wird nie auf gepflastertem oder anders befestigtem Untergrund errichtet.

Im Fachhandel gibt es eine große Auswahl unterschiedlicher Kompostsysteme.

Sie brauchen zum Kompostieren nicht unbedingt einen Behälter. Eine freie Miete wird etwa 1,50 m breit, 1 m hoch und beliebig lang angelegt. Während Sie an einem Ende reifen Kompost entnehmen, kann am anderen Ende gut zerkleinertes, frisches Material aufgeschichtet und mit etwas Erde oder Stroh abgedeckt werden.

Ein sonnig gelegener Kompost kann am Rand mit Zucchini, Zierkürbis oder Sommerblumen bepflanzt werden.

22 Die Gartenpraxis

Komposter aus dem Fachhandel sind aus Holz, (Recycling-)Kunststoff oder verzinktem Stahlblech gefertigt. Nach oben offene Komposter haben in der Regel das Format eines Würfels mit 1 m Kantenlänge. Lamellen sorgen an der Seite für Frischluftzufuhr. Geschlossene Komposter sind für blickoffene Kompostecken empfehlenswert und bewähren sich auch, wenn Essensreste kompostiert werden, denn sie halten unerwünschte Tiere fern. Sie haben oftmals eine Entnahmeöffnung im unteren Bereich, die bei den meisten Modellen aber zu klein ist. Praktischer ist eine herausnehmbare Seitenwand oder eine konische Form des Komposters, damit man ihn komplett abheben kann. Thermokomposter sind zusätzlich mit einer isolierenden Schicht ausgestattet, um die Verrottung zu fördern. Eine wissenschaftliche Untersuchung zeigte jedoch, daß bei normaler Befüllung im Thermokomposter die gleichen Temperaturen herrschen wie in einem offenen Behälter.

Was wird kompostiert

Theoretisch kann man alles auf den Komposthaufen geben, was verrotten kann. Besonders gut geeignet sind fast alle Gartenabfälle, pflanzliche Küchenabfälle, Stroh-, Rinden- und Holzreste und Holzasche von unbehandeltem Holz. Auch Pflanzen mit giftigen Inhaltsstoffen wie

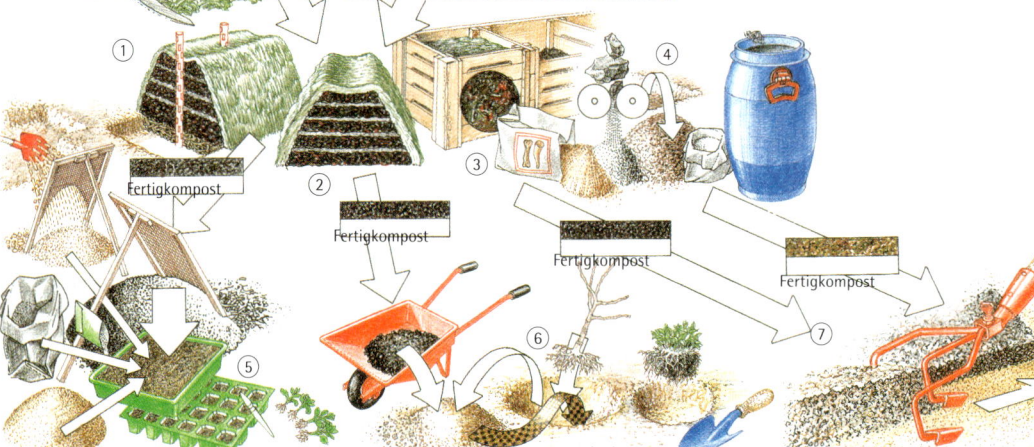

Alle Kompostzutaten auf einen Blick
Achten Sie beim Ansetzen des Komposthaufens darauf, grobes und feines sowie feuchtes und trockenes Material gut zu vermischen. Das C/N-Verhältnis, also das Verhältnis von Kohlenstoff zu Stickstoff, spielt eine wichtige Rolle bei der Zusammensetzung des Kompostes. Gras z. B. hat ein Verhältnis von 10:1, trockenes Holz von 500:1. Ein mittleres C/N-Verhältnis von 30:1 ist optimal und sollte durch gute Mischung der Materialien angestrebt werden. Kompost kann als Miete mit Belüftung (1) und ohne Belüftung (2) aufgesetzt werden, außerdem in Kompostbehältern (3). Einige Materialien können die Rotte fördern, z. B. Knochen-, Horn- und Steinmehl (4).
Richtig kompostierter Fertigkompost (Rotte des Kompostes ist sehr weit fortgeschritten) kann gesiebt und gemischt (drei Teile Fertigkompost mit je einem Teil Gartenerde, Rindenkultursubstrat und Sand) für Aussaat und Jungpflanzen verwendet werden (5). Mit Gartenerde vermischt, wird der reife Kompost zum Pflanzen von Stauden und Gehölzen verwendet (6). Frischkompost (noch in der Rotte befindlicher Kompost) und Fertigkompost können zur Bodenverbesserung und Düngung oberflächig eingearbeitet werden (7).

Der Kompost

Mit dem Kombikrümler wird reifer Kompost leicht in den Boden eingearbeitet.

Maiglöckchen, Fingerhut oder Eibe dürfen auf den Kompost.
<u>Eingeschränkt geeignet</u> sind zugekaufte und oftmals mit Pflanzenschutzmitteln belastete Schnittblumen, größere Mengen von Zitrusfrüchten mit behandelten Schalen (u. a. Zitrone, Orange), Essensreste (locken u. U. Ratten an) sowie Pflanzenteile, die mit Krankheiten wie Mehltau, Rost, Sternrußtau, Schorf oder Rotpustelkrankheit befallen sind.
<u>Ungeeignet</u> für den Komposthaufen sind folgende Zutaten: Kunststoff-, Porzellan- und Glasreste, Steinkohle- oder Brikettasche (enthalten Schwermetalle!), Abfälle aus behandeltem Holz, samentragendes Unkraut, Wurzelunkräuter (z. B. Quecke, Giersch, Ackerwinde), Pflanzenabfälle aus der Nähe stark befahrener Straßen, Kleintierstreu, Windeln sowie Pflanzenteile, die mit Kohlhernie sowie Wurzel-, Sproß- oder Fruchtfäuleerregern befallen sind.
Damit die Verrottung zügig vorangeht, braucht der Komposthaufen außer den richtigen Zutaten noch Sauerstoff, Wärme und Feuchtigkeit. Der Komposter muß gewährleisten, daß frische Luft an das Material gelangt, ansonsten ist häufiges Durchmischen erforderlich. Sauerstoffmangel äußert sich durch unangenehme Gerüche. Der Kompost erwärmt sich von selbst, denn bei den Abbauprozessen wird Wärme frei. Im Winter gelangt durch die Belüftungsöffnungen soviel Kälte in den Komposthaufen, daß die Verrottung fast zum Erliegen kommt. Mit höheren Außentemperaturen löst sich das Problem von selbst. Auch in einem zu trockenen Komposthaufen stockt die Verrottung. Dagegen helfen ein paar Gießkannen mit Wasser.
Man unterscheidet 5 verschiedene Rottephasen: 1. Abbau- oder Heißrottephase, hier nimmt das Volumen stark ab. 2. Umbauphase, in der auch schwer zersetzbare Stoffe wie Holz aufgeschlossen werden. In der 3. Aufbauphase und 4. Reifephase gleicht sich der Kompost allmählich der Umgebungstemperatur an. Waren vorher hauptsächlich Mikroorganismen aktiv, kommen jetzt auch Kompostwürmer und Asseln zum Zuge. Zum Schluß folgt die 5. Phase, die Vererdung des Materials. Bis halbverrotteter Frischkompost entstanden ist, der wie Mulch ausgebracht werden kann, vergehen in der Regel 4 bis 6 Monate; reifer, feinkrümeliger Kompost entsteht je nach Ausgangsmaterial in 1 bis 2 Jahren.

Hilfreiche Kompostzutaten

Grundsätzlich gilt: Sorgt man für optimale Verrottungsbedingungen, sind eigentlich keine Zuschlagstoffe erforderlich. Die Zersetzung geht am schnellsten voran, wenn kohlenstoffreiches Material (Stroh, Holzabfälle, trockenes Herbstlaub) und stickstoffreiche Rohstoffe (Rasenschnitt, frische Blätter von Gartenpflanzen) gemischt werden. Überwiegt das kohlenstoffreiche Material, wird Stickstoff von außen zugeführt, zum Beispiel als Brennesseljauche, Horn- oder Blutmehl. Kompoststarter bzw. -beschleuniger aus dem Fachhandel enthalten Mikroorganismen und hilfreiche Zutaten wie Kräuterextrakte und Spurenelemente. Einen ähnlichen Effekt erzielt man mit ein paar Schaufeln halbreifem Kompost, die als Starthilfe für den frisch angesetzten Kompost dienen. Kalkzugaben (1–2 kg/m³) sind nur bei saurem Ausgangsmaterial wie Nadelstreu oder manchen Herbstlaubarten zu empfehlen. Steinmehl fördert die Krümelbildung und bindet unangenehme Gerüche.

Kompost richtig aufsetzen

Die Abfälle auf dem Komposthaufen müssen immer gut zerkleinert und durchmischt sein, das spart Platz und fördert die Verrottung. Ein Häcksler kann hier gute Dienste leisten. Auch mit einem Rasenmäher können Sie feine Äste und Herbstlaub kleinschneiden, gleichzeitig mit Grasschnitt vermischen und dann auf den Kompost geben. Zuunterst kommt eine Schicht grobes Schnittgut, damit überschüssiges Wasser abfließen kann. Danach abwechselnd feines und grobes Material aufschichten, bis der Komposter voll ist. Abdeckung zum Schutz vor starkem Regen nicht vergessen! Rasenschnitt backt leicht zusammen und sollte vorher ein wenig antrocknen. Weil Rasenschnitt viel Stickstoff enthält, sollte er mit etwas trockenem Gehölzschnitt vermischt werden. Bei feuchtem Material zwischendurch etwas Steinmehl einstreuen. Der Komposthaufen hat den richtigen Feuchtigkeitsgehalt, wenn sich das Material wie ein feuchter Schwamm anfühlt.

Sonderkomposte für den Garten

Wenn zuviel Kompostmaterial anfällt – was häufig im Herbst der Fall ist –, können Sie sich über die Flächenkompostierung Luft verschaffen. Dabei wird Herbstlaub mit dem Rasenmäher zerkleinert, auf freien Beeten ausgebracht und mit halbreifem Kompost bedeckt. Günstig ist dabei die Zugabe von etwas Blutmehl oder anderem stickstoffreichem Dünger.

Nadelstreu- und Laubkomposte können Torf ersetzen, wenn sie ohne Kalkzugaben kompostiert werden. Die Schichtfolge beim Ansetzen: Unten grobes Schnittgut, dann eine Schicht Gartenerde, gefolgt von der ersten Nadel- oder Laubschicht, vermischt mit etwas Blut- oder Hornmehl. Danach folgt wieder eine Schicht Gartenerde, und es geht in derselben Reihenfolge weiter.

Vor allem beim Nadelkompost ist auf ausreichende Feuchtigkeit zu achten.

Rasensoden werden einfach mit der Grasseite nach unten aufeinander gestapelt.

Weitere Sonderkomposte sind der Biologisch-dynamische Kompost, der mit Kräuterextrakten geimpft wird, die den Einfluß kosmischer Kräfte erhöhen sollen.

Der Organisch-biologische Kompost besteht aus einer 50 cm hohen Aufschüttung, die mit luftdurchlässigem Material bedeckt wird.

Als weiteres Spezialverfahren sind der Makrobiotische Kompost und der Veganistische Kompost bekannt. Die Aufschichtung ist in den Zeichnungen auf Seite 25 erläutert.

Ein weiterer Spezialfall ist der Wurmkompost, der wegen seiner guten Krümelstruktur und des hohen Nährstoffgehaltes als sehr hochwertig gilt. Er stärkt die Widerstandskraft und kann auch für Zimmerpflanzen verwendet werden. Wurmkompost wird besonders platzsparend in kleineren Wurmkisten erzeugt oder in zwei herkömmlichen Kompostbehältern, deren gemeinsame Seitenwand von den Kompostwürmern passiert werden kann. Ist das Ausgangsmaterial (nicht zu holzige, pflanzliche Rohstoffe, Küchenabfälle) auf der einen Seite zersetzt, werden die Würmer mit frischen Rohstoffen in die andere Hälfte gelockt, und das zersetzte Material kann im Garten ausgebracht werden. Zu den Lieblingsspeisen der Kompostwürmer gehören Kaffeesatz, Schnittlauch sowie Knoblauch- und Zwiebelschalen. Wichtig ist ein engmaschiger Draht an der Unterseite des Komposters zum Schutz vor Maulwürfen, die sich mit Vorliebe an Kompostwürmern satt essen.

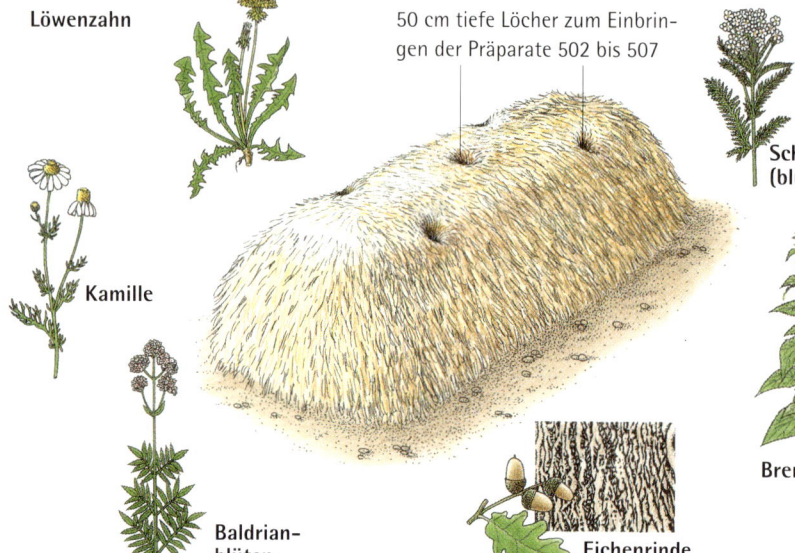

Biologisch-dynamischer Kompost: Die biologischen Präparate 502 bis 507 (Schafgarbe, Baldrian, Löwenzahn, Kamille, Brennessel und Eichenrinde) werden punktförmig eingebracht.

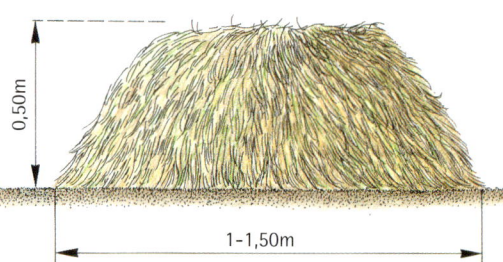

Flächenkompostierung (links) im organisch-biologischen Garten. Maximal 0,50 m hoch darf die Aufschüttung werden (rechts).

Der Kompost

25

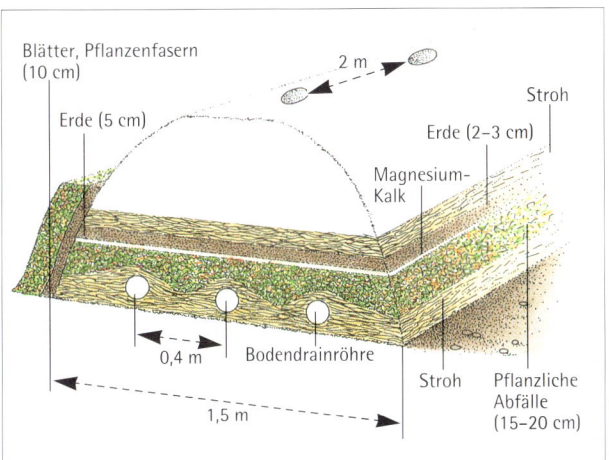

Kompostaufbau im makrobiotischen Garten

Kompostaufbau im veganistischen Garten

Kompost richtig ausbringen

Reifer Kompost wird mit 5–10 l/m² auf freien Beeten oder auch zwischen einzelnen Stauden, auf Baumscheiben, unter Gehölzen und Hecken oder vermischt mit Gartenerde ins Pflanzloch ausgebracht. Ein Absieben ist nur erforderlich, wenn Sie besonders feines Material für den Rasen oder für Kübel- und Balkonpflanzen benötigen. Die groberen Teile im Kompost dienen auch als Bodenverbesserer. Der günstigste Zeitraum zum Ausbringen liegt zwischen Frühjahr und Sommer. Bedenken Sie, daß reifer Kompost nicht nur ein Bodenverbesserer, sondern auch ein gehaltvoller Dünger ist. Reifer Kompost ist nicht für die Aussaat geeignet; in diesem Fall muß er mit Sand verdünnt werden. Vergewissern Sie sich außerdem, daß der Kompost keine „scharfen" Stoffe enthält. Um dies zu klären, füllen Sie einen Topf mit feuchtem Kompost, säen darin Kresse aus und decken das Gefäß bis zum Keimen der Samen mit einer Glasscheibe ab. Beobachten Sie die Keimlinge über mehrere Tage. Wachsen sie zügig, ohne daß die Blätter vergilben, können Sie den Kompost verwenden. Keimt die Kresse hingegen kümmerlich und zeigen sich Blattverfärbungen, sollten Sie den Kompost noch nicht verwenden.

Lassen Sie reifen Kompost nicht zu lange liegen, sonst verliert er wertvolle Inhaltsstoffe. Sickerwasserverluste werden durch eine geeignete Abdeckung verhindert.

Auch halbzersetztes Material können Sie als Frischkompost auf den Beeten verteilen und leicht in den Boden einarbeiten. Er wirkt wie ein Vorratsdünger und gibt bei fortschreitender Zersetzung langsam seine Nährstoffe ab.

In der Wurmkiste verarbeiten Kompostwürmer alle organischen Küchenabfälle in kurzer Zeit zu hochwertigem Wurmkompost.

Der Igel, im Biogarten ein willkommener Gast, da er als natürlicher Feind zahlreiche Schnecken vertilgt.

Am wichtigsten ist eine geregelte Düngung im Gemüsegarten – vor allem wegen der häufig wechselnden Kulturen.

Düngung und Nährstoffe

Wie alle anderen Pflanzen brauchen auch die Gewächse im Garten Licht, Luft, Wasser, Wärme und ausreichend Nahrung, um wachsen, blühen und Früchte bilden zu können. Eine dem Bedarf der Pflanzen angemessene Ernährung stärkt auch die allgemeine Vitalität und schützt so vor Krankheiten und Schädlingen.

In der Natur gibt es einen Kreislauf aus Wachsendem und Vergehendem; alles Pflanzliche verrottet nach dem Absterben, wird vor allem von Mikroorganismen in seine Einzelteile zerlegt und so wieder für nachwachsende Pflanzen verfügbar gemacht. Der Garten ist diesem natürlichen Kreislauf teilweise entzogen. Der Gemüsegarten wird häufig beerntet, der Rasen regelmäßig geschnitten; auch Schnittmaßnahmen an Zier- und Obstgehölzen entziehen dem natürlichen Kreislauf organische Substanz, die auf anderem Wege – über die Düngung – ersetzt werden muß. Weitere Nährstoffverluste können sich aus der Auswaschung löslicher Nährstoffe, vor allem von Nitrat, in tiefere Bodenschichten ergeben. Durch bedarfsgerechte Düngung können Sie solche Verluste allerdings verhindern.

Besonders aufmerksam müssen Gewächse in Töpfen, Kübeln oder Balkonkästen versorgt werden. Aufgrund des begrenzten Wurzelraums reagieren diese Pflanzen am schnellsten auf Düngefehler. Auch sind die Nährstoffansprüche je nach Pflanzenart bei Containerpflanzen sehr verschieden. Einjährige Balkonblumen mit reicher Blütenflor verlangen beispielsweise nach mehr Düngung, um bis in den Herbst permanent neue Blüten zu entwickeln.

Im biologischen Garten wird auf „Kunstdünger" möglichst verzichtet. Die Pflanzen gedeihen auch mit Hilfe von Kompost und organischen Düngern prächtig.

Düngung und Nährstoffe 27

Wichtige Nährstoffe

Man unterscheidet – je nach benötigter Menge – zwischen Hauptnährstoffen (Stickstoff, Phosphor, Kalium, Schwefel, Magnesium und Kalzium) und Spurennährstoffen (Eisen, Mangan, Zink, Kupfer, Molybdän, Bor). Bei den Hauptnährstoffen spielen Stickstoff, Phosphor und Kalium die wichtigste Rolle. Da sie in den meisten Düngern vertreten sind, kann es auch zu typischen Überschußsymptomen kommen. Bei den anderen Elementen macht sich eher mal ein Mangel bemerkbar.

- **Stickstoff** fördert das Blatt- und Triebwachstum und ist ein wesentlicher Baustein der Eiweißverbindungen in der Pflanze. Mangel äußert sich in gelblichen Blättern im unteren oder inneren Pflanzenbereich. Außerdem Kümmerwuchs und geringere Ernte. Stickstoffüberschuß erkennt man am mastigen Wuchs, die Blätter können einen leichten Blauton annehmen. Schaderreger treten verstärkt auf; Blüten- und Fruchtbildung leiden unter dem starken Blattwachstum.
- **Phosphor** ist ein wichtiger Baustein für Stoffwechselprodukte, die mit der Blüten-, Samen- und Fruchtbildung zusammenhängen. In Böden mit hohem Mineralanteil sind häufig so viele Phosphorverbindungen vorhanden, daß eine zusätzliche Düngung kaum notwendig ist. Phosphormangel wird erkennbar durch verzögerte Blüte und die blau-graue Verfärbung der Blätter. Überdüngung mit Phosphor äußert sich durch allgemeine Wachstumsstörungen.
- **Kalium** ist wie Phosphor in vielen Böden in großen Mengen vorhanden. Es regelt den Wasserhaushalt der Pflanzen, festigt das Gewebe und stärkt die Abwehrkraft gegen ungünstige Witterung, Krankheiten und Schädlinge. Bei Kaliummangel werden die Blätter vom Rand her braun und trocknen ein. Zuviel Kalium kann Wuchshemmungen auslösen. Manchmal ist durch das hohe Kali-

Obstgehölze (hier: Apfelblüten) erhalten einmal jährlich eine Kompostgabe.

Staudensonnenblume mit Schmetterling auf der Blüte

angebot die Aufnahmefähigkeit für andere Nährstoffe eingeschränkt.
- **Schwefel** ist wie Stickstoff ein wichtiger Eiweißbaustein, ein Mangel tritt nur äußerst selten auf.
- **Magnesium** ist wichtig für Wasserhaushalt und die Bildung von Chlorophyll. Mangelerscheinungen wie Gelbwerden zwischen den Blattadern sind selten und können bei zu starken Kaliumgaben auftreten.
- **Kalzium** fördert als Pflanzennährstoff die Festigkeit des Gewebes. Typische Mangelerscheinungen sind die Stippigkeit der Apfelfrucht und allgemein eine erhöhte Anfälligkeit für Schaderreger. Häufig ist genug Kalzium im Boden, kann aber wegen zu hoher Stickstoffgaben nicht aufgenommen werden. Kalzium beeinflußt ganz entscheidend den pH-

Freie Gemüsebeete werden vor der Bepflanzung mit organischen Düngern versorgt.

Wert des Bodens und damit auch die Verfügbarkeit der Spurennährstoffe. Ist der pH-Wert im Boden zu hoch, werden Eisen, Mangan, Zink, Kupfer und Bor blockiert, auch wenn sie in ausreichender Menge vorhanden sind. Molybdän dagegen wird bei zu niedrigem pH-Wert festgelegt.

Organische und mineralische Dünger

Im „konventionellen" Garten werden hauptsächlich mineralische Düngersalze eingesetzt. Sie sind genau zu dosieren und wirken sofort. Allerdings machen mineralische Volldünger das Bodenleben praktisch überflüssig und setzen somit langfristig die Bodenfruchtbarkeit herab, außerdem ist für die Herstellung dieser Dünger häufig ein erheblicher Energieaufwand nötig.

Im Biogarten haben organische Dünger ihren festen Platz. Sie sind aus Rohstoffen pflanzlichen oder tierischen Ursprungs hergestellt; die meisten organischen Dünger müssen im Boden umgebaut werden, bevor sie von der Pflanze aufgenommen werden können. Dadurch wird das Bodenleben entschieden gefördert. Die Palette an organischen Düngern ist so groß, daß man den ganzen Garten damit versorgen kann. Es gibt schnell und langsam wirkende Präparate; nur im Notfall kommen mineralische Handelsdünger zum Einsatz, zum Beispiel, um einen akuten Mangel zu beheben. Ein verträglicher Kompromiß sind organisch-mineralische Mischdünger aus dem Fachhandel, die auch im Biogarten eingesetzt werden dürfen.

Die wichtigsten organischen Dünger

Hornspäne enthalten viel Stickstoff (bis 14 %) und Phosphat (5 %). Schneller wirksam ist das schon gemahlene Hornmehl, weil es von den Bodenlebewesen schneller aufgeschlossen wird. Blutmehl gilt ebenfalls als hochkonzentrierter Stickstoffdünger (bis 14 %) und wirkt relativ schnell. Knochenmehl enthält Stickstoff (5 %) und wertvolles Kalziumphosphat (ca. 25 %). In den meisten Fällen sind Horn-, Blut- und Knochenmehl als Mischpräparate im Fachhandel erhältlich. Verschiedene Tiermist-Arten können vor allem im ländlichen Raum einen wertvollen Beitrag zur organischen Düngung leisten. Sehr gehaltvoll ist Hühnermist; er enthält alle Hauptnährstoffe mit Anteilen zwischen 2 und 5 %, dazu bis zu 14 % Kalzium. Pferdemist liegt bei den Hauptnährstoffen knapp unter 1 %. Beide Mist-Arten wirken relativ langsam; schneller ist trockener Rindermist, der alle Hauptnährstoffe in geringer Konzentration (bis 0,5 %) enthält. Peru-Guano, ein schnell wirkender Dünger mit 6 % Stickstoff und 12 % Phosphat, gehört ebenfalls in diese Gruppe und ist auch im Gartenfachhandel erhältlich. Die sicherste Verarbeitungsmethode für Tiermist ist die Verrottung. Wenn Sie den Tiermist lagenweise mit Erde aufschichten und eine Zeitlang kompostieren, ergibt das einen gehaltvollen Dünger, der an den Pflanzen keine Verbrennungen verursacht. Ein organischer Dünger auf pflanzlicher Basis ist Rizinusschrot mit 5 % Stickstoff, 2,5 % Phosphat und 1,5 % Kalium. Das schnell wirkende Rizinusschrot entsteht bei der Gewinnung von Rizinusöl.

Düngen mit Kompost und Jauchen

Am meisten Spaß macht das Arbeiten mit „selbst gemachtem" Dünger. Nicht zu unterschätzen ist die Wirkung von reifem Kompost: Zwar enthält Kompost je nach Ausgangsmaterial weniger Nährstoffe – unter 1 % Stickstoff, Phosphat und Kalium – als gehaltvolle organische Handelsdünger. Durch die großen Ausbringungsmengen gleicht sich das jedoch mehr als aus. Wenn Sie beispielsweise eine 5 mm dicke Schicht Kompost auf 1 m² Boden ausbringen (entspricht 5 l Kompost/m²), enthält diese Schicht unter Umständen mehr Nährstoffe als 100 g eines organischen Handelsdüngers auf der gleichen Fläche. Eine Kompostbrühe entsteht, wenn Sie reifen Kompost in einen größeren Eimer geben, bis er halbvoll ist, und dann mit Wasser auffüllen. Alles gut durchrühren, warten, bis sich gröbere Teilchen abgesetzt haben und mit der nährstoffrei-

Organisch und mineralisch

Mineralische Dünger werden aufgenommen, sobald sie in die Nähe der Wurzeln gelangen (links). Die düngende Wirkung setzt sofort ein, allerdings ist die Gefahr einer Überdüngung relativ groß. Organische Dünger müssen dagegen zuerst von den Mikroorganismen im Boden umgebaut werden (rechts). Die Nährstoffe werden nach und nach freigesetzt; eine Überdüngung ist unwahrscheinlicher. Langfristig betrachtet wird durch organische Dünger die Bodenfruchtbarkeit gefördert.

Düngung und Nährstoffe

chen Flüssigkeit Topf-, Kübel- oder Balkonpflanzen düngen.
Kommt es, zum Beispiel im Gemüsebeet mit Starkzehrern, im Laufe der Saison zu Engpässen, schafft eine selbst angesetzte Brennesseljauche schnelle Abhilfe. Nehmen Sie dazu 1 kg grob zerschnittenes Brennesselkraut und setzen es in 10 l Wasser in einem Gefäß aus Kunststoff, Holz oder Steingut an. Die Jauche 10 bis 20 Tage gären lassen; etwas Gesteinsmehl lindert unangenehme Gerüche. Die Mischung wird im Verhältnis 1:10 verdünnt im Beet ausgebracht (bei direktem Pflanzenkontakt 1:100) und ist ein schnell wirkender Stickstoffdünger.

Düngerpraxis im Biogarten

Es ist relativ schwierig, allgemeine Düngerempfehlungen für den Garten auszusprechen. Die benötigten Nährstoffmengen variieren je nach Boden- und Pflanzenart sehr stark. Ein leichter, sandiger Boden wird besser mehrmals und dafür in kleineren Mengen aufgedüngt, um Auswaschungsverluste zu vermeiden. Schwere Böden können auch im Spätherbst gedüngt werden, weil die Gefahr der Auswaschung wesentlich geringer ist. Ein Schwachzehrer wächst ohne Düngung, wenn die Vorkultur genügend Nährstoffe hinterlassen hat; Starkzehrer brauchen auf jeden Fall eine zusätzliche Düngung. Mit Hilfe einer Bodenprobe (siehe Seite 20) erfahren Sie am einfachsten, wie es um den Nährstoffgehalt des Bodens bestellt ist. Oftmals sind unsere Gartenböden zu stark mit Stickstoff, Phosphat und Kalk versorgt. Organische Dünger wie Blut-, Horn- und Knochenmehl werden vor der Pflanzung leicht in die oberste Bodenschicht eingearbeitet oder mit ins Pflanzloch gegeben. Im bereits bepflanzten Beet den Dünger dicht um die Pflanze streuen.
Frischer Tiermist wird entweder im Herbst dünn über die Beete gestreut (Flächenkompost), oder er wird über Winter kompostiert. Kompostierten Rinder- und Pferdemist nur für die Düngung starkzehrender Gewächse verwenden! Vorsicht auch bei Geflügeldüngern: Durch die schnelle Umsetzung des Stickstoffs kann es leicht zu Verbrennungen an den Pflanzen kommen, wenn Sie Geflügeldünger ausbringen, ohne ihn vorher zu kompostieren.
Reifer Kompost wird am besten im Frühjahr vor der Pflanzung in die oberste Bodenschicht eingearbeitet. Auf keinen Fall untergraben! Halbreifen Kompost können Sie auch im Herbst ausbringen; er zersetzt sich dann weitestgehend über den Winter.

Nährstoffmangel von links nach rechts: Stickstoff-, Phosphor- und Kaliummangel, gesundes Blatt

Eisenmangel an der Hortensie

Gemüsepalette

Gründüngung

Die Luzerne (*Medicago sativa*) ist eine winterharte Gründüngungspflanze.

Eigentlich hat die Aussaat von Gründüngungspflanzen nicht nur im Biogarten eine größere Bedeutung verdient. Weil das Arbeiten mit kompostiertem Stallmist aus praktischen Gründen nicht jedermanns Sache ist, sollten Sie mit einer geregelten Kompostwirtschaft und mit Hilfe einer abwechslungsreichen Gründüngung die Ernährung der Pflanzen sichern und gleichzeitig den Boden verbessern.

Man verwendet für die Gründüngung wüchsige Pflanzen, die in kurzer Zeit viel organische Masse bilden. Die meisten Arten stammen aus der Familie der Schmetterlingsblütler (Leguminosen). Dazu gehören außer Klee, Lupine oder Luzerne auch beliebte Gemüsearten wie Bohnen und Erbsen. Leguminosen sind in der Lage, das Nährelement Stickstoff aus der Luft zu binden und in den sogenannten Wurzelknöllchen in eine pflanzenverfügbare Form umzuwandeln. Wenn die Leguminosen verrotten, wird der Boden mit Stickstoff angereichert, der dann der Folgekultur zur Verfügung steht.

Außer den Leguminosen werden gerne Kreuzblütler wie Ölrettich, Winterraps oder Gelbsenf verwendet, die sehr kräftig und tief wurzeln und damit vor allem mittlere und schwere Böden auflockern können. Vorsicht ist geboten, wenn Sie danach Kohlgemüse anbauen wollen, die auch zu den Kreuzblütlern gehören. Es können sich dann die Erreger familientypischer Krankheiten wie die Kohlhernie im Boden anreichern.

Ein weiterer günstiger Gründünger ist Winterroggen, der nicht mit den üblichen Gemüsearten verwandt ist und deshalb die oft eintönige Fruchtfolge im Gemüsebeet durchbrechen kann.

Phacelia stammt ebenfalls aus einer anderen Pflanzenfamilie, bildet reichlich Grünmasse und dient außerdem als Bienenweide im naturnahen Garten. Besonders praktisch sind auch Saatmischungen wie das 'Landsberger Gemenge', ein Gemisch aus Weidelgras, Winterwicken und Inkarnatklee, das die Vorteile verschiedener Gründünger auf sich vereint.

Gründünger so oft es geht aussäen

In der Regel wird Gründünger im Gemüsebeet als Vorfrucht im April oder nach der Ernte der Hauptkultur im Sommer als Nachfrucht ausgesät. Prinzipiell sollten Sie aber auch zwischendurch, wenn der Boden im Gemüsebeet für einige Wochen unbedeckt ist, Gründünger wie Gelbsenf ausbringen, der

Inkarnat-Klee (*Trifolium incarnatum*) reichert Stickstoff im Boden an.

Lupinen (*Lupinus*-Arten) bereichern auch den Ziergarten.

Düngung und Nährstoffe

den Boden schon im Keimblattstadium bedeckt und schnell durchwurzelt.
Beschränken Sie sich aber nicht nur auf das Gemüsebeet: Auch auf Baumscheiben oder freien Sommerblumenbeeten kann Gründünger ausgesät werden. Außerdem eignet er sich hervorragend als Startpflanze für Gärten, die neu angelegt werden sollen, oder für ein neu bebautes Grundstück, dessen Boden oftmals durch Baufahrzeuge stark verdichtet ist.
In aller Regel bringt man den Samen breitwürfig auf ein feinkrümeliges Beet aus und recht ihn dann flach ein. Mit Beginn der Blütezeit, spätestens aber nach dem ersten Frost oder im zeitigen Frühjahr, werden die Pflanzen abgesichelt und kompostiert oder besser noch etwa 10 cm tief in den Boden eingearbeitet. Hier werden sie von den Bodenlebewesen zersetzt und entfalten am besten ihre positive Wirkung. Eine vorhergehende Gründüngung mit Stickstoffsammlern kann eine Grunddüngung, wie sie für viele Gemüsearten empfohlen wird, völlig ersetzen. Bei Starkzehrern sollte man allerdings noch reifen Kompost einarbeiten, Mittel- und Schwachzehrer brauchen keine weiteren Zusätze.

An der Wurzel des Schmetterlingsblütlers bilden sich kleine Knöllchen (links); mikroskopisch kleine Bakterien (Mitte und rechts) wandeln den Luftstickstoff in pflanzenverfügbare Form um.

Der Bienenfreund (*Phacelia tanacetifolia*) lockt mit seinen Blüten viele Insekten an.

Wichtige Gründüngungspflanzen für den Biogarten
Die Saatzeit (Januar–Dezember) ist in der Tabelle in römischen Ziffern angegeben.

Pflanzenart	Bevorzugte Böden	Saatzeit	Eigenschaften
Winterraps *Brassica napus* var. *napus*	mittelschwer	VIII–IX	Kreuzblütler, winterhart, tiefwurzelnd
Lupine (gelb, blau und weiß) *Lupinus*-Arten	mittelschwer bis schwer, leicht sauer	IV–IX	stickstoffsammelnd, nicht winterhart, tiefwurzelnd
Luzerne *Medicago sativa*	mittelschwer, kalkhaltig	III–VIII	stickstoffsammelnd, winterhart, tiefwurzelnd
Bienenfreund *Phacelia tanacetifolia*	alle	IV–VIII	Bienenweide, nicht winterhart, viel Grünmasse
Ölrettich *Raphanus sativus*	mittelschwer bis schwer, pH-neutral	IV–IX	Kreuzblütler, winterhart, tiefwurzelnd
Winterroggen *Secale cereale*	alle	IX–X	winterhart, tiefwurzelnd, verdrängt Unkräuter
Weißer Senf (Gelbsenf) *Sinapsis alba*	alle	IV–VIII	Kreuzblütler, nicht winterhart, tiefwurzelnd
Inkarnatklee *Trifolium incarnatum*	leicht bis mittelschwer	VII–IX	stickstoffsammelnd, bedingt winterhart wüchsig

Wasser und Bewässerung

Regenwasser

Ideal zum Gießen geeignet ist selbst aufgefangenes kostenloses Regenwasser, das Sie einfach vom Regenfallrohr des Hauses abzweigen können. Für größere Gärten empfiehlt sich ein Regenwassertank, der nach Möglichkeit in den Boden eingelassen wird. Das Wasser können Sie mit einer Pumpe entnehmen. Erhältlich sind Tanks mit mehreren 1000 Litern Fassungsvermögen.

Betrachtet man die Regenmengen, die jährlich über Deutschland niedergehen, dürfte eine zusätzliche Bewässerung im Garten kein Thema sein. Langjährige Messungen zeigen, daß die durchschnittliche jährliche Regenmenge je nach Region zwischen 500 und knapp über 1500 mm schwankt, das sind jedes Jahr 500–1500 l Wasser/m² Boden. Leider fällt der Regen aber nicht immer dann, wenn man ihn braucht, außerdem müssen durstige Gemüsearten wie Tomaten, Zucchini oder frisch ausgepflanzte Gartengewächse ohnehin zusätzlich gegossen werden. Deswegen kann auch der Biogärtner auf eine zusätzliche Bewässerung im Garten selten verzichten. Betrachten Sie das Wasser – vor allem, wenn es aus der Leitung kommt – jedoch als kostbares Gut, das nur sparsam verwendet werden darf. Günstiger ist es natürlich, mit selbst gesammeltem Regenwasser oder Brunnenwasser zu arbeiten. Bedenken Sie auch, daß regelmäßiges Hacken genauso wie eine Mulchdecke dafür sorgt, daß weniger Wasser aus dem Boden verdunstet.

Betrachten wir zunächst die verschiedenen Gartenbereiche: Während gut eingewachsene Gehölze das Wasser auch aus größeren Bodentiefen entnehmen, kann es bei Stauden oder Sommerblumen zwischen Mai und September schon einmal zu Engpässen kommen. Der flach wurzelnde Zierrasen reagiert in den Sommermonaten auf längere Trockenperioden mit Verbräunungen. Eine Zusatzberegnung ist aber aus Gründen der Wasserersparnis nicht zu empfehlen: Wenn es wieder ein paarmal geregnet hat, gewinnt der Rasen seine ursprüngliche sattgrüne Farbe zurück. Einen relativ hohen Wasserbedarf hat der Gemüsegarten; dazu alle Pflanzen, die in Töpfen oder Kübeln wachsen, und ganz allgemein frisch gepflanzte oder gesäte Gartengewächse. Eine wichtige Rolle für die Wasserversorgung im Garten spielt auch die Bodenart. Standorte mit einem hohen Sandanteil erwärmen sich im Frühjahr schnell und können daher zeitig bepflanzt werden, dafür trocknen sie aber im Sommer leicht aus. Sandböden müssen also häufiger beregnet werden als schwere, tonige Böden.

Gießzeitpunkt

Untrügliches Anzeichen für Wassermangel ist das Welken der Blätter, allerdings zeigen Rhabarber oder Mangold zunächst keine Welkeerscheinungen, sondern wachsen einfach nicht weiter. Häufige

Beim Gießen darauf achten, daß der Boden bis in etwa 30 cm Tiefe gut durchfeuchtet wird.

Wasser und Bewässerung

oder länger anhaltende Durststrecken führen allgemein zu Blatt-, Knospen- oder Fruchtfall, im Gemüsegarten auch zu Ertragseinbußen. Bei unregelmäßiger Wasserversorgung können Radieschen, Möhren, Sellerie oder Tomaten aufplatzen. Warten Sie mit dem Gießen also nicht, bis die Pflanzen welken. Falls Sie sich nicht sicher sind, ob der Boden schon ausgetrocknet ist, dann stecken Sie einfach ein Pflanzholz in die Erde und ziehen es gleich danach wieder heraus. Fühlt sich die Erde am Grund des Loches feucht an, dann ist noch genug Wasser vorhanden.

Gießen Sie nach Möglichkeit weniger häufig, dafür aber durchdringend. Den Pflanzen nutzt es wenig, wenn nur die Bodenoberfläche benetzt wird, aber kein Wasser bis in die Wurzelzone vordringt. Ein Beispiel: Wenn Sie den Inhalt einer 10-Liter-Kanne auf einem Quadratmeter verteilen, wird ein durchschnittlicher Gartenboden dadurch bis in 10 cm Tiefe befeuchtet, nötig wäre jedoch 30 cm Tiefe, das entspricht 30 l Wasser/m^2.

Der günstigste Zeitpunkt zum Gießen ist morgens, damit die Pflanzen tagsüber abtrocknen können. So können Sie auch die Ausbreitung von Pilzkrankheiten verhindern.

Aus praktischen Gründen ist das Gießen am Morgen nicht immer möglich, deswegen können Sie natürlich auch mittags oder abends wässern.

Wenn Sie die Pflanzen allerdings bei praller Mittagssonne mit Wasser überbrausen, besteht die Gefahr von Blattschäden durch den sogenannten „Lupeneffekt". Tagsüber also besser nur im Wurzelbereich gießen, ohne die Blätter zu benetzen. Durch abendliches Gießen fördern Sie unter Umständen die Schneckenplage, weil die nachtaktiven Schädlinge ein feuchtes Kleinklima bevorzugen. Deshalb sollten Sie abends möglichst nicht gießen, wenn in Ihrem Garten viele Schnecken vorkommen.

Einzelne Pflanzen oder kleinere Beete werden je nach Bedarf der Pflanzen mit Wasser aus der Gießkanne versorgt.

Außen gelegene Wasserleitungen müssen vor dem ersten Frost entleert werden.

Gießkanne, Schlauch und Regner

Besonders häufig kommt nach wie vor die Gießkanne zum Einsatz. Mit ihrer Hilfe können die Pflanzen gezielt bewässert werden. Ein Gartenschlauch erleichtert die Arbeit, vor allem in größeren Gärten. Auf den Schlauch setzen Sie am besten eine Gießbrause mit Gießstab, damit Sie den Boden gezielt mit Wasser versorgen können, ohne dabei die Blätter zu überbrausen. Noch mehr Komfort bieten automatische Regner, die das Wasser in feinen Tropfen auch auf größeren Flächen verteilen. Der Nachteil: Auch die Blätter werden tropfnaß gespritzt. Effektiver, leider auch kostspieliger ist deshalb eine automatische Tropfbewässerung, mit der Sie das Wasser genau dosiert dahin bringen, wo es gebraucht wird, nämlich in die Wurzelzone.

Im Hochbeet ist der Wasserbedarf besonders groß. Ein Gartenschlauch mit Brausenaufsatz ermöglicht ein gezieltes Gießen.

Pflanzenschutz

7-Punkt-Marienkäfer

Pflanzenschutz und Biogarten sind in den Augen vieler Hobby-Gärtner zwei sich widersprechende Begriffe, weil sie dabei nur an „chemische Keulen" denken. Pflanzenschutz bedeutet jedoch zunächst einmal, unsere Obst-, Gemüse- und Zierpflanzen im Garten vor Schäden zu bewahren, damit wir uns an ihnen erfreuen und die Ernten genießen können. Zu diesem Zweck können nämlich nicht nur chemische, sondern auch biologische, biotechnische, pflanzenzüchterische sowie anbau- und kulturtechnische Maßnahmen eingesetzt werden. Somit zählen zum Beispiel Sorten- und Standortwahl, Bodenpflege, Fruchtwechsel, Mischkultur, Hygiene sowie die Schonung und Förderung von Nützlingen ebenso zu den Werkzeugen des Pflanzenschutzes wie der Einsatz von Nutzorganismen, Pflanzenstärkungsmitteln und Fallen.

Selbst die Anlage eines Biogartens stellt einen Eingriff in das natürliche Ökosystem dar. Denn der Gärtner fördert in seinem Garten vornehmlich die von ihm gewünschten Pflanzen, bei denen es sich meist um solche handelt, die von selbst dort gar nicht wachsen würden. Gärtnern und Pflanzenschutz im Sinne der Natur heißt deshalb nicht, alles wild wachsen zu lassen. Es gilt vielmehr, sorgfältig und überlegt einzugreifen, damit natürliche Regelmechanismen nicht zerstört, sondern sogar sinnvoll genutzt werden.

Pflanzenschutz ist notwendig, auch in Biogärten. Hier stehen allerdings vorbeugende, biologische sowie biotechnische und physikalische Maßnahmen im Vordergrund. Kenntnisse natürlicher Abläufe, Informationen über naturgemäße Vorbeugung und Behandlung der Kulturpflanzen sind dafür notwendig. Außerdem werden ein geringer Schädlings- oder Krankheitsbefall toleriert und keine Rekorderträge angepeilt.

Pflanzenschutz und Biogarten sind also keine sich widersprechenden Begriffe. Wie man naturgemäß Gartenpflanzen schützen kann, soll dieses Kapitel am Beispiel ausgewählter, wichtiger Schädlinge und Krankheiten aufzeigen.

Handelspräparate

Unter den zugelassenen Pflanzenschutzmitteln gibt es einige Produkte, die im Biogarten eingesetzt werden können. Präparate mit *Bacillus thuringiensis* gegen Raupen (z. B. Dipel) oder gegen Kartoffel-

Mischkultur hilft, Schädlingen und Krankheiten vorzubeugen.

Pflanzenschutz

Mit einer Lupe lassen sich Schädlinge besser erkennen und bestimmen.

käferlarven (z. B. Novodor); mit Apfelwickler-Granulosevirus gegen Apfelwicklerlarven (z. B. Granupom N); mit Rapsöl gegen Spinn- und Gallmilben, Schild- und Blattläuse sowie Weiße Fliegen (z. B. Schädlingsfrei Naturen); mit Kaliseife gegen Blattläuse und Weiße Fliegen (z. B. Neudosan); mit Schwefel oder Lecithin gegen Echte Mehltaupilze (z. B. Netzschwefel WG, BioBlatt Mehltaumittel); mit Kupfer gegen Krautfäule und andere Pilzkrankheiten (z. B. Kupferspritzmittel Schacht). Präparate mit natürlichem Pyrethrum (z. B. Spruzit), die zwar für Nützlinge gefährlich, aber schnell abbaubar sind, sollten nur im Notfall verwendet werden. Pflanzenstärkungsmittel, wie z. B. Neudo-Vital und Milsana gegen Pilzkrankheiten oder BioGemüse-Streumittel gegen Gemüsefliegen sind durchaus empfehlenswert. Beim Kauf von Pflanzenschutzpräparaten achte man auf Bienen-Ungefährlichkeit, Nützlingsschonung, schnelle Abbaubarkeit und kurze Wartezeiten. Nähere Auskünfte erteilen die Verkaufsberater der Gartenfachgeschäfte.

Nützlinge

Der Begriff „Nützling" wurde von der Fachwelt willkürlich, einzig aus der Sicht des Menschen gewählt. Er beschreibt alle mit bloßem Auge sichtbaren Tiere, die Gegenspieler von Pflanzenschädlingen sind. „Nützliche" Mikroorganismen, wie zum Beispiel der *Bacillus thuringiensis*, fallen nicht darunter.

In der unberührten Natur – sofern es diese überhaupt noch gibt – regeln die natürlichen Feinde das Gleichgewicht zwischen den einzelnen Populationen. Zum Beispiel werden Pflanzenschädlinge von Parasiten dezimiert, diese wiederum von Hyperparasiten, welche dann räuberischen Tieren zum Opfer fallen.

Fehlen einige oder gar mehrere Teile in dieser ökologischen Vernetzung, so ist das Gleichgewicht bedroht.

Im Biogarten ist es deshalb besonders wichtig, die natürlichen Regelungsmechanismen so zu erhalten und zu fördern, daß sie unseren Pflanzen nützen. Eigentlich müßte es jedem Gärtner am Herzen liegen, Nützlinge zu schonen, ihre Neuansiedlung zu ermöglichen und dort, wo es möglich ist, gezielt einzusetzen. Selbstverständlich gehören dazu gewisse Grundkenntnisse, die einem helfen, die Abscheu vor den nützlichen Spinnen zu verlieren und nicht jedes Insekt als Ungeziefer anzusehen. Ein Gärtner hat tatsächlich einmal Tausende von Marienkäferlarven, die gerade Blattläuse auf seinem Kirschbaum dezimierten, bekämpft, weil er sie nicht als Nützlinge identifizieren konnte!

Nützlings-Schonung
Der ungezielte Einsatz von Hilfsmitteln, breitwirk-

Gesunder Salat und Kohlrabi dank guter Pflege

same Insektizide oder totale Unkrautbeseitigung können zur Nützlingsarmut und somit zu vermehrtem Schädlingsbefall führen. Es gibt nützlingsschonende Präparate zu kaufen, zum Beispiel mit natürlichen Fettsäuren, Rapsöl, Neemextrakt, Pirimicarb oder *Bacillus thuringiensis*. Nützlingsschädigende sollten nur im Notfall gezielt gegen schwer bekämpfbare Schädlinge eingesetzt werden. Manche Nützlinge (z. B. Schlupfwespen) ernähren sich von ganz bestimmten, andere dagegen (z. B. Vögel) von vielen Beute- oder Wirtstierarten.

Nützlings-Förderung
Die nachtaktiven Ohrwürmer (1) nehmen einen mit Holzwolle gefüllten Blumentopf (2) gerne als Tagesversteck an, wenn er Astkontakt hat! Florfliegen (3), deren Larven Blattlausjäger sind, brauchen zur Überwinterung zum Beispiel ein Florfliegenquartier (4, im Handel erhältlich).
Hecken (5), z. B. aus Hainbuche, Weißdorn, Schlehe oder Haselnuß, sind die wichtigsten Nützlingsrefugien überhaupt. Raubmilben (6), Marienkäfer (7),

Raubwanzen (8), Laufkäfer (9), Weichkäfer (10), Kurzflügelkäfer (11), Spinnen (12), Ohrwürmer (1) sowie freibrütende Vögel, z. B. Laubsänger (13), Grasmücke (14), sind darauf angewiesen.
Reisig-, Totholz- oder Steinhaufen (15) sowie Trockenmauern (16) stellen ideale Unterschlupfmöglichkeiten für Igel (17), Spitzmaus (18), Laufkäfer (9), Spinnen (12), Eidechsen (19), Erd- und Kreuzkröten (20) dar.
Für blühende Unkräuter (21) oder eine kleine Blumenwiese (22) sollte in jedem Garten etwas Platz sein. Schwebfliegen (23), Raubwanzen (8), Marienkäfer (7), Schlupfwespen (24), Weichkäfer (10) und Florfliegen (3) benötigen Pollen und Nektar für ihre Entwicklung.
Nützlichen Solitärwespen bietet man Nisthölzer (25) an. In ein Stück Hartholz werden unterschiedlich lange Gänge mit verschiedenen Durchmessern (2 – 10 mm) gebohrt.
Blattläuse (26) und ihr Honigtau ziehen Nützlinge, wie zum Beispiel Räuberische Gallmücken (27), magisch an. Deshalb nicht jede kleine Blattlauskolonie bekämpfen. Räuberische Nematoden räumen unter den Bodenschädlingen auf. Gemulchte Beete sowie ein bewachsener Boden fördern deren Aktivität und Lebensfähigkeit.

Nisthöhlen für Vögel
Höhlenbrütende Vögel sind als Insektenfresser für unsere Gärten besonders wichtig. Vor allem Hausrotschwanz, Gartenrotschwanz, Blau- und Kohlmeisen vertilgen große Mengen an Raupen, Käfern, Wanzen, Blattläusen, Fliegen und Wespen. Weil Baumhöhlen dort meist fehlen, hängt man künstliche Nisthöhlen (28) in 2–4 m Höhe mit dem Einflugloch nach Südosten auf. Für die Blaumeisen sollte das Einflugloch 26–27 mm groß sein, für Kohlmeisen und Rotschwänze 32 mm.

Gartenteich
Die richtige Anlage eines naturnahen Gartenteiches (29, Fachbücher hierzu im Handel erhältlich) stellt einen wichtigen Beitrag zur Ansiedlung und Förderung verschiedener Nützlinge dar. Viele Vögel nutzen das feuchte Naß, um zu baden und ihren Durst zu stillen. Kröten (20) und andere Amphibienarten sowie die nützlichen Libellen (30) benötigen Gewässer als Lebensraum und zum Laichen. Wasser- und Teichfledermäuse (31) jagen Insekten direkt über der Wasseroberfläche.

Schädlingsfallen

Biotechnische Schädlingsfallen sind weitgehend nützlingsschonend. Selbst wenn sich einige Nützlinge fangen sollten, so ist die Population noch lange nicht gefährdet. Kirschfruchtfliegenfallen (32) vermindern die Vermadung. Der Obstmadenfanggürtel (33) dezimiert die nächste Generation des Apfelwicklers (34). Obst- und Pflaumenmadenbefall (35) läßt sich mit Pheromonfallen (36) reduzieren. Gegen Schnecken (37) verwendet man Bierfallen (38) oder sammelt sie ab.

Mechanischer Schutz

Mit Raupenleimringen (39) wird im Herbst die Eiablage des flugunfähigen Frostspannerweibchens (40) in die Baumkrone und im Frühjahr das Emporwandern der Raupen verhindert. Maden in Möhren, Petersilie, Radieschen, Kohl oder Zwiebeln lassen

Pflanzenschutz

sich mit Gemüseschutznetzen (41) vollkommen vermeiden. Vogelabwehrnetze (42) müssen dicht schließend über den Kulturen liegen und dürfen eine Maschenweite von 30 mm nicht überschreiten, sonst werden sie zur Vogelfalle!

Nützlinge und biologische Pflanzenschutzmaßnahmen auf einen Blick

1 + 2 Ohrwurm mit Tagesversteck
3 Florfliege
4 Florfliegenquartier
5 Hecken
6 Raubmilbe
7 Marienkäfer
8 Raubwanze
9 Laufkäfer
10 Weichkäfer
11 Kurzflügelkäfer
12 Spinne
13 Laubsänger
14 Grasmücke
15 Reisig-/Holz-/Steinhaufen
16 Trockenmauer
17 Igel
18 Spitzmaus
19 Eidechse
20 Kröte
21 blühende Unkräuter
22 Blumenwiese
23 Schwebfliege
24 Schlupfwespe
25 Nisthölzer
26 Blattläuse
27 Gallmücke
28 Nisthöhle
29 Gartenteich
30 Libelle
31 Fledermaus
32 Kirschfruchtfliegenfalle
33 Obstmadenfanggürtel
34 Apfelwickler
35 Obstmade
36 Pheromonfalle
37 Schnecke
38 Bierfalle
39 Raupenleimring
40 Frostspannerweibchen
41 Gemüseschutznetz
42 Vogelabwehrnetz

Brühen, Tees, Jauchen

Brühen, Tees und Jauchen aus verschiedensten Kräutern sind altbewährte Hilfsmittel des naturgemäßen Gärtnerns. Sie düngen, wirken pflanzenstärkend, fördern die Kompostierung, bekämpfen Schädlinge und Krankheiten. Ihre positiven Wirkungen auf das Pflanzenwachstum sind unbestritten, jedoch ist ihre Wirkungsintensität selten mit chemischen Mitteln vergleichbar. Vielmehr handelt es sich um sanfte Präparate, die sehr regelmäßig und immer in Kombination mit einer naturgemäßen Kulturführung einzusetzen sind.
Für den Biogärtner gibt es im Handel fertige Produkte für die Pflanzenpflege zu kaufen. Extrakte aus Braunalgen, Baldrianblüten oder Ackerschachtelhalm seien als Beispiele genannt; sie müssen nur noch mit Wasser verdünnt werden. Die meisten muß man sich aber selbst zubereiten. Wie das geht lesen Sie in diesem Kapitel.

Ein ideales Faß zum Ansetzen von Brühen und Jauchen

Ausrüstung
Viel benötigt man nicht, teils genügen ausgediente Gerätschaften aus der Küche:
- einige Kunststoffeimer, möglichst mit Literskala
- eine Waage, die 3–4 kg auswiegen kann
- eine Waage, die kleine Mengen auswiegen kann (z. B. Briefwaage)
- einen kleinen Meßbecher bis ca. 50 ml
- eine Meßkanne bis ca. 500 ml
- einige große, alte Töpfe
- ein feinmaschiges Küchensieb
- einen großen Holzlöffel oder Holzstab zum Umrühren
- ein Faß (Holz oder Kunststoff), 30–50 Liter
- ein großes Küchenmesser

Sammeln der Kräuter
Einige Kräuter können im Fachhandel oder in der Apotheke in getrockneter Form erworben werden. Billiger und lehrreicher ist es, die biologischen Helfer selbst in der freien Natur zu sammeln. Einige Arten, wie zum Beispiel Wermut, Tomaten, Pfefferminze oder Rhabarber, muß man im Garten anbauen, andere wachsen dort als „Unkraut".
Nur kräftige, gesunde Pflanzen, die noch keine Samen tragen, sollten gesammelt werden. Einige Ar-

Brühen, Tees und Jauchen düngen und stärken die Pflanzen, fördern die Kompostierung und bekämpfen Schädlinge und Krankheiten.

Pflanzenschutz

ten sind auch als Trockenkräuter verwendbar. Die Trocknung muß sanft erfolgen, damit die wertvollen Inhaltsstoffe nicht verloren gehen, keinesfalls in der Sonne oder im Backofen! Am besten breitet man die frischen Kräuter auf Zeitungspapier auf dem Dachboden oder im Heizungskeller aus. Nach der Trocknung pulverisieren und trocken aufbewahren.

Zubereitung der Brühen

Unter „Brühen" werden in der Tabelle auf Seite 40 die eigentlichen Brühen, Kaltwasser-Brühen sowie Extrakte zusammengefaßt.
Je nach Verwendungszweck müssen die Kräuter unterschiedlich zubereitet werden. Dabei geht es darum, die wertgebenden Inhaltsstoffe herauszulösen, damit sie unseren Kulturpflanzen zugute kommen können.

Eigentliche Brühen

Zur Herstellung von Brühen weicht man die zerkleinerten Pflanzenteile oder das Trockenpulver für 24 Stunden in Wasser ein. Anschließend 20 bis 30 Minuten köcheln, abkühlen lassen und durchsieben.

Kaltwasser-Brühen

Die frischen oder getrockneten Kräuter gut zerkleinert in kaltem Wasser ansetzen, höchstens 24 Stunden stehen lassen. Öfter umrühren. Danach sofort durchseihen und möglichst frisch verwenden.

Extrakte

Im Garten werden hauptsächlich Blütenextrakte, die durch Auspressen der Blüten gewonnen werden, verwendet. Dazu erntet man junge Blüten, die sich gerade erst geöffnet haben, und zerkleinert sie z. B. im Fleischwolf. Mit etwas Wasser wird ein Brei hergestellt, der dann durch ein Leinentuch gepreßt wird. Den Preßsaft kühl aufbewahren oder sogleich verwenden.

Zubereitung der Tees

Frische oder getrocknete Pflanzen zerkleinern, mit kochendem Wasser übergießen und 30 bis 60 Minuten ziehen lassen. Danach abseihen, abkühlen lassen und innerhalb eines Tages verbrauchen.

Zubereitung der Jauchen

Zum Ansetzen verwendet man je nach benötigter Menge einen größeren Topf oder ein Faß. Die frischen oder getrockneten Kräuter werden kleingeschnitten und zusammen mit der entsprechenden Menge Wasser in das Gefäß gegeben, welches zum Vogelschutz mit einem durchlöcherten Deckel abgedeckt werden sollte. Täglich umrühren. Die Gärung setzt nach einigen Tagen ein und ist nach 10 bis 20 Tagen abgeschlossen. Sobald die Schaumbildung aufgehört hat, ist die Jauche zum Einsatz bereit. Zur Ausbringung mit einer Gartenspritze sollte sie zuvor durchgesiebt werden.
Die während der Verjauchung entstehenden Gerüche überdeckt man durch Einmischen von Urgesteinsmehl oder Baldrianextrakt.

Wichtigste Inhaltsstoffe

Warum wirken Zubereitungen aus Kräutern überhaupt? Wissenschaftlich wurde auf diesem Gebiet bisher recht wenig erforscht. Über die Inhaltsstoffe lassen sich jedoch einige Wirkungsmechanismen ableiten.

Große Brennessel

Ätherische Öle, wie zum Beispiel aus Pfefferminze, Rainfarn, Thuja oder Fichte, sind schon allein durch ihren Duft vertreibend. Außerdem wirken sie desinfizierend.

Silikate, Kalium und Spurenelemente sind in Schachtelhalm, Brennessel, Beinwell sowie Farnkraut reich vorhanden und sorgen für ein kräftiges, widerstandsfähiges Wachstum.
Schwefelhaltige Verbindungen aus Meerrettich, Zwiebeln oder Knoblauch wirken direkt gegen Pilze und stärken zudem das pflanzliche Immunsystem.

Rainfarn

Bestimmte Gerb-, Bitter- und Duftstoffe, zum Beispiel enthalten in Rhabarber, Pfefferminze, Wermut oder Kapuzinerkresse, wirken desinfizierend und abweisend.

Stickstoff, Kalzium, Kalium, Natrium, Mangan, Magnesium, Eisen, Aminosäuren, Fettsäuren und viele andere Bausteine für ein gesundes Pflanzenleben sind in praktisch allen Brühen, Tees oder Jauchen enthalten.

Gesamtübersicht: Brühen, Tees und Jauchen

wirksame Pflanzen(teile)	Ansatz	Verdünnung	Anwendung	Einsatzbereich
Brühen (siehe Zubereitung)				
Baldrian-Blüten; frisch	Blüten auspressen, Preßsaft direkt verwenden	1 Tropfen/l Wasser	Spritzen, im Frühjahr	Frostschutz, fördert Blüten- und Fruchtbildung
Brennessel-Kraut; frisch (Kaltwasser-Brühe)	1 kg/10 l Wasser, 12–24 Stunden ziehen lassen, nicht kochen!	Unverdünnt	Spritzen, bei Befall	Blattläuse
Farn-Kraut (Wurm- und/oder Adlerfarn)	1 kg (frisch) oder 100 g (getrocknet)/10 l Wasser	Unverdünnt	Spritzen, vorbeugend	Blattläuse
Holunder, Schwarzer (frische Blüten und Blätter Kaltwasser-Brühe)	1 kg/10 l Wasser, 12–24 Stunden ziehen lassen, nicht kochen!	150 ml/l Wasser	Spritzen, bei Befall	Erdraupen, Kohlweißling
Magermilch oder Molke; frisch	Direkt verwenden	300 ml/l Wasser	Spritzen, im Frühsommer	Tomatenkrankheiten, Blattläuse
Rainfarn (Kraut und Blüten)	400 g (frisch) oder 40 g (getrocknet)/10 l Wasser	400 ml/l Wasser	Spritzen, zur Nachblüte und im Herbst	Milben an Beerenobst
Schachtelhalm-Kraut	1 kg (frisch) oder 150 g (getrocknet)/10 l Wasser	150 ml/l Wasser	Spritzen, ab Austrieb wöchentlich	Pilzkrankheiten, v. a. an Kernobst und Rosen
Seifen-Brühe (reine Schmierseife, ohne Parfüm!)	Mit warmem Wasser; ggf. 30 ml Spiritus/l Brühe einrühren	20 ml/l Wasser	Spritzen, bei Befall	Blattläuse, Weiße Fliegen, Wolläuse, Spinnmilben
Tomaten-Blätter frisch zerstampft (Kaltwasser-Brühe)	100 g/2 l Wasser, 3 Stunden in kaltem Wasser ziehen lassen. Nicht kochen!	Unverdünnt	Spritzen, alle 2–3 Tage zur Flugzeit	Kohlweißling
Wermut-Kraut	300 g (frisch) oder 30 g (getrocknet)/10 l Wasser	Unverdünnt	Spritzen, zur Flugzeit	Apfelwickler, Kohlweißling
Tees (siehe Zubereitung)				
Kamillen-Blüten	50 g (frisch oder getrocknet)/10 l Wasser	Unverdünnt	Spritzen, im Sommer	Allgemeine Pflanzenstärkung
Meerrettich Blätter und Wurzeln; frisch	300 g/10 l Wasser	Unverdünnt	Spritzen, 3–4 mal in die Blüte	Monilia-Spitzendürre an Kirschen, Aprikose
Möhren-Kraut; frisch	500 g/10 l Wasser	Unverdünnt	Gießen, alle 10 Tage	Zwiebelfliege, Lauchmotte
Pfefferminz-Blätter	300 g (frisch) oder 30 g (getrocknet)/10 l Wasser	Unverdünnt	Spritzen; Gießen, in die Nester	Erdflöhe; Ameisen
Rhabarber-Blätter; frisch	2 kg/10 l Wasser	Unverdünnt	Spritzen, wöchentlich	Braun- und Krautfäule an Tomate, Lauchmotte, Bohnenblattlaus, Raupen
Wermut-Kraut	300 g (frisch) oder 30 g (getrocknet)/10 l Wasser	250 ml/l Wasser	Spritzen, Juni, Juli	Blattläuse, Milben, Apfelwickler, Kohlraupen
frische Zwiebeln und Knoblauchzehen	80 g (klein gehackt)/10 l Wasser	Unverdünnt	Spritzen, alle 10 Tage	Milben, Pilzkrankheiten
Schalen und Blätter von frischen Zwiebeln und Knoblauchzehen	500 g/10 l Wasser	100 ml/l Wasser	Gießen, bei Befall und vorbeugend	Pilzkrankheiten, allgemein pflanzenstärkend
Jauchen (siehe Zubereitung)				
Beinwell-Kraut (Comfrey)	1 kg (frisch) oder 150 g (getrocknet)/10 l Wasser	100 ml/l Wasser	Spritzen oder gießen, alle 2 Wochen	Kalium-Düngung, allgemein pflanzenstärkend
Brennessel-Kraut	1 kg (frisch) oder 200 g (getrocknet)/10 l Wasser	Unverdünnt / 100 ml/10 l Wasser / 40 ml/10 l Wasser / 40 ml/10 l Wasser	Gießen, alle 2 Wochen; Gießen, alle 2 Wochen; Spritzen, alle 2 Wochen; Gießen, nach dem Säen oder Pflanzen	Kompost Wachstumsförderung Wachstumsförderung Saat, Setzlinge
Farn-Kraut (Wurm- und/oder Adlerfarn)	1 kg (frisch) oder 100 g (getrocknet)/10 l Wasser	Unverdünnt / 100 ml/l Wasser / Unverdünnt	Spritzen, Spätwinter; Spritzen, zeitiges Frühjahr Gießen, ganzjährig bei Bedarf	Schild- und Blutläuse an Obstbäumen, Blattläuse Kalium-Düngung, Kompost, Schnecken
Kapuzinerkresse, Lavendelblüten und Tomatenblätter; frisch	600 g + 100 g + 300 g/10 l Wasser	Unverdünnt	Gießen, in die Nester, ggf. wiederholen	Ameisen
Knoblauch und Zwiebel; frisch (Schalen und Blätter)	500 g/10 l Wasser	Unverdünnt	Spritzen, alle 10 Tage	Möhrenfliege
Thuja und Fichte (zerkleinerte Zweige) und Walnußblätter; frisch	Erst mit kochendem Wasser überbrühen, dann etwa 500 g in 10 l Wasser verjauchen	Unverdünnt	Gießen, in die Gänge	Wühlmaus, Hamster, Maulwurf, Feldmaus
Tomatenblätter, Kresse und Tagetesblüten; frisch	1 kg/10 l Wasser	Unverdünnt	Spritzen, bei Befall	Kohlraupen
Wermut-Kraut und Blüten	300 g (frisch) oder 30 g (getrocknet)/10 l Wasser	Unverdünnt	Spritzen, bei Bedarf im Frühjahr	Johannisbeersäulenrost, Blattläuse, Raupen, Ameisen
Zwiebel; frisch (Schalen und Blätter)	400 g/10 l Wasser	Unverdünnt	Spritzen, bei Bedarf	Pilzkrankheiten (z. B. an Tomaten), Milben, Möhrenfliege

Pflanzenschutz

Ackerwinde

Quecke

Giersch

Unkräuter

Egal ob man sie „Unkräuter" oder „Wildkräuter" nennt, sie nehmen den Kulturpflanzen Licht, Wasser und Nährstoffe weg, sofern sie in deren unmittelbarer Nähe aufwachsen. Als Zwischenwirte übertragen sie so manche Pilzkrankheit. Steht Unkraut zwischen den Kulturpflanzen, so trocknen diese langsamer ab, wodurch Krankheiten gefördert werden.

Die häufigsten Gartenunkräuter

Der Ackerschachtelhalm gehört zu den Farnpflanzen und zeigt staunassen Boden an. Sein Kraut eignet sich zur Herstellung von Brühen gegen pilzliche Pflanzenkrankheiten. Breitwegerich weist auf die gleichen Bodenverhältnisse hin. Tiefgreifende Bodenverbesserung mit viel Kompost und Sand ist hier nötig.
Die Große Brennessel wächst auf stickstoffreichen Böden. Als mehrjähriges Wurzelunkraut bildet sie dichte Horste. Aus dem Kraut lassen sich Brühen und Jauchen für die Pflanzenpflege herstellen.
Unter den Disteln ist die Ackerkratzdistel mit ihren Pfahlwurzeln im Garten besonders lästig, andererseits aber eine gute Nektarquelle für Nützlinge. Sie zeigt, ebenso wie das brennesselähnliche Franzosenkraut, Stickstoff an.
Der ausdauernde, sich durch unterirdische Sproßausläufer vermehrende Giersch wächst auf guten Gartenböden und ist sehr schwer bekämpfbar. Oberirdische Ausläufer bildet der Kriechende Hahnenfuß, der oft auf tonigen, nährstoffreichen Böden vorkommt.
Aus den gelben Blütenköpfen des Löwenzahns bilden sich die samenreichen „Pusteblumen". Die immer wieder austreibende Pfahlwurzel muß tief ausgestochen werden.
Die bis 1,5 m hoch werdende Melde besitzt leicht bemehlte Blätter und hat die gleichen Bodenansprüche wie der Hahnenfuß.
Die zu den Gräsern gehörende Gemeine Quecke ist ausdauernd und bildet Rhizome, aus denen sich neue Pflanzen entwickeln.
Zu den trittfesten Unkräutern auf stickstoffreichen Sandböden zählt der kriechende Vogelknöterich.
Die Vogelmiere läßt sich leicht jäten, ihre Samen besitzen jedoch eine enorme Keimkraft. Das gleiche gilt für das Wiesenschaumkraut, auch Springkraut genannt, wegen der springenden Samen.
Winden, vor allem die Ackerwinde, bilden tiefgehende Pfahlwurzeln und Wurzelausläufer, die man vollständig ausgraben muß.

Unkraut-Bekämpfung

Im naturnahen Garten sollte auf synthetische Unkrautvernichter verzichtet werden. Das gleiche gilt für die Verwendung von Abflammgeräten, denn der relativ hohe Gasverbrauch ist Energie verschwendend, und das dabei entstehende Kohlendioxid trägt zum Treibhauseffekt bei.
Am umweltfreundlichsten beseitigt man Unkraut mit Hacke, Fugenkratzer und Messer. Mischkultur, Mulchkompost, schwarze Mulchfolie oder Bodendecker sorgen auf den Beeten für eine ständige Bodenbedeckung, so daß aufkeimende Wildkräuter keine Chance haben.

42 Die Gartenpraxis

Schwarze Bohnenlaus

Schaderreger an Gemüse

Schwarze Bohnenlaus
(Aphis fabae)

Sie überwintert als Ei auf verschiedenen Ziergehölzen. Von dort aus besiedeln geflügelte Bohnenläuse ab Ende April Bohnen, Gurken, Tomaten, Kräuter, Dahlien und andere Gartenpflanzen. **Vorbeugung:** Ausgewogen düngen, nicht zu viel Stickstoff. Nützlinge schonen. **Bekämpfung:** Brennessel-Kaltwasser-Brühe, Farn-Kraut-Brühe, Rhabarber- oder Wermut-Tee, Seifen-Brühe, gegebenenfalls Präparate auf der Basis von natürlichen Fettsäuren oder Rapsöl spritzen.

Nacktschnecke am Chinakohl

Kartoffelkäfer
(Leptinotarsa decemlineata)

Die gelben, schwarz gestreiften Käfer, 1 cm groß, können mit ihren rötlichen, seitlich gepunkteten, gebuckelten Larven ganze Bestände kahlfressen. Auf den Blattunterseiten werden viele Gelege mit 20–30 orange-gelben Eiern abgesetzt. **Vorbeugung:** Rechtzeitig ein Gemüseschutznetz über den Bestand legen. **Bekämpfung:** Wenige Käfer und Larven können abgelesen, Eigelege zerdrückt werden. Spezielles

Kartoffelkäfer

Bacillus-thuringiensis-Präparat gegen die Junglarven einsetzen (wirkt nicht gegen Käfer und Altlarven); gegen Käfer und Larven wirkt Pyrethrum-Staub.

Kleine + Große Kohlfliege
(Delia brassicae, Delia floralis)

Kohlpflänzchen fallen um, Rettiche und Radieschen zeigen häßliche, braune Fraßgänge und sind deformiert. Die Kopfbildung bei Kohl bleibt aus, Blumenkohl entwickelt keine richtige Blume und beim Rosenkohl sind die unteren Röschen befressen. Die Larven der Kohlfliegen sind die Verursacher. Die Kleine Kohlfliege bringt 3 Generationen, die Große eine pro Jahr hervor. **Vorbeugung:** Setzlinge sehr früh oder spät pflanzen; tief setzen und anhäufeln; Mittel mit Kräuterauszügen (im Handel erhältlich) regelmäßig streuen; Feinmaschiges Schutznetz über die Kulturen decken. **Bekämpfung:**

Nützliche Nematoden gießen (im Handel erhältlich).

Nacktschnecken
(Arionidae und Limacidae)

Obwohl die Schnecken selbst welke und abgestorbene Pflanzenteile fressen, so finden wir sie meist an Gemüse und Erdbeeren. Die vor allem bei feuchter Witterung nachtaktiven Schnecken legen bis zu 400 Eier in kleine Erdhöhlen. **Vorbeugung:** Igel, Spitzmäuse, Laufkäfer und Vögel fördern; Schneckenabwehrzäune (im Handel erhältlich) aufstellen. Keinen frischen Rasenschnitt zum Mulchen verwenden, denn dieser zieht Schnecken an. **Bekämpfung:** Bierfallen aufstellen; Tagetes als Fangpflanzen zwischen die Kulturen stellen, Bretter auslegen, Schnecken dort absammeln.

Larven der Kohlfliege

Kraut- und Braunfäule an Tomate, Kraut- und Knollenfäule an Kartoffel
(Phytophthora infestans)

Tomaten und Kartoffeln werden bei feuchter Witterung sehr stark von dieser Pilzfäule heimgesucht. Auf den Blättern zeigen sich erst grünliche, später braune Flecken, blattunterseits kann weiß-grauer Pilzrasen auftreten. Die Tomaten weisen braune, eingesunkene Stellen auf, die tief ins Fruchtfleisch reichen. Das Fleisch der Kartoffelknollen ist darunter rötlichbraun verfault. **Vorbeugung:** To-

Pflanzenschutz 43

maten regengeschützt pflanzen, nicht neben Kartoffeln; bodennahe Blätter entfernen, unter den Pflanzen mulchen; nicht über die Blätter gießen. Widerstandsfähige Kartoffelsorten: 'Miriam', 'Juliver', 'Roxy'.
Behandlung: Wöchentlich Magermilch, Rhabarber-Tee oder Zwiebel-Jauche spritzen. Bei starkem Befall mehrmals Kupfermittel einsetzen.

Drahtwurm
(verschiedene Arten)

Drahtwürmer sind Larven von

Falscher Mehltau am Salat

Schnellkäfern, die an Salat, Kartoffeln und anderen Gemüsearten durch Wurzelfraß die Pflanzen zum Absterben bringen können. **Vorbeugung:** Spitzmäuse, Laufkäfer und Vögel fördern, Boden intensiv bearbeiten; Kalk streuen. **Bekämpfung:** Halbierte Kartoffeln mit der Schnittseite in den Boden drücken, täglich Drahtwürmer daraus absammeln, Knolle frisch anschneiden. Das ist eine sehr effektive Methode, weil die Larven bis zu 5 Jahre leben und sich als solche nicht fortpflanzen können.

Kohlhernie am Chinakohl

Kraut- und Braunfäule an der Tomate

Falscher Mehltau an Salat
(Bremia lactucae)

Auf der Blattoberseite entstehen auffällige, gelbe, später braune, von den Blattadern begrenzte Flecken. Blattunterseits befindet sich ein weiß-grauer Pilzrasen. Befall von Falschen Mehltaupilzen tritt besonders bei feuchtem Wetter auf. **Vorbeugung:** Nicht zuviel Stickstoff düngen; kranke Blätter entfernen; Salatpflanzen nicht zu tief pflanzen und nur morgens gießen. Widerstandsfähige Sorten: 'Novita', 'Barbarossa', 'Resi', 'Larissa'. **Bekämpfung:** Wöchentlich mit einem Lecithin-Präparat oder Schachtelhalm-Brühe spritzen.

Kohlhernie
(Plasmodiophora brassicae)

Bei Kohl, Radieschen und Rettich verursacht dieser ausdauernde Schleimpilz knotenartige bis walzenförmige Wurzelverdickungen, die nicht hohl sind. Auch Sommerblumen wie Levkojen und Goldlack können befallen werden. **Vorbeugung:** Nur alle 5 Jahre Kohl und andere Kreuzblütler auf gleichem Beet kultivieren; keinen Senf oder Ölrettich zur Gründüngung verwenden; befallene Kohlstrünke restlos beseitigen, nicht in den Kompost; als Vorkultur Porree oder Zwiebeln anbauen; Boden locker halten; pH-Wert auf 7 oder höher einstellen; Algenkalk ins Pflanzloch geben; Widerstandsfähige Chinakohlsorten: 'Kohboh', 'Parkin', 'Chorus'. Keine direkte Bekämpfung möglich.

Kleiner und Großer Kohlweißling
(Pieris rapae, Pieris brassicae)

Die Larven der Kohlweißlinge lassen manchmal nur die Blatt-

Drahtwürmer

rippen des Kohls übrig. Die Raupen des Kleinen Kohlweißlings sind grün mit feiner gelber Rückenlinie, die des Großen gelb-schwarz-grau gefleckt. **Vorbeugung:** Mischkultur mit Tomaten und Sellerie; ausgegeizte Tomatentriebe zwischen die Kohlpflanzen legen oder als Kaltwasser-Brühe alle 3 Tage spritzen; keine Brennessel-Jauche anwenden, wirkt anziehend. **Bekämpfung:** Bei geringem Befall die gelben Eier zerdrücken, Raupen absammeln; Bacillus-thuringiensis-Präparat spritzen.

Larven Großer Kohlweißling

Schaderreger an Obst

Grauschimmel
(Botrytis cinerea)

Die Früchte sind mit einem weißlich-grauen Pilzrasen bedeckt und faulen, besonders bei feuchtem Wetter.
Vorbeugung: Für ausreichend Licht, Luft und lockeren Boden sorgen. Boden mit Stroh oder trockenem Mulch abdecken. Befallene Pflanzenteile entfernen. Im Frühjahr nur wenig Stickstoff düngen.
Behandlung: Ab Blühbeginn wöchentlich mit Schachtelhalm-Brühe, Zwiebel-Knoblauch-Tee oder Fettsäure-Präparat spritzen, zweiwöchentlich mit Brennessel-Jauche gießen.

Grauschimmel an Erdbeere

Kräuselkrankheit am Pfirsich

Amerikanischer Stachelbeer-Mehltau

Schorf an Apfel
(Venturia inaequalis)

Zunächst findet man nach der Blüte blattoberseits zarte, grünlich-schwarze, später braunschwarze Flecken unterschiedlicher Größe, letztere auch auf den Früchten, deren Schale reißt. Frühzeitiger Laubfall. Befallene Früchte sind nicht lagerfähig.
Vorbeugung: Krone auslichten, regelmäßig schneiden, Fallaub beseitigen, ausreichend wässern, kalibetont düngen. Widerstandsfähige Sorten: 'Florina', 'Prima', 'Sir Prize', 'Reanda'.
Behandlung: Vor der Blüte und dann alle 8 bis 14 Tage nach der Blüte Netzschwefel und Schachtelhalm-Brühe spritzen, je feuchter, desto öfter.

Kräuselkrankheit an Pfirsich
(Taphrina deformans)

Bauchig aufgetriebene, hellgrüne, gelbe oder rötliche Kräuselungen und Verdickungen zeigen sich. Gestauchte Triebe, verkrüppelte Blattbüschel sowie vorzeitiger Laub- und Fruchtfall sind weitere Symptome.
Vorbeugung: Maßvolle Düngung mit organischem Dünger. Befallene Blätter und Fruchtmumien sind vollständig zu entfernen; den Baum jährlich schneiden.
Behandlung: Vor dem Austrieb (Februar/März) zweimal mit einem Kupfermittel, danach mit Netzschwefel oder Schachtelhalm-Brühe und Brennessel-Jauche spritzen.

Apfelschorf

Spitzendürre an Sauerkirschen
(Sclerotinia laxa)

Der pilzliche Erreger dringt durch die Blüte in das Holz und läßt Blüten, Blätter und Triebe von Kirschen, Mandelbäumchen und Aprikosen absterben.
Vorbeugung: Befallene Triebspitzen nach der Blüte bis 15 cm ins gesunde Holz abschneiden. Regelmäßig Algenkalk streuen. Anfang, Mitte und Ende der Blüte Fettsäure-Präparat oder Meerrettich-Tee spritzen.

Mehltau an Stachelbeeren
(Spaerotheca mors-uvae)

Der abwischbare weiße Pilzbelag überzieht Triebe, Blätter und Früchte, wo er später braun wird. Befallene Früchte sind ungenießbar, die Triebe sind gestaucht, und die Blätter fallen frühzeitig ab. Befällt auch die

Spitzendürre an Sauerkirschen

Pflanzenschutz 45

schwarze Johannisbeere.
Vorbeugung: Befallene Triebe abschneiden, Fallaub entfernen. Widerstandsfähige Sorten: 'Mucurines-Malahit', 'Reverta', 'Hinnonmäki'; schwarze Johannisbeeren: 'Titania', 'Ometa'.
Behandlung: Einmal vor Austrieb, dann alle 7 bis 10 Tage mit Netzschwefel, Lecithin- oder Rapsöl-Präparat spritzen, je feuchter die Witterung, desto öfter.

Maden in Kirschen
(Kirschfruchtfliege, Rhagoletis cerasi)

Die Kirschfruchtfliege legt bis zu 200 Eier einzeln an die noch gelben Früchte ab. Die Eilarven bohren sich in die Kirschen ein und fressen das Fruchtfleisch um den Kern herum. Außen sieht man nur bräunliche, eingesunkene Stellen.
Vorbeugung: Abgefallene Früchte sofort vernichten. Rechtzeitig und vollständig ernten. Wermut-Tee 3 Wochen nach der Blüte mehrmals spritzen. Frühe und mittelfrühe Sorten werden weniger befallen.
Bekämpfung: 1–2 Kirschfruchtfliegen-Fallen pro Meter Baumhöhe aufhängen, wenn die Kirschen beginnen gelb zu werden.

Gitterrost an Birnen
(Gymnosporangium sabinae)

Auf der Blattoberseite befinden sich bereits im Mai gelbrote Flecken, blattunterseits hervorstehende, gelb-rötliche, gitterartige Sporenbehälter. Die Birne ist Zwischenwirt, Hauptwirte sind der Sadebaum und andere Wacholderarten, außer dem Gemeinen Wacholder.
Vorbeugung: Im Umkreis von 150 m keinen Wacholder pflegen.
Behandlung: Kranke Blätter bis Ende Juni entfernen. Birne regelmäßig mit Netzschwefel und Schachtelhalm-

Kirschfruchtfliege

Brühe spritzen (wirkt nur allgemein stärkend).

Säulenrost an Johannisbeeren
(Cronartium ribicola)

Auf der Blattunterseite Schwarzer Johannisbeeren befinden sich anfangs gelbe, später gelbbraune Rostpusteln, blattoberseits gelbe Flecken. Frühzeitiger Blattfall ist die Folge. Zwischenwirte des Pilzes sind Weymouthskiefer und Zirbelkiefer.
Vorbeugung: In der Nähe der genannten Kieferarten keine schwarzen Johannisbeeren anbauen oder Kiefern entfernen. Fallaub immer sorgfältig entfernen. Weniger anfällige Sorten: 'Titania', 'Ometa', 'Goliath'.
Behandlung: Befallene Blätter entfernen. 2–3 mal vor und nach der Blüte mit Schachtelhalm-Brühe oder Fettsäure-Präparat spritzen.

Säulenrost an Johannisbeeren

Gallmilben an Obst

Die winzige Brombeergallmücke wandert im Frühjahr in Blüten und Früchte. Die Beeren bleiben ganz oder teilweise rot; saurer Geschmack. **Vorbeugung:** Triebe sofort zurückschneiden. **Bekämpfung:** Rapsöl-Präparat spritzen, wenn die Jungtriebe 15 cm lang sind, sowie dreimal danach alle 12 Tage. Rainfarnbrühe zur Nachblüte und im Herbst.
Die 0,2 mm kleine **Birnenpockenmilbe** verursacht auf bei-

Birnen-Gitterrost

Schadbild Brombeergallmilbe

den Blattseiten grüne bis rote, später braun-schwarz werdende Ausstülpungen. **Bekämpfung:** Befallene Blätter entfernen. Zum Knospenschwellen, 1 und 2 Wochen später ein Rapsöl-Präparat spritzen.
Die winzige **Beutelgallmilbe** erzeugt auf Pflaumen- und Zwetschgenblättern unterseits kleine, beutelförmige, hellgrüne, später rötliche Gallen, die sich auf der Blattoberseite schlitzartig, wulstig öffnen.
Bekämpfung: Siehe Birnenpockenmilbe.

Schaderreger an Zierpflanzen

Sitkafichtenlaus
(Liosomaphis abietinum)

An Blau-, Sitka- und Omorikafichten ist die Sitkafichtenlaus der gefürchtetste Schädling. Die 1–2 mm großen, grünen Pflanzensauger mit roten Augen verursachen auf den Altnadeln zunächst gelbliche Flecken, die Bäume werden von innen her braun, die Nadeln fallen ab. **Vorbeugung:** Bäume mit organischem Tannendünger, Algenkalk und Kompost versorgen. **Bekämpfung:** Regelmäßige Befallskontrollen von September bis Mai; dazu weißes Papier unter die Innenseite der Äste halten und auf diese klopfen. Sind Läuse auf dem Papier, sofort ein Präparat mit natürlichen Fettsäuren oder Rapsöl spritzen.

Große Rosenblattlaus
(Macrosiphum rosae)

Die bis 4 mm große, grüne bis beige Blattlaus tritt häufig bereits gleich nach dem Austrieb in Massen auf. Blätter, Blütenknospen sowie Triebspitzen werden stark deformiert und mit klebrigem Honigtau beschmutzt, auf dem sich Rußtaupilze ansiedeln können. **Vorbeugung:** Nicht zuviel Stickstoff düngen; Wermut-Jauche spritzen. **Bekämpfung:** Seifen-Brühe, Rapsöl-Präparat spritzen oder umweltfreundliches und nützlingsschonendes Rosenpflaster (im Handel erhältlich) an die Basis der Triebe kleben, wirkt 2 Monate lang.

Weiße Fliege
(Trialeurodes vaporariorum u. a.)

Weiße Fliegen, auch Mottenschildläuse genannt, werden 1,5 mm groß und sind mit weißem Wachsstaub bedeckt. Bei Befall färben sich die Blätter gelb und sind meistens mit klebrigem Honigtau überzogen, auf dem sich Rußtaupilze ansiedeln können. Rhododendron, Wandelröschen, Fuchsie, Hibiskus, Schönmalve und viele andere Pflanzen werden befallen. **Vorbeugung:** Übermäßige Stickstoffdüngung vermeiden. **Bekämpfung:** Seifen-Brühe oder Präparate auf der Basis von Rapsöl oder Neem mehrmals in wöchentlichen Abständen gründlich spritzen.

Echter Mehltau
(verschiedene Arten)

Blätter und manchmal andere Pflanzenteile werden blattoberseits, seltener blattunterseits, mit einem mehligen Belag überzogen. Vergilbungen, Stengelverkrümmungen, Welke oder

Sitkafichtenlaus

schlechte Blüte können die Folge sein. Diese Pilzkrankheit trifft viele Garten- und Balkonpflanzen, wie z. B. Birke, Hainbuche, Haselnuß (hier Belag nur auf der Blattunterseite), Eiche, Mahonie, Rose, Rittersporn, Phlox, Astern, Margeriten und Begonien. **Vorbeugung:** Beim Kauf nach widerstandsfähigen Sorten fragen. Nicht zuviel Stickstoff düngen; nicht zu eng pflanzen; im Gewächshaus gut lüften; Zwiebel-Knoblauch-Tee oder Extrakt aus Sachalin-Staudenknöterich (im Handel erhältlich) regelmäßig spritzen. **Bekämpfung:** Wöchentlich Netzschwefel oder Lecithin-Präparat spritzen.

Sternrußtau an Rosen
(Diplocarpon rosae)

Ab Ende Mai, stärker noch im Spätsommer, bilden sich unterschiedlich große, meist runde, braune bis schwarze Blattflecken mit typisch strahligem Rand. Die Blätter vergilben und fallen vorzeitig ab. Der verursachende Pilz überwintert auf Blattstückchen im Boden. **Vorbeugung:** Rosen nicht zu dicht pflanzen; abgefallene Blätter vernichten, nicht in den Kompost; wöchentlich Schachtelhalm-Brühe spritzen. Widerstandsfähige Sorten wie beispielsweise 'Berolina', 'Flower-Carpet', 'Heidefeuer', 'Heidetraum' bevorzugen. **Bekämp-**

Rosenblattlaus

Weiße Fliege und Larve

Pflanzenschutz

fung: Wöchentlich mit einem Präparat auf der Basis natürlicher Fettsäuren spritzen.

Gefurchter Dickmaulrüßler
(Otiorrhynchus sulcatus)

Buchtenförmige Fraßstellen an Blättern von Rhododendren, Azaleen, Erdbeeren, Rosen, Kübelpflanzen und anderen weisen auf den nachtaktiven, 10–12 mm großen, flugunfähigen Rüsselkäfer hin, der grauschwarz ist mit kleinen, gelben Flecken. Seine weißlichen Larven können durch Wurzelfraß die Pflanzen

Echter Mehltau an Begonie

Gefurchter Dickmaulrüßler mit typischem Fraßbild

zum Absterben bringen. **Vorbeugung:** Keine Pflanzen mit Buchtenfraß kaufen; Spitzmäuse und Igel fördern. **Bekämpfung:** Die Käfer mit Hilfe einer Taschenlampe nachts von den Blättern absammeln; Rainfarn-Brühe spritzen; gegen die Larven im Boden nützliche Nematoden (im Handel erhältlich) gießen.

Maulwurfsgrille
(Gryllotalpa gryllotalpa)

Die bis 5 cm große, braunschwarze Grille, auch Werre genannt, besitzt zwei schaufelartige Grabbeine und zwei Paar Flügel, kann aber nicht fliegen. Sie verursacht große Fraßschäden an Wurzeln und Stengeln im Rasen und Gemüsebeet. Durch ihre Wühltätigkeit auf der

Suche nach Würmern und Insektenlarven werden Sämlinge und Jungpflanzen aus der Erde gedrückt und verwelken. Die fingerdicken Gänge werden dicht unter der Erdoberfläche angelegt und nachts verlassen, um auch oberirdisch an Pflanzen zu fressen. Im Juni/Juli legt das Weibchen etwa 400 Eier in ein unterirdisches Nest ab, deshalb sollte eine Bekämpfung möglichst bis Ende Mai erfolgen. 2 bis 3 Wochen nach Eiablage schlüpfen die ameisenähnlichen Larven, die zunächst im Nest bleiben, später mit den Alttieren zusammen auf Beutezug gehen. **Vorbeugung:** Spitzmaus und Amseln fördern. **Bekämpfung:** Blumentöpfe oberirdisch eingraben, die nachts nach oben kommenden Tiere fallen hinein; Gänge mit spülmittelhaltigem Wasser fluten, die Werren kommen kurze Zeit später heraus

Kleiner Frostspanner (Larve)

und können abgesammelt werden; nützliche Nematoden (im Handel erhältlich) gießen.

Kleiner und Großer Frostspanner
(Operophthera brumata, Erannis defoliaria)

Beide Arten können als Raupen im zeitigen Frühjahr erhebliche Fraßschäden an Blättern und Früchten von Ziersträuchern, Zier- und Obstbäumen anrichten. Das flugunfähige Weibchen kriecht an warmen Herbsttagen am Baumstamm empor, um

Sternrußtau am Rosenblatt

seine Eier in der Krone abzulegen. Die Raupen erscheinen im Frühjahr. **Vorbeugung:** Vögel fördern; Stämme mit Weißanstrich versehen; Mitte September Raupenleimringe um Stämme und Stützpfähle anlegen. **Bekämpfung:** Vor Austrieb Weißöl gegen die Eier spritzen; Jungraupen im Frühjahr mit *Bacillus-thuringiensis*-Präparat bekämpfen.

Maulwurfsgrille

Vermehrung

Selbst vermehren

Spätestens wenn der Frühling naht, schlägt das Gärtnerherz höher, denn jetzt werden Pflanzen für das neue Gartenjahr herangezogen. Die häufigste Vermehrungsart ist die Aussaat. Als Zubehör benötigen Sie Aussaatgefäße (Töpfe, Schalen, Multitopfplatten), Anzuchterde, ein Holzbrett zum Glattziehen und Andrücken der Erde, eine Gießkanne mit feinem Brauseaufsatz, Folie zum Abdecken des Anzuchtgefäßes und Etiketten. Natürlich lassen sich viele Gemüsearten und einige Sommerblumen genauso gut an Ort und Stelle im Garten aussäen. In der Regel finden Sie ein ausreichend großes Samenangebot im Fachhandel, Versandfirmen bieten auch Raritäten oder Spezialitäten an. Die Ernte von eigenem Saatgut führt nicht immer zum Erfolg. Oft erhält man im Fachhandel sogenanntes „Hybridsaatgut", die direkten Nachkommen der Hybridpflanzen haben ganz andere Eigenschaften als die Eltern.

Teilung, Steckholz und Stecklinge

Durch Wurzelteilung lassen sich viele Stauden und Ziergräser vermehren. Margerite, Mädchenauge, Schwertlilie oder Sonnenhut blühen nach Teilung und Umpflanzen meist viel prächtiger. Die beste Zeit für die Wurzelteilung ist nach der Blüte oder vor dem Austrieb im Frühling. Man braucht dazu lediglich einen Spaten und ein scharfes Messer. Gehölze wie Forsythie, Winterjasmin oder Johannisbeeren lassen sich am einfachsten durch Steckhölzer vermehren. Man schneidet dazu zwischen November und Februar einjährige, verholzte Triebe aus, schlägt diese frostfrei in ein feuchtes Torf-Sand-Gemisch ein und pflanzt sie mit Beginn der neuen Gartensaison im Garten aus, vorerst noch in ein eigenes Beet, bis sie nach erfolgreicher Wurzelbildung an den endgültigen Standort umgesetzt werden.
Viele Sommerblumen wie Geranien, Fuchsien oder Fleißige Lieschen können Sie am einfachsten durch Kopfstecklinge vermehren. Diese werden mit einem scharfen Messer von der Mutterpflanze geschnitten und kommen bis zur Bewurzelung in ein Wasserglas oder in ein feuchtes Anzuchtsubstrat, wo sie sich unter einer Folienabdeckung besonders wohl fühlen.

So lassen sich Pflanzen vermehren

Hier sehen Sie die Möglichkeiten, wie Sie Ihre Pflanzen vermehren können. Sie sind an einer erdachten Pflanze gezeigt, denn natürlich läßt sich nicht jede Pflanze durch alle Arten vermehren.
Von oben im Uhrzeigersinn: Die **Aussaat** ist vor allem bei Gemüse und Sommerblumen üblich. Beim **Abmoosen** bilden sich die Wurzeln noch an der Pflanze, danach wird der Trieb von der Mutterpflanze abgetrennt und eingepflanzt. Günstig bei Gewächsen, die nur langsam bewurzeln wie Rhododendron. **Bulbillen** heißen Brutzwiebeln in den Blattachseln des Stengels. Man kennt sie von der Feuerlilie. Das **Brutblatt** wird von manchen Kalanchoé-Arten gebildet. **Kopfstecklinge**

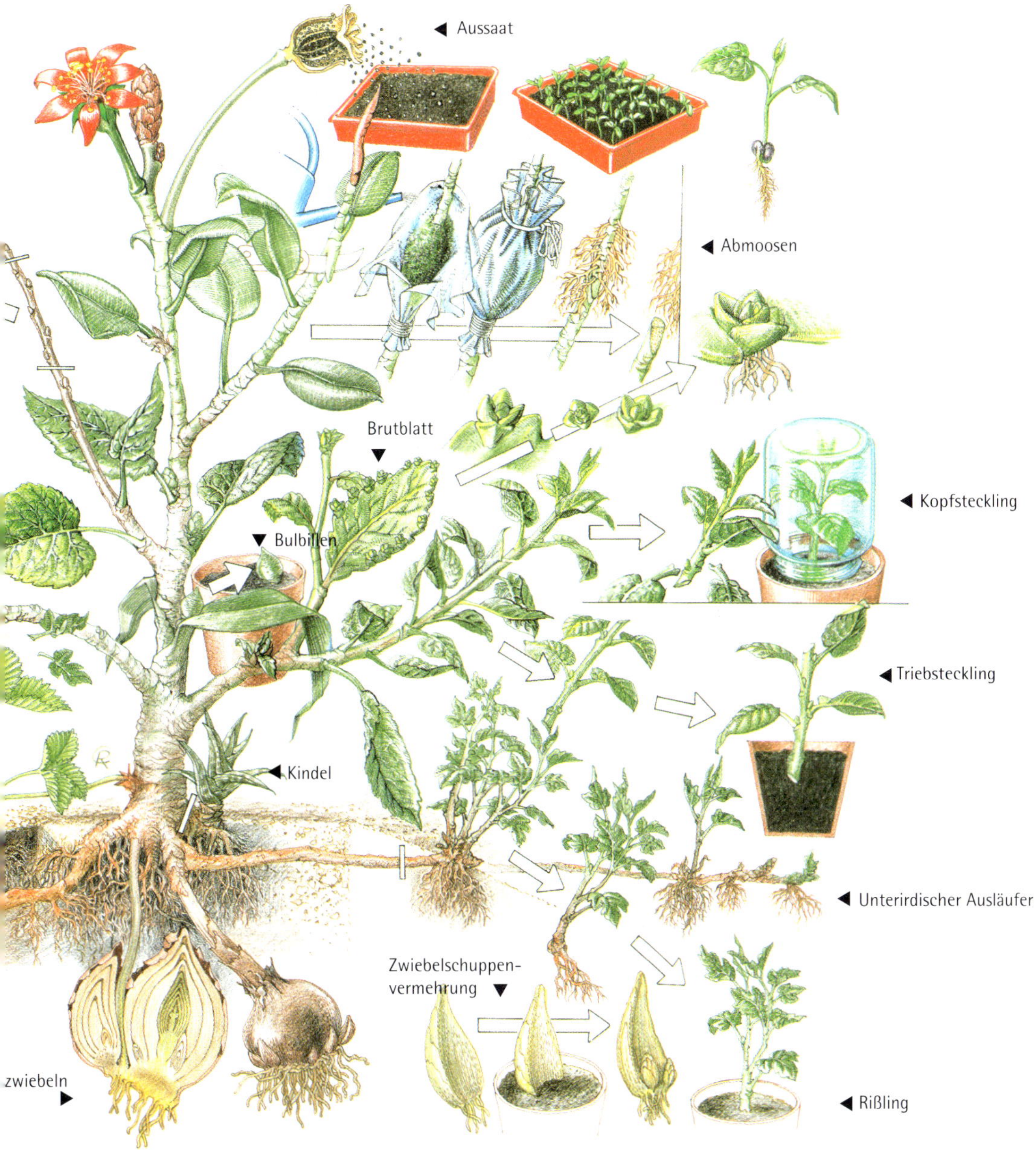

Vermehrung 49

Diagramm mit Beschriftungen: Aussaat, Abmoosen, Brutblatt, Kopfsteckling, Bulbillen, Triebsteckling, Kindel, Unterirdischer Ausläufer, Zwiebelschuppenvermehrung, Rißling, zwiebeln, Brutknollen

schneidet man am Triebende von Geranien, Fuchsien oder Fleißigen Lieschen. **Triebstecklinge** stammen von Gewächsen, die lange, beblätterte Triebe bilden wie Efeu oder Weigelie. **Unterirdische Ausläufer** werden häufig verwendet bei Maiglöckchen oder Gelenkblume. **Rißlinge** sind bewurzelte Einzeltriebe von Stauden wie Kissenaster oder Sonnenhut, die von der Mutterpflanze regelrecht abgerissen und gleich eingepflanzt werden. Die **Zwiebelschuppenvermehrung** ist üblich bei Lilien. Man nimmt sie vorsichtig ab und bewurzelt sie in einer mit feuchtem Sand gefüllten Folientüte. **Kindel** sind vor allem bekannt durch Zimmerpflanzen wie Bromelien. **Brutknollen** werden von Gladiole und Krokus gebildet. **Brutzwiebeln** können von Tulpen geerntet werden, die man nach der Blüte, aber vor dem Einziehen des Laubes ausgräbt. Von Kugelprimeln, Edeldistel oder der Strauchkastanie können Sie **Wurzelschnittlinge** gewinnen. Gartenerdbeeren bilden **oberirdische Ausläufer**, die einfach abgetrennt und in Töpfen weiterkultiviert werden. Durch **Wurzelteilung** können Sie Stauden, Ziergräser und viele Wasserpflanzen vermehren. Die **Absenker** von Hartriegel und Magnolie bewurzeln an Ort und Stelle. Austrieb an Einschnitten, **Blattstückstecklinge und Blattstecklinge** sind vor allem aus der Vermehrung von Zimmerpflanzen bekannt. **Steckhölzer** schneidet man von Forsythie, Pfeifenstrauch, Winterjasmin, Weiden, Johannisbeere und anderen Ziergehölzen.

Gärtnern mit dem Mond

Häufig wird der Einfluß des Mondes auf das Pflanzenwachstum von Wissenschaftlern in Frage gestellt. Trotzdem ist es für viele Biogärtner selbstverständlich, sich bei der täglichen Gartenarbeit nach den Empfehlungen eines Mondkalenders zu richten. Der einfache Grund: Pflanzen, die nach den Monddaten gesät, gepflanzt oder gepflegt wurden, entwickeln sich häufig besonders wüchsig und gesund. In der Regel wird der Kalender bei der Arbeit im Nutzgarten verwendet, selbstverständlich beziehen sich alle genannten Empfehlungen auch auf Sommerblumen, Stauden, Blatt- und Blütengehölze oder den Zierrasen.

Wie funktioniert ein Mondkalender? Ungefähr 28 Tage dauert es, bis der Mond die Erde einmal umrundet hat. Auf seiner Umlaufbahn nähert sich der Erdtrabant in regelmäßiger Folge den 12 Tierkreiszeichen. Jedes dieser Tierkreiszeichen läßt sich einem der 4 Urelemente Erde, Wasser, Luft und Feuer zuordnen. Diese 4 Elemente werden wiederum mit 4 pflanzlichen Wuchstypen in Verbindung gebracht:

Der Mond beeinflußt nicht nur die Gezeiten, sondern auch das Pflanzenwachstum.

Jeweils drei Sternzeichen bilden gemeinsam ein Trigon. Jedes Trigon wird einem Pflanzenorgan zugeordnet.

- Jungfrau, Steinbock und Stier sind Erdzeichen und begünstigen das Wachstum von Wurzelpflanzen.
- Krebs, Skorpion und Fische gehören zum Element Wasser und fördern die Blattpflanzen.
- Die Sternzeichen Zwilling, Waage und Wassermann lassen sich dem Element Luft zuordnen

Die Sonnenblume ist eine typische Blütenpflanze.

Knackige Früchte der Wurzelpflanze Karotte

Gärtnern mit dem Mond

und beeinflussen das Wachstum der Blütenpflanzen.
- Löwe, Schütze und Widder sind Feuerzeichen und begünstigen somit das Wachstum der Fruchtpflanzen.

Nähert sich also der Mond auf seiner Umlaufbahn um die Erde dem Sternzeichen Jungfrau, so werden in diesem Zeitraum alle Wurzelpflanzen positiv be-

kennzeichnet durch den tiefsten Punkt (Tierkreiszeichen Schütze) und den höchsten Punkt (Tierkreiszeichen Zwilling). Zwischen diesen beiden Punkten liegen die Phasen des aufsteigenden und des absteigenden Mondes, nicht zu verwechseln mit dem zunehmenden und abnehmenden Mond. Für die Pflanzung sollte nach Möglichkeit die Phase des absteigenden Mondes gewählt werden.

Den einzelnen Trigonen werden Blatt-, Erd-, Blüten- und Fruchtpflanzen zugeordnet.

einflußt. Aussaat- und Pflegearbeiten mit Wurzelpflanzen sollten bevorzugt an einem solchen Wurzeltag stattfinden. Dementsprechend gelten für die anderen Gewächse im Garten Blattage, Blütentage und Fruchttage als besonders günstig.

Ein weiterer Einfluß des Mondes auf das Pflanzenwachstum ergibt sich aus seiner aktuellen Entfernung zur Erde. Die Mondbahn um die Erde ist ge-

Welcher Mondkalender ist der richtige?

Es gibt inzwischen unzählige Kalender, in denen Monddaten mit Empfehlungen zur Gartenarbeit abgedruckt werden. Bei den Käufern dieser Veröffentlichungen führt das zu Unsicherheiten, denn oftmals unterscheiden sich die Angaben in den Kalendern um mehrere Tage. Dafür sind nicht nur verschiedene Kalenderautoren verantwortlich, die die astrologischen Daten nach eigenen Erfahrungen unterschiedlich auslegen.

Grundlage für jeden Mondkalender sind die Berechnungen astronomischer Institute. Weil die Grenzen zwischen 2 Sternzeichen von den Astronomen jedoch unterschiedlich gezogen werden, weichen auch die „wissenschaftlichen" astronomischen Daten voneinander ab, je nachdem, welches Institut die Daten geliefert hat.

Im Tabellenanhang am Ende dieses Buches finden Sie die Aussaatdaten für die Jahre 1999 bis 2005 übersichtlich zusammengestellt. Diese Daten berechnen wir auch für die Gartenzeitschrift „Mein schöner Garten" und veröffentlichen sie dort.

Kohl ist als Blattpflanze sehr variantenreich.

Bohnen gehören zu den Fruchtpflanzen.

Zu den schönsten Erfolgserlebnissen beim Gärtnern gehört die Ernte von selbst gezogenem, knackigem Gemüse: Tomate, Kopfsalat, Möhre & Co. kommen direkt aus dem Garten frisch auf den Tisch. Die Früchte mußten nicht tagelang im Gemüseregal auf einen Käufer warten und sind – wenn sie aus dem eigenen Biogarten kommen – frei von unerwünschten Schad- oder Fremdstoffen. Mit Mischkultur und Fruchtwechsel gelingt der Anbau auf naturgemäße Art; wenn ausreichend Platz zur Verfügung steht, können Sie sogar den Gemüsebedarf der ganzen Familie selbst decken.

Der Gemüsegarten

54 Der Gemüsegarten

Wenn der Nutzgarten die Familie ernähren soll, sollten Sie vorher einen Anbauplan mit geordneter Fruchtfolge erstellen. Frühbeetkästen dienen der Anzucht von Jungpflanzen und ermöglichen frühe Ernten.

Vier-Personen-Nutzgarten
1 Stangenbohnen und Mohn, 2 Fenchel, 3 Salat, 4 Erbsen an Reisig, 5 Zucchini, 6 Apfel, 7 Johannisbeere, 8 Rhabarber, 9 Kompost, 10 Erdbeeren und Knoblauch, Sommerastern, 11 Sauerkirsche, 12 Sellerie und Buschbohnen, 13 Weißkohl und Salat, 14 Gurken und Dill, 15 Kohlrabi und Lauch, 16 Frühbeet, 17 Zwiebeln und Möhren, 18 Tomaten und Kapuzinerkresse

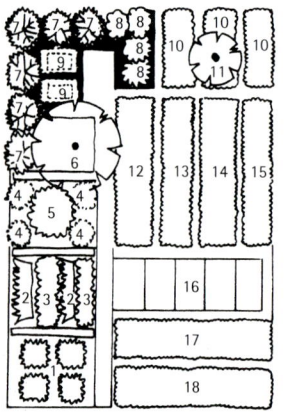

Planung

Ein Gemüsegarten muß so angelegt sein, daß die Beete möglichst von allen Seiten gut zu erreichen sind. Die meisten Arten bevorzugen einen Platz in der vollen Sonne. Während der klassische Nutzgarten aus jeweils gleich großen, rechteckigen Beeten besteht, haben sich inzwischen auch Nutzgärten mit Ziercharakter durchgesetzt. Gemüsepflanzen bilden zusammen mit Kräutern, sowie einigen Stauden und Sommerblumen ein schönes Bild und müssen sich nicht länger in abgelegenen Gartenecken verstecken.

Der Gemüseanbau gelingt am besten, wenn Sie rechtzeitig zum Beginn der Saison einen Plan aufstellen, wann welche Frucht auf welches Beet soll. Unerfahrene Gärtner beginnen am besten mit pflegeleichten Gemüsearten, die eigentlich immer gelingen. Dazu gehören Tomaten, Radieschen, Kohlrabi, Kopf- und Pflücksalat oder Busch- und Stangenbohnen. Anspruchsvoller in Kultur und Pflege sind Weißkohl, Blumenkohl, Schwarzwurzel oder Bleichspargel.

Starkzehrer, Mittelzehrer, Schwachzehrer

Praktischerweise unterteilt man alle Gemüsearten je nach Nährstoffbedarf in Stark-, Mittel- und Schwachzehrer. Welches Gemüse zu welcher Gruppe gehört, können Sie im Porträtteil nachlesen.

Ein Starkzehrerbeet wird vor der Bepflanzung mit einer ausreichenden Grunddüngung versorgt. Dazu arbeiten Sie Mist, Kompost oder ein Gemisch dieser Substanzen in das Beet ein. Während der laufenden Kultur muß je nach Gemüseart noch stickstoffreicher Dünger wie Brennesseljauche ergänzt werden. Mittelzehrer kommen mit einer gewöhnlichen Kompostgabe aus, während Schwachzehrer oft schon mit dem Nährstoffvorrat im Boden zufrieden sind, den die Vorfrüchte hinterlassen haben. Eine Extra-Gruppe bilden die Stickstoffsammler (Legu-

Planung

Vorgezogene Jungpflanzen im Garten aussetzen

minosen), zu denen Bohne und Erbse gehören. Diese brauchen selbst nur wenig Dünger, hinterlassen aber nach der Ernte einen stickstoffreichen Boden.

Eine gute Kulturfolge ergibt sich, wenn Sie 4 gleich große Beete anlegen, von denen je eins mit Stark-, Mittel- und Schwachzehrern und das vierte mit Leguminosen besetzt ist. Im Idealfall folgen auf dem Beet mit Starkzehrern im zweiten Jahr Mittelzehrer, im dritten Jahr Schwachzehrer und im vierten Jahr Leguminosen, die den Stickstoffvorrat im Boden wieder auffüllen. Dementsprechend rotiert auch die Bepflanzung der anderen Beete. Natürlich läßt sich diese Reihenfolge nicht immer einhalten. Bei Abweichungen kann man korrigierend eingreifen. Sollen zum Beispiel zweimal hintereinander Starkzehrer auf einem Beet wachsen, dann ist eine zusätzliche Düngung mit Kompost oder Stallmist erforderlich.

Je nach Kulturdauer und Anbauzeitraum unterscheidet man im Gemüsegarten noch zwischen Vorkultur, Hauptkultur und Nachkultur. Ein Beispiel: Brokkoli steht als Hauptkultur von Ende April bis Mitte Juli auf dem Beet; als Vorkultur eignet sich Spinat, als Nachkultur kann Feldsalat ausgesät werden. Gemüsearten mit langer Kulturdauer, zum Beispiel Rosenkohl, erlauben wohl eine Vorkultur, aufgrund des späten Erntetermins entfällt hier aber die Nachkultur.

Eine gut geplante Mischkultur sorgt für wüchsiges Gemüse und fördert die Pflanzengesundheit.

Auswahl geeigneter Mischkulturen im Gemüsegarten

(+ günstige Kombination, – ungünstige Kombination, ☐ neutrale Kombination oder keine Erfahrung)

Gemüseart	Artischocke	Buschbohne	Chinakohl	Endivien	Erbse	Feldsalat	Gurke	Grünspargel	Kartoffel	Knollenfenchel	Kohlarten	Kohlrabi	Kopfsalat	Mairüben	Mangold	Möhre	Neuseeländer Spinat	Paprika	Pastinake	Porree	Radieschen	Rettich	Rhabarber	Rote Bete	Schwarzwurzeln	Sellerie	Spargel	Spinat	Stangenbohne	Tomate	Zichoriensalat	Zucchini	Zuckermais	Zwiebel
Artischocke							+		–			+														+								
Buschbohne			–		+	+	+	–	+	+	+	+	–								–	+	+	+		+			+	+				–
Chinakohl	+			+	–	–					+										–	–	–							+				
Endivien	+						+	+	+			+									+	+	+						+	+				+
Erbse	–					+		+	+	+	+	+									–	+	+	+		+			+	–		+	+	–
Feldsalat							+	+													+	+	+						+	+				+
Gurke	+		+	+	+	+						+	+								–		+			+			+	–		+		+
Grünspargel	+			+					+			+		+							+									+				–
Kartoffel	+		–	–							–	+								+	–	–							+			+		
Knollenfenchel	–		+	+	+	+					+	+	+													+		–	–	+				
Kohlarten	+		+	+	+	+	–	+					+	+	+						+	+	+			+		+	+	+				–
Kohlrabi	+	–		+	+	+							+					+			+	+	+	+	+	+		+	+	+				+
Kopfsalat	+		+	+		–	+	+			+			+							+	+	–	+		–			+	+				+
Mairüben	+		+		+							+	+							+	+		+	+					+	+				
Mangold	+						+	+	+		+	+		+							+	+	–						–	+				
Möhre		+					+	+					+								+	+	+		+	+		+	+	+				+
Neuseeländer Spinat											+	+									+	+								+				
Paprika	–				+						+																		–	+				
Pastinake						+					+	+									+	+		+		+							+	
Porree		–	+	–	+	+					+				+						+	+		–	+	+		+		+				+
Radieschen		+	–		+	–					+	+	+	+				+	+									+	+	+				
Rettich		+	–		+						+	+	+	+				+	+									+	+	+				
Rhabarber		+		+			+				+	+																+						
Rote Bete		+		+	+		–					+	–	+	+														–	–	–		–	+
Schwarzwurzeln											+	+			+					+														+
Sellerie	+			+				+			+	+									+	+						+	+					–
Spargel																																		
Spinat	+				+	+	+				+	+	+					+			+	+	+	+	–			+		+				–
Stangenbohne			+	–	+	+					+	+								–	+	+				+		+		+		+	+	–
Tomate	+		–				–		+	+	+	+		–	+	+				+	+	+	–			+		+			+		–	+
Zichoriensalat											+				+									+					+	+				+
Zucchini		+			–							+												–					+	+	–		+	+
Zuckermais	+			+	+							+									–	–						+	+			+		
Zwiebel		+		–	+	+	–			–	+	+	–			+			–	–	+	–		–		+		+						

Fruchtwechsel

Die Planung der Fruchtfolge soll nicht nur die Bodennährstoffe und den vorhandenen Platz optimal ausnutzen, sie dient auch der Eingrenzung von Schaderregern. Werden beispielsweise auf einem Beet mehrere Jahre lang nur Kohlgewächse angebaut, dann können sich Erreger der Kohlhernie im Boden anreichern. Mit dem systematischen Wech-

Planung

Starkzehrer   Mittelzehrer   Schwachzehrer

sel der Gemüsekulturen von Jahr zu Jahr oder auch innerhalb eines Jahres werden viele Schaderreger in Grenzen gehalten. Die Wahl der richtigen Fruchtfolge ist somit eine wichtige Maßnahme des biologischen Pflanzenschutzes.

Vermeiden Sie nach Möglichkeit, daß Gemüsearten aus der gleichen Pflanzenfamilie mehrmals hintereinander auf einem Beet angebaut werden. Ausnahmen sind Tomaten und Bohnen, die auch dann gut gedeihen, wenn sie mehrere Jahre hintereinander auf einer Fläche angebaut werden.

Die einzelnen Familien heißen:
- Baldriangewächse: Feldsalat
- Doldenblütler: Möhre, Sellerie, Petersilie, Fenchel, Dill, Pastinake
- Gänsefußgewächse: Spinat, Rote Bete, Mangold
- Echte Gräser: Mais
- Korbblütler: Salat, Endivie, Chicorée, Radicchio, Schwarzwurzel
- Knöterichgewächse: Rhabarber
- Kreuzblütler: Kohlgewächse, Radies, Rettich, Meerrettich, Kresse
- Kürbisgewächse: Gurke, Melone, Kürbis, Zucchini
- Nachtschattengewächse: Tomate, Paprika, Aubergine, Kartoffel
- Liliengewächse: Zwiebelgewächse, Porree, Schnittlauch, Knoblauch, Spargel
- Schmetterlingsblütler: Erbse und Bohne

Mischkultur

Unabhängig von der Pflanzenfamilie gibt es Gemüsearten, die sich begünstigen, wenn sie nebeneinander im Beet stehen, andere verhalten sich neutral; natürlich besteht auch die Möglichkeit, daß sich zwei Gemüsearten negativ beeinflussen. Der Effekt der Mischkultur beruht auf Stoffwechselprodukten, die von den Pflanzenwurzeln an den Boden abgegeben werden und dort ihre Wirkung entfalten. Auch über die Blätter werden Aromastoffe freigesetzt, die zum Beispiel Schädlinge fernhalten. Bei der Mischkultur werden die Gemüsearten in Reihen so angebaut, daß sie sich möglichst positiv beeinflussen. Die große Tabelle auf Seite 56 zeigt, welche Arten gut zusammenpassen und welche nicht. Der positive Einfluß muß nicht unbedingt auf Gegenseitigkeit beruhen. Ein Beispiel: Schauen Sie in der Spalte „Gemüseart" auf die Möhre; sie wird unter anderem von der Zwiebel positiv beeinflußt. Wenn Sie jetzt unter der Spalte „Gemüseart" weiter unten auf die Zwiebel schauen, ist zu sehen, daß die Möhre einen ungünstigen Einfluß auf die Zwiebel ausübt. Anders gesagt: Wenn Sie viele Möhren ernten wollen, können Sie ein paar Zwiebeln zwischen die Möhren pflanzen; wenn Sie viele Zwiebeln ernten wollen, dann kombinieren Sie diese besser mit Buschbohnen oder Gurken.

Wichtig: In der Tabelle stets von den in der senkrechten Spalte genannten Gemüsearten ausgehen.

Gesundes Gemüse durch Mischkultur

Pflegearbeiten

Aussaat mit Vorkultur
1. In eine mit Aussaatsubstrat gefüllte Schale den Samen ausbringen und mit Erde abdecken (Ausnahme Lichtkeimer; diese nur andrücken, siehe Information auf Saattütchen).

2. Samen leicht andrücken, das Substrat vorsichtig anfeuchten. Mit einer durchsichtigen Haube oder Glasscheibe bedecken, warm und hell stellen.

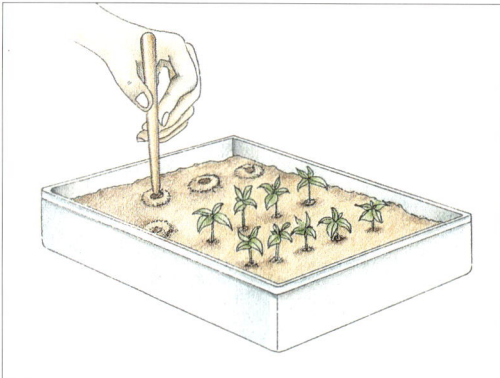

3. Hat sich das erste Blattpaar nach den Keimblättern gebildet, pikieren (=vereinzeln). Mit einem Pikierstäbchen werden in einer zweiten Schale oder in Töpfen die Jungpflanzen vorsichtig eingebracht und ein wenig festgedrückt. Weiterhin warm und hell stellen.

Im Gemüsegarten werden die Pflanzen bevorzugt durch Aussaat herangezogen. In der Regel ist Normalsaatgut erhältlich, das nicht besonders aufbereitet wurde. Entscheiden Sie sich nach Möglichkeit für ungebeiztes Saatgut. Pilliertes Saatgut stammt von kleinsamigen Sorten, die mit einer speziellen Masse aus Ton, Lehm und Steinmehl künstlich vergrößert wurden. Auf Saatbändern oder Saatmatten sind die Gemüsesamen bereits im richtigen Abstand befestigt. Gleiches gilt für Pappstäbchen oder Quicksticks, die im gewünschten Abstand in die Erde oder ins Anzuchtgefäß gesteckt werden. Angaben zum richtigen Aussaatzeitpunkt und zur weiteren Pflege bis zur Ernte finden Sie auf den Saatpackungen und ab Seite 64.
Am weitesten verbreitet ist im Gemüsegarten die Reihenkultur. Bereiten Sie zuerst ein feinkrümeliges

Im Spätsommer werden die Kartoffeln aus der Erde geholt.

Saatbeet vor und ziehen dann Saatreihen in gleichmäßigen Abständen, die meist zwischen 20 und 40 cm liegen, in das Beet ein. Dann die Samen gleichmäßig in die Rillen streuen, leicht andrücken, von der Seite her mit etwas Erde bedecken und vorsichtig angießen. Auch nach der Keimung ist auf gleichmäßige Wasserversorgung zu achten, bis die Pflanze ausreichend Wurzeln gebildet hat. Zu dicht stehende Sämlinge werden ausgedünnt. Gemüsearten wie Möhren, Gurken, Kohlrabi oder Stangenbohnen schmecken am besten, wenn sie vor der Vollreife geerntet werden. Dagegen bleiben Tomaten am Strauch, bis sie voll ausgefärbt sind. Lagergemüse wie Kartoffeln, Rettich oder Kohl wird bei trockener Witterung geerntet, das verringert die Fäulnisgefahr.

Unter Folie und Glas

Aus Holzlatten und Folie kann man selbst ein Frühbeet bauen.

Mit Kunststofffolien, Vliesen, Frühbeetkästen oder einem Gewächshaus können Sie früher mit dem Gemüseanbau starten und die Kulturzeit im Herbst verlängern. In einem geheizten Warmhaus ist theoretisch sogar der ganzjährige Anbau wärmebedürftiger Gemüsearten möglich.

Die Folien werden aus Polyethylen hergestellt, können bei sorgfältigem Umgang mehrmals verwendet und nach Gebrauch zum Teil recycelt werden. PVC-Folien sind zwar haltbarer, dafür aber auch teurer und enthalten mehr umweltbelastende Stoffe. Eine gute Lösung sind UV-stabilisierte Folien aus Polyethylen, die 3 bis 4 Jahre lang halten. Vliese bestehen aus Polyethylen oder Polypropylen und werden nach mehrmaligem Gebrauch ebenfalls recycelt. Unter Folien und Vliesen kommen Aussaaten und frisch gepflanzte Setzlinge schneller voran und sind 2 bis 3 Wochen früher erntereif als herkömmlich angebautes Gemüse. Sie schützen vor kalten und austrocknenden Winden. Die Temperatur unter den Abdeckungen ist etwas höher, und der Boden sowie die jungen Pflanzen sind vor Schlagregen geschützt. Die Abdeckung wird in der Regel entfernt, wenn keine Fröste mehr drohen und die Jungpflanzen sich kräftig entwickelt haben. An der frischen Luft wird das Gemüse abgehärtet und enthält zur Ernte mehr wertvolle Inhaltsstoffe. Im Herbst kann frostempfindliches Gemüse länger ausreifen: Die Folien halten Temperaturen bis zu −5 °C ab.

Beetabdeckungen

Lochfolien werden locker über das Beet gebreitet. Wichtig ist eine stabile Randbefestigung, damit die Folie bei stärkeren Winden nicht aufweht oder ständig auf die Pflanzen schlägt. An Frühlingstagen mit starker Sonneneinstrahlung wird tagsüber leicht gelüftet. Schlitzfolien sind dehnbar und passen sich der Pflanzengröße an. Das Lüften an warmen Tagen entfällt, weil genug frische Luft an die Pflanzen gelangt. Leider sind Schlitzfolien sehr empfindlich und reißen leicht ein.

Vliese müssen ähnlich wie Lochfolien mit einem leichten Spielraum an den Rändern verlegt werden, damit sie mit dem Gemüse wachsen. Sie sind extrem leicht und trotzdem reißfest. Der Luft- und Wasseraustausch ist ähnlich gut wie bei der Schlitzfolie, allerdings ist der Verfrühungseffekt nicht ganz so stark.

Mit stabilen Bügeln aus Metall oder halbkreisförmig gebogenen Kunststoffrohren können Sie Folientunnel bauen. Im Fachhandel sind auch fertige Bausätze erhältlich. Eine Ernteverfrühung erreichen Sie mit schwarzen Mulchfolien, die vor allem bei Erdbeeren und Gurken zum Einsatz kommen. Unter der Mulchfolie erwärmt sich die Erde schneller, Unkräuter werden unterdrückt. Die Pflanzen werden in vorgestanzte Kreuzschlitze eingesetzt. Weitere Hilfsmittel zur Ernteverfrühung und zum Schutz empfindlicher Arten sind die ebenfalls im Fachhandel erhältlichen Tomatenhauben sowie kleine Kunststoffhüte für den Salatanbau.

Schwarze Mulchfolie bewährt sich im Erdbeeranbau.

Folientunnel sind vor allem im Frühjahr ideal.

Das Frühbeet

Ähnlich wie bei der Verwendung von Folien und Vliesen können Sie mit einem oder – noch besser – mehreren Frühbeeten die Gemüsesaison deutlich verlängern. Es dient als Anzuchtbeet zur Kultur wärmeliebender Gemüsearten wie Paprika, Aubergine oder Melone, sowie im Winter zum Einschlagen von Chicorée oder Porree. Im Handel erhältlich sind Bausätze aus Aluminium oder Holz mit Kunststoff- oder Glasabdeckung.

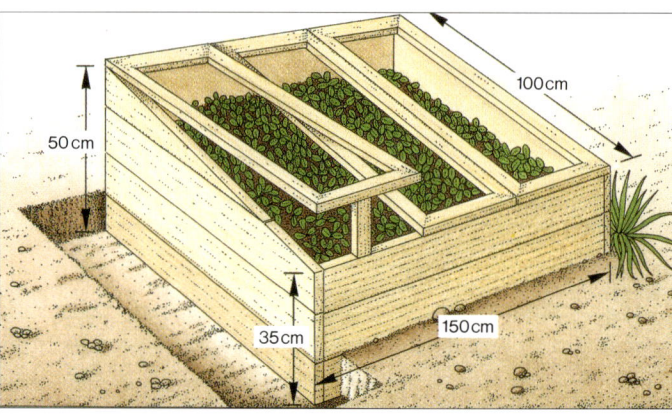

Als Abdeckung für das Frühbeet dienen alte Fensterscheiben.

Man unterscheidet Wanderkästen, die wie ein kleines Gewächshaus dort plaziert werden, wo sie gerade benötigt werden, von fest montierten Frühbeetkästen. Diese sollten Sie an einem windgeschützten, nach Süden ausgerichteten Platz aufbauen, möglichst in der Nähe des Wohnhauses, denn Frühbeetkästen brauchen viel Betreuung. Zum Zubehör gehören außerdem ein Thermometer (ideal ist eine Durchschnittstemperatur von 18 °C), eventuell Noppenfolie zur zusätzlichen Isolierung bei starkem Frost sowie eine Lüftungsmöglichkeit. Am einfachsten ist ein stabiles Kantholz, mit dem das Fenster, zum Beispiel in der kräftigen Frühjahrssonne, einen Spalt breit offen gehalten wird. Wesentlich komfortabler ist eine stromlos funktionierende, automatische Frühbeetlüftung, die auf Öldruck reagiert. Das Lüften dient dem Temperaturausgleich und härtet junge Gemüsepflanzen auch ab, bevor sie ins Freie gesetzt werden.

Das warme Frühbeet

Die traditionelle Form des Frühbeetes ist die warme Kultur mit Pferdemist. Dazu wird der Boden des Frühbeetes 50 cm tief ausgehoben und zum Schutz vor Wühlmäusen mit Maschendraht ausgelegt. Darauf folgt eine dünne Laubschicht, 30 cm Pferdemist, 5 cm Herbstlaub und abschließend 20 cm reife Komposterde. Vorsicht jedoch bei frischem Pferdemist: Dieser erwärmt sich eine Woche nach dem Ansetzen auf bis zu 70 °C; warten Sie also, bis die Temperaturen sich auf etwa 25 °C abgekühlt haben, und füllen dann erst die Laub- und Kompostschicht in das Frühbeet ein. Das Mistbeet muß jedes Jahr neu angesetzt werden. Das verbrauchte Substrat kommt auf den Kompost. Wesentlich einfacher, aber auch teurer, ist die Temperaturregelung im Frühbeet mit einem elektrischen Bodenheizkabel. Eine umweltfreundliche Alternative ist eine etwa 30 cm starke Schicht aus Blähton, die auf den Grund des Frühbeetes gegeben wird. Darauf folgt eine dünne Schicht Sand, die den Blähton von der darüber liegenden Komposterde trennt. Die Blähtonkugeln erwärmen sich tagsüber bei Sonneneinstrahlung und geben die gespeicherte Wärme im Laufe der Nacht langsam wieder ab. Der Wärmeeffekt ist bei Blähton allerdings nicht so stark wie bei der Mistbeetpackung, dafür muß die Blähtonfüllung nicht jedes Jahr erneuert werden.

Salatpflanzen im Frühbeetkasten

Unter Folie und Glas

Das Kleingewächshaus

Der Traum eines jeden Gartenbesitzers ist wohl ein eigenes Gewächshaus, denn es erlaubt das Gärtnern fast rund ums Jahr. Auch Delikatessen wie wärmeliebende Tomaten, Salatgurken, Paprika, Auberginen, dazu exotische Gewächse wie die Andenbeere, Feige, Maracuja oder Zitrusgewächse gedeihen hier besonders gut. Die Investition in ein Gewächshaus will gut überlegt sein; schließlich ist fast alles machbar, vom selbstgebauten Folienhaus mit einem Gerüst aus Holz bis hin zum temperierten Gewächshaus mit automatischer Klimaregelung.

Als Dachbedeckung bieten sich Kunststoff oder Glas an. Am einfachsten ist eine Gewächshauskonstruktion, die mit Folie überspannt wird. Noppenfolie isoliert besser und ist auch aufgrund ihrer Stabilität für diesen Zweck zu empfehlen. Professioneller und haltbarer sind Stegdoppelplatten, gerade aus ästhetischer Sicht entscheiden sich jedoch viele Gartenbesitzer lieber für ein verglastes Gewächshaus. Im Angebot sind durchsichtiges Blankglas

Ein Gewächshaus – ideal für den Gemüseanbau.

etwa 10 °C erlaubt auch die Winterkultur typischer Zimmerpflanzen wie Farne oder Bromelien. Das Warmhaus (mindestens 17 °C Nachttemperatur) ist nur für Spezialisten geeignet, die tropische Gewächse wie Orchideen heranziehen möchten. Leider schlagen hier die sehr hohen Heizkosten stark zu Buche.

Warmes Frühbeet packen
1. Frischer Tiermist wird – abgedeckt mit Folie – einige Tage gelagert.

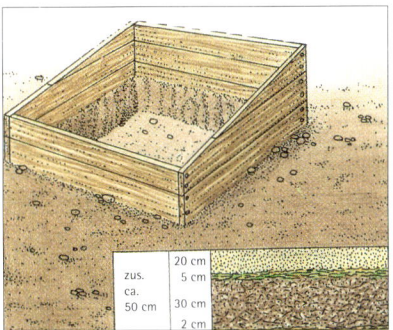

2. Eine Schicht aus 2 cm Laub, 30 cm Mist, 5 cm Laub und 20 cm Erde bilden zusammen die Füllung der Mulde im Frühbeet.

3. Bevor die obere Erdschicht eingefüllt wird, muß der abgelagerte Mist noch einmal festgetreten werden.

und genörpeltes Klarglas. Scheiben aus doppelt oder dreifach isoliertem Glas sind wesentlich teurer und schwerer, sparen jedoch im Warmhaus jede Menge Heizkosten.

Grundsätzlich gilt: Je wärmer das Haus, desto größer das Einsatzgebiet. Man unterscheidet das Kalthaus ohne Heizung, das im Winter nur für kältetolerante Gemüsearten wie Feldsalat oder Spinat genutzt werden kann. Schon mit geringem Energieaufwand können Sie das Kalthaus im Winter frostfrei halten; so erweitern sich die Nutzungsmöglichkeiten auf das Überwintern von Kübelpflanzen; außerdem können Sie hier zum Jahresanfang Jungpflanzen anziehen. Das temperierte Gewächshaus mit einer Mindestnachttemperatur von

Hügelbeet und Hochbeet

Auch wenn die Anlage eines Hoch- oder Hügelbeetes einige Zeit und Mühe kostet, liegen die Vorteile auf der Hand: Freuen Sie sich auf zeitige und große Gemüseernten. Im Vergleich zur normalen Flachbeetkultur erhöht sich die Nettofläche, die bewirtschaftet werden kann. Außerdem schont gerade das Hochbeet den empfindlichen Rücken.

Jedoch müssen Hoch- und Hügelbeete sehr häufig gegossen werden; ideal wäre daher eine automatische Tropfbewässerung. Durch die hohe Umsetzungsrate im Inneren der Beete kann es zu Nitratanreicherungen kommen. Auf keinen Fall sollten Sie ein Hoch- oder Hügelbeet in den ersten Jahren zusätzlich düngen, das würde den Pflanzen mehr schaden, als daß es nützt.

In einem Hochbeet gedeihen Gemüse und Kräuter besonders gut.

Richtig anlegen

Der optimale Zeitpunkt zum Bau ist der Herbst, weil dann reichlich frische Pflanzenreste anfallen. Im Gegensatz zum Hügelbeet ist das Hochbeet mit imprägnierten Holzbalken, Brettern, Palisaden, Hohlblocksteinen, Wellblech oder anderen stabilen und witterungsbeständigen Materialien eingefaßt. Es wird normalerweise in einer Breite von bis zu 1,50 m und einer Höhe von bis zu 1 m über dem Bodenniveau angelegt. Zuerst hebt man eine etwa 30 cm tiefe Grube aus. Dann wird die Umrandung befestigt. Ideal ist es, wenn – ähnlich wie beim Lattenkomposter aus Holz – zumindest eine Seite aus herausnehmbaren Planken besteht; das erleichtert das stufenweise Befüllen des Hochbeetes. Zum Schutz vor Wühlmäusen wird der Boden im Hochbeet mit einem engmaschigen Drahtgeflecht ausgelegt. Wenn Sie die Seitenteile von innen mit einer stabilen Teichfolie auskleiden, sparen Sie später zusätzliche Gießarbeit. Jetzt beginnt das Befüllen des Hochbeetes: Zuunterst kommt eine etwa 30 cm starke Schicht aus zerkleinerten Ästen und Zweigen zur Belüftung, darauf folgen, soweit vorhanden, abgestochene Rasensoden, die umgekehrt auf diese erste Schicht gelegt werden. Als nächstes folgt eine bis zu 40 cm starke Lage aus frischem oder halb verrottetem Kompost, vermischt mit Herbstlaub. Dann folgen 30 bis 40 cm gut verrottete Komposterde. Alles wird gut angedrückt und zum Abschluß mit normaler Gartenerde abgedeckt. Es macht gar nichts, wenn die Befüllung anfangs über den Rand herausragt, durch die schnell einsetzende Verrottung fällt das Material wie beim Komposter schnell in sich zusammen.

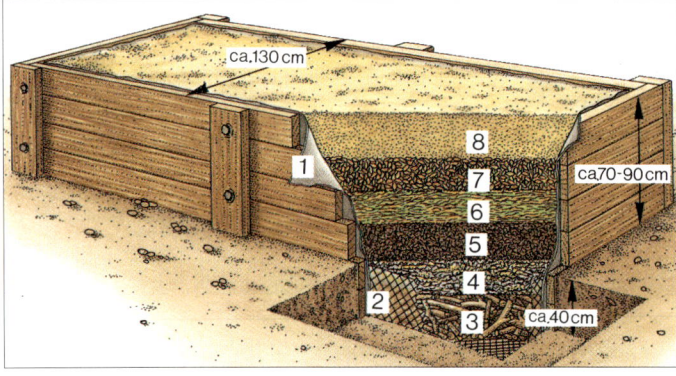

Aufbau des Hochbeetes: 1 Teichfolie schützt vor Austrocknung, 2 Maschendraht hält Wühlmäuse fern. Die Füllung: 3 grob gehäckseltes Holz, 4 Pappe, 5 fein gehäckseltes Holz, 6 Pflanzenabfälle, 7 Laub, 8 reifer Kompost

Die Arbeit am Hochbeet schont den Rücken. Alles ist bequem zu erreichen.

Die Schichtfolge im Hügelbeet ist genau wie beim Hochbeet, nur daß sich wegen der fehlenden Umrandung ein halbkreisförmiges Profil mit einem Kern aus zerkleinerten Ästen und Zweigen ergibt. Leichter zu bearbeiten ist das Hügelbeet, wenn die Hänge vor der Pflanzung ein wenig terrassiert werden. Ziehen Sie am Scheitel des Hügels eine Rinne, damit das Regen- und Gießwasser nicht so schnell abläuft. Hoch- und Hügelbeet nach 5 bis 6 Jahren wegen der fortschreitenden Verrottung im Inneren komplett erneuern. Die freiwerdende Erde können Sie im übrigen Garten verteilen.

Pflanzen und pflegen

Auch bei Hoch- und Hügelbeeten sind die Regeln der Mischkultur zu beachten. Bedenken Sie jedoch, daß platzbedürftige Gemüse wie Zucchini, Kürbis oder Rhabarber mit ihren großen Blättern die anderen Gewächse leicht unterdrücken.

Bevor Sie nach dem Anlegen eines Hoch- oder Hügelbeetes mit der Bepflanzung beginnen, ist folgendes zu beachten: Durch die Art der Aufschichtung werden sowohl im Hochbeet als auch im Hügelbeet im ersten Jahr viel Wärme, aber noch relativ wenig Nährstoffe freigesetzt. Deshalb fühlen sich anfangs Mittelzehrer auf den Beeten am wohlsten. Im zweiten und dritten Jahr werden verstärkt Nährstoffe freigesetzt. Jetzt ist die richtige Zeit zum Anpflanzen von Starkzehrern.

In den folgenden 2 bis 3 Jahren nimmt die Wärmeproduktion und Nährstoffnachlieferung nach und nach ab, so daß ideale Bedingungen für Schwachzehrer und Kräuter entstehen.

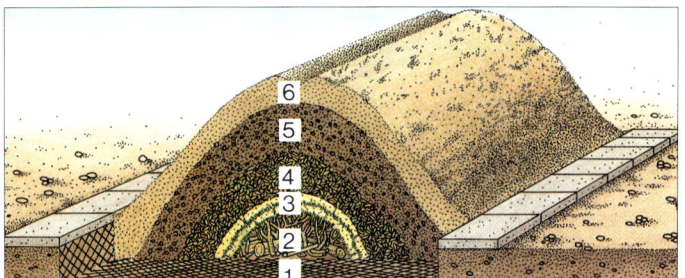

Hügelbeet im Querschnitt: 1 Maschendraht gegen Wühlmäuse, 2 grob und 3 fein gehäckseltes Holz, 4 Pflanzenabfälle, 5 Kompost, 6 Gartenerde

Gemüse und Sommerblumen schmücken das Hügelbeet im Gemüsegarten.

Gemüseporträts

Salate

Kopfsalat

Ansprüche: Der pflegeleichte Schwachzehrer mag einen lockeren, humosen Boden. Verwenden Sie für den Sommeranbau schoßfeste Sorten.
Kultur: Aussaat ab Ende Februar in Saatschalen oder in Reihen ins warme Frühbeet. Auspflanzen im Abstand von 30 x 30 cm frühestens Anfang März unter Folie. Wichtig: Hoch pflanzen, sonst fault das Salatherz. Ab April bis Ende Juli auch Direktsaat ins Freie möglich. Vor allem im Sommer auf gleichmäßige Wasserversorgung achten. Das Salatbeet regelmäßig auf Schneckenbefall kontrollieren, ideal ist ein Schneckenzaun.
Häufige Schaderreger: Schnecken, Blattläuse, Falscher Mehltau.
Ernte und Verwertung: Geerntet wird 8 bis 10 Wochen nach der Aussaat. Nur nach Bedarf ernten und sofort frisch verzehren. Kopfsalat ist kaum lagerfähig, deswegen empfiehlt sich ein satzweiser Anbau in dreiwöchigem Abstand.

Pflück- und Schnittsalat

Ansprüche: Die Schwachzehrer bevorzugen einen lockeren Boden in der Sonne.
Kultur: Zu den Pflücksalaten gehören Züchtungen wie 'Lollo Rossa', 'Lollo Bionda' und der Eichblattsalat. Pflück- und Schnittsalate werden ab Februar unter Glas ausgesät, ab April ist Freilandaussaat unter Folie möglich. Reihenabstand Pflücksalat: 25 cm, Schnittsalat 15 cm. Pflücksalat ist robuster als Kopfsalat und wird seltener von Schnecken befallen.
Häufige Schaderreger: Schnecken, Blattläuse, Falscher Mehltau.
Ernte und Verwertung: Während vom Pflücksalat die äußeren Blätter nach und nach gepflückt werden, wird Schnittsalat am Stück geerntet. Beide Varianten bilden keinen festen Kopf aus. Die Ernte beginnt etwa 6 Wochen nach der Aussaat. Pflück- und Schnittsalate werden frisch verzehrt.

Eissalat

Ansprüche: Eissalat ist ein Mittelzehrer und wächst gut auf einem lockeren und humosen Boden in der Sonne.
Kultur: Im Gegensatz zum Kopfsalat ist Eissalat schoßfester und deswegen gut für den Sommeranbau geeignet. Die Anzucht beginnt ab Anfang März unter Glas oder auf der Fensterbank, im Frühbeet, seltener unter Folie direkt im Freien. Eissalat wird auf 30 x 30 cm gepflanzt, wenn sich 4 bis 5 Blätter gebildet haben. Beim Gießen im Sommer nicht die Köpfe überbrausen.
Häufige Schaderreger: Schnecken, Blattläuse, Falscher Mehltau.
Ernte und Verwertung: Geerntet wird von Juni bis Oktober. 12 Wochen nach der Aussaat haben sich große und feste Köpfe gebildet, die gekühlt zwei Wochen haltbar sind. Bataviasalat, eine Eissalat-Variante mit lockerem Kopf, ist schon nach 8 Wochen fertig.

Römischer Salat

Ansprüche: Als Mittelzehrer braucht dieser Salat einen nährstoffreichen und wasserhaltenden Boden.
Kultur: Für eine frühe Ernte ist eine Vorkultur ab Ende Februar zu empfehlen. Ab April werden die Jungpflanzen in 30 x 35 cm Abstand ausgepflanzt. Wichtig

Blattgemüse aus dem Gemüsegarten

Endiviensalat ist ein vitaminreiches Herbst- und Wintergemüse.

Kopfsalat gehört zu den einfachsten Kulturen im Gemüsegarten.

Gemüseporträts

ist eine gute Wasserversorgung. Bei neueren Sorten ist das früher übliche Zusammenbinden der lockeren Köpfe (Römischer Salat wird auch 'Bindesalat' genannt) nicht mehr erforderlich.
Häufige Schaderreger: Schnecken, Blattläuse, Echter und Falscher Mehltau.
Ernte und Verwertung: Etwa 8 Wochen nach der Pflanzung beginnt die Ernte. Die lockeren Köpfe sind einige Zeit im Kühlschrank haltbar.

Endivie

Ansprüche: Der Mittelzehrer bevorzugt einen tiefgründigen, mittelschweren Boden.
Kultur: Man unterscheidet Frisée-Typen mit krausen Blättern und Escariol-Typen mit glatten Blatträndern. Mitte Juni bis Mitte Juli wird direkt ins Freiland oder ins Anzuchtbeet gesät. Spätestens Mitte August muß auf 30 x 30 cm vereinzelt oder verpflanzt werden. Wichtig ist eine kontrollierte Bewässerung. Zuviel Wasser verursacht Fäulnis, zuwenig Wasser fördert die Bildung von Bitterstoffen. 14 Tage vor der Ernte werden die Köpfe zum Bleichen vorsichtig zusammengebunden.
Neuere Sorten sind selbstbleichend.
Häufige Schaderreger: Schnecken, Erdraupen, Echter und Falscher Mehltau.
Ernte und Verwertung: Endivien vertragen auch leichte Minusgrade, deswegen können sie in Gegenden mit mildem Klima bis Anfang Dezember geerntet werden. Geerntete Köpfe können vorübergehend in feuchtem Sand eingeschlagen werden und liefern zum Winteranfang frische Vitamine.

Radicchio

Ansprüche: Der Boden sollte für diesen Mittelzehrer locker und humos sein.
Kultur: Je nach Sorte wird Anfang Juni bis Ende Juli in Reihen ausgesät. Späte Sorten eignen sich zur Überwinterung für die Frühjahrsernte. Nach dem Aufgehen wird auf 25 x 30 cm vereinzelt. Überwinternde Sorten bleiben enger stehen, damit durch Ausfälle, zum Beispiel durch starken Frost, keine Lücken entstehen. Die Blätter dieser Sorten werden im September bis auf einen 5 cm langen Strunk zurückgeschnitten und im Winter mit Stroh, Reisig, Folie oder Vlies abgedeckt.
Häufige Schaderreger: Erdraupen.
Ernte und Verwertung: Frühe Sorten werden bis November geerntet, späte Sorten im darauffolgenden Frühjahr nach dem Austrieb.

Feldsalat

Ansprüche: Als Schwachzehrer gedeiht Feldsalat am besten auf einem humosen, leicht sandigen Boden.
Kultur: Der winterharte Feldsalat ist ein ideales Herbst- oder Frühjahrsgemüse. Ausgesät wird von August bis Anfang September sowie von März bis Anfang April, entweder breitwürfig oder in 15 cm Reihenabstand.
Häufige Schaderreger: Falscher Mehltau.
Ernte und Verwertung: Im ungeheizten Gewächshaus oder unter einer Folienabdeckung kann Feldsalat den ganzen Winter über geerntet werden.

Salatrauke

Ansprüche: Der Schwachzehrer bevorzugt einen humosen, nicht zu nassen Boden.
Kultur: Breitwürfige Aussaat ab April bis September ins Beet. Es ist auch die Kultur in Töpfen oder Schalen auf dem sonnigen Balkon möglich.
Ernte und Verwertung: Schon 4 Wochen nach der Aussaat beginnt die Ernte, die bis zur Blüte andauert. Die Rauke ist eine leckere Salatbeigabe.

Zuckerhut

Ansprüche: Als Mittelzehrer braucht der Zuckerhut einen humosen und lockeren Boden.
Kultur: Wie Radicchio (siehe links unten).
Häufige Schaderreger: Erdraupen.
Ernte und Verwertung: Ab Oktober werden die Köpfe roh oder gedünstet zubereitet. Eingeschlagen in feuchtem Sand ist Zuckerhut mehrere Wochen haltbar.
In milden Gegenden ist eine Überwinterung möglich.

Radicchio kann in milden Gegenden sogar überwintert werden.

Eissalat ist nach der Ernte noch einige Zeit lagerfähig.

66 Der Gemüsegarten

Chicorée antreiben
1. Ende Oktober werden Chicoréepflanzen mit Wurzeln ausgegraben.

2. Danach an einem geschützten Platz im Freien einige Tage lagern.

3. Schneiden Sie das Laub etwa 3–5 cm über dem Wurzelhals ab.

4. Die Wurzeln in einen mit Erde gefüllten Eimer aufstellen und zudecken.

5. Wenn die Erde austrocknet, wird Wasser in den Untersetzer gegossen.

6. Nach 5 bis 6 Wochen kann der getriebene Chicorée geerntet werden.

Mangold war schon zu Großmutters Zeiten beliebt.

Chicorée

Ansprüche: Der Mittelzehrer bevorzugt einen tiefgründigen, humosen Boden.
Kultur: Mitte bis Ende Mai wird mit 40 cm Reihenabstand ausgesät, die Keimlinge werden auf 10 cm vereinzelt.
Häufige Schaderreger: Erdraupen, Fäulnis beim Treiben.
Ernte und Verwertung: Ab November werden die Pflanzen angetrieben (siehe Zeichnung).

Spinat

Ansprüche: Das robuste Frühgemüse ist ein Mittelzehrer, ungeeignet sind stickstoffreiche oder zu lockere Böden.
Kultur: Ab Februar wird unter Glas ausgesät, von März bis Mai und von August bis September auch direkt im Freien (Abstand 20 x 5 cm).
Häufige Schaderreger: Schnecken, Falscher Mehltau.
Ernte und Verwertung: Spinat kann in Etappen geerntet werden, allerdings darf er nicht zur Blüte kommen. Gut geeignet zum Einfrieren.

Gartenmelde

Ansprüche: Der anspruchslose Mittelzehrer wächst auf jedem Boden.
Kultur: Aussaat und Pflege ähneln dem Spinat.
Häufige Schaderreger: Blattläuse.
Ernte und Verwertung: Bis zum

Gemüseporträts

Beginn der Blüte werden einzelne Blätter oder die ganze Pflanze geschnitten. Zubereitet wird das Gemüse wie Spinat.

Stangensellerie

Ansprüche: Wie beim (Knollen-)Sellerie (siehe Seite 75).
Kultur: Ende März/Anfang April beginnt die Aussaat unter Glas. Die Jungpflanzen kommen in der zweiten Maihälfte ins Beet (35 x 40 cm), selbstbleichende Sorten stehen enger.
Häufige Schaderreger: Schnecken, Gemüsefliegen.
Ernte und Verwertung: Ab August werden einzelne Stiele nach Bedarf gepflückt und roh oder gedünstet verzehrt.

Knollenfenchel

Ansprüche: Der Fenchel ist ein Mittelzehrer und mag einen kalkhaltigen Boden.
Kultur: Ausgesät wird ab März auf der Fensterbank. Nach 3 Wochen wird pikiert, nach 6 Wochen auf 20 x 40 cm gepflanzt. Bis Mitte Mai ist eine Folien- oder Vliesabdeckung erforderlich.
Häufige Schaderreger: Blattläuse.
Ernte und Verwertung: Die Ernte endet Anfang November mit den ersten Nachtfrösten. Knollenfenchel wird gedünstet oder seltener frisch verzehrt.

Mangold

Ansprüche: Mangold bevorzugt als Mittelzehrer einen tiefgründigen, humosen Boden.
Kultur: Ab April bis Juni wird direkt ins Freie gesät und auf 40 x 30 cm (Stielmangold) oder 20 x 30 cm (Schnittmangold) vereinzelt.
Häufige Schaderreger: Falscher Mehltau, Blattläuse.
Ernte und Verwertung: 10 Wochen nach der Aussaat verwertet man beim Schnittmangold die Blätter wie Spinat, beim Stielmangold werden auch die Blattrippen wie Spargel zubereitet.

Die Kultur der Gartenmelde ähnelt dem Spinat.

Die zarten Blätter des Knollenfenchels sehen sehr dekorativ aus.

Spinat muß vor der Blüte geerntet werden, sonst wird er ungenießbar.

Rosenkohl schmeckt nach dem ersten Frost am besten.

Grünkohl wird vor allem in Norddeutschland häufig angebaut.

Kohlgemüse

Von den gehaltvollen Varianten der großen Kohlfamilie werden die verdickte Sproßachse (Kohlrabi), die Blüte (Blumenkohl und Brokkoli) oder – bei den anderen hier vorgestellten Arten – die Blätter, Köpfe oder Blattknospen verzehrt.

Achten Sie beim Kohlanbau auf die richtige Fruchtfolge. Gründünger wie Raps oder Ölrettich stammen aus der gleichen Pflanzenfamilie wie Kohl und können typische Krankheitserreger oder Schädlinge im Boden anreichern.

Kohlgewächse bevorzugen einen kalkhaltigen Standort in der vollen Sonne.

Kohlrabi

Ansprüche: Der Mittelzehrer braucht einen humusreichen, gleichmäßig feuchten Boden.
Kultur: Aussaat ab Februar unter Glas, ab April bis Juni ins Freiland; auf 30 x 25 cm verziehen oder pflanzen. Unregelmäßiges Wässern führt zum Platzen der Knollen.
Häufige Schaderreger: Schnecken, Kohlhernie, Kohlfliege.
Ernte und Verwertung: 8 bis 12 Wochen nach der Pflanzung wird von Mai bis Oktober geerntet. Kohlrabi schmeckt frisch und gedünstet.

Blumenkohl

Ansprüche: Der anspruchsvolle Starkzehrer braucht einen tiefgründigen, sonnigen Standort.
Kultur: Aussaat ab Februar unter Glas, von April bis Juni ins Freiland, ab Anfang April auf 50 x 50 cm auspflanzen, Herbstsorten auf 60 x 60 cm. Wichtig ist regelmäßiges Gießen, Hacken und mehrere Düngergaben. Eine Folienabdeckung ist anfangs ratsam. Mit Beginn der Kopfbildung für Sonnenschutz sorgen.
Häufige Schaderreger: Kohlweißling, Kohlfliege, Kohlhernie, Blattläuse.
Ernte und Verwertung: Frühestens 3 Monate nach dem Pflanzen wird der feste weiße Kopf geerntet. Er wird gedünstet oder durch Gefrieren konserviert.

Brokkoli

Ansprüche: Wie Blumenkohl.
Kultur: Wie Blumenkohl, der Anbau gelingt etwas leichter.
Häufige Schaderreger: Wie Blumenkohl.
Ernte und Verwertung: Wie Blumenkohl; nach der Ernte des Haupttriebes reifen Blütenköpfe an Seitentrieben nach.

Weißkohl, Rotkohl

Ansprüche: Die Starkzehrer brauchen einen schweren, kalkhaltigen Boden.
Kultur: Anzucht und Pflege ähnlich wie Blumenkohl, auspflanzen auf 40 x 40 cm, späte Sorten auf 50 x 50 cm.
Häufige Schaderreger: Kohlhernie, Blattläuse, Kohlweißling, Erdflöhe.
Ernte und Verwertung: Frühe Sorten sind im Juni fertig, späte Sorten werden bis spätestens November geerntet. Weiß- und Rotkohl schmeckt roh und gedünstet, Weißkohl auch als Sauerkraut. Späte Sorten bleiben bei

Rotkohl – ein gutes Lagergemüse

Gemüseporträts

Zarte Knolle des Kohlrabi

kühler Lagerung monatelang schmackhaft.

Wirsingkohl

Ansprüche: Wie Weißkohl.
Kultur: Wie Weißkohl und Blumenkohl; neuere Sorten sind bis –15 °C frosthart und können lange auf dem Beet verbleiben.
Häufige Schaderreger: Erdflöhe, Kohlweißling, Kohlfliege, Kohlhernie.
Ernte und Verwertung: Frühe Sorten werden bald verzehrt (geschmort oder gedünstet), späte Sorten sind einige Wochen im Gemüselager haltbar.

Rosenkohl

Ansprüche: Der Starkzehrer braucht einen sehr nährstoff- und humusreichen Boden.
Kultur: Aussaat Ende März bis Anfang Mai, gepflanzt wird von Mai bis Juni auf 60 x 50 cm. Bei zu früher Pflanzung bilden sich später keine Röschen aus. Tief pflanzen und gut angießen. Während der Röschenbildung regelmäßig wässern.
Häufige Schaderreger: Kohlfliege, Blattläuse, Kohlweißling, Kohlhernie.
Ernte und Verwertung: Nach dem ersten Frost die Röschen nach Bedarf von unten nach oben abpflücken und gedünstet verzehren oder einfrieren.

Grünkohl

Ansprüche: Der pflegeleichte Starkzehrer wächst auf humusreichen, kalkhaltigen Böden.
Kultur: Aussaat ab Mai bis Juni, Pflanzung bis Ende Juli auf 50 x 50 cm. Günstig ist Anhäufeln im Herbst.
Häufige Schaderreger: Erdflöhe, Erdraupen, Kohlhernie.
Ernte und Verwertung: Nach den ersten kühlen Nächten wird der Strunk entweder blattweise von oben nach unten oder komplett geerntet; Verwertung wie Rosenkohl.

Chinakohl und Pak Choi

Ansprüche: Beide genannten Vertreter aus der Kohlfamilie sind Mittelzehrer. Sie bevorzugen einen humusreichen, tiefgründigen Boden.
Kultur: Direktaussaat von Juli bis Anfang August oder Vorkultur und Pflanzung auf 30 x 30 cm. Regelmäßig wässern ist wichtig; beide Gewächse vertragen leichte Fröste unter Folie.
Häufige Schaderreger: Kohlhernie, Kohlweißling, Kohlfliege und Erdflöhe können die Pflanzen befallen.
Ernte und Verwertung: Die Ernte beginnt 2 bis 3 Monate nach der Aussaat. Chinakohl und Pak Choi schmecken als Salatbeigabe oder gedünstet und sind in einem feucht-kühlen Lager sogar mehrere Wochen haltbar.

Blumenkohlblätter abknicken, um die Blume vor Sonne zu schützen.

Kaum zu glauben, wie variantenreich die Kohlfamilie ist.

Der Gemüsegarten

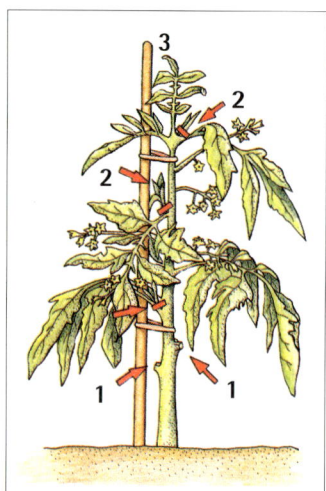

Schnitt an Tomaten
Auf dem Boden aufliegende Blätter entfernen (1). Geiztriebe (wachsen aus den Blattachseln) ausbrechen (2). Wenn 5 bis 6 Fruchtstände angelegt sind, müssen neue Tomatenblüten entfernt werden (3).

Fruchtgemüse

Tomate

Ansprüche: Die sonnenliebenden Tomaten sind Mittel- bis Starkzehrer und benötigen einen humusreichen, lockeren Boden.
Kultur: Tomaten wachsen im offenen Boden; kleinfrüchtige Sorten gedeihen auch in Töpfen oder Kübeln auf Balkon und Terrasse. Günstig ist ein Regenschutz. Aussaat von März bis April unter Glas, tiefes Auspflanzen ab Mitte Mai auf 60 x 80 cm (Buschtomaten), bei den anderen Sorten auf 40 x 80 cm. Im Gewächshaus kann man ab März bis Juni pflanzen. Aufrecht wachsende Tomaten brauchen eine Stützvorrichtung, an der sie hochgeleitet werden. Bei Anbau unter Glas die Pflanzen zur Mittagszeit leicht schütteln, um die Selbstbestäubung zu fördern. Regelmäßig im Wurzelbereich gießen und mehrmals düngen. Bei hochwachsenden Tomaten Seitentriebe ausgeizen (in den Blattachseln herauswachsende Triebe herausbrechen), damit die Wuchskraft in den Haupttrieb geht, und nicht mehr als 5 bis 6 Fruchtstände pro Pflanze ausreifen lassen (siehe Zeichnung).
Häufige Schaderreger: Weiße Fliege, Blattläuse, Kraut- und Braunfäule, Viruskrankheiten.
Ernte und Verwertung: Die Ernte beginnt im Freiland ab Ende Juli, im Gewächshaus schon einen Monat früher. Früchte möglichst am Strauch ausreifen lassen. Vor der ersten Frostnacht schneidet man auch die noch grünen Früchte ab und legt sie zum Nachreifen in einen dunklen, warmen Raum. Tomaten werden roh oder gekocht verzehrt. Unreife, grüne Tomaten enthalten giftiges Solanin.

Gurke

Ansprüche: Der Boden für den Starkzehrer muß humusreich, locker und schnell erwärmbar sein. Gurken bevorzugen einen sonnigen und windgeschützten Standort.
Kultur: Aussaat ab Mitte April bis Mai unter Glas, Auspflanzen ab Mitte Mai. Einlege- und Schälgurken werden auf

Cocktailtomaten gedeihen auch in großen Töpfen.

schwarzer Mulchfolie kultiviert, unter der sich der Boden schneller erwärmt. Der Pflanzabstand liegt bei 30 x 120 cm. Robuste Sorten der Salatgurke wachsen auch im Freiland; die beliebten Schlangengurken nur im Gewächshaus. Bei Freilandkultur 100 x 100 cm Abstand einhalten. Schlangengurken im Gewächshaus immer an Schnüren oder Rankhilfen hochleiten. Seitentriebe bis 80 cm Höhe ganz

Wenn Paprika ausreift, färbt er sich rot.

Gemüsepaprika braucht viel Sonne.

Gemüseporträts

entfernen. Darüber nach dem ersten Blattansatz kappen.
Häufige Schaderreger: Spinnmilben, Bakterienwelke, Sklerotinia-Fäule, Echter und Falscher Mehltau, Weiße Fliege.
Ernte und Verwertung: Einlegegurken werden ab Mitte Juli nach und nach geerntet, Schälgurken für den Frischverzehr ab Ende August. Salatgurken aus Freiland und Gewächshaus sind ab Anfang Juli ernteeif und werden am liebsten frisch verzehrt.

Paprika

Ansprüche: Das Fruchtgemüse braucht viel Sonne und als Starkzehrer einen lockeren, mittelschweren Boden.
Kultur: Aussaat des Lichtkeimers ab Anfang März bis Anfang April unter Glas. Nach 3 bis 4 Wochen vereinzeln und ab Mitte Mai im Gewächshaus, unter ein Folienzelt oder – ab Juni – mit 50 x 50 cm Abstand direkt ins Freiland. Freilandanbau nur für Gegenden mit Weinbauklima empfehlenswert. Im Gewächshaus für gleichmäßige Temperaturen und frische Luft sorgen.
Häufige Schaderreger: Blattläuse, Weiße Fliege.
Ernte und Verwertung: Ab Ende Juli Ernte der ersten grünen Schoten möglich, die aber auch bis zur Vollreife an der Pflanze verbleiben können. Frisch oder gedünstet verwerten.

Aubergine

Ansprüche: Der Mittelzehrer braucht einen geschützten, sonnigen Standort auf einem lockeren und humusreichen Boden.
Kultur: Ausgesät wird von Anfang März bis Anfang April unter Glas. Sämlinge pikieren und warm weiterkultivieren. Auspflanzen ins Gewächshaus ab Ende April, ins Freiland (vor allem in Gegenden mit Weinbauklima) ab Ende Mai mit 60 x 80 cm Abstand. Am besten zieht man drei Triebe mit je zwei Fruchtansätzen heran.
Häufige Schaderreger: Blattläuse, Weiße Fliege, Grauschimmel.
Ernte und Verwertung: Die Ernte beginnt im Gewächshaus ab Juni, im Freiland Ende Juli, sobald die Früchte schön ausgefärbt sind. Sie werden gedünstet oder gebacken und sind nur wenige Tage haltbar.

Melone

Ansprüche: wie bei den Gurken (siehe Seite 70 mittlere Spalte).
Kultur: Da die Melonen sehr wärmebedürftig sind, empfiehlt sich ein Anbau unter Glas. Neuere Sorten sind auch für den sonnigen Hausgarten gut geeignet.
Anzucht und Pflege entsprechen weitgehend den Gurken. Regelmäßiges Stutzen der Seitentriebe nach dem ersten Blatt ist bei hochrankenden Melonen sehr wichtig.
Häufige Schaderreger: Spinnmilben, Weiße Fliege, Echter und Falscher Mehltau.
Ernte und Verwertung: Die Ernte der süßlich duftenden Früchte beginnt im August. Melonen frisch verzehren.

Reife Tomaten schmecken mit Basilikum oder Borretsch besonders lecker.

Gurken brauchen einen humusreichen, warmen Boden.

Auberginen gedeihen am besten im Gewächshaus.

72 Der Gemüsegarten

Kürbisse sind die Schwergewichte im Gemüsegarten.

Kürbis

Ansprüche: Auf sonnigen bis halbschattigen Plätzen gedeiht der Starkzehrer auf humusreichem, mittelschwerem Boden.
Kultur: Aussaat ab Mitte April bis Anfang Mai unter Glas. Auspflanzen ab Mitte Mai. Die Kürbisfamilie ist sehr vielfältig, am meisten Platz brauchen Riesenkürbisse, die auf 2 x 2 m gepflanzt werden. Reichlich gießen und im Laufe des Sommers ein- bis zweimal nachdüngen.
Häufige Schaderreger: Schnecken.
Ernte und Verwertung: Je nach Kürbisart beginnt die Ernte ab Ende Juni (Gartenkürbis) oder im Oktober (Riesenkürbis). Zubereitung als gedünstetes Gemüse, Kompott oder sauer eingelegt. Im Gemüselager sind sie einige Wochen haltbar.

Starkzehrer Kürbis braucht einen nährstoffreichen Boden.

Dekorative Zucchiniblüte

Zucchini

Ansprüche: Wie Kürbis.
Kultur: Anzucht wie Kürbis, Auspflanzen ab Mitte Mai auf 100 x 100 cm. Reichlich wässern und zweimal nachdüngen.
Häufige Schaderreger: Schnecken.
Ernte und Verwertung: Ab Mitte Juli werden die 15 bis 20 cm langen Früchte fortlaufend geerntet. Häufiges Ernten fördert den Fruchtansatz. Verwertung der Früchte roh oder gedünstet. Zucchini ist nur kurz lagerfähig.

Zuckermais

Ansprüche: Mais braucht als Starkzehrer einen tiefgründigen, humusreichen Boden und steht am besten vollsonnig.
Kultur: Aussaat ab Mitte April unter Glas; ab Mitte Mai bis Mitte Juni auch direkt ins Freiland. Abstand 50 x 30 cm. Regelmäßig hacken, wässern und zweimal nachdüngen. Anhäufeln der Maispflanzen sorgt für besseren Halt.
Ernte und Verwertung: Mais ist erntereif, wenn sich die feinen Fäden an den Kolben dunkel färben. Er schmeckt am besten frisch oder in Butter gedünstet, die Maiskolben können aber auch eingefroren werden.

Gemüseporträts

Stangenbohnen brauchen eine Kletterhilfe.

Hülsenfrüchte

Erbsen

Ansprüche: Der Schwachzehrer wächst gut auf leichten bis mittelschweren, lockeren Böden in der vollen Sonne.
Kultur: Man unterscheidet die weit verbreiteten Markerbsen, Schal- oder Palerbsen, die sich zum Trocknen eignen, und Zuckererbsen, die mit Schote verzehrt werden. Schalerbsen werden ab März gesät, Mark- und Zuckererbsen ab April. Samen in zwei Reihen mit 30 cm Abstand 5 cm tief legen. Als Stütze sind Reiser oder Maschendraht erforderlich.
Häufige Schaderreger: Echter Mehltau, Raupen des Erbsenwicklers.
Ernte und Verwertung: Schalerbsen sind ab Mai erntereif, Markerbsen und Zuckererbsen ab Mitte Juni. Markerbsen schmecken nur, wenn sie jung und grün sind; gleiches gilt für Schalerbsen, die man aber besser durch Trocknen haltbar macht. Zuckererbsen werden frisch verzehrt.

Bohnen

Ansprüche: Buschbohnen sind Schwachzehrer, Stangenbohnen sind Mittelzehrer. Beide bevorzugen einen mittelschweren Boden in sonniger Lage.
Kultur: Buschbohnen werden Ende April unter Glas vorgezogen oder direkt von Mitte Mai bis Mitte Juli im Freiland ausgesät; und zwar in Horste mit 6 Samen in 40 cm Abstand. Die etwas anspruchsvolleren Stangenbohnen brauchen ein Stützgerüst in Zelt- oder Spalierform, an dem sie hochgeleitet werden. Direktsaat ab Mitte Mai; eine Startdüngung ist empfehlenswert.

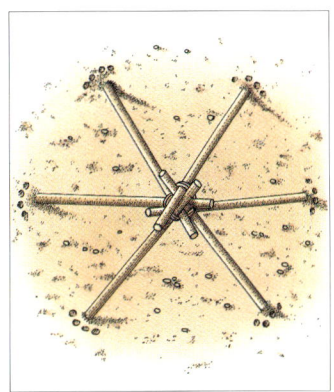

Bohnenstangen werden wie ein Indianer-Tipi aufgestellt und an der Spitze zusammengebunden.

Häufige Schaderreger: Blattläuse, Bohnenfliegen, Grauschimmel.
Ernte und Verwertung: Busch- und Stangenbohnen werden von Juli bis September regelmäßig durchgepflückt, das fördert den Fruchtansatz. Bohnen werden gedünstet, eingekocht oder eingefroren; nicht roh verzehren.

Erbsen mit Reisern abstützen

Radieschen sind besonders schnell erntereif.

Rettiche brauchen einen gleichmäßig feuchten Boden.

Wurzelgemüse

Radieschen

Ansprüche: Der Schwachzehrer mag einen sonnigen, luftigen Standort auf lockerem, humosem Boden.
Kultur: Aussaat ab Februar unter Glas, von März bis September direkt ins Freiland, Reihenabstand 15 bis 20 cm; nach dem Auflaufen auf 5 cm vereinzeln.
Häufige Schaderreger: Kohlfliege, Erdflöhe, Falscher Mehltau.
Ernte und Verwertung: Je nach Witterung wird nach 4 bis 8 Wochen geerntet. Überständige Pflanzen werden schnell pelzig. Entfernen Sie gleich nach der Ernte das Laub und verzehren Sie die Radieschen möglichst frisch.

Rettich

Ansprüche: Der Mittelzehrer wächst am besten auf einem tiefgründig gelockerten Boden.
Kultur: Aussaat ab Februar unter Glas, von März bis Juli im Freiland; Winterrettich von Juli bis August. Reihenabstand 20 cm, Sämlinge auf 15 bis 20 cm vereinzeln. Zeitige Frühjahrsaussaaten entwickeln sich besser unter Folie. Wichtig ist ein gleichmäßig feuchter Boden.
Häufige Schaderreger: Kohlfliege, Rettichschwärze, Erdflöhe.
Ernte und Verwertung: Schnelle Sorten sind schon nach 8 bis 9 Wochen erntereif. Wenn Rettich zu lange im Boden bleibt, wird er hart und holzig. Winterrettich hält sich lange im kühlen Gemüselager.

Möhren

Ansprüche: Der Mittelzehrer mag einen tiefgründigen, nicht zu schweren Boden in sonniger bis halbschattiger Lage.
Kultur: Freilandaussaat von März bis Juni, erste Saaten entwickeln sich besser unter Folie. Möhren keimen langsam, deshalb zum Markieren der Reihen

Sellerieknollen kann man vorsichtig freilegen.

Weniger Nitrat im Wurzelgemüse erhält man, wenn am Morgen vor der Ernte mit der Grabegabel gelockert wird und die feinen Wurzeln zerstört werden.

Radieschen mitsäen. Reihenabstand 15 bis 25 cm, nach dem Aufgehen wird auf 5 cm vereinzelt. Herauswachsende Möhren anhäufeln, um Grünfärbung zu verhindern.
Häufige Schaderreger: Möhrenfliege, Erdraupen, Nematoden.
Ernte und Verwertung: Frühe Sätze sind im Juni, späte im Oktober erntereif. Möhren kann

Gemüseporträts

Starkzehrer im Gemüsebeet: Knollensellerie

Rote Bete wird geerntet, wenn die Knollen etwa 6 cm Durchmesser haben.

man frisch verzehren, dünsten, kühl lagern oder einfrieren.

Pastinake

Ansprüche: Der früher weit verbreitete Mittelzehrer fühlt sich auf mittelschwerem Boden in sonniger bis halbschattiger Lage wohl.
Kultur: Aussaat ab April mit 40 cm Reihenabstand. Sämlinge auf 10 bis 15 cm vereinzeln. Die Reihen wie bei Möhren mit Radieschensaat markieren.
Häufige Schaderreger: Blattfleckenkrankheit.
Ernte und Verwertung: Von Oktober bis zum darauffolgenden Frühjahr werden die frostharten Wurzeln geerntet oder kühl eingelagert. Die Wurzeln schälen und gedünstet oder gekocht verwenden. Junge Blätter dienen als Würzmittel.

Rote Bete

Ansprüche: Der Mittelzehrer wächst gut in sonnigen bis halbschattigen Lagen auf tiefgründigen Böden.
Kultur: Aussaat von Ende April bis Ende Juni auf 25 cm Reihenabstand mit 10 bis 15 cm Abstand in der Reihe. Frühe Aussaaten entwickeln sich besser unter Folie. Regelmäßig hacken und gießen.
Häufige Schaderreger: Rübenfliege, Blattläuse.
Ernte und Verwertung: 12 bis 15 Wochen nach der Aussaat wird fortlaufend geerntet. Knollen mit etwa 6 cm Durchmesser haben das beste Aroma. Zum Einlagern alle Blätter – bis auf die Herzblätter – entfernen. Verwendung roh, gedünstet oder sauer eingelegt.

Sellerie

Ansprüche: Sellerie mag als Starkzehrer einen mittelschweren bis schweren, kalireichen Boden in vollsonniger Lage.
Kultur: Vorkultur im März unter Glas, Sämlinge mindestens einmal vereinzeln; hohes Auspflanzen ab Ende Mai auf 40 x 40 cm. Bis zur Ernte ein- bis zweimal nachdüngen, regelmäßig hacken und gießen.
Häufige Schaderreger: Blatt-

Möhren dürfen in keinem Gemüsegarten fehlen. Am besten schmecken sie frisch aus dem Beet.

läuse, Nematoden, Möhrenfliege, Blattflecken.
Ernte und Verwertung: Die Ernte beginnt im Oktober und endet mit den ersten Frösten. Blätter und Wurzeln von der Knolle entfernen. Zubereitung roh oder gedünstet; im kühlen Gemüselager ist Sellerie bis zum Frühjahr haltbar; auch Einfrieren ist möglich.

Schwarzwurzel

Ansprüche: Der Mittelzehrer mag es sonnig auf durchlässigem, mittelschwerem Boden.
Kultur: Aussaat von März bis April, 2 cm tief in Reihen mit 30 cm Abstand. Nach dem Auflaufen auf 10 cm vereinzeln. Wegen der langen Kulturdauer regelmäßig hacken, wässern und Unkraut entfernen. Blütentriebe rechtzeitig ausbrechen.
Häufige Schaderreger: Echter Mehltau.

Schwarzwurzeln muß man vorsichtig ernten, weil die Stangen leicht abbrechen.

Ernte und Verwertung: Geerntet wird ab Oktober, wenn das Laub abstirbt. Die langen Wurzeln vorsichtig von der Seite her ausgraben und zur kühlen Lagerung in feuchten Sand einschlagen. Der Geschmack der gekochten Wurzeln erinnert ein wenig an Spargel.

Kartoffel

Ansprüche: Die Kartoffel ist ein Mittel- bis Starkzehrer und mag einem sonnigen Platz auf lockeren Böden.
Kultur: Ab Mitte März Kartoffeln in flachen Kisten hell aufstellen und bei 15 °C vorkeimen. In der zweiten Aprilhälfte 5 bis 10 cm tief in Reihen mit 50 cm Abstand auspflanzen. Mittelfrühe Sorten und auch Lagerkartoffeln kommen ab Mai ins vorbereitete Beet. Wenn die Triebe herauswachsen, regelmäßig hacken, anhäufeln und auf gleichmäßige Wasserversorgung achten.
Häufige Schaderreger: Kraut- und Knollenfäule, Kartoffelkäfer, Nematoden.
Ernte und Verwertung: Frühkartoffeln erntet man drei Monate nach der Pflanzung, späte Sorten brauchen einen Monat länger; sie können kühl und dunkel einige Monate gelagert werden.

Kartoffeln vorsichtig mit der Grabegabel roden, damit die Knollen nicht beschädigt werden.

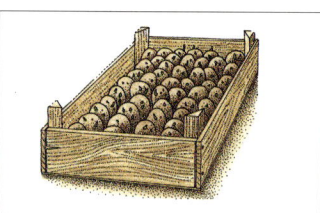

Frühkartoffeln in flachen Kisten vorkeimen

Hohe Erträge verspricht die „Chinesische Kartoffelkiste". Man benötigt stapelbare Holzrahmen. In die unterste Kiste kommen 40 cm hoch Erde mit Kompost und 5 Saatkartoffeln auf 1 m². Sobald sich die grünen Triebe zeigen, setzt man den nächsten Holzrahmen auf und füllt mit Substrat auf – bis zu einer Höhe von 1 m.

Gemüseporträts

Porree verträgt sogar leichten Frost.

Winterheckzwiebeln – Gemüse mit langer Tradition

Zwiebelgemüse

Zwiebel

Ansprüche: Schwach- bis Mittelzehrer für tiefgründig gelockerten, humosen Boden; sonnige Lage.
Kultur: Ausgesät wird Ende Februar bis März und im August. Nach der Keimung auf 10 cm vereinzeln, Reihenabstand 20 bis 25 cm. Einfacher geht die Kultur mit Steckzwiebeln, die ab Ende Februar auf 10 cm Abstand gesteckt werden. Wintersteckzwiebeln für die Ernte im Frühjahr werden in der zweiten Augusthälfte gepflanzt. Wenn die Pflanzen sich gut entwickelt haben, nicht mehr zusätzlich gießen. Überwinternde Zwiebeln mit Fichtenreisig abdecken.
Häufige Schaderreger: Zwiebelfliege, Falscher Mehltau, Grauschimmel.
Ernte und Verwertung: Überwinternde Zwiebeln werden im Frühjahr geerntet und mit Laub verwertet. Im Frühjahr gesetzte Zwiebeln erntet man ab Juli, die gesäten sind ab August reif. Trockene Lagerung ist möglich; Verwertung roh, gedünstet oder sauer eingelegt.

Knoblauch

Ansprüche: Der Mittelzehrer braucht einen vollsonnigen Platz auf lockerem Boden.
Kultur: Die Zehen im April 3 cm tief in die Erde stecken; Abstand 20 x 15 cm.
Häufige Schaderreger: Zwiebelfliege, Falscher Mehltau.
Ernte und Verwertung: Im August/September werden die ersten Knoblauchzwiebeln geerntet und – nur in warmen Gegenden – gleich wieder gesteckt. Die Herbstpflanzung ist im darauffolgenden Sommer erntereif. Nach dem Trocknen ist Knoblauch lange haltbar; Verwendung in der Küche roh oder gedünstet.

Porree, Lauch

Ansprüche: Mittel- bis Starkzehrer; braucht einen tiefgründigen, humosen Boden.
Kultur: Aussaat ab Februar unter Glas; die Jungpflanzen ab April auspflanzen (Reihenabstand 30 cm, Abstand in der Reihe 15 cm). Von April bis Juni Direktsaat ins Freie; nach dem Auflaufen vereinzeln. Einfacher ist die Verwendung zugekaufter Jungpflanzen. Diese werden in 15 cm tiefe Pflanzlöcher gesetzt und später angehäufelt, damit sich lange, weiße Schäfte bilden.
Häufige Schaderreger: Zwiebelfliege, Lauchmotte, Blattfleckenkrankheit.
Ernte und Verwertung: Die Ernte beginnt im Juli und reicht bei frostharten Sorten bis tief in den Winter hinein. Porree wird roh oder gekocht vielseitig in der Küche verwendet.

Ein Knoblauchzopf läßt sich einfach selbst binden (siehe Seite 191).

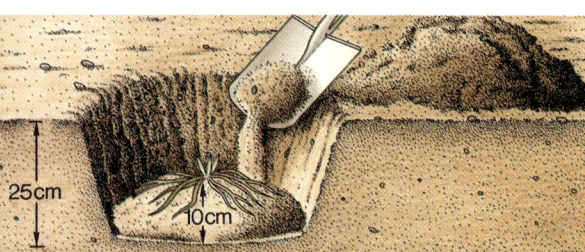

Zur Grünspargelpflanzung eine 25 cm tiefe Grube ausheben

Mehrjährige

Artischocke

Ansprüche: Die sonnenliebende Artischocke ist ein Starkzehrer und wächst gut auf tiefgründigen, gut durchlässigen Böden.
Kultur: Ausgesät wird ab März unter Glas, dann Pikieren in kleine Töpfe, Auspflanzen ab Mitte Mai im Abstand 80 x 100 cm. Die schweren Blütentriebe sollte man abstützen. Artischocken im Winter mit Laub oder Reisig vor Frost schützen. Nach 3 bis 4 Jahren werden durch Aussaat oder Teilung neue Pflanzen herangezogen.
Häufige Schaderreger: Blattläuse.
Ernte und Verwertung: Ab Juli die geschlossenen Blütenköpfe schneiden; verzehrt wird der gekochte Blütenboden. Die nicht benötigten, dekorativen Blütenköpfe sollten Sie einfach aufblühen lassen.

Cardy

Ansprüche: Als Starkzehrer benötigt Cardy einen tiefgründigen, durchlässigen Boden.
Kultur: Empfehlenswert ist eine Vorkultur mit Aussaat ab Februar, danach Pikieren und Auspflanzen ab Mitte Mai auf 100 x 100 cm. Die Pflanzen regelmäßig flach hacken und bei Trockenheit gut wässern. Cardy kann in milden Gegenden mit Winterschutz mehrjährig wachsen.
Häufige Schaderreger: Blattläuse.
Ernte und Verwertung: Verzehrt werden in der Regel die gebleichten Blattstiele. Dazu die Blätter im September vorsichtig zusammenbinden und mit lichtundurchlässiger Folie oder Pappe umhüllen. Zusätzlich kann man die Pflanze anhäufeln. Nach etwa 3 Wochen können die ersten Blätter geerntet werden.

Meerrettich

Ansprüche: Der Mittelzehrer wächst gut auf tiefgründigen, sandigen Böden in sonniger Lage.
Kultur: Vermehrung über Wurzelstecklinge (Fechser), die im Frühjahr in den gut gelockerten Boden gepflanzt werden. Vorsicht: Meerrettich kann sich nach

Rhabarberstangen werden bis spätestens Ende Juni geerntet.

dem Anwachsen wie Unkraut ausbreiten; günstig ist die Kultur in einem etwa 100 cm tiefen Gefäß mit entsprechend großem Durchmesser.
Häufige Schaderreger: Erdflöhe, Weißer Rost.
Ernte und Verwertung: Ab Oktober werden die Wurzelstangen ausgegraben und frisch gerieben als Würzmittel verwendet. Seitenwurzeln bei Bedarf einfach abbrechen und zur Weitervermehrung nutzen. Zur kühlen Lagerung in feuchten Sand einschlagen.

Meerrettich breitet sich schnell aus, deswegen sollte man ihn in einen großen Topf oder Kübel pflanzen.

Gemüseporträts 79

Rhabarber

Rhabarber

Ansprüche: Der Starkzehrer braucht einen sonnigen bis halbschattigen Platz auf durchlässigem, tiefgründigem, eher feuchtem Boden.
Kultur: Gepflanzt wird der Wurzelstock im Herbst oder Frühjahr mit 1 Pflanze/m². Meist reichen 1–2 Stauden für den Bedarf einer durchschnittlichen Familie. Die Rhabarberpflanzen von Mai bis Juni ausreichend wässern; geerntet wird bis spätestens Ende Juni, danach reichert sich in den Blattstielen Oxalsäure an. Nach der Ernte kräftig düngen. Treibglocken – ab Februar über die Pflanze gestülpt – verfrühen die Ernte.
Ernte und Verwertung: Einzelne Stiele nach Bedarf bis Ende Juni ruckartig abdrehen, nicht schneiden. Die Blattstiele abhäuten und als Kompott, für Marmelade oder Kuchen verwenden. Die grünen Blätter sind giftig.

Spargel

Ansprüche: Der Starkzehrer Spargel wächst am besten in der vollen Sonne auf eher sandigen Böden, die sich im Frühjahr schnell erwärmen.

Kultur: Wichtig ist eine gute Bodenvorbereitung. Im Herbst das Beet 50 cm tief umgraben und mit Stallmist und Kompost anreichern. Im darauffolgenden Frühjahr wird gepflanzt. Verwenden Sie Wurzelstöcke aus dem Fachhandel. Der hohe Aufwand lohnt sich: Eine Spargelpflanzung kann 10 bis 15 Jahre lang beerntet werden. **Bleichspargel**: Heben Sie 30 cm tiefe und 50 cm breite Gräben auf dem vorbereiteten Beet aus. Grabensohle mit Kompost düngen, in 40 cm Abstand Spargelpflanzen in die Gräben legen. Man rechnet pro Person etwa 12 Pflanzen. Die Setzlinge mit etwas Erde bedecken und gut angießen. Erst im nächsten Jahr werden die Gräben aufgefüllt, im übernächsten Jahr wird ein Damm über die Pflanzen aufgeschüttet, 40 cm hoch, unten 80 cm und oben 40 cm breit. Das gelb werdende Spargellaub jeweils im Herbst abschneiden.
Grünspargel: Das Pflanzen entspricht dem Bleichspargel, nur daß keine Wälle aufgeschüttet werden.

Grünspargel hat ein kräftigeres Aroma als Bleichspargel.

Die Artischocken knospig ernten; verzehrt wird der gekochte Blütenboden.

Häufige Schaderreger: Spargelfliege.
Ernte und Verwertung: Wenn sich im Frühjahr auf den festgeklopften Dämmen Risse zeigen, wird der Bleichspargel freigelegt und mit einem speziellen Messer gestochen. Arbeiten Sie vorsichtig, damit der Wurzelstock nicht beschädigt wird. Die Ernte endet traditionell zum 24. Juni (Johannistag).
Grünspargel wird geschnitten, wenn die Stangen 10 bis 20 cm weit aus dem Boden ragen. Bleich- und Grünspargel frisch oder gekocht verwerten; er ist – eingeschlagen in ein feuchtes Tuch – einige Tage im Kühlschrank haltbar.

Speisepilze

Viele Speisepilze, die man im Wald sammeln kann, lassen sich nicht im Garten kultivieren. Dazu gehören die schmackhaften Steinpilze und Pfifferlinge. Zum Glück gibt es trotzdem eine reichliche Auswahl an Speisepilzen für den Garten. Einige wachsen nur auf Stroh (Kulturträuschling), andere nur auf Holz (Shii-Take) und manche auch auf beiden Substraten (Austernseitling). Kulturpilze bevorzugen einen feucht-schattigen Platz im Garten. Denken Sie daran, die Pilzkulturen vor gefräßigen Nacktschnecken zu schützen.

Pilzkultur auf Baumstämmen

Für die Kultur auf Baumstämmen oder dicken Ästen eignen sich Shii-Take (Eiche, Buche, Eßkastanie), Samtfußrübling (Buche, Weide, Pappel, Eßkastanie), Austernseitling (Buche, Weide, Pappel, Eßkastanie) oder Stockschwämmchen (Buche, Weide, Pappel). Man verwendet dafür nur gesundes, frisches Holz; am besten sind Ast- oder Stammstücke mit 25 cm Durchmesser und 50 cm Länge. Das Holz wird von Frühjahr bis Juni beimpft. Man unterscheidet Kopfimpfung, Bohrlochimpfung und Schnittimpfung. Bei der Kopfimpfung wird zuerst eine etwa 5 cm dicke Scheibe vom Stamm abgeschnitten. Danach den Stamm aufrecht stellen, die Pilzbrut auf die Schnittstelle legen und zuletzt die Scheibe auf die Brut legen und festnageln. Plastikfolie und Klebeband verhindern, daß die Pilzbrut seitlich herausrutscht. Für die Bohrlochimpfung werden in regelmäßigem Abstand 3 cm tiefe Löcher mit 2 cm Durchmesser in den Stamm gebohrt und mit Pilzbrut beimpft. Danach die Löcher gut verschließen.

Shii-Take auf Holzstämmen anbauen
1. In den keilförmigen Schnitt wird die Pilzbrut eingebracht.

2. Mit Plastikfolie die Schnittstelle mit der Brut schützen.

3. Die Pilze wachsen aus der Schnittstelle heraus.

Am wirksamsten ist die Schnittimpfung, bei der zwei Keile in das Holz gesägt werden, die leicht versetzt gegenüber liegen. Auch hier gilt: Nach dem Beimpfen gut abdichten. Wenn sich auf der Stirnseite des Holzes ein weißes Geflecht bildet, hat der Pilz den Stamm durchdrungen. Jetzt Folie und Klebeband entfernen und das Holz auf feuchter Erde senkrecht aufstellen. Grundsätzlich gilt: Je härter das Holz, desto länger kann geerntet werden (bei Buchenholz bis zu 8 Jahre lang).

Gemüseporträts

Pilzkultur auf Stroh

Für die Kultur auf Stroh oder Sägemehl eignen sich Austernseitling und Kulturträuschling. Dazu das Substrat gut anfeuchten, mit der Pilzbrut beimpfen und fest in einen Plastiksack stopfen. Danach mit einer Gabel etwa 25 Löcher seitlich in den Plastiksack stechen. Sie können das beimpfte Substrat auch in einen Karton füllen und diesen danach mit Folie verschließen. Bei 15 bis 20 °C hat das Pilzgeflecht das Substrat nach etwa vier Wochen durchwachsen. Jetzt kleine Löcher in die Folie schneiden, damit die Fruchtkörper der Pilze herauswachsen können.

sten oder Plastiksäcke gefüllt. Dann die Pilzbrut gut einmischen.
Nach 2 bis 4 Wochen eine lockere, humusreiche Deckerde ausbringen.
Nach weiteren 2 Wochen hat das Pilzgeflecht auch die Deckerde durchwachsen; jetzt mit einer kleinen Drahtbürste die Deckerde mit kreisenden Bewegungen anrauhen.
Ungefähr 10 Tage später beginnt schließlich die Ernte, die sich in Schüben über mehrere Wochen hinzieht. Vergessen Sie nicht, nach jedem Pflücken frisches Wasser zuzugeben.

Shii-Take auf Holz

Kulturträuschling auf Stroh anbauen
1. Zuerst muß das Stroh gut angefeuchtet werden.

2. Stroh mit Pilzbrut impfen und am besten in einen Karton füllen, den mit Folie verschließen.

Pilzkultur auf Pferdemist

Eine Sonderstellung nehmen die Speisepilze Champignon und Egerling ein, die auf fermentiertem Pferdemist – häufig im Keller des Wohnhauses bei ungefähr 20 °C – herangezogen werden.
Champignons sind bekannt für ihre makellosen, weißen Hüte; Egerlinge sind den Champignons sehr ähnlich, unterscheiden sich jedoch anhand ihres braunen Äußeren.
Das Substrat wird zuerst in Ki-

3. Die Pilze wachsen aus dem Stroh heraus.

Ein Garten ohne Kräuter – einfach undenkbar! Ob sie für die eigene Gesundheit oder schlicht die der Beetnachbarn angebaut werden, für die Schönheit oder als „Salz" in der Suppe: Jeder kann sich sein individuelles Kräuterparadies schaffen. Dabei ist es völlig unerheblich, wieviel Platz dafür zur Verfügung steht. Die Arten- und Sortenvielfalt bietet für jeden Geschmack reichlich Auswahl. Und: Ganz gleich wo Kräuter stehen und in welcher Form sie gepflanzt werden, sie sorgen für Aufsehen. Bei keiner anderen Pflanzenart liegen Nutzen und Schönheit so eng beieinander.

Der Kräutergarten

Kräuter im Garten

Es gibt vielerlei Gründe, die Kräuter im Garten unverzichtbar machen. Zum einen verkörpern Würz- und Heilpflanzen Schönheit und Duft in reichem Maße, und zum anderen verfügen sie über eine ungeheure Vitalität. Ein biologisch gepflegter Garten kommt ohne Kräuter gar nicht aus: Von den Verwendungsmöglichkeiten in der Küche und vom gesundheitlichen Wert einmal ganz abgesehen. Denn durch das Zusammenwirken der Inhaltsstoffe sind die attraktiven Nutzpflanzen in der Lage, ihre Beetnachbarn vor Krankheiten zu schützen, Schädlinge abzuwehren und Nützlinge anzulocken. In Mischkulturen gepflanzt, halten Kräuter den Boden fit und gesund. Und: Man kann Blätter und Stiele zu Jauchen und Brühen vergären und somit als kräftigende Starthilfe für Jungpflanzen oder als Pflanzenschutz- und Pflegemittel einsetzen. Die genaue Anleitung zur Herstellung und Verwendung finden Sie auf Seite 38 ff.

Die enorm große Arten- und Sortenvielfalt läßt alle Gestaltungsmöglichkeiten und -wünsche zu. Alte Sorten werden gerade wiederentdeckt; neue, verbesserte kommen alljährlich hinzu. Kräuter können überall stehen, neben den edelsten Zierpflanzen wie im Gemüsebeet. Sie schmücken den Steingarten, hier fühlen sie sich dank der in den Steinen gespeicherten Wärme besonders wohl, beleben in der richtigen Auswahl Sitzplätze, Rabatten und sind immer mehr in Balkonkästen gefragt. Der Reiz eines geometrisch angelegten Kräutergartens liegt in der Übersichtlichkeit. Die Beete darin sind wohlgeordnet. Ebenso verlockend wirkt auch ein zwangsloses Durcheinander von Gemüse, Obst und Kräutern im Nutzgarten. Sie ergänzen sich hier farblich wie inhaltlich. Das Orange der Ringelblume im Gemüsebeet leuchtet schon von weitem; zitronengelbe Dilldolden wiegen sich sanft im Wind; das Blau der bezaubernden Borretschblüten zwischen prallen Kohlköpfen sorgt für Aufsehen: und die Kapuzinerkresse erst. Sie ist der Inbegriff für Wuchs- und Blühfreudigkeit, vorausgesetzt sie fühlt sich wohl an ihrem Platz. Ihre leuchtenden Blüten sprühen geradezu vor Energie. Es ist also völlig gleich, wo wir Kräuter im Garten plazieren, im Rampenlicht oder im Abseits, ihrem Charme werden wir ohnehin erliegen. Aus praktischen Gründen ist ein Kräuterbeet auch unbedingt in Küchennähe zu empfehlen. Schon wenige Quadratmeter reichen aus, um die für den Alltag gebräuchlichsten Würzkräuter unterzubringen.

Vermehrung durch Stecklinge
1. Stecklinge unterhalb eines Blattknotens abschneiden und in sandige Erde stecken.

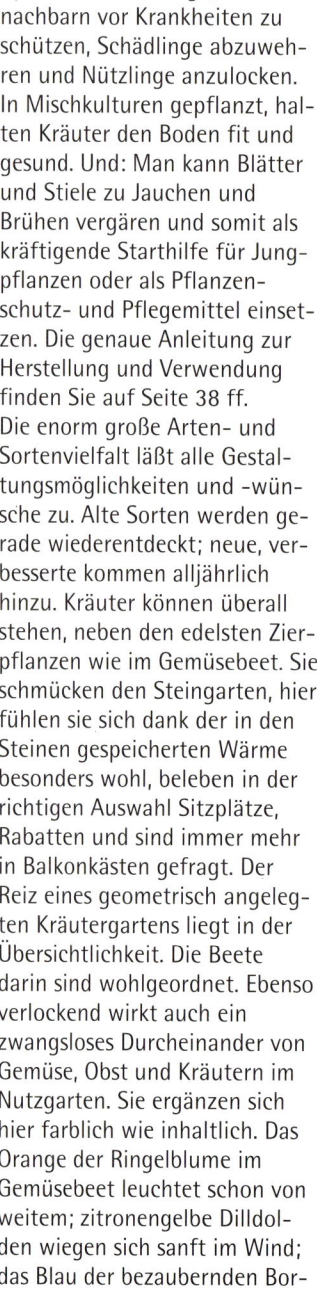

2. Zwei über Kreuz befestigte Drahtbügel, mit Folie bespannt, bilden ein Minifolienhaus, unter dem die Stecklinge schnell bewurzeln können.

Ohne Mischkultur läuft im Biogarten nichts.

Kräuterhecken

Es gibt zahlreiche Kräuter, die sich zur dauerhaften Beeteinfassung bewährt haben. Dazu gehören vor allem Lavendel, Heiligenkraut und Thymian. Sie lassen sich gut formen und überstehen in nahezu allen Klimabereichen den Winter. Besonders wichtig für Hecken ist der regelmäßige Rückschnitt. Nur dadurch entwickeln sich die Pflanzen gleichmäßig dicht und verzweigen sich reich.

Kräuter im Garten

Aussaat ins Freiland: Nach einer guten Bodenvorbereitung werden die Samen breitwürfig oder in Reihen ausgesät. Andrücken und wässern nicht vergessen.

Lavendel braucht einen durchlässigen, lehmig-steinigen Boden an einem trockenen, sonnigen Standort. Er wird im Sommer nach dem Ernten der Blüten zurückgeschnitten, abgestorbenes Holz wird entfernt. Es gibt hohe, mittelhohe und kleinwüchsige Arten in unterschiedlichen Blütenfarben. Besonders dekorativ: eine bunte Lavendelhecke in Weiß-, Lila- und Blautönen – ein Tummelplatz für Bienen!

Früher war Heiligenkraut (*Santolina chamaecyparissus*) neben Buchs die Beeteinfassungspflanze schlechthin, vor allem in Klostergärten. Der Kleinstrauch fällt durch silbergraue Blätter und den etwas strengen Geruch auf. Von Juni bis August können wir uns an seinen kleinen, gelben Blüten erfreuen: eine wichtige Nahrungsquelle für Insekten. Heiligenkraut im Frühjahr während des Austriebs zurückschneiden.

Eine optisch sehr reizvolle, aber viel zu selten genutzte Pflanze ist der Ysop (*Hyssopus officinalis*). Dieses blühfreudige Heilkraut hat einen großen Zierwert und eignet sich bestens zur Beeteinfassung. Ysop gedeiht gut in durchlässiger Erde. Es gibt weiße, rosafarbene und blaue Sorten, wobei letztere am widerstandsfähigsten sind. Das Kraut sollte im späten Frühjahr zurückgeschnitten werden.

Der Standort

Ob Kräuter ein eigenes Beet bekommen oder querbeet im Garten verteilt werden, entscheidend für gesundes Wachstum ist der Standort. Man sollte die Ansprüche der Pflanzen kennen und einhalten. Klein- oder schwachwüchsige Arten und Sorten sind so zu plazieren, daß sie gut erreichbar sind und nicht im Dickicht größerer Artgenossen untergehen. Liebstöckel, Fenchel oder Estragon entwickeln sich z. B. im Nu zu wahren Prachtexemplaren und werden besser ins Beetinnere gepflanzt. Wenn sie zu üppig wachsen, kräftig zurückschneiden.

Ringelblumen und Borretsch: eine bildschöne Kombination.

Der Kräutergarten

Mischkultur: Gemüse kombiniert mit Kräutern, Obst und Blumen
(+günstige Kombination, – ungünstige Kombination, ☐ neutrale Kombination oder keine Erfahrung)

	Buschbohne	Endivien	Erbse	Feldsalat	Gurke	Grünspargel	Kartoffel	Knollenfenchel	Kohlarten	Kohlrabi	Kopfsalat	Mairübe	Möhre	Neuseeländer Spinat	Poree	Radieschen	Rettich	Romanasalat	Rote Bete	Schwarzwurzel	Sellerie	Spinat	Stangenbohne	Tomate	Winterpostelein	Zichoriensalat	Zucchini	Zwiebel
Kräuter																												
Basilikum					+		+													+				+			+	+
Beifuß							+	+																				
Bohnenkraut	+	+		+			+			+						+	+						+		+	+		+
Borretsch					+				+	+									+			+		+			+	
Dill	+		+		+	+	+		+	+	+	+	+						+		+		+	+				+
Estragon					+																							
Kamille							+	+					+	+	+				+									+
Kapuzinerkresse		+		+	+		+	+															+	–				
Kerbel	+	+							+				+	+														
Knoblauch	–		–		+		+		–	–	+		+			+			+				+	–	+			
Koriander					+		+		+	+							+											
Kresse									+							+	+											
Kümmel	+		+		+		+		+	+	+							+				+	+					
Majoran													+															+
Meerrettich							+																					
Petersilie					+					–				+	+	+								+		–		+
Pfefferminze							+		+	+	+		+											+				
Portulak																												–
Rosmarin	+				–								+										+					
Salbei	+	+			–		+	+	+		+												+					
Schnittlauch	–	–					–		–				+							–				–	+			
Thymian									+	+																		
Wermut							–																					
Zitronenmelisse							+	+																				
Obst																												
Erdbeere	+			+	–				–	+				+		+	+	+		+			+		+			+
Himbeere	+																											
Obstbäume														+														
Blumen																												
Ringelblume			+		+	+			+	+		+	+											+				
Sonnenblume					+		–																					
Tagetes	+						+		+	+																		

Die Tabelle zeigt eine Auswahl geeigneter Mischkulturpartner im Kräutergarten und eine Übersicht verschiedener Obstarten und Blumen in Kombination mit verschiedenen Gemüsearten. In der Tabelle ist stets von den in der senkrechten Spalte genannten Pflanzenarten auszugehen.

Kräuter brauchen gut vorbereiteten, unkrautfreien Boden; locker und durchlässig muß er sein. Ideal ist Humusboden oder magerer Sandboden, der mit Kompost und ein wenig Tonmehl angereichert werden sollte. Schwere, leicht klumpende Erde unbedingt mit Sand lockern. Hilfreich ist auch regelmäßiges Mulchen, sonst besteht die Gefahr von Staunässe, und die wird bis auf wenige Ausnahmen von keinem Kraut vertragen.

Beim Auspflanzen von Kräutern und Heilpflanzen ist auf großzügige Abstände zu achten. Zu dicht stehende Kräuter werden anfällig für Krankheiten und Schädlinge. Außerdem behindern sie sich gegenseitig im Wuchs. Pflanztermine für mehrjährige Kräuter sind im Frühjahr, je nach Witterung im April, sowie im zeitigen Herbst. Kälteempfindliche Einjährige wie Basilikum, Majoran oder Kapuzinerkresse sollten dagegen möglichst nicht vor den Eisheiligen (Mitte Mai) ins Freiland.

Pflanzen gibt es nahezu das ganze Jahr über in gut durchwurzelter Qualität in Töpfen zu kaufen. Allerdings lassen sich die meisten Kräuter und Heilpflanzen durch Aussaat oder Stecklinge leicht selbst heranziehen.

Viele Küchenkräuter, zum Beispiel Thymian, Oregano, Basilikum und Salbei, kommen aus dem Mittelmeerraum. Das heißt, sie brauchen zur Entfaltung ihres Aromas und der Inhaltsstoffe unbedingt einen sonnigen Platz und sehr viel Wärme. Eine geschützte Südlage, zum Beispiel ein Beet vor einer Südwand oder reichlich Steine in ihrer unmittelbaren Nähe, kommen ihrem Wärmebedürfnis entgegen. Steine speichern und reflektieren Wärme, wovon die Pflanzen noch lange nach Sonnenuntergang profitieren. Mediterranen Kräutern genügt meist ein mageres, eher kalkhaltiges Pflanzbeet. Trockenmauern oder eine aus Steinen aufgeschüttete Kräuterspirale bieten ihnen somit ein optimales Zuhause. Schattiger und kühler vertragen es Schnittlauch, Sauerampfer, Pimpinelle oder Petersilie. Sie stehen am besten in mäßig feuchten, relativ nährstoffreichen Böden.

Kräutergarten mit Lavendel (links vorn) und Meerrettich (rechter Bildrand)

Hornveilchen (vorne) und blühender Erdrauch

Vermehrung

Die Aussaat

Mit der Kräuteraussaat kann bereits ab Mitte März begonnen werden. Allerdings nur auf der warmen Fensterbank oder im beheizten Gewächshaus. Die Temperatur der Erde muß mindestens 18 bis 20 °C betragen. Außerdem entwickeln sich Sämlinge nur bei ausreichendem Licht zufriedenstellend.
Die Aussaat selbst ist einfach. Verwenden Sie ungedüngte, keimfreie Erde, also sogenannte Aussaaterde oder Torfquelltöpfe. Letztere in eine Schale legen und mit reichlich Wasser übergießen. Innerhalb

Kräuterecke mit Weinraute, Salbei, Petersilie und anderen beliebten Kräutern

weniger Minuten quellen die Torftabletten zu kleinen, durch ein Netz gehaltene Ballen auf. Die Samen müssen jetzt nur noch in das Substrat gedrückt werden. Vorteil von Quelltöpfen: das Pikieren entfällt. Aufwendiger ist die Aussaat in Schalen oder flache Töpfe. Dazu die Gefäße bis zum Rand mit Aussaaterde füllen, diese glattstreichen und leicht festdrücken. Die Samen wie auf der Tüte angegeben ausbringen. Das Ganze bis zum Auflaufen gleichmäßig feucht halten. Damit die Saat nicht austrocknet, das Anzuchtsgefäß mit einer Folie oder Scheibe abdecken. Diesen Schutz nach dem Keimen entfernen, denn die Sämlinge brauchen jetzt sehr viel Licht und Sauerstoff und vertragen es auch schon etwas kühler, was zu ihrer Kräftigung beiträgt. Sobald die Sämlinge vollständige Blättchen ausgebildet haben und etwa 4 bis 7 cm groß sind, kann pikiert werden. Zuvor die Pflänzchen nochmals kräftig mit Wasser übersprühen. So lassen sie sich leichter aus der Erde ziehen, denn sie sind noch zart und sehr empfindlich, gegebenenfalls nimmt man einen Pikierstab zu Hilfe. Die Sämlinge in frische Erde pflanzen und feucht halten. In der Regel wird bis zum Auspflanzen zwei- bis dreimal pikiert.

Die Freilandaussaat ist bis auf wenige Ausnahmen nicht vor Mitte Mai, beziehungsweise erst nach den Eisheiligen zu empfehlen. Eine Ausnahme bilden die weniger kälteempfindlichen Kräuter wie Borretsch, Dill, Fenchel, Kresse, Kamille, Kerbel, Koriander, Petersilie, Pimpinelle oder Senf. Sie können je nach Witterung schon im April ausgesät werden. Die Beete feinkrümelig und unkrautfrei herrichten und nach Belieben in Tuffs, Kreisen oder Reihen säen. Auch hier unbedingt auf die empfohlene Saattiefe und den -abstand (siehe Samentüte) achten. Bis zum Auflaufen der Samen das Beet gleichmäßig feucht halten. Die Sämlinge später ausdünnen, denn zu dicht stehende Pflanzen werden schneller krank und von Schädlingen befallen.

Vermehrung durch Stecklinge und Wurzelstockteilung

Eine ganze Reihe von Kräutern lassen sich während der Sommermonate durch Stecklinge vermehren, besonders buschig wachsende, wie zum Beispiel Lavendel, Rosmarin, Salbei, Thymian oder Ysop. Dazu von gesunden Pflanzen junge, etwa 6–8 cm lange Triebe unterhalb des Blattansatzes mit einem Messer abschneiden und die unteren Blätter ganz behutsam entfernen. Verwenden Sie nur Triebe, die noch nicht verholzt sind und keine Blütenknospen angesetzt haben. Den Steckling, besser sogar gleich zwei oder drei, in einen Topf mit sandiger Erde stecken und bis zum Anwachsen eine durchsichtige Plastiktüte darüberstülpen.
Die Vermehrung durch Teilung des Wurzelstocks ist bei Schnittlauch, Knolau (Schnittlauchart mit intensivem Knoblauch-Aroma), Oregano, Pimpinelle, Liebstöckel, Zitronenmelisse und Pfefferminze üblich. Denn sie entwickeln mit den Jahren einen kompakten Wurzelstock, der sich gut teilen läßt. Der richtige Zeitpunkt ist im Herbst oder Frühjahr, wenn die Blätter bereits verwelkt oder erst im Begriff sind auszutreiben. Zunächst die Pflanze mit einer Grabegabel aus der Erde heben. Den Wurzelbrocken mit Hilfe eines Spatens oder Messers teilen, je nach Größe auch dritteln oder vierteln. Dabei möglichst vorsichtig mit der Pflanze umgehen. Die Wurzelstücke sofort und in gleicher Tiefe, wie sie zuvor standen, in frische Erde einpflanzen und gut angießen. Durch die regelmäßige Wurzelstockteilung wird die Mutterpflanze immer wieder verjüngt und bleibt somit viele Jahre lang sehr schön.

Kräuter im Garten

Eine noch relativ neu angelegte Kräuterspirale mit Natursteinen

Kräuterspirale: Minze, Sauerampfer & Co. wachsen um die Wette.

Die Kräuterspirale

Wer nur einen kleinen Garten zur Verfügung hat, sollte eine Kräuterspirale in Erwägung ziehen. Das macht zwar erst einmal viel Arbeit, hat aber den Vorteil, daß auf kleinstem Raum eine Vielzahl von Kräutern untergebracht werden kann, und zwar mit ganz verschiedenen Standortansprüchen. Voraussetzung ist eine Fläche von 2 m² in sonniger Lage. Zum Aufbau braucht man Steine und zum Auffüllen Schotter und Erde.

Ausgehend von einer mit Folie abgedichteten Mini-Wasserstelle wird zuerst eine spiralförmig ansteigende Trockenmauer aufgeschichtet. Zumindest für die Sichtseiten sollten Natursteine verwendet werden, denn die Spirale bleibt dauerhaft im Garten und wird somit im Winter, wenn nur wenig oder gar nichts darin grünt, zwangsläufig zum Blickfang.

Bei der Pflanzenauswahl richtet man sich am besten nach den eigenen Vorlieben.

Der höchste Punkt der Kräuterspirale liegt bei etwa 80 cm. Die Innenräume werden zunächst mit Bauschutt oder Schotter aufgefüllt. Abschließend je nach Bedürfnis der vorgesehenen Kräuter eine dicke Schicht Pflanzerde ausbringen. Den oberen Bereich mit magerem Boden auffüllen und mit eher anspruchslosen, wärmeliebenden Pflanzen (z. B. Thymian und Salbei) ausstatten. Im unteren Abschnitt der Spirale, wo die schattenverträglichen Kräuter (z. B. Petersilie) stehen, kompostreiche Gartenerde ausbringen. Am Fuß der Spirale kann eine Mini-Feuchtzone für Brunnenkresse und Bachminze angelegt werden. Eine Kräuterspirale entwickelt sich im Nu zum Treffpunkt für Tiere, ganz besonders für Insekten. Und genau diese Vielfalt der Lebensbereiche macht den Reiz einer Kräuterspirale aus.

Die Kräuterspirale beginnt mit einer Mini-Wasserstelle, der sich eine spiralförmig ansteigende Trockenmauer mit ca. 80 cm Höhe anschließt.

Der Kräutergarten

Manche mögen's feucht

Es gibt zwar nur wenige Kräuter, die dauerhafte Feuchtigkeit wünschen, dafür aber gedeihen sie umso beeindruckender. Mädesüß (*Filipendula ulmaria*) treibt ganz bezaubernde, cremeweiße und honigduftende Blüten. Attraktiv ist auch die violett blühende Bachminze (*Mentha aquatica*). Sie wird nicht höher als 30 cm, gedeiht sowohl im Wasser als auch an feuchten Standorten. Wesentlich höher, 70 bis 120 cm, wird dagegen die Roßminze (*Mentha longifolia*).

Kräuter ernten

Für den täglichen Verzehr können Kräuter mehr oder weniger während der ganzen Wachstumsphase geschnitten werden: das heißt, man pflückt kleine Mengen immer bei Bedarf. Immergrüne wie Thymian, Rosmarin, Lorbeer oder Salbei sogar im Winter, vorausgesetzt Sie erwarten nicht die Würzintensität des Sommers.

Zum Haltbarmachen (Trocknen, Einfrieren oder Einlegen in Essig, Öl oder Alkohol) ist der optimale Erntezeitpunkt abzuwarten. In der Regel ist das Aroma kurz vor dem Aufblühen am intensivsten. Dafür werden ganze Stiele (z. B. Pfefferminze, Zitronenmelisse), Triebspitzen oder Blätter am frühen Vormittag geschnitten, dann ist der Tau schon abgetrocknet, und die Sonne hat den Blättern noch kein Öl entzogen. Blüten erntet man besser um die Mittagszeit, im eben aufgeblühten Zustand. Beschädigte oder bereits an der Pflanze angewelkte Blüten sind unappetitlich und eignen sich nicht mehr zum Verwerten. Je behutsamer Kräuter geerntet und konserviert werden, umso besser ist das Ergebnis. Beim Schneiden und Verarbeiten nicht drücken oder in Tüten aus Kunststoff transportieren, darin beginnen sie zu rasch zu schwitzen und verlieren an Qualität. Lieber einen flachen Korb nehmen, in dem die aromatischen Pflanzenteile locker liegen können.

Beim Kräutersammeln in der freien Natur unbedingt auf ungespritzte, staubfreie Standorte achten, was im Garten ja selbstverständlich ist. Nehmen Sie nur Heilpflanzen und Würzkräuter, die Sie zweifelsfrei kennen, und lassen Sie auch immer genügend Pflanzen zum Fortbestand stehen.

Pflanzenpflege

Kräuter brauchen in der Regel weitaus weniger Nährstoffe als Gemüse- oder Zierpflanzen. Das heißt, wenn sie im Garten ausgepflanzt werden, genügt eine Grunddüngung mit Kompost. Da viele Kräuter ausgesprochen kalkliebend sind (z. B. Oregano, Salbei und Thymian), sollte man den Boden entsprechend anreichern. Der ideale pH-Wert liegt zwischen 6 und 7. Es ist generell sinnvoll, einmal jährlich eine Bodenanalyse durchführen zu lassen. Anhand des Ergebnisses läßt sich ablesen, ob der Boden ausreichend mit Nährstoffen versorgt oder aber überdüngt ist. Entsprechend kann man eingreifen. Die Bodenprobe ist vor allem für Nutzgärtner zu empfehlen. (Eine exakte Anleitung, wie die Probe entnommen wird, und Adressen von entsprechenden Bodenuntersuchungsanstalten und Instituten finden Sie auf S. 20 und im Anhang.)

Wenn Kräuter von Krankheiten oder Schädlingen befallen werden, kann man zwar versuchen, dies durch Pflanzenbrühen und -jauchen wieder in den Griff zu bekommen. Doch meist hilft nur noch radikales Zurückschneiden. Bei Schorf oder Mehltau gibt es gar keine andere Alternative. Am einfachsten ist es noch, gegen Schnecken anzugehen. Sie lassen sich gut absammeln, wenngleich dies keine angenehme Arbeit ist. Da Triebspitzen und junge Blätter von Kräutern ständig zum Frischverzehr geerntet werden, dürfen keinesfalls Insektizide oder Fungizide zum Pflanzenschutz eingesetzt werden.

Die Ernte

Während des Wachstums können Kräuter für den täglichen Bedarf jederzeit geerntet werden. Je nach Kraut pflückt oder zupft man einfach ein paar Blätter oder schneidet die Stiele mit einem kleinen, scharfen Küchenmesser ab. Bei vielen Pflanzen wird dadurch die Verzweigung angeregt, sie werden umso buschiger.

Zum Trocknen und für andere Konservierungsarten ist es allerdings notwendig, den optimalen Erntezeitpunkt abzuwarten, der in der Regel kurz vor dem Aufblühen der Pflanzen liegt. Dann haben die Kräuter den höchsten Gehalt an Inhaltsstoffen, was sich natürlich auch im Aroma ausdrückt. Näheres dazu siehe ab Seite 184.

Kräuter kopfüber an einem schattigen und luftigen Platz trocknen

Kräuter in Töpfen

Silberblättriger Salbei – eine dekorative Heilpflanze

Die Vorzüge liegen auf der Hand: Würz-, Heil- und Duftpflanzen im Topf lassen sich flexibel einsetzen. Man kann den Balkon und die Terrasse damit schmücken, Akzente am Hauseingang, auf dem Fenstersims oder im Vorgarten setzen. Und: Manchmal lockert ein üppig bepflanzter Kräutertopf ein abgeerntetes Beet im Garten ungemein auf.

Die allermeisten Kräuter wachsen willig in Töpfen. Wie bei der Pflanzenauswahl gibt es auch bei den Gefäßen kaum Einschränkungen. Es gibt Kübel, Kästen, Töpfe, Tröge in allen nur erdenklichen Formen, Größen und Materialien. Im Prinzip eignen sich alle, entscheidend ist lediglich das Fassungsvermögen. Es muß mindestens so groß sein, daß der Wurzelballen noch genügend Platz hat, um sich ausbreiten zu können. Ganz besonders groß muß das Pflanzgefäß für Minze sein. Denn die allermeisten Minze-Arten bilden enorm starke Wurzeln aus und können damit auch ungeheuren Druck ausüben. Wird es der Minze im Topf zu eng, sprengt die Pflanze entweder den Topf, oder sie verkümmert mit der Zeit.

Ein besonders heikles Thema für Topfkräuter ist die Gefahr der Staunässe. Sie muß in jedem Fall vermieden werden, sonst gehen die Pflanzen innerhalb kürzester Zeit ein. Daher unbedingt auf ein Wasserabzugsloch achten, es darf beim Bepflanzen keinesfalls verstopfen. Wollen Sie die Kräuter umtopfen, wählen Sie ein Gefäß mit einem etwas größeren Durchmesser, und legen Sie über das Wasserabzugsloch eine Tonscherbe. Pflanzen Sie die Kräuter genauso hoch wie im alten Topf und drücken Sie die Erde gut an. Töpfe ohne Abzugsloch müssen tiefer sein, denn der Wurzelbereich muß durch eine dicke Dränageschicht aus Tonscherben, Blähton oder Kieselsteinen geschützt werden.

Damit sich die Kräuter im Topf gut entwickeln können, brauchen sie sehr viel mehr Pflege, als wenn sie ungehindert in einem Beet heranwachsen. Ständige Ernten fördern das gleichmäßige, buschige Wachstum. Idealerweise entfernt man dabei die Triebspitzen. Durch das Abkneifen des Mitteltriebes wird die Verzweigung der Stiele zusätzlich angeregt und das Verkahlen des Krautes eingegrenzt. Das ist vor allem bei Salbei und Thymian ratsam. Damit die Kräuter ein Optimum an Sonne und Licht abbekommen, die Gefäße möglichst einmal wöchentlich drehen.

Ebenso unerläßlich: regelmäßiges und behutsames Gießen, vorzugsweise am Morgen. Topfpflanzen haben einerseits einen hohen Wasserbedarf, da sie ihre Wurzeln nicht uneingeschränkt ausstrecken können, leiden aber gleichermaßen, wenn sie zu naß stehen. Die Feuchtigkeit ist daher ständig zu überprüfen. An sehr heißen Tagen kann zweimaliges Gießen notwendig sein.

Das Lorbeer-Hochstämmchen steht am besten sonnig.

Hier läßt es sich aushalten: ein Kräuter-Topfgarten mit südlichem Flair.

Richtig auswählen

Würziger Thymian, exotisch duftender Ananassalbei oder blühfreudige Kapuzinerkresse, die Vielfalt an topfgeeigneten Kräutern ist nahezu unerschöpflich. Duftkräuter zum Beispiel waren noch niemals so reichlich und in so vielen unterschiedlichen Nuancen zu haben wie heute. Würzig, herb, süßlich, erfrischend, exotisch, es gibt für jeden Geschmack das passende Kraut. Ananassalbei (*Salvia rutilans*) ist ein noch relativ unbekanntes Gewächs mit aromatischem Fruchtduft. Die Blätter dieser wuchsfreudigen Salbeiart können wir den ganzen Sommer über genießen. Den Höhepunkt bietet die anspruchslose Schönheit jedoch zur Blütezeit im Herbst. Im Oktober, je nach Lage auch November, ist der ganze Busch übersät mit karminroten, ganz bezaubernden Blüten. Das blumige Erlebnis ist jedoch leider nur von begrenzter Dauer, denn Ananassalbei ist nicht winterfest. Es ist daher sinnvoll, sich rechtzeitig mit reichlich Stecklingen einzudecken. Den Süden verkörpern auch die Orangenminze (*Mentha x piperita var. citrata*) und die Grapefruitminze (*Mentha suaveolens x piperita*). Sogar beim Basilikum findet sich eine Art, die zitronig würzt: Zitronenbasilikum (*Ociumum americanum*). Allerdings gehört das kleinblättrige Zitronenbasilikum zu den absoluten Mimosen innerhalb seiner Familie. Geben Sie ihm deshalb den wärmsten Platz, den Balkon oder Terrasse zu bieten haben, sonst ist die Freude nur von kurzer Dauer.

Ein wahrer Exot und unverzichtbar für Tees ist der Zitronenstrauch (*Aloysia triphylla*). Zu seinen Vorzügen gehört der unwiderstehliche Zitronenduft der Blätter, die bezaubernden kleinen Blüten und die unproblematische Kultur. Das strauchartige Gewächs gedeiht am besten in einem großen Topf in leichter, durchlässiger Erde. Der Zitronenstrauch wächst zwar ausdauernd, ist aber nicht winterhart. Also muß der Topf noch vor Frostbeginn ins Haus, wo er hell und kühl überwintert. Übrigens: Auch dieses herrliche Duftkraut läßt sich leicht durch Stecklinge vermehren. Für viele, nicht frostharte Kräuter bietet sich daher die Topfkultur geradezu an. Dazu gehören unter anderem Lorbeer, die meisten Rosmarin-Sorten, Zitronenverbene, Afrikani-

Gourmet-Korb mit Tomate, Basilikum und Petersilie

Kräuter in Töpfen

Hängekorb mit Thymian, Ananassalbei und Römischer Kamille

Kresse überall ein Genuß: in der Schale wie in der Küche

Rosmarin – ein nicht winterhartes Kraut aus dem Mittelmeer

Ein schmuckes Thymian-Trio

scher Zitronenstrauch und die fruchtduftenden Salbei-Arten. Hinzu kommt, daß man die Aromaten auch während der Ruhezeit im Winter genießen kann. Sie haben dann zwar weniger Aroma, aber zum Würzen oder für Tee reicht es allemal aus.

Ländliche Idylle: Kräuter in Weidenkörbe gepflanzt

Kräuterporträts

Schnittlauch

Allium schoenoprasum

Wuchshöhe: 20–30 cm
Blütemonat: V – VIII
Anbau/Mischkultur: Gedeiht gut in nährstoffreichem, kalkhaltigem Boden in der Sonne wie im Halbschatten. Das Beet stets gleichmäßig feucht halten. Trockenheit oder Nährstoffmangel führt zum Vergilben der Blätter. Schnittlauch wird im April durch Aussaat im Freiland herangezogen oder im Herbst durch die Wurzelstockteilung kräftiger Pflanzen vermehrt. Er wächst mehrjährig und sollte spätestens alle 3 Jahre durch

Ein- und zweijährige Kräuter			
Botanischer Name	**Deutscher Name**	**einjährig**	**zweijährig**
Allium sativum	Knoblauch	x	x
Anethum graveolens	Dill	x	
Anthriscus cerefolium	Kerbel	x	
Borago officinalis	Borretsch	x	
Calendula officinalis	Ringelblume	x	
Carum carvi	Kümmel		x
Chamomilla recutita	Kamille	x	
Coriandrum sativum	Koriander	x	
Lepidium sativum	Gartenkresse	x	
Ocimum basilicum	Basilikum	x	
Origanum majorana	Majoran	x	
Petroselinum crispum	Petersilie		x
Pimpinella anisum	Anis	x	
Portulaca oleracea ssp. sativa	Portulak	x	
Satureja hortensis	Bohnenkraut	x	
Tropaeolum majus	Kapuzinerkresse	x	

Teilung des Wurzelballens verjüngt werden. Zu Möhren gepflanzt, schützt Schnittlauch vor Möhrenfliegen.
Ungünstig ist die Kombination mit Erbsen, Kohlgemüsen und Schwarzwurzeln.
Ernte/Verwertung: Die röhrenartigen Blätter ab dem Frühjahr laufend ernten; dazu büschelweise mit einem scharfen Messer knapp über dem Boden abschneiden. Schnittlauch möglichst frisch verwenden, durchs Mitkochen gehen das Aroma und die Inhaltsstoffe weitgehend verloren.

Dill

Anethum graveolens

Wuchshöhe: 50–120 cm
Blütemonat: VII – IX
Anbau/Mischkultur: Der einjährige, stattliche Doldenblütler ist im Garten nicht wegzudenken. Am besten gedeiht Dill an einem windgeschützten, sonnigen Standort in feuchtwarmem Boden. Gesät wird ab Ende April direkt ins Freiland. Zuvor das Beet mit Kompost anreichern und den Boden lockern, Staunässe vermeiden. Für die Krauternte sind Folgesaaten bis Juni möglich; die Samen der Doldenblüten reifen im Hochsommer. Den Standort für Dill jährlich wechseln, sonst kann es zu Auflaufproblemen der Samen kommen.
Dill steht besonders gut neben Gurken, Tomaten, Kohl und Möhren. Sie begünstigen sich gegenseitig im Wuchs.
Ernte/Verwendung: Die stark gefiederten, zarten Blätter haben ein herb-würziges Aroma; man erntet sie laufend. Dillkraut schmeckt am besten frisch, eignet sich aber auch zum Trocknen. Die Samen, die in den attraktiven Doldenblüten heranreifen, schmecken leicht bitter. Man nutzt sie zum Einlegen von Gurken.

Kerbel

Anthriscus cerefolium

Wuchshöhe: 60 cm
Blütemonat: VI – VIII

Schnittlauchvarianten: Schnittknoblauch (oben) und blühender Schnittlauch (unten)

Kräuterporträts

Farbenfrohe Ringelblumen (siehe Seite 96)

Dear Editor,
I was glad to see that in the present and recent editions you continue to have articles pertaining to birds. What would a garden be without them?

Years ago Rachel Carson, in her best seller **Silent Spring**, brought to the attention of the public the fact that the overuse of highly poisonous chemical sprays could well land us in a world without birds. Fortunately it has not quite come to that, and at this time of year we are once more enjoying their voices. I have an acre of garden in the Okanagan (Naramata) and have 34 bird boxes. Enclosed are photos of the most recent ones.

A large globe cedar had to be cut down. The branched trunk had artistic possibilities when turned upside down. So we cut

Gardens West June 2001

aluminum orchard sprinkler pipe into sections, embedded it in cement, inserted the strongest branch and the main trunk had a platform for the birdhouse (the tall one in the duplex).
Sincerely,
Valentine Morche
Naramata, BC

Artemisia absinthium

Wuchshöhe: 60–100 cm
Blütemonat: VII – IX
Anbau/Mischkultur: Ein unübersehbares Kraut. Wermut wächst ausdauernd und gedeiht gut in tiefgründiger, kalkhaltiger und

…cht trockener Erde. Gelegentli… …e Kompostgaben bis etwa …tte Juli werden mit besonders …pigem Wachstum belohnt. …ermut steht am besten sonnig, …rnab vom Kräutergarten. Hier …nn er Nachbarn wie Fenchel, …immel, Melisse oder Salbei er… …eblich im Wachstum hemmen. …ptimal ist ein Platz neben Jo… …annisbeeren, Wermut schützt …ie vor Rostpilzen. Man kann ihn … Frühjahr durch Aussaat oder …Wurzelstockteilung vermehren.
Ernte/Verwertung: In der Küche …st Wermut mit Zurückhaltung zu genießen. Das Kraut …chmeckt relativ bitter. Die Zugabe weniger junger Blätter fördert die Bekömmlichkeit fetter Speisen.

Estragon
Artemisia dracunculus

Wuchshöhe: 60–100 cm
Blütemonat: VII – VIII
Anbau/Mischkultur: Mehrjähriges Kraut mit buschig verzweigten Stengeln. Estragon braucht humusreichen, nahrhaften und feuchten Boden. Ein geschützter, warmer Standort in der Sonne fördert das Aroma, wobei auch Halbschatten vertragen wird. In feuchtkalten Jahren kann Rost auftreten. Die Pflanzen dann frühzeitig abernten und vernichten und mindestens drei Jahre nicht mehr am gleichen Platz anbauen. Unterschieden werden zwei Arten: Russischer Estragon (Wuchshöhe 60–100 cm) ist winterhart und wuchsfreudig und wird aus Samen vermehrt; allerdings besitzt er kein nennenswertes Aroma. Wesentlich aromatischer ist Französischer Estragon (Wuchshöhe 40–80 cm). Diese Art wird im März oder September durch die Teilung des Wurzelstocks oder im Sommer durch Stecklinge vermehrt.
Ernte/Verwertung: Junge Triebspitzen können laufend gezupft oder geschnitten werden. Estragon würzt Suppen, Salate, Soßen und Essig. Die Haupterntezeit ist, sobald sich die Blütenknospen bilden. Estragon eignet sich zum Einfrieren und Trocknen.

Borretsch
Borago officinalis

Wuchshöhe: 70 cm
Blütemonat: VI – IX
Anbau/Mischkultur: Mit

Attraktive Dilldolden

Limonenminze (*Mentha piperita* var. *citrata*)

Wuchsfreudige Zitronenmelisse (*Melissa officinalis*)

seinen himmelblauen Sternblüten sorgt der einjährige Borretsch zwangsläufig für Aufsehen. Nach einmaliger Aussaat an einem sonnigen Platz in guter, kalkhaltiger und feuchter Erde sorgt Borretsch durch Selbstaussaat für das eigene Fortbestehen. Freilandaussaat ist ab April möglich. Sämlinge vereinzeln, denn stehen sie zu dicht, werden sie mehltauanfällig und gern von Blattläusen heimgesucht. Die borstige Behaarung der kräftigen Stengel kann Hautreizungen auslösen. Borretsch hat sich als Nachbar von Kohl- und Gurkengewächsen bewährt. Er lockt Bienen an und wehrt den Kohlweißling ab. Zudem lockert die tiefgreifende Pfahlwurzel schwere Böden.

Für die Topfkultur bietet sich der ausdauernde Borretsch (*Borago laxiflora*) an, seine sonst am Boden wachsenden Blütenzweige hängen schön über den Topfrand. Die ausdauernde Art wird nicht höher als 20 cm und braucht Winterschutz.

Ernte/Verwertung: Eßbar sind die Blüten, jungen Blätter und Triebspitzen. Wird die Pflanze öfter zurückgeschnitten, hat man ständig leckeren Nachwuchs zur Verfügung. Borretsch nur frisch verwenden und keinesfalls mitkochen. Nutzen Sie die Blätter feingehackt als Salat-

würze. Borretschblätter sind auch als Gurkengewürz und in der klassischen „Grünen Soße" unverzichtbar.

Ringelblume
Calendula officinalis

Wuchshöhe: 30–50 cm
Blütemonat: VII – X
Anbau/Mischkultur: Einjährige Heilpflanze mit dotter- bis orangegelben Blüten. Die Ringelblume ist seit dem Mittelalter bei uns heimisch. An Boden und Standort stellt sie nur wenig Ansprüche. Es genügt, wenn der

Boden vor dem Auspflanzen beziehungsweise vor der Aussaat mit reichlich Kompost angereichert wurde. Und je mehr Sonne Ringelblumen während des Wachstums abbekommen, umso reichhaltiger sind die Inhaltsstoffe. Ausgesät wird ab April ins Freiland. Zu dicht stehende Pflanzen unbedingt auf etwa 30 cm Abstand vereinzeln, sonst werden sie gern von Echtem Mehltau oder Blattläusen befallen. Ringelblumen sollten querbeet im Nutz- und Ziergarten gepflanzt werden. Sie halten den Boden gesund (Bild S. 95).
Ernte/Verwertung: Die Ringel-

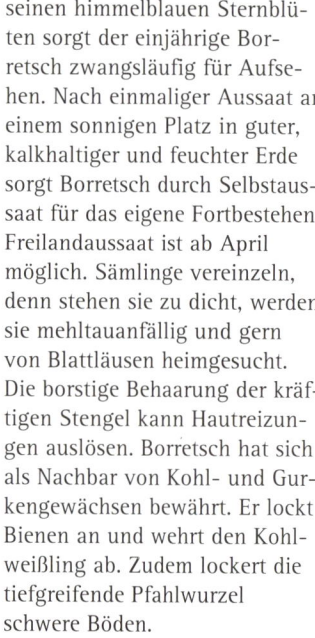

Mehrjährige Kräuter

Botanischer Name	Deutscher Name
Allium schoenoprasum	Schnittlauch
Allium tuberosum	Knolau (Schnittlauchknoblauch)
Artemisia absinthium	Wermut
Helichrysum italicum	Currykraut
Hyssopus officinalis	Ysop
Lavandula angustifolia	Lavendel
Levisticum officinale	Liebstöckel
Melissa officinalis	Zitronenmelisse
Mentha × piperita	Pfefferminze
Origanum vulgare	Oregano
Rosmarinus officinalis	Rosmarin
Ruta graveolens	Weinraute
Salvia officinalis	Salbei
Sanguisorba minor	Pimpinelle
Satureja montana	Bergbohnenkraut
Sedum reflexum	Tripmadam
Thymus vulgaris	Thymian

Kräuterporträts

blume ist in erster Linie eine bewährte Heilpflanze und wird auch als solche genutzt. Frische und getrocknete Blütenblätter werden für Tees und die Zubereitung von Salbe verwendet. Ansonsten kommen allenfalls sehr junge Blättchen zum Würzen von Salaten in Frage.

Kümmel
Carum carvi

Wuchshöhe: bis 120 cm
Blütemonat: VII – VIII
Anbau/Mischkultur: Gehört zu den ältesten verwendeten Kräutern. Kümmel wächst zweijährig,

Echte Pfefferminze (Mentha x piperita) blüht zauberhaft.

man sät ihn im April oder September aus. Für leicht gedüngten (Kompost, Kalk), lockeren und tiefgründigen Boden ist zu sorgen. Ein Platz in der Sonne oder im lichten Halbschatten ist ideal. Im ersten Jahr bildet die Pflanze eine rübenähnliche Wurzel und eine Blattrosette aus. Im zweiten Jahr wachsen daraus kantige Stengel, die samentragende, weiß blühende Doldenblüten treiben. Fühlt sich die Pflanze an ihrem Standort wohl, braucht man sich um Nachwuchs nicht mehr kümmern, sie versamt sich selbst. Ungünstig ist die Nachbarschaft mit Fenchel. Gut steht Kümmel neben Kartoffeln, Erbsen, Kohl, Gurken und Roter Bete.

Ernte/Verwertung: In der Küche finden vor allem die Samen Verwendung. Sie machen schwere Speisen bekömmlicher und wirken verdauungsfördernd. Frisches, junges Kümmelkraut kann in Maßen zum Würzen von Suppen und Salaten verwendet werden.

Zitronenmelisse
Melissa officinalis

Wuchshöhe: 80 cm
Blütemonat: VII – IX
Anbau/Mischkultur: Die mehrjährige, krautige Staude ist aus unseren Gärten nicht mehr wegzudenken. Melisse liebt einen sonnig warmen Platz in lockerer, nahrhafter Erde. Man kann Zitronenmelisse durch Aussaat, Stecklinge sowie Wurzelstockteilung im Frühjahr vermehren. Bis zum Anwachsen den Boden gut feucht halten, danach nur bei Trockenheit gießen. Im Frühjahr braucht die Melisse gut verrotteten Kompost, das fördert ihr Wachstum. Melisse wurzelt knapp unter der Erdoberfläche, deshalb nur vorsichtig hacken. Die Staude friert im Winter zwar zurück, treibt aber im Frühjahr problemlos wieder aus.
Neben der grünlaubigen, gewöhnlichen Zitronenmelisse gibt es äußerst attraktive Sorten mit bunten Blättern.
Ernte/Verwertung: Junge, zarte Blätter vom Frühjahr bis in den Herbst hinein laufend ernten. Wobei das Aroma kurz vor der Blüte am besten ist. Zitronenmelisse wird roh und feingeschnitten verwendet und darf nicht mitkochen. Ihr Zitronenaroma paßt gut zu grünen Salaten, in Kräutersuppen und -soßen sowie zu Süßspeisen, Tee und anderen Getränken.

Lavendel
Lavandula angustifolia

Wuchshöhe: 30–60 cm
Blütemonat: VII – IX

Verschiedene Basilikum-Sorten (*Ocimum*)

Anbau/Mischkultur: Mediterraner Halbstrauch. Gedeiht gut in magerer, leicht kalkhaltiger Erde, an einem windgeschützten, sonnigen Platz. Staunässe vermeiden; in rauhen Lagen Winterschutz. Vermehrung durch Aussaat oder Stecklinge. Lavendel steht gut neben Rosen, wo er Läuse und Ameisen fern hält.
Ernte/Verwertung: Junge Blätter und Triebspitzen würzen Eintöpfe, Fleisch- und Fischgerichte. Nur sparsam verwenden, sonst schmeckt das Aroma des Lavendels zu sehr vor. Lavendelduft hat eine entspannende und beruhigende Wirkung.

Betörend in Duft und Farbe: Lavendel mit Rose

Pfefferminze
Mentha piperita

Wuchshöhe: bis 80 cm
Blütemonat: VII – VIII
Anbau/Mischkultur: Das aromatische Kraut gedeiht in humosem, feuchtem Boden an einem sonnigen bis halbschattigen Standort. Regelmäßige Kompostgaben und gelegentlich etwas organischen Dünger dankt die Minze mit gesundem Wachstum. Die ausdauernde Pflanze breitet sich durch Wurzelausläufer sehr stark aus. Das heißt, sie braucht sehr viel Platz, oder man sollte

Ein prachtvolles Kräuterbeet im Hochsommer

Blühender Dost (*Origanum vulgare*)

Klassiker: Petersilie (*Petroselinum crispum* var. *crispum*)

ihren Ausbreitungsdrang durch Barrieren eingrenzen. Für Topfkultur große Pflanzgefäße wählen. Während Trockenperioden ab und zu kräftig gießen. Minze wird durch Stecklinge und Wurzelteilstücke vermehrt. Sie steht zwar gut neben Kartoffeln, Kohlgemüse, Kopfsalat und Möhren, doch unterschätzen Sie nicht ihr unterirdisches Treiben.
Ernte/Verwertung: Frische Pfefferminzblätter verwendet man vor allem zum Verfeinern von Süßspeisen und für Tee. Blätter und Triebspitzen laufend ernten, man kann sie gut trocknen.

Majoran
Origanum majorana

Wuchshöhe: 30–50 cm
Blütemonat: VI – VIII
Anbau/Mischkultur: Majoran ist einjährig; die Anzucht erfolgt durch Aussaat. Majoran bevorzugt lockere, nährstoffreiche Erde und wächst ideal am sonnig-warmen Standort. Nässe vermeiden; sie mindert die Qualität.
Günstige Mischkulturkombination mit Zwiebeln.
Ernte/Verwertung: Das Aroma ist kurz vorm Aufblühen am besten. Verwendet werden Blätter und Blüten, frisch oder getrocknet.

Oregano
Origanum vulgare

Wuchshöhe: 20–50 cm
Blütemonat: VII – IX
Anbau/Mischkultur: Das heimische Kraut ist auch als Dost oder Wilder Majoran bekannt. Oregano braucht einen sonnigen Platz in durchlässiger Erde. Je wärmer er steht, um so besser

Kräuterporträts

Majoran (*Origanum majorana*) ist äußerst aromatisch.

Blühender Anis (*Pimpinella anisum*)

Gemüse und Kräuter, eine ideale Kombination

sein Aroma. Das Kraut wird durch Aussaat oder Wurzelausläufer vermehrt. Oregano reagiert empfindlich auf Staunässe; in rauhen Lagen ist leichter Frostschutz angebracht. Im Frühjahr die Pflanze bis knapp über dem Boden zurückschneiden, so treibt sie später gleichmäßig und kräftig wieder durch.
Ernte/Verwertung: Oregano ist ein Klassiker der italienischen Küche. Die Blätter und Triebspitzen laufend ernten und frisch oder getrocknet verwenden. Oregano am besten mitkochen.

Petersilie
Petroselinum crispum

Wuchshöhe: 15–20 cm
Blütemonat: VII
Anbau/Mischkultur: Die zweijährige Pflanze gedeiht gut in tiefgründiger und nahrhafter Erde. Petersilie steht besser halbschattig und feucht als sonnig und trocken. Aussaat direkt ins Beet ist ab April möglich. Es gibt Sorten mit glatten und gekrausten Blättern; der Gehalt an Aromastoffen ist gleich. Petersilie steht gut neben Tomaten, Zwiebeln und Radieschen. Sie ist jedoch mit sich selbst unverträglich, deshalb nach dem Abernten des Beetes mindestens vier Jahre verstreichen lassen, ehe man sie wieder am selben Platz anbaut.
Ernte/Verwertung: Junge Petersilienblätter sind würzig und können bis zur Blüte im zweiten Jahr laufend gepflückt werden. Dabei die Herzblätter stehen lassen, dann wächst die Pflanze weiter. Am besten schmeckt Petersilie frisch vom Beet, durchs Kochen geht viel Aroma verloren. Man kann das Kraut auch einfrieren.

Anis
Pimpinella anisum

Wuchshöhe: 40–70 cm
Blütemonat: VII – VIII
Anbau/Mischkultur: Anis wächst einjährig. Durchlässiger, leicht kalkhaltiger und humoser Boden bevorzugt. Sonniger Standort. Bei anhaltend naßkalter Witterung kommt es vor, daß die Früchte nicht ausreifen.
Ernte/Verwertung: Sobald die Früchte sich bräunlich färben die Pflanze abschneiden und zum Trocknen kopfüber aufhängen. Ein sauberes Tuch unterlegen. Reife Anissamen lassen sich leicht ausklopfen. Anis würzt Suppen, Soßen, Backwaren und ist als Verdaungstee gefragt.

Rosmarin
Rosmarinus officinalis

Wuchshöhe: bis 150 cm
Blütemonat: sortenbedingt unterschiedlich

Anbau/Mischkultur: Immergrüner, verholzender Strauch mit nadelähnlichen Blättern und wohlriechenden Blüten. Rosmarin stammt aus den Mittelmeerländern, möchte also entsprechend warm und sonnig stehen. Das Kraut braucht einen geschützten, sonnendurchfluteten Platz in trockener, gut durchlässiger Erde. Prima wäre ein Standort an einer Südwand. Wässern ist nur während längerer Trockenperioden notwendig. Rosmarin ist zwar mehrjährig, doch nicht winterhart. Auch die neueren, erheblich robusteren Sorten überstehen den Winter im Freien nur in milderen Gefilden und mit entsprechendem Schutz. In rauhen Lagen daher besser in einem großen Kübel halten und im Winter hell und kühl stellen. Im Frühjahr ist ein Rückschnitt angebracht. Rosmarin wird durch Aussaat oder Stecklinge herangezogen. Die Aussaat ist relativ langwierig, und da für den Hausgebrauch ohnehin zwei bis drei Pflanzen ausreichen, kaufen Sie besser fertige Pflanzen. So können Sie gleich mehrere Sorten ausprobieren. In der Mischkultur wird Rosmarin als Nachbar für Bohnen, Möhren und Salbei empfohlen. Ungünstig ist die Kombination mit Gurken.

Ernte/Verwertung: Rosmarin ist geprägt von einem unverwechselbaren Geschmack, der an Weihrauch und Kampfer erinnert. Die Nadeln werden frisch oder getrocknet verwendet und am besten mitgekocht. Rosmarin paßt gut zu Fleisch-, Fisch- und Gemüsegerichten. Man kann ihn ganzjährig ernten.

Weinraute
Ruta graveolens

Wuchshöhe: 50–80 cm
Blütemonat: VI – VII
Anbau/Mischkultur: Ein äußerst dekoratives, ausdauerndes Gewächs. Die Weinraute braucht magere, durchlässige und leicht kalkhaltige Erde. Geben Sie ihr einen möglichst sonnigen, warmen Standort. Um den Neuaustrieb und das Blattwachstum zu fördern, die Staude im Frühjahr kräftig zurückschneiden. In rauhen Lagen ist Winterschutz durch Anhäufeln der Pflanze und Abdecken mit Stroh oder Reisig angebracht. Die Weinraute läßt sich leicht durch Teilen des Wurzelballens oder Stecklinge vermehren. Vorsicht beim Umgang mit der Pflanze; das in den Blättern enthaltene ätherische Öl kann sehr starke Hautreizungen hervorrufen, vor allem bei Sonneneinwirkung auf die Haut.

Ernte/Verwertung: Weinraute in der Küche nur sparsam verwenden, zum Beispiel für Fischgerichte, Suppen oder Soßen. Weinraute kann man nahezu das ganze Jahr über ernten.

Salbei
Salvia officinalis

Wuchshöhe: 30–70 cm
Blütemonat: VI – VIII
Anbau/Mischkultur: Salbei ist sehr wärmeliebend und braucht einen möglichst vollsonnigen Platz in durchlässiger, eher kalkhaltiger Erde. Staunässe wird nicht vertragen. Salbei ist ein mehrjähriger Halbstrauch, dessen ältere Triebe verholzen. Man kann ihn durch Aussaat im Frühjahr oder durch Stecklinge im Sommer vermehren. Salbei

Kapuzinerkresse (*Tropaeolum majus*), Hornveilchen links vorn

Kräuterporträts

Rosmarin (*Rosmarinus officinalis*) braucht volle Sonne.

Blühender Salbei (*Salvia officinalis*) – eine Augenweide

bleibt nahezu das ganze Jahr über grün. Die Pflanze im Herbst anhäufeln und in besonders rauhen Lagen zusätzlich durch Abdecken mit Reisig vor Frost schützen. Salbei im späteren Frühjahr kräftig zurückschneiden, er treibt dann aus dem alten Holz wieder aus. In der Mischkultur gilt Salbei als guter Nachbar für Fenchel, Kohl, Möhren und Bohnen. Er wehrt Läuse, Raupen und Schnecken ab.
Ernte/Verwertung: Frische Blätter und Triebspitzen für den Hausgebrauch, zum Beispiel für Tee oder zum Aromatisieren von Öl, können laufend geerntet werden; Haupternte ist jedoch unmittelbar vor dem Aufblühen. Salbei eignet sich gut zum Trocknen.

Kapuzinerkresse

Tropaeolum majus

Wuchshöhe: 25–30 cm (kriechend), 150 cm (rankend)
Blütemonat: VI – X
Anbau/Mischkultur: Kapuzinerkresse ist ein außerordentlich vielseitiges Kraut. Man nutzt die blühfreudige Pflanze mit den glockenähnlichen Blüten und den attraktiven, schildförmigen Blättern als Würzkraut und Zierpflanze zugleich. Kapuzinerkresse im zeitigen Frühjahr auf der Fensterbank vorziehen oder nach den Eisheiligen direkt ins Beet aussäen. Ein sonniger Standort ist erforderlich. Kapuzinerkresse gedeiht in jeder guten Gartenerde und braucht keinen zusätzlichen Dünger. Im Gegenteil: Bei Überdüngung bildet sie vorwiegend Blattmasse aus. Trockenheit ist zu vermeiden. Kapuzinerkresse blüht in leuchtenden Farben: Neben Rot, Gelb und Orange gibt es neuerdings Sorten mit panaschierten und gefüllten Blüten. Im Nutzgarten steht sie am besten bei Kohlgemüse, sie hält dort Schädlinge fern, und unter Obstgehölzen, dort soll sie Blutläuse und Raupen abhalten. Allerdings wird Kapuzinerkresse selbst gern von Blattläusen heimgesucht.
Ernte/Verwertung: Blätter und Blüten schmecken pfeffrigscharf. Man verwendet Kapuzinerkresse frisch zum Würzen von Salaten, Quarkspeisen und Rohkostgerichten. Junge Blütenknospen kann man in Essig und Salz einlegen und wie Kapern verwenden. Übermäßiger Verzehr kann Magen- und Darmbeschwerden hervorrufen.

Gewöhnlicher Thymian breitet sich rasch aus.

Thymian (*Thymus vulgaris*) gedeiht auch im Korb.

Auch oder gerade weil es den Apfel schon im Paradies gegeben haben soll, gibt es heutzutage keinen Grund, im Hausgarten auf das gesunde, köstliche Kernobst und seine zahlreichen fruchtigen Geschwister zu verzichten. Werden die jeweiligen Standort- und Pflegebedingungen berücksichtigt und robuste Sorten gepflanzt, steht einem reichen Erntesegen nichts mehr entgegen. Auch wer nur wenig Platz hat, kann aus dem Vollen schöpfen, denn viele kleinwüchsige Arten und Sorten sind auf dem Vormarsch. Worauf es bei der Kultur von Obstgehölzen ankommt, erfahren Sie auf den folgenden Seiten.

Der Obstgarten

Die Planung

Saftige Äpfel im Garten zu ernten ist ein Genuß.

Der Anbau von frischem und gesundem Obst im eigenen Garten ist sehr beliebt. Da er von vielen Faktoren abhängig ist, gilt es, diese schon bei der Planung zu berücksichtigen.

Da sind zum einen unveränderliche Bedingungen wie Klima, Standort und Gartengröße. Diese schränken die freie Auswahl von Obstarten und Baumformen häufig ein. Zum anderen sollten Sie wissen, wie hoch Ihr Bedarf an Obst ist. Freuen Sie sich im Herbst auf frische, knackige Äpfel zum direkten Verzehr oder planen Sie die Möglichkeit der Weiterverarbeitung zu Marmelade, Saft, Kompott oder das Einfrieren?

Obstgehölze sind langlebige Kulturen. Sei werden nicht alle paar Jahre neu gepflanzt. Daher müssen Sie sich vor dem Kauf überlegen, welche Arten Sie bevorzugen, und von diesen dann möglichst gesunde, robuste und krankheitsresistente Sorten pflanzen.

Tips für den Einkauf

Achten Sie beim Einkauf von Obstgehölzen auf die Qualität der Pflanzen. In Markenbaumschulen wird man Sie nicht nur gut beraten, die dort angebotenen Obstarten müssen auch besonderen Qualitätsvorschriften genügen. Die angebotenen Gehölze unterscheiden sich zum einen durch die Anzahl der Triebe und durch einen unterschiedlichen Kronenaufbau. Zum anderen sind Stammhöhe und -umfang weitere qualitative Merkmale. Achten Sie außerdem auf eine gut überwallte Veredlungsstelle und ein gesundes Wurzelsystem. Pflanzen, die den Richtlinien entsprechen, tragen ein Markenetikett. Obstgehölze werden heute vorwiegend als Containerware in Töpfen angeboten. Die Wurzeln sind dadurch besser vor Austrocknung geschützt, die Pflanzen wachsen besser an, und das Obst kann das ganze Jahr über gepflanzt werden. Allerdings sind solche Obstgehölze meist etwas teurer als ballenlose Ware.

Viele Obstbäume (hier Steinobst-Arten) werden auch im Container angeboten. Dank ihres Wurzelballens wachsen sie leicht an.

Die Planung  105

Baum- und Strauchformen

Obstgehölze werden in verschiedenen Höhen angeboten, unter denen Sie die für Ihren Garten geeignete Größe auswählen können:
Der Buschbaum oder Busch hat eine Stammhöhe von 40-60 cm. Diese Baumform ist ideal für kleine Gärten. Es gibt sie vor allem bei Äpfeln, Birnen und Sauerkirschen. Der Niederstamm weist eine Stammhöhe von 80-100 cm auf und wird mit Pflaumen, Aprikosen, Pfirsichen, Kirschen, aber auch mit Äpfeln, Birnen und manchmal mit Walnüssen angeboten. Halbstämme haben eine Stammlänge von 100-120 cm. Sie sind von fast allen Obstarten erhältlich. Da sie im ausgewachsenen Zustand viel Platz benötigen, eignen sie sich nicht für kleine Gärten. Das gilt auch für Hochstämme mit einer Stammlänge von 160-180 cm. Sie werden häufig mit starkwachsenden Sorten von Äpfeln, Birnen, Süßkirschen, Pflaumen und Walnüssen angeboten. Man kann sie als Einzelbaum oder in Streuobstwiesen pflanzen. Für Obsthecken, als Spalier oder für die Kultur in Kübeln sind schmale Spindelbäume zu empfehlen. Sie haben einen geraden, durchgehenden Mitteltrieb, der ringsum von untergeordneten Zweigen garniert ist. Ausgeprägte Leitäste fehlen. Die Stammhöhe bei Äpfeln beträgt 40-50 cm, bei Birnen 60-80 cm. Wird eine Spindel auf schwach wachsender Unterlage klein gehalten

Ein Apfelbaum in voller Blüte lockt die Bienen an.

(etwa 2 m), bezeichnet man sie als Schlanke Spindel.
Beerenobst-Arten wachsen überwiegend als Sträucher. Johannisbeeren und Stachelbeeren gibt es als normale, meist zweijährige Büsche, deren kräftige Triebe sich direkt aus der Basis verzweigen. Man kann sie auch als Fußstämme (40-50 cm hohe Stämme) oder als Hochstämmchen kaufen, bei de-

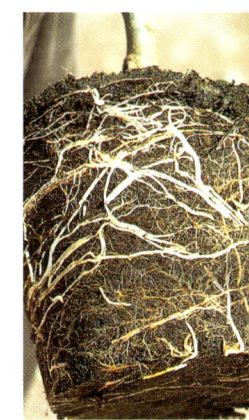

So sollte ein gesunder Wurzelballen aussehen.

Typische Baumformen (von links nach rechts): Spindel, Ballerina-Baum, Halbstamm und Hochstamm

Der Beginn der Apfelblüte markiert den Einzug des Frühlings.

nen die Krone auf einem 80–90 cm hohen Haupttrieb sitzt. Himbeeren und Brombeeren erwirbt man als ein- und zweijährige Sträucher mit kräftigen, rankenden Trieben. Sie sollten stets gut bewurzelt sein.

Die Unterlagen

Die Unterlage bildet als Wurzel und Stamm das Fundament eines jeden Baumes. Sie bestimmt die Endgröße des Gehölzes, seine Wuchseigenschaften sowie Blühbeginn und Fruchtgröße der darauf veredelten Edelsorte. Unterlagen können aus Sämlingspflanzen mit ihren unterschiedlichen Eigenschaften oder vegetativ von einer Mutterpflanze gewonnen werden. Man kann zwischen schwach-, mittel- und starkwachsende Unterlagen unterscheiden.

Gängige Unterlagen für Äpfel sind M 27, M 9 und M 26. Die sehr schwach- (M 27) bis schwachwachsenden (M 9 und M 26) Unterlagen brauchen einen Stützpfahl, sind frostempfindlich und haben eine Lebensdauer von maximal 30 Jahren (M 27 nur 10 bis 15 Jahre). Wuchshöhe der Bäume etwa 2–3 m. Alle 3 Unterlagen fördern frühen Ertrag. Die etwas stärker wachsenden Unterlagen MM 106, M 7 und M 4 sind anpassungsfähig an den Boden und frosthart und haben eine lange Lebensdauer (30 bis 40 Jahre). Bäume auf starkwachsenden Unterlagen wie A 2 und Sämlingen sind für Streuobstwiesen zu empfehlen. Birnen werden in der Regel auf Quitte MA und der schwächer wachsenden Quitte MC veredelt. Vorteile sind kleinere Bäume und der günstige Einfluß auf die Reife. Nachteile sind kürzere Lebensdauer (40 Jahre), geringere Standfestigkeit und Winterhärte als die langlebige Sämlingsunterlage.

Süßkirschen wurden bisher auf starkwüchsigen Vogelkirschen-Unterlagen (z. B. 'Hüttners Hochzucht' oder 'F 12/1') veredelt. Heute haben sich schwächerwachsende Unterlagen wie 'Colt', 'Gisela' und 'Weiroot' durchgesetzt. Die Bäume werden nur 2–3 m hoch, fruchten früher, sind zum Teil aber auch etwas frostempfindlich. Für Sauerkirschen eignen sich 'F 12/1', die Selektion 'Hüttners Heimann 10' und die Sämlinge der Steinweichsel (Prunus mahaleb). Bewährte Unterlagen für Pflaumen, Zwetschgen, Mirabellen und Renekloden sind die mittelstark wachsende Pflaume 'St. Julien A' und 'St. Julien INRA 655/2'. Die schwachwachsende 'Weito' kann nur für scharkafreie Regionen empfohlen werden. Für Aprikosen und Pfirsiche ist ebenfalls die robuste Prunus-domestica-Unterlage 'St. Julien INRA 655/2' gut geeignet.

Der Standort

Ein gemäßigtes, warmes Klima ist für alle Obstarten ideal. Hinsichtlich des Wärmebedarfs unterscheiden sich jedoch die einzelnen Arten. Während es Apfel, Süß- und Sauerkirsche etwas kühler vertragen, brauchen Birne und vor allem Pfirsich, Aprikose und Wein viel Sonne und Wärme. Sie wachsen in Südlagen und an Südhängen sowie als Spalier vor einer wärmespeichernden Wand am besten. Damit die bereits im April erscheinenden Blüten von Äpfeln, Birnen und Kirschen an solchen Standorten nicht durch Spätfröste geschädigt werden, sollte man sie an westlich oder östlich ausgerichtete Plätze pflanzen. Auch die Geländeneigung beeinflußt das Kleinklima. Talsenken, in denen sich kalte Luft sammeln kann, sind für viele Obstarten ungeeignet. Mit quer zum Hang gepflanzten dichten und hohen Hecken wird der Kaltluftabfluß ins Tal

Ein Kalkanstrich schützt vor Frostrissen; mit Leimringen fängt man Frostspanner.

Malerisch schön ist die Silhouette eines Obstbaumes im Winter. Alte Äste vor Schneebruch schützen.

gebremst. Direkt hinter der Hecke gepflanzte Obstbäume gedeihen dann gut. Normale Wintertemperaturen werden von den meisten Obstarten problemlos vertragen. Nur starke Fröste schädigen Stamm und Triebe. Am empfindlichsten sind jedoch die Blüten. Treten nach Perioden mit warmer Witterung im Frühling noch einmal Fröste auf, können sie die Blüten zerstören und die Ernte eines Jahres vernichten. Auch wenn es zur Blütezeit kalt und regnerisch ist, so daß die Insekten nicht zur Bestäubung ausfliegen können, ist die Ernte in Gefahr. Die Niederschläge in unseren Breiten reichen im allgemeinen für ein üppiges Wachstum der Obstgehölze aus, eine zusätzliche Bewässerung ist meist nicht nötig. Nur wenn es vor der Vollreife von Kirschen, Mirabellen oder Pflaumen heftig regnet, kann das zum Aufplatzen der Früchte führen. In Gebieten, die im Sommer regelmäßig von Unwettern und Hagelschlag heimgesucht werden, muß man sich auf Ernteverluste einstellen oder besser auf den Obstanbau verzichten. Vermeiden Sie auch windige Standorte. Der Insektenflug wird behindert und Früchte werden heruntergeschüttelt.
Generell ist jeder gute Gartenboden für Obstbäume und Beerensträucher geeignet. Die Ansprüche, die eine Obstart an den Boden stellt, werden entscheidend von der gewählten Unterlage beeinflußt. In jedem Fall ist ein tiefgründiger Boden vorteilhaft, da sich das Wurzelsystem richtig ausbreiten kann und reichlich Wasser und Nährstoffe findet. Auf einem flachgründigen Boden kommen Flachwurzler wie Johannis-, Stachel- und Heidelbeeren gut zurecht.

Besonders fruchtbar sind Böden mit einem hohen Humusgehalt. Sie speichern Wasser und Nährstoffe und tragen zur Durchlüftung und Erwärmung des Bodens bei. Eine wichtige Größe bei der Auswahl des geeigneten Bodens ist der pH-Wert. Die meisten Obstarten bevorzugen einen sandig-lehmigen, leicht sauren bis neutralen Boden (pH-Wert zwischen 5,5 und 6,5). Während Heidel- und Preiselbeeren stark sauren Boden wünschen, gedeiht die Haselnuß auch auf stark basischem Untergrund. Vor dem Pflanzen von Obstgehölzen empfiehlt es sich, den Boden bei einem Untersuchungsinstitut auf seine Qualität und Eigenschaften untersuchen zu lassen.

Eine sonnige Hauswand ist ideal für ein Birnen-Spalier.

Pflanzung und Pflege beeinflussen den Ernteerfolg.

Beerenobst ist dankbar für eine Mulchschicht.

Die Pflanzung

Die beste Pflanzzeit für Obstgehölze, auch der in Containern, ist von Oktober bis November. Erdbeeren hingegen pflanzt man im Sommer. Ideal ist es, den Boden schon mehrere Monate vor dem Pflanztermin vorzubereiten: gründlich und großflächig lockern, mit Humus, Sand oder Bentonit anreichern und organische Dünger untermischen. Für Obstarten, die ein saures Substrat benötigen, versorgt man den Boden mit Rindenmulch oder Rindensubstrat. Alle Obstgehölze vor dem Pflanzen gründlich wässern. Das Pflanzloch muß so breit und tief sein, daß der Wurzelballen leicht hineinpaßt. Ist die Veredlungsstelle am Fuß des Stammes, muß sie etwa 15 cm über der Erdoberfläche bleiben, sonst kann die aufveredelte Sorte selber Wurzeln bilden und die Wuchseigenschaften verändern. Bäume und Sträucher, die im Kronenbereich veredelt wurden, setzt man genauso tief ein, wie sie in der Baumschule standen. Bei schwarzen Johannisbeeren, Heidel- und Preiselbeeren fördert man durch tieferes Einpflanzen die Neubildung von Basistrieben. Vor dem Auffüllen des Pflanzlochs wird, wenn nötig, bei Bäumen ein bis zum Kronenansatz reichender Stützpfahl fest in den Boden gerammt. Pfahl und Baum werden unterhalb der Krone mit einem Kokosstrick in Form einer Acht verbunden. Nun die Pflanzgrube mit Erde auffüllen und festtreten. Um die Baumscheibe einen Gießrand formen und gründlich mit Wasser einschlämmen. Möchten Sie Beerenobstarten als Hecke ziehen, müssen Sie dafür einen Drahtrahmen errichten. Dazu benötigt man mehrere, etwa 8 cm starke Holzpfähle von 2,5 m Höhe, die im Abstand von 2–4 m tief im Boden befestigt werden, und rostfreien Draht oder Kunststoffbänder, die man in Abständen von 50 cm übereinander spannt.

Obstbäume im ganzen Bereich der Krone gut wässern.

Pflegeprogramm

Obstbaum pflanzen
1. Pflanzgrube tief genug ausheben.
2. Baum einpassen und festhalten.
3. Erdaushub auffüllen und angießen.

Pflegeprogramm

Stützpfahl tief in den Boden stecken

Die wichtigste Pflegemaßnahme neben dem Schnitt (siehe Seite 100 f.) ist die Versorgung der Baumscheibe. Am besten ist es, diesen Bereich im Frühjahr nach der Blütezeit der Gehölze mit einer dicken Schicht aus Laub, Stroh, Rasenschnitt, Kompost oder abgelagertem Mist zu mulchen. So führen Sie dem Boden Humus und Nährstoffe zu, schützen ihn vor Austrocknung und Verschlämmen bei starken Regenfällen und verhindern das Aufkommen von Unkräutern. Sobald die Mulchschicht zersetzt ist, sollte sie erneuert werden. Das gilt für die gesamte Lebensdauer des Obstgehölzes. Anstelle einer Mulchschicht kann man auf der Baumscheibe älterer Obstgehölze ab Juli auch Gründüngungspflanzen wie Klee, Wicken oder Lupinen einsäen und im Herbst abmähen und liegen lassen. Die Wurzeln dieser Pflanzen lockern tiefgründig den Boden und fügen ihm nach ihrer Verrottung Nährstoffe zu. Eine Bepflanzung der Baumscheibe mit Kapuzinerkresse sieht hübsch aus und hält auch Blutläuse vom Baum fern. Durch regelmäßiges Mulchen erhalten die Bäume meist ausreichend Nährstoffe. Nur auf sehr armen Böden und wenn die Obstgewächse deutliche Mangelerscheinungen zeigen, kann eine zusätzliche Düngung mit organischen Präparaten notwendig werden. Lassen Sie stets durch eine Bodenuntersuchung den Mangel feststellen, und düngen Sie nach Anweisung. Da die Nährstoffe nur von den feinen Saugwurzeln, die im Außenbereich der Krone liegen, aufgenommen werden, ist der Dünger dort auszubringen. Die üblichen Niederschläge reichen in der Regel für die Wasserversorgung von Obstgehölzen aus. Nur bei längerer Trockenheit im Sommer können zusätzliche Wassergaben – vor allem bei flachwachsenden Beerenobststräuchern und Erdbeeren – nötig sein. Obstbäume nicht direkt am Stammfuß, sondern im Bereich der Kronen ausgiebig mit dem Schlauch wässern.

Als Schutz vor Frostrissen empfiehlt sich ein Stammanstrich. Dazu wird der Stamm im Herbst mit einer weißen Kalkpaste übertüncht. Besonders die Rinde der nach Süden gerichteten Stammseite ist gefährdet, wenn im Spätwinter auf frostige Nächte sonnige Tage folgen.
Außerdem müssen an veredelten Obstgehölzen Trieb – und Wurzelausschläge, sogenannte Wildlinge, regelmäßig entfernt werden.

Johannisbeerstämmchen mit Mulchschicht aus Mist

Richtig schneiden

Der Schnitt trägt zum richtigen Aufbau und der Fruchtbarkeit bei. Nur wenn die Pflanzen genügend Licht und Luft bekommen und die Bildung von Fruchttrieben gefördert wird, sind reiche Ernten gesichert. Auch der Befall mit Schaderregern wird reduziert. Man benötigt solides, gut gepflegtes Werkzeug wie eine Baumschere, eine langstielige Astschere sowie eine Bügel- und eine Baumsäge. Mit der Hippe (Messer mit sichelförmiger Klinge) schneidet man größere Wunden nach, die mit atmungsaktiven Wundverschlußmitteln versorgt werden. Man unterscheidet folgende Schnitte: Der Pflanzschnitt erfolgt vor oder nach dem Auspflanzen. Der Mitteltrieb wird eingekürzt, die kräftigsten Seitentriebe bleiben stehen und werden auf wenige Augen zurückgeschnitten. Ziel des Erziehungsschnitts, den man im Sommer oder Winter durchführen kann, ist der Aufbau einer lockeren Baumkrone mit ausreichend Fruchtholz. Der Erhaltungsschnitt im Hauptertragsalter ist notwendig, um das Gehölz in Form zu halten, die Krone auszulichten und ältere, abgetragene Fruchttriebe durch neue zu ersetzen. Ein Verjüngungsschnitt ins alte Holz steht an, wenn ein Obstgehölz in die Altersphase kommt, die Früchte kleiner werden oder das Triebwachstum fast stillsteht.

Fachgerechter Winterschnitt eines Kirschbaums

Wann und wie wird geschnitten?

Frostfreie, trockene Wintertage sind generell günstig, um Gehölze zu schneiden. Der Kronenaufbau läßt sich erkennen, und die Wunden können gut verheilen. Beeren- und Steinobstarten kann man schon nach der Ernte im Sommer oder im frühen Herbst auslichten. Mit dem Sommerschnitt entfernt man stark gewachsene Triebe, die nicht für den Kronenaufbau benötigt und auch nicht zu Fruchttrieben formiert werden, sowie senkrecht wachsende, stark beblätterte Wasserschosse. Außerdem beseitigt man Konkurrenztriebe an jungen Bäumen als Ergänzung zum Erziehungsschnitt.

Bei Obstbäumen kürzt man die Triebe mit einem schrägen Schnitt kurz oberhalb der nach außen zeigenden Knospen oder Augen. Beim Beerenobst kann über der Knospe ein kurzer Triebstummel stehenbleiben, der vertrocknet und bald abfällt. Ein ganzer Trieb wird stets auf Astring geschnitten, d. h. seine wulstförmig verdickte Ansatzstelle bleibt unverletzt. Ältere Äste schneidet man auf eine

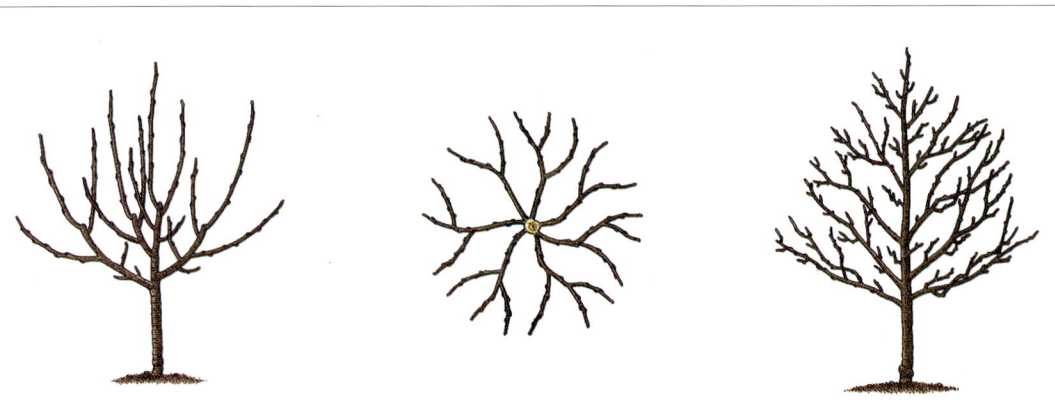

Drei wichtige Kronenformen jeweils im Seitenprofil und von oben betrachtet: Pyramidenkrone (links),

Richtig schneiden

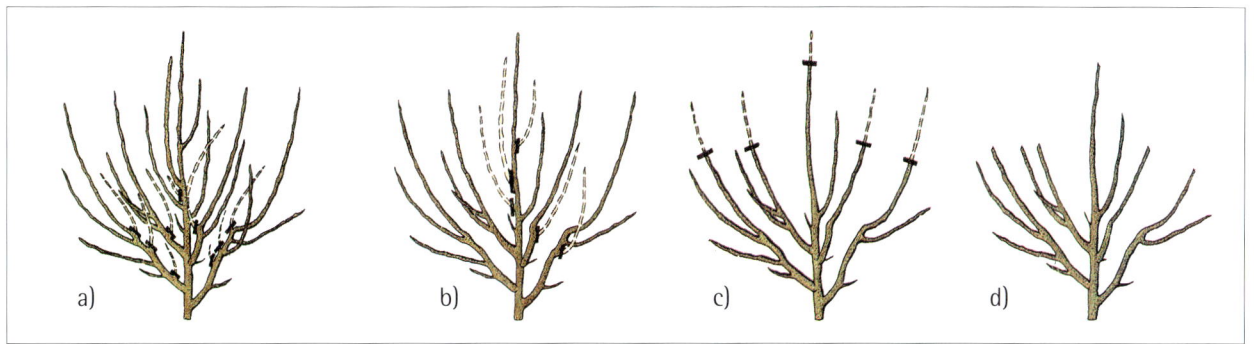

Erziehungsschnitt einer Pyramidenkrone: a) nach innen wachsende Triebe und b) Konkurrenztriebe und zu dicht stehende Seitentriebe entfernen; c) Leitäste um ein Drittel einkürzen, Mitteltrieb bleibt etwas höher als Leitäste; d) fertig geschnittene Krone.

günstige Verzweigung oder in mehreren Etappen leicht schräg am Stammansatz ab, der Astring bleibt stehen.

Einfluß von Schnittmaßnahmen

Jeder Schnitt zieht ein bestimmtes Verhalten des Obstgehölzes nach sich. Grundsätzlich bewirkt ein starker Rückschnitt kräftiges, neues Triebwachstum, ein schwacher Rückschnitt nur geringen Zuwachs. Ungleichmäßige Schnitte führen zu unausgewogenem Kronenaufbau. Wenn gar nicht geschnitten wird, verzweigt sich die Krone zu stark und es kommt zu geringem Blüten- und Fruchtansatz. Außerdem treiben oben befindliche Knospen nach einem Schnitt stärker aus als solche, die nahe der Triebbasis sitzen (Gesetz der Spitzenförderung). Um eine ausgeglichene Entwicklung der Krone zu fördern, sollten Sie so schneiden, daß sich die jeweils obersten Knospen der Triebe auf gleicher Höhe befinden. So verteilt sich der Pflanzensaft gleichmäßig in den Trieben. Diese Saftwaage ist vor allem beim Pflanzschnitt einzuhalten. Da der Mitteltrieb am stärksten wächst, zielen Schnittmaßnahmen darauf ab, die unteren Triebe zu fördern und sie nach außen statt in die Höhe zu leiten.

Kronenformen und ihre Erziehung

Für Obstbäume sind Pyramidenkrone, Hohlkrone, Dreiastkrone und Spindelkrone üblich. Spalierbäume werden flach in zwei Richtungen erzogen. Die Pyramidenkrone besteht aus einem dominanten Mitteltrieb (Stammverlängerung) und 3 bis 4 gleichmäßig verteilten Leitästen, die möglichst flach vom Stamm abstehen sollen. Zu steile Äste werden durch Spreizhölzer oder Herunterbinden in die richtige Lage gebracht. Beim Pflanzschnitt kürzt man die Leitäste etwa um die Hälfte ein, der Mitteltrieb überragt das Ganze ca. 10–20 cm. Überflüssige Triebe an der Basis entfernen. Beim Erziehungsschnitt den Mitteltrieb und die Leitäste bis zu einem Drittel, höchstens um die Hälfte einkürzen. Triebe mit Fruchtholz werden im Abstand von 50–70 cm belassen. Fruchtäste so anschneiden, daß sie bis zur Spitze des Mitteltriebs einen pyra-

Dreiastkrone für die Erziehung in der Hecke (Mitte) und Spindelkrone (rechts)

midalen Aufbau bilden. Beim Erhaltungsschnitt in den Folgejahren wird, vereinfacht gesagt, das Verhältnis der Leitäste zum Mitteltrieb im Gleichgewicht gehalten und ausgleichtet. Die Pyramidenkrone ist typisch bei der Erziehung von Kernobst. Bei der Hohlkrone fehlt die zentrale Stammverlängerung. Der Mitteltrieb wird entweder beim Pflanzschnitt oder nach dem Kronenaufbau entfernt. Dies ist eine bevorzugte Kronenform für Steinobstarten. Die Dreiast- oder Längskrone wird häufig für die Erziehung von Kernobst als freistehende, am Drahtrahmen gestützte Obsthecke gewählt. Der Baum hat zwei Leitäste, die zu beiden Seiten des Mitteltriebs in einer Ebene stehen. Es entsteht eine flächig-schmale Form. Bäume mit einer Dreiastkrone kann man auch spalierartig an einer Mauer oder Wand ziehen.

Von einer Spindelkrone spricht man, wenn der

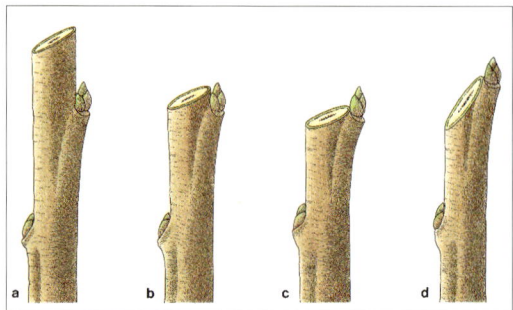

Richtig auf Knospen zurückschneiden: a) zu hoch, b) richtig, c) zu gerade, d) zu schräg.

Baum nur aus einem Mitteltrieb und waagerecht ansetzenden Fruchttrieben besteht. Die Länge der Seitentriebe nimmt von unten nach oben ab; es entsteht eine kegelige Kronenform. Meist pflanzt man ein- oder zweijährige Veredlungen mit vorzeitigen Verzweigungen. Die Mitte wird 20 cm über der letzten Verzweigung angeschnitten, die Fruchtäste beläßt man ab einer Stammhöhe von 50 cm. Verzweigungen, die länger sind als 30 cm, werden auf dieses Maß zurückgenommen. Im folgenden wird die Mittelachse nur angeschnitten oder bei zu starkem Wachstum auf einen kürzeren Konkurrenztrieb abgeleitet und zu lange Seitentriebe bis auf eine an der Triebunterseite stehende Knospe zurückgenommen. Ab der gewünschten Baumgröße nur noch abgetragenes Fruchtholz entfernen und auslichten. Da sich die meisten Früchte am zwei- bis dreijährigen Holz bilden, sollte dieser Holzanteil genügend vorhanden sein. Die Spindelkrone wird häufig für Äpfel und Birnen auf schwachwüchsigen Unterlagen gewählt. Die Bäume tragen sehr früh und sind leicht zu beernten.

Bei Spalierbäumen erstreckt sich das Sproßgerüst nur nach zwei Seiten. Man kann verschiedene Spalierformen gestalten, die jedoch alle mit ihren Hauptästen an einem Gerüst aus Draht oder Holz befestigt werden. Entfernen Sie alle Triebe, die in die falsche Richtung wachsen. Bei einem kurzen Fruchtholzschnitt werden die waagerechten Seitentriebe laufend eingekürzt, bis

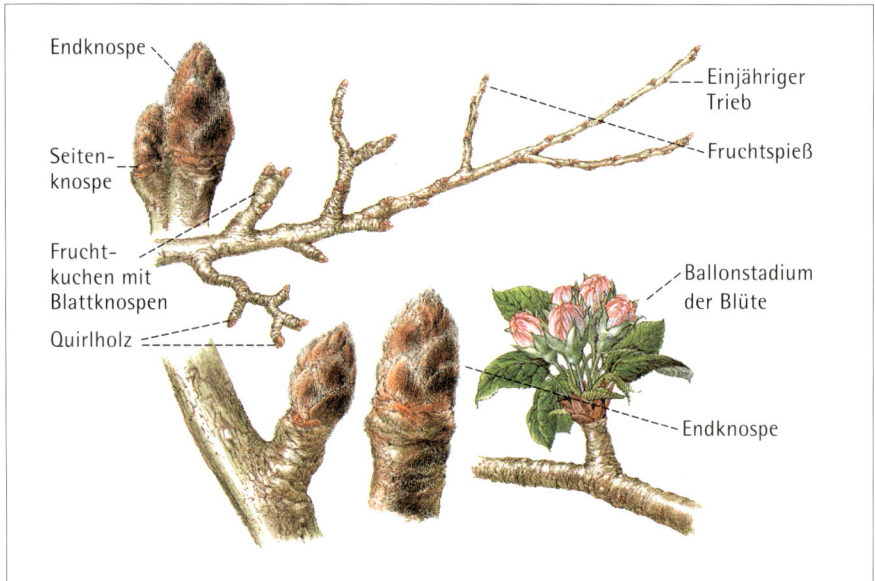

Der Apfel hat Blütenknospen meist an Kurztrieben.

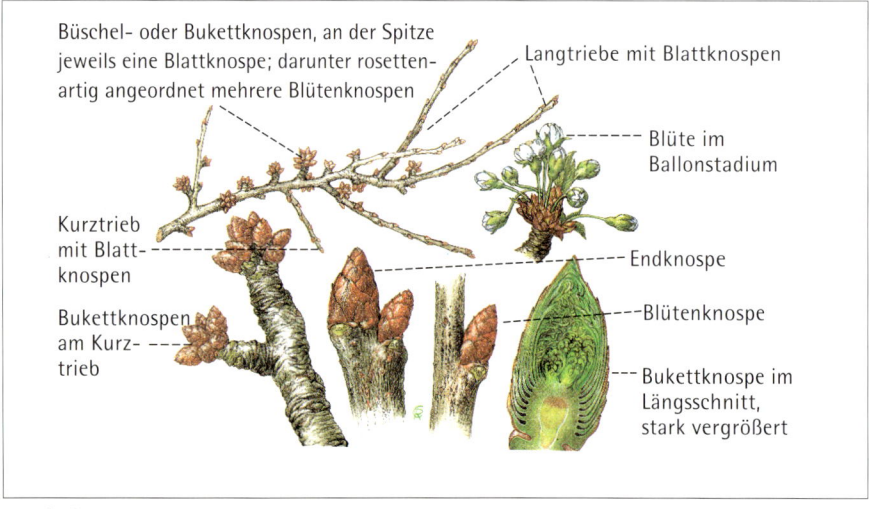

Bei Süßkirschen sitzen die Blüten in Bukettknospen.

Richtig schneiden

Fruchtholz entsteht, beim langen Fruchtholzschnitt wird regelmäßig Fruchtholz erneuert. Vor allem Steinobst, aber auch Birnen, Äpfel, Wein und Kiwi werden gern an Spalieren gezogen. Verwenden Sie zum Baumschnitt hochwertige Scheren aus dem Fachhandel. Diese haben den Vorteil, daß Sie bei Bedarf einzelne Teile der Geräte problemlos nachbestellen können. Lassen Sie sich beim Kauf beraten. Es gibt für jeden Gärtner die richtige Schere: für große und kleine Hände, Modelle speziell für Linkshänder und Scheren mit Rollbügel. Diese sind zwar teurer, haben jedoch den Vorteil, daß durch die spezielle Konstruktion des Griffs der körperliche Kraftaufwand beim Schneiden nicht so hoch ist.

Auch für den Schnitt von größeren Obstbäumen und Hochstämmen gibt es im Fachhandel die richtige Ausrüstung an qualitativ hochwertigen Gartengeräten. Kommen Sie vom Boden aus an

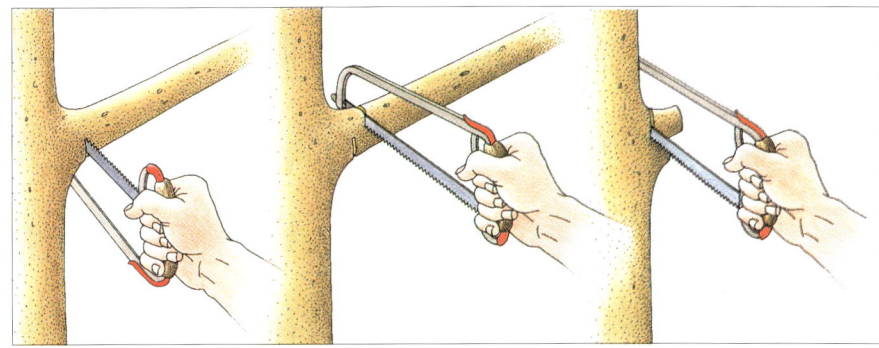

So wird ein Ast richtig abgesägt: Zuerst von unten ansägen, dann von oben vollenden, damit der Ast an dieser Stelle brechen kann. Schließlich nicht zu dicht am Stamm sauber nachsägen.

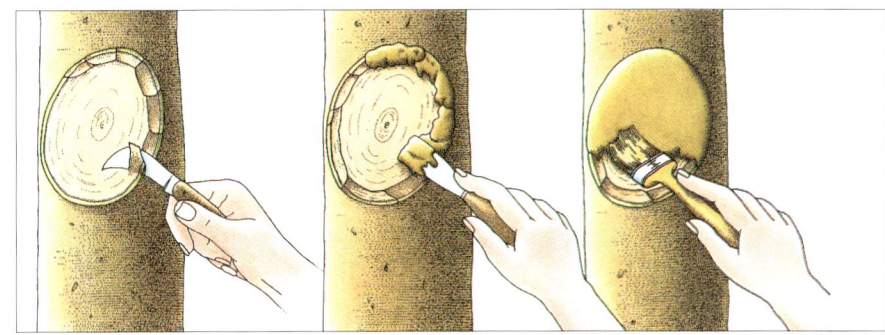

Schnittwunden richtig versorgen. Links: Ränder mit scharfem Messer glattschneiden. Mitte und rechts: Wunde bis über den Rand mit Wundverschluß verstreichen.

Waagerechtbinden von Ästen fördert Blütenbildung.

die zu schneidenden Äste nicht heran oder versperren andere Zweige den Zugang, setzen Sie ihre Schere auf einen Teleskopstiel. Damit erreichen Sie – per Ziehleine – auch Äste hoch in der Krone. Beim Schnitt werden die Obstbäume und -gehölze zwangsläufig verletzt. Um zu vermeiden, daß durch die entstandenen Wunden Bakterien und Krankheitserreger in das Holz des Baumes eindringen, sollten Sie die Schnittstelle sorgfältig mit Wundverschluß behandeln. Achten Sie darauf, daß Sie beim Schnitt keine zerfransten Rindenränder hinterlassen. Die Wunden verheilen dadurch schlecht und es kann zu Infektionen kommen. Wundverschlußmittel sind elastisch und atmungsaktiv. Tragen Sie sie bei trockener Witterung auf und bei Temperaturen über dem Gefrierpunkt. Es gibt verschiedene Anbieter dieser „Schutzrinden". Man trägt sie mit einem Pinsel auf; achten Sie darauf, Ihre Kleidung nicht zu beschmutzen, da Flecken nur schwer zu entfernen sind.

Tip: Es ist noch kein Schnittmeister vom Himmel gefallen. Fragen Sie bei Obst-und Gartenbauvereinen, dem Gartenamt oder Volkshochschulen nach praktischen Schnittkursen.

Wichtig für einen sauberen Schnitt sind scharfe Scheren.

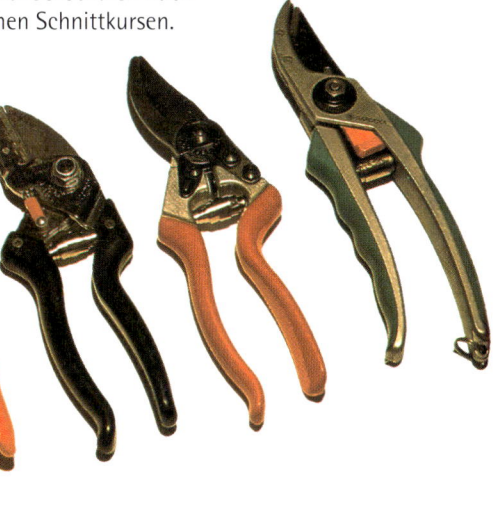

Ernte und Lagerung

Luftige Erntekörbe sind von alters her beliebt.

Alle Obstarten werden vorsichtig von Hand gepflückt und in luftigen Erntekörben transportiert. Beim Beeren- und Steinobst sind Ernte- und Genußreife das Gleiche, beim Kernobst gibt es durchaus Unterschiede. Gerade Winteräpfel, die zwar im Herbst „reif" gepflückt werden, entwickeln ihr typisches Aroma erst nach einer Lagerung im Winter. Geerntet wird am besten an einem trockenen Tag in den Morgenstunden. Große, festschalige Früchte wie Apfel, Birne, Pflaume, Pfirsich und Kiwi dreht man vorsichtig mit Stil vom Ast. Die meisten Beeren streift man einfach vom Strauch ab, Erdbeeren und Stachelbeeren am besten mit Stiel. Johannisbeeren und Weintrauben schneidet man als ganze Trauben ab. Dünnhäutige Süßkirschen pflückt man mit Stiel, bei direkter Verwertung dürfen bei Sauerkirschen die Stiele fehlen. Nüsse werden entweder vom Baum geschüttelt oder man wartet, bis sie von selbst herabfallen.

Gut lagern lassen sich Kern- und Schalenobst sowie Kiwis. Wählen Sie stets nur gesunde und unverletzte Früchte aus. Es empfiehlt sich, Äpfel und Birnen in mit Stroh oder Holzwolle gefüllte Obstkisten oder in mit Luftlöchern versehene Kunststoffbeutel zu legen. Der Lagerraum für Kernobst sollte eine hohe Luftfeuchtigkeit haben, kühl (etwa 4 °C) und dunkel sein. Regelmäßig auf Fäulnis und andere Schäden kontrollieren. Da Kernobst das Reifehormon Äthylen verströmt, darf man es nicht mit anderem Obst und Gemüse lagern. Steinobst und Beerenfrüchte halten sich nur einige Tage, daher sind diese Arten bald zu verwerten.

Auch für kleine Gärten: ein Baum, auf dem verschiedene Sorten einer Obstart veredelt sind.

Veredlungs-Methoden

Obwohl gekaufte Obstgehölze bereits veredelt sind, können Sie Bäume auch selber veredeln, um neue Sorten auf eine Unterlage zu bringen. Gesunde Edelreiser (kräftige einjährige Triebe) gibt es in Baumschulen oder Reiserschnittgärten zu kaufen. Oder Sie entnehmen sie im Dezember/Januar von einem gesunden, gut tragenden Baum und bewahren sie bis zum Veredlungszeitpunkt im April kühl und feucht auf.

Verwendet wird ein 20–25 cm langes Triebstück mit 3–5 Augen.

Zum Veredeln brauchen Sie eine Hippe, scharfe Okulier- oder Kopulationsmesser, einen Pinsel, Bast oder Kunststoffäden und Baumwachs.

Einen jungen Baum veredelt man durch Kopulation. Unterlage und Edelreis sind dabei gleich stark. Die Schnittflächen beider Teile sollten etwa 6–8 cm lang sein und genau aufeinander passen. In der Schnittmitte muß sich jeweils eine Knospe befinden. Beide Triebe mit Bindematerial umwickeln, die Knospen aussparen.

Zum Umveredeln eines alten Baumes eignen sich zwei weitere Verfahren, die folgend beschrieben werden.

Beim Geißfußpfropfen wird das Edelreis keilförmig zugeschnitten und in einen entsprechenden Einschnitt in der Unterlage eingepaßt. Die Veredlungsstelle von oben nach unten verbinden, die Wunde und freie Schnittfläche der Unterlage mit Wundverschlußmittel versorgen. Ist die Unterlage viel stärker als das Edelreis, bietet sich das Verbesserte Rindenpfropfen an. Hier wird ein keilförmiges Edelreis unter die gelöste Rinde geschoben, fest verbunden und mit Wundverschluß versorgt.

Wenn sich Wundgewebe bildet oder Knospen am Edelreis austreiben, kann der Verband gelöst werden. Die Veredlung ist gelungen.

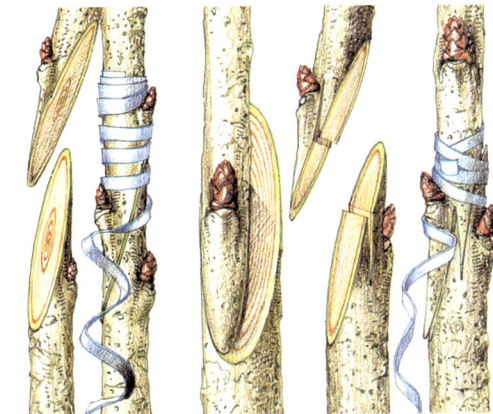

Kopulation: Unterlage und Edelreis schräg anschneiden, aufeinandersetzen und verbinden.

Geißfußpfropfen: Edelreis in Keilform schneiden, in passenden Schnitt der Unterlage setzen und verbinden.

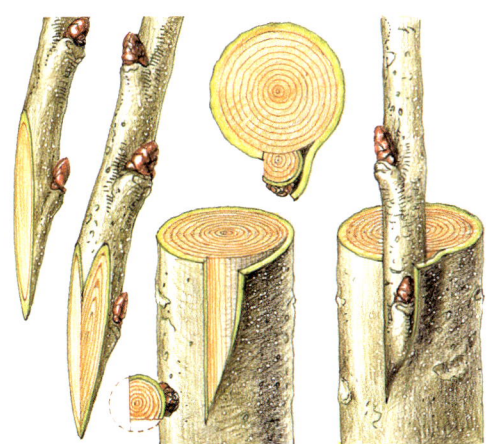

Verbessertes Rindenpfropfen: Edelreis schräg und an der Seite flach im rechten Winkel anschneiden. An der Unterlage Rinde lösen. Edelreis mit schwacher Schnittstelle an nicht gelösten Teil der Unterlage setzen und verbinden.

Obstporträts

Apfelbaum mit reifen Früchten

Apfel
(Malus x domestica)

Merkmale: Die Entscheidung für eine bestimmte Baumform (Busch, Spindel, Spalier, Halbstamm oder Hochstamm) hängt vom Platz im Garten, der gewünschten Sorte und der Unterlage ab. Ideal für kleine Gärten oder zur Kultur im Kübel sind die neu gezüchteten Ballerina-Äpfel, die säulenartig ohne Seitenäste wachsen. Die Einteilung nach der Reifezeit der Früchte ist für die Auswahl am gebräuchlichsten. Gemeint ist meist die Genußreife, seltener die Pflückreife. Die frühesten Sorten kann man ab Mitte Juli pflücken. Die Ernte kann beginnen, sobald sich die Früchte vom Stiel lösen. Sommeräpfel wie 'Klarapfel', 'Stark Earliest' und 'Mantet' sind kaum lagerfähig und für den Frischverzehr geeignet. Spätreifende Herbstäpfel ('Gravensteiner', 'Geheimrat Oldenburg', 'Holsteiner Cox') werden ab September geerntet und erreichen nach einer Lagerung ihre Genußreife, die ungefähr bis Weihnachten geht. Winteräpfel ('Berlepsch', 'Ontario', 'Boskoop') kann man sogar bis ins nächste Frühjahr verzehren. Die weiß-rosafarbene Apfelblüte geht je nach Sorte und Klima des Standorts von Ende März bis Mai. Die überwiegend selbstunfruchtbaren Sorten benötigen geeignete Bestäubersorten. Fragen Sie beim Kauf danach. Vielleicht sind diese Sorten in den Nachbargärten vorhanden, sonst müßten Sie eine Befruchtersorte dazu kaufen. Die Früchte sind flach kugelig bis glockenförmig gestaltet. Die Schale kann grün, rot, gelb, rauh, gestreift oder berostet sein.

Kultur: Der Apfel ist sehr anpassungsfähig. Ideal ist ein gemäßigtes Klima mit nicht zu heißen Sommern und zu strengen Wintern sowie ausreichenden Niederschlägen. Am besten pflanzt man den Apfel an einen sonnig-luftigen, vor Winden und Spätfrösten geschützten Platz mit hoher Luftfeuchtigkeit. Der Boden sollte tiefgründig, gut durchlüftet, lehmig-humos, leicht sauer (pH-Wert 5,5–6,5) und gut mit Feuchtigkeit versorgt sein. Bei Bäumen auf schwachwachsender Unterlage ist die Baumscheibe von Bewuchs freizuhalten, da sonst Nährstoffe entzogen werden. Eine Mulchdecke wirkt sich in jedem Fall positiv aus. Bei langer Trockenheit während des Fruchtwachstums den Boden durchdringend wässern. Beim Düngen von Apfelbäumen darauf achten, daß nicht zuviel Stickstoff gegeben wird. Die Früchte werden sonst rasch stippig. Bei zu starkem Fruchtbehang wird ein Teil der Früchte ausgedünnt. Ein regelmäßiger Schnitt, damit Kronen licht und luftig werden, sichert gute Ernten. Je nach Erziehungsform sind unterschiedliche Schnittmaßnahmen erforderlich. Nach der Pflanzung wird über 4 bis 5 Jahre die Krone erzogen. Im Sommer kann man bei Bedarf Konkurrenztriebe und nach innen wachsende Äste herausnehmen. Beim jährlichen Erhaltungsschnitt wird das Kronenwachstum beschränkt und die Ausbildung von Fruchtholz gefördert. In späteren Jahren verhindert ein Verjüngungsschnitt, daß ein Baum vorzeitig überaltert.

Krankheiten und Schaderreger: Schorf, Mehltau, Lagerfäule, Feuerbrand, Obstbaumkrebs, Spinnmilben, Blattläuse, Blut-

'Alkmene'

'Gravensteiner'

'Jonagold'

Obstporträts

Herbstäpfel werden erst durch Lagerung genußreif.

laus, Apfelwickler, Frostspanner, Apfelblütenstecher.
Robuste Sorten mit Widerstandsfähigkeit gegen Schorf, Mehltau, Feuerbrand und Obstbaum-Spinnmilbe: 'Piros' (hellrot, süß-säuerlich), 'Pinova' (rot, saftig-knackig), 'Pilot' (orangerot, spritzig), 'Remo' (weinrot, herb säuerlich), 'Retina' (dunkelrot, saftig mildsäuerlich), 'Priam' (gelb-rot, saftig), 'Reglindis' (streifig, saftig-mildsäuerlich), 'Florina' (dunkelrot, saftig-harmonisch), 'Rewena' (hellrot, saftig, süß-säuerlich), 'Vanda' (gelbrot, saftig mild); **Ballerina-Sorten**: 'Bolero' (hellgrün), 'Polka' (rot-grün), 'Waltz' (dunkelgrün). **Robuste Liebhabersorten**: 'Jakob Fischer' (gelb-rot, saftig, weinsäuerlich), 'Dülmener Herbstrosenapfel' (gelb-rot-streifig, saftig, süß-sauerlich), 'Danziger Kantapfel' (karminrot, sehr saftig), 'Prinz Albrecht von Preußen' (gelb-rot, süß-säuerlich), 'Rote Sternrenette' (dunkelrot, süß-säuerlich), 'Winterrambur' (gelb-grün bis rot, süß-säuerlich), 'Zuccamaglio' (grün-gelb, saftig-aromatisch), 'Boikenapfel' (grün-gelb mit rot, weinsäuerlich) sowie 'Roter Boskoop' (braunrot berostet, säuerlich).

Letzterer eignet sich auch sehr gut zum Backen oder als Bratapfel; dafür sollten Sie nach Möglichkeit Äpfel mit säuerlichem Aroma verwenden.

'Geheimrat Dr. Oldenburg', eine altbewährte Obstsorte

'Idared'

Geschmacklich bewährte Apfelsorten
Die Monate Januar bis Dezember sind in der Tabelle in römischen Ziffern angegeben.

Sortenname	Ernte (Pflückreife)	Genußreife	Fruchtfarbe; Fruchtgeschmack	Anfälligkeit
'Delbarestivale'	VIII–IX	VIII–IX	gelb; knackig-saftig, parfümiert	Frost, Feuerbrand
'Gravensteiner'	VIII–IX	IX–XI	gelb mit roter Flammung; fruchtig-würzig	Schorf, Mehltau
'Goldparmäne'	IX	X–I	goldgelb, rote Streifen; süß, nußartig	Blutlaus, Krebs
'Rubinette'	IX–X	IX–I	gelb-rot gestreift; hocharomatisch	wenig anfällig für Schorf u. Mehltau
'Elstar'	IX–X	IX–II	gelb mit orangefarbenen Partien; süß-säuerlich	Krebs
'Alkmene'	IX	IX–XI	gelb-orange; süß-säuerlich	Spinnmilben
'Berlepsch'	IX–X	XI–III	grün-gelb, rote Backen; saftig, weinwürzig	Krebs, Kragenfäule
'Jonagold'	IX–X	X–III	grün-gelb mit roten Streifen; saftig, würzig	wenig anfällig für Schorf und Mehltau
'Glockenapfel'	X	I–VI	blaßgrün-gelb; erfrischend herb-säuerlich	wenig anfällig für Schorf, Mehltau und Krebs
'Gloster'	X	XI–II	rot; saftig, mild säuerlich	Schorf, Krebs
'Idared'	X	XII–IV	rot; saftig, mild süßlich	Mehltau
'Melrose'	X	XI–V	braunrot; saftig, süß-fruchtig	Mehltau

Der Obstgarten

'Williams Christ'

'Clapps Liebling'

Birne
(Pyrus communis)

Merkmale: Birnen lassen sich als Buschbäume, Niederstämme, Spindel oder Spalier an einer warmen Hauswand ziehen. Birnenhochstämme auf starkwüchsiger Sämlingsunterlage eignen sich für Obstwiesen. Nach der Genußreife unterscheidet man Sommerbirnen (frisch vom Baum Mitte Juli bis September), Herbstbirnen (frisch vom Baum oder nach kurzer Lagerung von September bis November) und Winterbirnen, die erst nach Lagerzeit, etwa von November bis März, genußreif sind. Blütezeit liegt im April und Mai. Die Birne ist auf Fremdbefruchtung angewiesen. Nach Spätfrösten kann man eine Fruchtbildung ohne vorhergehende Bestäubung beobachten (Parthenokarpie). Früchte sind dann samenlos und sortenuntypisch geformt. Birnen können flaschenförmig, glockig, rundlich oder kegelig ausgebildet sein. Die Schale ist grün, gelb, braun, rauh oder glatt.
Kultur: Die wärmebedürftigen Birnen benötigen einen geschützten, vollsonnigen Platz. Der Boden sollte gut durchlüftet, nährstoff- und humusreich sowie tiefgründig sein. Vor allem bei Birnen, die auf Quitte veredelt sind, ist auf sorgsame Bodenpflege, z. B. durch Ausbringen einer Mulchschicht, zu achten. Zur Zeit des Fruchtwachstums durchdringend gießen. Der Schnitt muß dem Alter und der Erziehungsform angepaßt sein. Wie beim Apfel wird in den ersten Jahren die Krone geformt, dann ein jährlicher Erziehungsschnitt durchgeführt und später zur Verjüngung geschnitten.
Krankheiten und Schaderreger: Schorf, Birnengitterrost, Fruchtfäule, Feuerbrand, Birnenverfall, Spinnmilben, Blattläuse, Birnblattsauger, Birnenpockenmilbe.
Sorten: Auswahl nach Reifezeit geordnet: 'Bunte Julibirne' (Schale grün-rot, glatt; Geschmack süßlich-saftig), 'Frühe von Trevoux' (glatt, gelb-rot; saftig-mild), 'Clapps Liebling' (glatt, gelb-rot; fein-säuerlich, saftig), 'Williams Christ' (glatt, gelb; süß, sehr saftig), 'Gute Graue' (berostet, grau-braun; süß, sehr saftig), 'Gellerts Butterbirne' (berostet, grün; sehr saftig, aromatisch), 'Alexander Lucas' (glatt, grün-gelb; fruchtigsüß, saftig), 'Conference' (berostet, grün-gelb; süß, sehr saftig), 'Harrow Sweet' (berostet, grün; süß, saftig), 'Madame Verte' (berostet mattgelb; süß, saftig), 'Vereinsdechant' (berostet grün-braun; süß, sehr saftig).

Nashi
(Pyrus pyrifolia)

Merkmale: Sehr fruchtbare Kernobstart. Geschmacklich ähneln die Früchte der Birne, von der Form her dem Apfel. Schneeweiße Blüten öffnen sich etwa eine Woche vor den Birnen. Zur Befruchtung eignen sich andere, gleichzeitig blühende Nashi- oder Birnensorten. Reifezeit: September bis Oktober.
Kultur: Die Asienbirne wächst am besten an einem sonnigen, geschützten Platz in humusreicher, tiefgründiger Erde (pH-Wert 5–6,5). Baumscheibe mit Kompost oder Rasenschnitt bedecken. Regelmäßig schneiden und gründlich ausdünnen. Einjährige Gehölze auf circa 1 Meter zurückschneiden; in den folgenden beiden Jahren alle Triebe um die Hälfte einkürzen und

Birnbäume, in Reihe gepflanzt

Erntedank-Arrangement mit Quitte und Holunderbeeren

Nashi – ein sehr fruchtbares Gehölz

später die hängenden Triebe entfernen. Pro Fruchtbüschel jeweils nur 2 Früchte hängen lassen, die übrigen ausbrechen. Netze schützen Früchte vor Fraß durch Vögel und Wespen. Im kühlen Keller kann man Nashis bis zu 3 Monate lagern. Die Nashi ist weniger krankheitsanfällig als die Birne.
Sorten: 'Shinseiki', 'Nijisseiki', (glattschalig, gelb); 'Hosui', 'Chojuro', 'Shinko' (berostet, bronze).

Quitte
(Cydonia oblonga)

Merkmale: Meist zu Buschbäumen mit Hohlkrone oder breiter Pyramidenkrone erzogen. Die weiß-zartrosafarbenen Blüten erscheinen von Mai bis Juni. Quitten sind weitgehend selbstfruchtbar. Nach der Form der gelben Früchte mit dem dicken flaumigen Pelz unterscheidet man rundliche Apfelquitten (hartes Fruchtfleisch, ausgeprägtes Aroma) und Birnenquitten (weiches Fruchtfleisch). Früchte reifen im Oktober, man sollte sie stets vor dem Frost ernten. Sie sind nur gekocht genießbar. Nie die stark duftenden Früchte mit anderem Obst lagern, da sonst dessen Qualität negativ beeinflußt wird.
Kultur: Quitten sind frostempfindlicher als Äpfel und Birnen. Sie benötigen einen warmen und geschützten Platz in mittelschwerem, gut durchlüftetem, sauer bis neutralem Boden. Am richtigen Standort ist kaum Pflege nötig. Der Schnitt beschränkt sich am Anfang auf die Erziehung einer luftigen Krone. Später wird nur noch altes Fruchtholz ausgelichtet. Am besten im zeitigen Frühjahr schneiden, da das Quittenholz frostempfindlich ist. Krankheiten und Schaderreger kommen bei Quitte nur selten vor.
Sorten: 'Bereczki', 'Champion', 'Portugiesische Quitte', 'Ronda' (Birnenquitte); 'Konstantinopeler' (Apfelquitte).
In kleine Gärten paßt auch die sehr aromatische **Zierquitte** 'Cido': Die auch als nordische Zitrone bezeichneten, Vitamin-C-reichen gelben Früchte reifen an dornenlosen überhängenden Trieben eines 1,5 m hoch werdenden Strauches. Die Zierquitte ist ein attraktiver Frühlingsblüher und daher in vielen Gärten ein beliebtes Gehölz. Die Blüten sind orangerot, die Früchte reifen von September bis Oktober. Die Früchte duften intensiv. Sie sind ebenfalls nur gekocht genießbar.

Alte Sorten

Alte Obstsorten sind vor 1950 entstanden oder in den Handel gekommen. Sie haben viele gute Eigenschaften, z. B. aromatischen Geschmack und sind auch ein Stück Kulturerbe. Die meist starkwüchsigen Bäume passen nicht in kleine Gärten. Außerdem sind sie häufig anfällig für Krankheiten wie Schorf und Feuerbrand. Obwohl einige alte Birnensorten wie 'Gellerts Butterbirne', 'Alexander Lucas' oder 'Conference' zum Standardsortiment gehören, sind andere Sorten schwer zu bekommen und daher mehr für Liebhaber geeignet, z. B. 'Augustbirne', 'Esperens Herrenbirne', 'Tongern', 'Josephine von Mechelen', 'Nordhäuser Winterforellenbirne' oder 'Pastorenbirne'.

'Portugiesische Birnenquitte'

Süßkirsche
(Prunus avium)

Sauerkirsche
(Prunus cerasus)

Merkmale: Süßkirschen sind wüchsige Bäume mit ausladender Krone. Mittlerweile gibt es auch Sorten auf schwachwüchsigen Unterlagen. Man unterscheidet weichfleischige Herzkirschen und festfleischige Knorpelkirschen, die später reifen und bei Regen leichter platzen. Die Sorten haben rote, schwarze oder gelbe Früchte. Blütezeit April bis Mai. Süßkirschen sind selbstunfruchtbar.
Sauerkirschen wachsen deutlich schwächer. Echte Sauerkirschen haben herb-säuerliche, saftreiche Früchte, Bastardkirschen (Kreuzung aus Süß- und Sauerkirsche) schmecken süß-säuerlich. Beide platzen kaum bei Regen. Sauerkirschen unterteilt man in Weichseln (färbender Saft) und Amarellen (nicht färbender Saft), Bastardkirschen in Morellen (färbender Saft) und Glaskirschen (nichtfärbender Saft). Die Blütezeit liegt etwas später als bei den Süßkirschen. Überwiegend selbstfruchtbare Sorten. Kirschenreife geht über 7 Wochen von Juni bis Juli.

Kultur: Bevorzugt wird ein warmer, spätfrostgeschützter Platz mit geringen Sommerniederschlägen (Sauerkirschen vertragen Regen). Ideal ist ein sandiger, mittelgründiger Lehmboden. Baumscheibe von Bewuchs freihalten, nach der Blüte Mulch- oder Kompostschicht ausbringen. Trockenheit wird gut vertragen. Schutzanstrich vermeidet Frostrisse. Fruchtfall im Juni

Pralle rote Süßkirschen

Saftig saure Schattenmorellen

(Röteln) ist natürlich bedingt und tritt häufig nach naßkalter Witterung auf. Kirschen nach der Ernte schneiden. Beim Erziehungsschnitt 3 bis 4 Leitäste heranziehen, die man leicht einkürzt. Schwachwachsende Bäume im Frühjahr schneiden, um den Wuchs anzuregen. Sauerkirschen ohne Mitteltrieb erziehen. Bei älteren Bäumen nach innen gerichtete Triebe und zu

Problemlose Kirschensorten für den Hausgarten

	Reifezeit (in Wochen)	Frucht	Geschmack	Befruchtersorte
Süßkirschensorte				
'Magda'	2–3	groß, braun-schwarz	angenehm, sehr saftig	'Stella'
'Sunburst'	2–3	sehr groß, tiefrot, platzfest	vollaromatisch fruchtig-würzig	selbstbefruchtend
'Sam'	4	mittelgroß, rotbraun	würzig, sehr saftig	'Stella'
'Lapins'	5	sehr groß, dunkelrot	angenehm, knackig-süß	selbstfertil
'Stella'	6	groß, braun-schwarz	mild, saftig-frisch	selbstfertil
'Viola'	6–7	groß, schwarz	frisch-würzig	'Lapins'
'Schauenburger'	7–8	mittelgroß, braunrot	angenehm, saftig-frisch	'Stella'
Sauerkirschensorte				
'Ludwigs Frühe'	2–3	mittel, hellrot; farbloser Saft	süß-säuerlich	
'Diemitzer'	3	mittel, hellrot; farbloser Saft	süß-säuerlich und sehr saftig	
'Schwäbische Weinweichsel'	3–4	klein-mittel, mittelrot; heller Saft	sauer-aromatisch	
'Morellenfeuer'	5	mittelgroß, dunkelrot; dunkler Saft	mildsäuerlich-aromatisch	
'Karneol'	6	groß, dunkelrot; dunkler Saft	mildsäuerlich fruchtig	

Abgetragene Peitschentriebe von Schattenmorellen auf einjährige Triebe zurückschneiden

Obstporträts

Blühender Kirschenbaum in der freien Landschaft

eng stehende Zweige auslichten. Peitschentriebe (lang, einjährig) bei Sauerkirschen auf junge Äste zurücknehmen.
Krankheiten und Schaderreger:
Süßkirschen: Kirschfruchtfliege, Schrotschußkrankheit, Valsakrankheit.
Sauerkirschen: Monilia-Spitzendürre, Bakterienbrand, Sprühflecken.

Pflaume
(Prunus domestica)

Mirabelle
(Prunus domestica ssp. syriaca)

Reneklode
(Prunus domestica ssp. italica)

Merkmale: Unterschieden werden
Pflaume (rundliche, große Form, frühe Reife, Fruchtfleisch schwer steinlöslich),
Zwetschge (oval bis eiförmig, deutliche Naht, Fruchtfleisch gut vom Stein lösend),
Reneklode (fast kugelig, grün-weißes Fruchtfleisch mit Stein verbunden, grünliche bis gelb-rote Schale) und
Mirabelle (sehr kleine kugelige Früchte, gelb-orangerote, oft gesprenkelte Schale, gut steinlösendes, süßes Fruchtfleisch). Hohe Bäume (4–8 m) mit steil aufstrebenden Leitästen und breiten Kronen. Mirabellen wachsen deutlich kleiner. Es werden auch Buschbäume und andere kleine Baumformen angeboten. Blütezeit Mai. Es gibt sowohl selbstfruchtbare als auch selbstunfruchtbare Sorten. Fruchtreife ab Juli.
Kultur: Bevorzugt wird ein mäßig warmer, vor Wind und Spätfrösten gesicherter Platz in frischem, gut durchlässigem, humus- und nährstoffreichem, gleichmäßig feuchtem, kalkhaltigem Boden. Renekloden und Mirabellen brauchen besonders viel Sonne und Wärme. Nach der Blüte Mulchschicht aufbringen. Nach der Erziehung einer Hohlkrone mit 3 Leitästen reicht es aus, frühzeitig auszulichten und zu verjüngen, d. h. Langtriebe kräftig zurückschneiden, abgetragene vier- bis fünfjährige Kurztriebe entfernen. Nach der Ernte schneiden.
Stammanstrich der Bäume schützt vor Frostrissen.
Krankheiten und Schaderreger:
Scharkavirus, Bakterienbrand, Schrotschuß, Narren- oder Taschenkrankheit, Monilia-Fruchtfäule, Pflaumensägewespe, Pflaumenwickler, Blattläuse, Milben.
Sorten: Pflaume: 'Ruth Gerstetter', 'Czaks Frühe', 'Ontario', 'Magna Glauca', 'Anna Späth';
Zwetschge: (Scharkatolerant und selbstfruchtend): 'Hermann', 'Katinka', 'Ersinger' (Typ Kiefer), 'Bühler' (Typ Ringwald, Typ Schofer), 'Hanita', 'Valjevka';
Reneklode: 'Graf Althans', 'Große Grüne', 'Oullins';
Mirabelle: 'Mirabelle von Nancy'.

Vielseitig verwendbare Zwetschgen

Süße Mirabellen schmecken frisch und als Kompott.

Nektarinen sind im Gegensatz zum Pfirsich glattschalig.

Aprikosen verlangen einen warmen, wind- und frostgeschützten Platz.

Pfirsich

(Prunus persica)

Nektarine

(Prunus persica var. *nucipersica)*

Merkmale: Meist als Busch oder Niederstamm angeboten. Pfirsiche sind filzig behaart, Nektarinen glattschalig. Rosa Blüten von März bis April. Selbstfruchtbar. Ernte von Juli bis September.
Kultur: In warmen, geschützten Lagen auf lockerem, nährstoffreichem, lehmig-humosem Boden pflanzen. Über Winter und nach der Blüte Kompost oder Mulch auf die Baumscheibe bringen. Erziehung einer Hohlkrone mit 3 bis 4 Leittrieben. Diese stets stark zurückschneiden. Nach der Ernte abgetragene Fruchttriebe entfernen, zu eng stehende Zweige ausdünnen. Beim Fruchtholzschnitt im März echte Fruchttriebe auf 6 bis 8 Augen zurückschneiden, alle anderen Triebe auf 2 Augen.
Krankheiten und Schaderreger: Kräuselkrankheit, Monilia-Spitzendürre, Mehltau, Valsa, Pfirsichblattlaus.
Sorten: Robuste Pfirsiche mit weißem Fleisch: 'Amsden', 'Anneliese Rudolph', 'Rekord aus Alfter', 'Proskauer', 'Roter Ellerstädter'. Gelbfleischige Sorten: 'Dixired', 'Fairhaven', 'Redhaven', 'Suncrest' (anfällig für Kräuselkrankheit); Nektarinensorten: 'Starmay', 'Nektarrose', 'Stark Redgold', 'Nectarred', 'Sunking' (alle anfällig für Kräuselkrankheit).

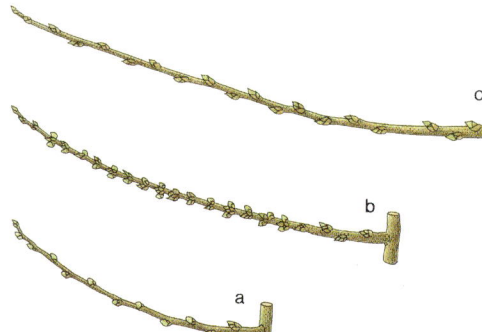

Typische Triebe an Pfirsich: a) falscher Fruchttrieb, b) echter Fruchttrieb und c) Holztrieb

Aprikose

(Prunus armeniaca)

Merkmale: Als Busch, Niederstamm oder Spalierbaum erhältlich. Weiße Blüten von März bis April. Überwiegend selbstfruchtbar. Früchte reifen ab Juli.
Kultur: Warmer, wind- und frostgeschützter Standort auf mittelgründigem, nährstoffreichem Lehmboden mit hohem Sandanteil. Nur bei Trockenheit vor der Reife wässern. Nach der Blüte und im Herbst Baumscheibe mulchen. Aufbau einer Hohlkrone (3 bis 4 Leitäste) ohne Mitteltrieb. Nach der Ernte abgetragenes Fruchtholz entfernen, neue Fruchttriebe bis zur Hälfte zurücknehmen. Im Winter altes Holz auslichten.
Krankheiten: Schrotschußkrankheit, Monilia-Spitzendürre und Fruchtfäule, Verticillium-Welke. Plötzliches Aprikosensterben hat mehrere Ursachen.
Sorten: 'Nancy-Aprikose', 'Ungarische Beste', 'Luizet'.

Pfirsichbäume brauchen viel Sonne und Wärme.

Obstporträts

Erdbeere
(Fragaria ananassa)

Merkmale: Staude mit meist selbstfruchtbaren, zwittrigen Blüten. 3 Sortengruppen werden unterteilt. Einmaltragende Sorten mit Blüte im Mai bis Juni, Fruchtreife Juni bis Juli. Mehrmalstragende Sorten mit Ernte von Juni bis zum Herbst. Sorten mit langen Trieben werden als Klettererdbeeren angeboten. Die kleinfruchtige, ausläuferlose Monatserdbeere blüht und fruchtet von Mai bis Oktober.

Kultur: Vollsonniger, vor Spätfrösten und Wind geschützter Standort. Optimal ist ein tiefgründiger, durchlässiger, humoser, nährstoffreicher, schwach saurer Boden (pH-Wert 5,5–6,5). Abstand in der Reihe 30 cm, zwischen den Reihen 40–50 cm. Monats- und Klettererdbeeren pflanzt man im Frühjahr, Gartenerdbeeren im Juli/August. Herzknospe der Pflanze sollte knapp über der Erdoberfläche

Vermehrung von Erdbeeren: Ableger in eingegrabene Töpfe setzen; nach dem Bewurzeln von der Mutterpflanze abtrennen.

Erdbeeren dürfen nicht zu tief oder zu hoch gepflanzt werden: zu tief (links), richtig (Mitte), zu hoch (rechts)

bleiben. Setzt man Erdbeeren auf schwarze Mulchfolie, bleibt der Boden länger feucht und erwärmt sich schneller; Unkraut wird unterdrückt, die Früchte bleiben sauber. Man kann auch während des Fruchtwachstums mit Stroh oder Holzwolle mulchen. Für ausreichend Feuchtigkeit sorgen.

Ausläufer, aus denen man keine Jungpflanzen gewinnt, sind zu entfernen. Um Krankheiten vorzubeugen, nach der Ernte alle Blätter abschneiden und Pflanzen mit dicker Schicht reifem Kompostes düngen. Nach spätestens 4 Jahren neue Erdbeerpflanzen setzen.

Krankheiten und Schaderreger: Grauschimmel, Wurzelfäulen, Verticillium-Welke, Mehltau, Weißfleckenkrankheit, Erdbeermilbe, Erdbeerblütenstecher, Schnecken.

Sorten: Einmaltragend: 'Bogota', 'Bounty', 'Darrow', 'Elvira', 'Gorella', 'Hummi-Ferma', 'Korona', 'Mieze Schindler' (selbstunfruchtbar), 'Polka', 'Splendida', 'Tenira';
mehrmalstragende Sorten: 'Evita', 'Hummi-Gento', 'Mara des Bois', 'Ostara', 'Rapella', 'Rimona';
Monatserdbeeren: 'Alexandria', 'Rügen', 'Sperling's Bowlenzauber', 'Sweetheart'; für die Erdbeerwiese: 'Florika', 'Spadeka'.

Erdbeeren sind dankbare und pflegeleichte Pflanzen.

Reifende Brombeeren

Brombeer-Erziehung am Drahtgerüst erleichtert Pflege und Ernte.

Himbeere
(Rubus idaeus)

Merkmale: Halbsträucher, die jährlich bis 2,5 m lange biegsame Triebe bilden. Selbstfruchtbare Blüten von Mai bis Juni, bei zweimaltragenden bis zum Herbst.
Fruchtreife von Juni bis September.
Kultur: Sonniger, windgeschützter Platz auf nährstoffreichem, humosem, ausreichend feuchtem Boden.
An einem Drahtspalier ziehen. Pflanzabstand ist 50 cm. Regelmäßig gießen und mulchen. Abgetragene und überschüssige Ruten am Boden zurückschneiden.
Krankheiten und Schaderreger: Himbeermosaikviren, Grauschimmel, Rutenkrankheit, Wurzelfäule, Himbeergall- und -blattmilbe, Himbeerkäfer.
Sorten: <u>Einmaltragend</u>: 'Himbostar', 'Meeker', 'Rubaca' (Niniane), 'Rusilva', 'Rutrago', 'Schönemann'.
<u>Zweimaltragend</u>: 'Autumn Bliss', 'Zefa Herbsternte'.

Brombeere
(Rubus species)

Merkmale: Halbstrauch mit langen (bis 6 m) rankenden Trieben, die sich aus dem Wurzelstock erneuern. Selbstfruchtbare Blüten von Mai bis August.
Beerenreife von Juli bis Oktober.
Kultur: Geringe Ansprüche an den Boden. Wichtig ist frostgeschützter, sonnig warmer Platz. Aufbinden an spalierartigem Drahtgerüst erleichtert Ernte und Schnitt. Pflanzabstand 2–3 m. Regelmäßig mulchen, im Winter

Abgeerntete Himbeerruten am Boden abschneiden

Frisch vom Strauch schmecken Himbeeren am besten.

Obstporträts

mit Reisig schützen. Im Frühjahr getragene Ruten bodennah zurückschneiden, im Sommer die Seitentriebe der 4 bis 6 Trageruten auf 20 cm einkürzen.
Krankheiten und Schaderreger: Brombeerrutenkrankheit, Grauschimmel, Brombeergallmilbe.
Sorten: 'Loch Ness' (Nessy), 'Theodor Reimers'. Ohne Stacheln: 'Jumbo'.

Stachelbeere
(Ribes uva-crispa)

Merkmale: Strauch mit bestachelten Trieben, Höhe etwa 1,5 m. Selbstfruchtbare, unscheinbare Blüten von April bis Mai.
Beerenreife: Juni bis Juli. Geschmack aromatisch-säuerlich, Fruchtfarben grün, gelb und rot.
Kultur: Sonniger bis halbschattiger, windgeschützter, spätfrostsicherer Platz in mittelschwerem, humosem, nährstoffreichem Boden. Wachsen als Büsche, Hochstämmchen und als Spalier. Pflanzabstand 1–2 m. Für gleichmäßige Wasserversorgung und Mulchschicht sorgen. Ideal sind 6 bis 8 ein- und zweijährige Gerüsttriebe. Abgetragene Äste nach der Ernte entfernen. Als Vorbeugung gegen Mehltau sollte man alle Triebspitzen leicht einkürzen.
Krankheiten und Schaderreger: Stachelbeermehltau, Blattfallkrankheit, Stachelbeermilbe,

Stachelbeeren

Blattwespen können an den Pflanzen auftreten.
Sorten: Resistent gegen Mehltau sind: 'Reflamba', 'Reverta', 'Invicta' (grüne Beeren), 'Remarka', 'Rolonda', 'Rokula' (rot), 'Lepac' (grün-gelb).

Heidelbeere
(Vaccinium corymbosum)

Merkmale: Sträucher bis 2 m Höhe. Selbstfruchtbare, weiße Blütentrauben im Mai. Dunkel-

Kulturheidelbeeren sind größer als die Wildform.

blaue bis schwarzviolette, bereifte, weißfleischige Beeren; Reifezeit: Juli bis September. An älteren Sträuchern fruchten bis zu 1,5 kg Heidelbeeren während einer Erntesaison.
Kultur: Sonniger bis halbschattiger, windgeschützter Standort in saurem Boden (idealer pH-Wert zwischen 4 und 5), der gleichmäßig feucht, humusreich und locker sein soll. Gute Wasserversorgung, Mulchen und Gaben von saurem Rindensubstrat sind wichtig. Erst nach 3 bis 4 Jahren ist ein Schnitt im Winter nötig. Ertragschwaches Holz auf eine kräftige Verzweigung zurückschneiden, etwa 6 bis 8 Leittriebe belassen. Übermäßigen Fruchtansatz im Herbst etwas einkürzen. Pflanzabstand 1,5–2 m.
Häufigster Schädling ist der Frostspanner.
Sorten: 'Ama', 'Berkeley', 'Bluecrop', 'Blueray', 'Coville', 'Heerma'.
Die Sorte 'Top Hat' wird nur 20–30 cm hoch.

Ältere Stachelbeersträucher von unten her auslichten

Augenschmaus: Johannisbeeren in Schwarz, Weiß und Rot

Weintrauben sind Sonnenkinder.

Johannisbeeren
(Ribes species)

Merkmale: Bis 2 m hoher Strauch. Grünlichgelbe Blütentrauben von April bis Mai. Rote und weiße Sorten sind selbstfruchtbar, schwarze nur eingeschränkt, daher Befruchtersorte dazupflanzen. Beeren reifen ab Juni.
Kultur: Sonniger bis halbschattiger, frost- und windgeschützter Standort in mittelschwerem, humosem, nährstoffreichem, leicht saurem Boden. Gleichmäßige Wasserversorgung und Mulchen sind unerläßlich. Meist als Büsche gepflanzt. Günstig sind auch Halb- und Hochstämmchen sowie Erziehung am Drahtspalier. Pflanzabstand 0,75–1,5 m, bei schwarzen Sorten 2–3 m. Geschnitten wird nach der Ernte oder vor dem Austrieb. Ein Strauch soll aus 8 bis 10 Haupttrieben bestehen. Erschöpfte Triebe komplett zurückschneiden und neue Leitäste ziehen. Schwarze Sorten regt man zur Verzweigung durch Einkürzen der Leittriebe auf 4 Augen an.
Krankheiten und Schaderreger: Blattfall- und Blattfleckenkrankheit, Säulenrost, Rotpustelkrankheit, Johannisbeergallmilbe.
Sorten: <u>Rote Johannisbeeren</u>: 'Heinemanns Rote Spätlese', 'Heros', 'Jonkher van Tets', 'Red Lake', 'Rolan', 'Rondom', 'Rotet'. Robuste <u>schwarze Sorten</u> sind 'Bona', 'Leandra', 'Ometa', 'Titania'. <u>Weiße Beeren</u> haben 'Blanka', 'Weiße Versailler'.

Kiwi
(Actinidia deliciosa, A. arguta)

Merkmale: Starkwüchsige, zweihäusige Schlingpflanze. Pärchen zur Fruchtbildung nötig. Blütezeit Juni bis Juli. Große, braun behaarte Beeren (bei *A. arguta* kleiner und kahl), Reife von Oktober bis November.
Kultur: Pflanzplatz hell, warm und windgeschützt (z. B. Südwest- oder Südostwand), der Boden durchlässig, humos, und leicht sauer. An Gerüsten oder Pergolen aufbinden. Pflanzabstand 3–4 m. Hoher Wasserbedarf. Mulchen sehr nützlich.

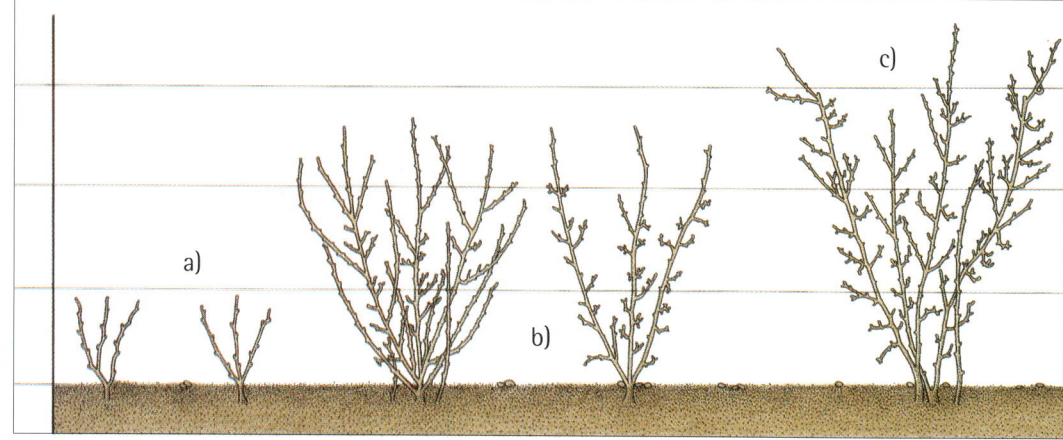

Schnitt von Johannisbeere: a) frisch gepflanzter Strauch, b) nach 2 Jahren alte Triebe herausnehmen, c) Strauch mit ein-, zwei-, und dreijährigen Trieben

Obstporträts

Leckere Jostabeere

Kiwis schmecken erfrischend und aromatisch.

Nach mehreren Jahren im Winter überschüssige Seitentriebe entfernen. Im Sommer Fruchttriebe auf 6 Blätter über den Früchten einkürzen. 6 bis 8 Früchte pro Seitentrieb belassen. Erschöpfte Triebe auf junge Verzweigungen zurücksetzen.
Sorten: Von _Actinidia deliciosa_: 'Starella', 'Hayward', 'Abbott', (alle weiblich), 'Matua' (männlich), 'Jenny' (selbstfruchtend); _A. arguta_: 'Ambrosia', (weiblich), 'Nostino' (männlich), 'Issai', 'Weiki' (beide selbstfruchtend).

Winterschnitt von Wein: Seitentriebe und Leittrieb auf ein kräftiges Auge einkürzen; waagrechtbinden.

Weintrauben

(Vitis vinifera)

Merkmale: Kletterpflanze, Trauben reifen ab September.
Kultur: Warmer, frost- und windgeschützter Platz (Südost- bis Südwestseite) in tiefgründigem, lockerem, kalkhaltigem Boden. An Drahtgerüst oder Spalier erziehen. Rebe schräg zum Spalier setzen, Pflanzabstand 1–1,5 m. Gleichmäßige Wassergaben und Mulchschicht sind nötig. Im ersten Jahr am Spalier nur den kräftigsten Trieb befestigen, alle anderen entfernen. Stets 1–2 cm über der Knospe schneiden. Im Folgejahr Stammhöhe auf 50–60 cm festlegen, Tragäste zu beiden Seiten ziehen, auf 4 bis 5 Augen kürzen, ebenso die daran entstehenden Seitentriebe. Geiztriebe ausschneiden. Im Winter knospentragende Seitentriebe einkürzen.
Krankheiten und Schaderreger: Mehltau, Graufäule, Traubenwickler, Gallmilben.
Sorten: Mit weißen Trauben: 'Lakemont', 'Königin der Weingärten', 'Weißer Gutedel', 'Phoenix'. Blaue Trauben haben 'Boskoops Glorie', 'Blauer Portugieser', 'Muscat bleu', 'Roter Gutedel'. Empfehlenswert auch Sorten der Robustarebe®.

Kiwi-Schnitt: a) Jungtriebe auf 5 bis 6 Knospen kürzen, b) hinter Früchten nur wenige Blätter belassen, c) abgetragene Zweige auf Jungtrieb ableiten

Reife, getrocknete Walnüsse

Eßkastanie

(Castanea sativa)

Merkmale: Bäume von bis zu 30 m (Sämlinge) oder 6–8 m Höhe (veredelte Sorten). Blüte im Juni, Reifezeit: Herbst. Befruchtersorte nötig, da männliche und weibliche Blüten am Baum nicht gleichzeitig blühen.
Kultur: Anbau vor allem in Weinbaugebieten, geringe Ansprüche an den Boden. Krone jährlich im Sommer auslichten.
Krankheiten und Schaderreger: Kastanienkrebs, Kastanienwickler.
Sorten: 'Bournette', 'Marsol', 'Marigoule', 'Precoce Migoule', 'Bouge Rouge', 'Nouzillard'.

Haselnuß

(Corylus avellana)

Merkmale: Robuster Strauch, 3–6 m hoch. Blüte vor den Blättern von Februar bis März. Da Haselnuß nur männliche oder weibliche Blüten bildet, mehrere Sorten zur Befruchtung pflanzen. Kultursorten haben entweder Eigenschaft der Zellernuß, d. h. sie sind rundlich und am Grund von einem zwei- bis dreiblättrigen Fruchtbecher umhüllt, oder der Lambertnuß, einer länglichen, bis zur Vollreife von einem einblättrigen, röhrenförmigen Fruchtbecher eingefaßten Art. Reifezeit: September bis Oktober.
Kultur: Kaum Ansprüche an den Boden. Standort sollte sonnig, windgeschützt und sicher vor Spätfrösten sein. Dichte Kronen alle 1 bis 2 Jahre bis zum Boden auslichten. Bei veredelten Sorten regelmäßig Triebe der Unterlage entfernen.
Krankheiten und Schaderreger: Grauschimmel, Haselnußbohrer.
Sorten: 'Cosford', 'Hallesche Riesennuß', 'Webbs Preisnuß'.

Walnuß

(Juglans regia)

Merkmale: Große Bäume. In Hausgärten besser veredelte Sorten pflanzen, da Sämlinge 20 m hoch werden und erst nach 10 bis 15 Jahren tragen. Blüte von April bis Mai. Vorsicht vor Spätfrösten. Die Walnuß ist selbstfruchtbar. Viele Sorten entwickeln auch ohne Befruchtung vollkernige Früchte. Reifezeit: September bis Oktober. Wenn Auslichtungsschnitt nötig, nur im belaubten Zustand schneiden, das Holz blutet sonst stark. Außer Bakterienbrand und Blattbräune wenig Probleme mit Krankheiten und Schädlingen.
Kultur: Warmer Standort in voller Sonne auf tiefgründigem, lockerem Boden. Platzbedarf pro Baum etwa 10 m^2.
Sorten: 'Esterhazy II', 'Geisenheim 26', 'Nr. 139', 'Nr. 1247', 'Ronde de Montignac'.

Wildobst

Die **Zierquitte** (*Choenomeles japonica*) wird 1 m hoch und hat rote Blüten von März bis April.

Eßkastanien (Maronen) reifen an hohen Bäumen.

Haselnüsse gibt es in vielen Sorten.

Obstporträts

Eßbare Eberesche oder Vogelbeere

Vitamin-C-reiche Hagebutten sind vielseitig verwendbar.

Ab August erscheinen gelbe Früchte. Verwendbar für Saft, Gelee und Spirituosen. Keine besonderen Ansprüche an den Boden. Die Zierquitte wächst in Sonne und Halbschatten.

Die **Kornelkirsche** (*Cornus mas*) wird 4–6 m hoch und blüht gelb von Februar bis März. Die 2 cm langen, glänzend roten Steinfrüchte mit süß-säuerlichem Geschmack reifen ab September. Verwendung für Marmelade, Gelee und Saft. Auf allen Böden in Sonne bis Halbschatten.

Bei den **Wildrosen** lassen sich die ab August bis September reifenden Hagebutten von *Rosa canina*, *R. rugosa* und *R. villosa* zu Mus, Marmelade, Saft, Tee und Spirituosen verarbeiten. Die Sträucher wachsen bis 3 m hoch. Von Juni bis Juli wunderschöne rosafarbene Blüten. Ideal ist ein heller, luftiger Platz in lehmig-tiefgründigem Boden.

Der **Holunder** (*Sambucus nigra*) wird 5–7 m hoch und wünscht nährstoffreichen Boden in Sonne bis Schatten. Die weißen Blüten im Juni können im Teigmantel fritiert oder eingelegt werden. Aus den schwarzen Beeren (ab August) macht man Saft, Gelee oder Wein.

Die **Eßbare Eberesche** (*Sorbus aucuparia* 'Edulis') wird 10–15 m hoch. Weiße Rispenblüten von Mai bis Juni. Im August bis September reifen rote, süß-säuerliche Beeren, die sich für Säfte, Marmeladen und Gelees eignen. Der Baum wächst auf allen Böden in Sonne und Halbschatten.

Vielseitig verwendbare Wildobstarten

Name	Höhe	Fruchtreife, Frucht	Verwertung
Felsenbirne (*Amelanchier*-Arten)	6–8 m	süße, saftige purpur-schwarze Früchte von Juli bis September	getrocknet, Konfitüre, Spirituosen
Apfelbeere (*Aronia melanocarpa*)	1–2 m	erbsengroße, blauschwarze herb-säuerliche Früchte von August bis September	Marmelade, Gelee
Gewöhnliche Berberitze (*Berberis vulgaris*)	2–3 m	leuchtend rote, längliche, süß-saure Beeren ab September	frisch, Marmelade, Säfte, Obstweine
Scharlach-Weißdorn (*Crataegus coccinea*)	5–7 m	scharlachrote, apfelförmig-rundliche, 1 cm dicke Früchte von August bis September	Spirituosen
Sanddorn (*Hippophaë rhamnoides*)	3–6 m	orangefarbene, eiförmige, 6–8 mm große, saftige Früchte ab September	Marmelade, Gelee, Saft
Maulbeere (*Morus nigra*)	6–15 m	brombeerähnliche, bis 3 cm große, purpurschwarze Früchte im August	Marmelade, Spirituosen
Mispel (*Mespilus germanicus*)	3–5 m	braune, birnenförmige, 2–4 cm große, behaarte Früchte im Spätherbst	Marmelade, Saft, Spirituosen
Kirschpflaume (*Prunus cerasifera*)	6 m	purpurschwarze, 1–2 cm große Früchte ab August	Kompott, Saft, Gelee, Spirituosen
Schlehe (*Prunus spinosa*)	1–3 m	kugelige, 1–1,5 cm dicke, schwärzlich-blau bereifte saure Früchte ab Oktober	frisch (nach Frosteinwirkung), Gelee, Spirituosen

Schwarze Holunderbeeren

Erst mit blühenden und duftenden Pflanzen wird der Garten zum erholsamen und nützlichen Refugium für Mensch und Tier. Von den ersten Zwiebelblumen, über die vielseitigen Sommerblumen, prächtigen und robusten Stauden für jeden Standort, zauberhaften Rosen, Ziersträucher, Bäume, Kletterpflanzen bis hin zu traumhaften Blumenwiesen und gepflegtem Rasen: Eine gute Mischung aller Pflanzenarten verleiht Ihrem Garten eine unverwechselbare Note und trägt zu einer bunten und gesunden Vielfalt bei. Wir stellen Ihnen die schönsten Zierpflanzen für Ihr Gartenparadies vor.

Der Ziergarten

Bunte Sommerblumen

Ob im Blumenbeet, als Beeteinfassung oder in Kombination mit anderen Pflanzen: Sommerblumen sind vielseitige Gartenstars. Die sogenannten Einjährigen werden im Frühling entweder auf der Fensterbank vorgezogen oder gleich im Garten ausgesät. Vorkultivierte Pflanzen immer erst nach den Eisheiligen (Mitte Mai) auspflanzen. Mit ihrer Blüten- und Farbfülle vom Sommer bis zum Herbst lassen sie das Herz eines jeden Gärtners höher schlagen. Sobald der Frost kommt, ist ihre Pracht vorbei. Viele Arten haben dann bereits ihre Samen verstreut und sprießen im nächsten Frühling wieder. Vielleicht möchten Sie dann jedoch andere Sorten ausprobieren und kaufen deshalb frisches Saatgut.

Damit sie so richtig gut wachsen und blühen, benötigen Sommerblumen ein sonniges Plätzchen und einen guten, durchlässigen und humusreichen Boden. Während der Saison wollen die blühwilligen Gewächse ausreichend mit Nährstoffen versorgt werden. Bringen Sie daher reichlich Kompost und organische Volldünger im Boden aus. Hohe Arten wie Jungfer im Grünen (*Nigella*), Sonnenblumen (*Helianthus*) und Bechermalve (*Lavatera*), die sich sehr gut als Schnittblumen eignen, muß man häufig mit Stäben stützen. Wenn Sie regelmäßig Verblühtes und Samenkapseln entfernen, blühen die Einjahresblumen üppiger und länger.

Neben den vielseitigen Gestaltungsmöglichkeiten, die Sommerblumen bieten, sind sie wichtige Nahrungsquellen für Insekten. Bienen und Hummeln werden von blauen, gelben und weißen Blüten gelockt, Schmetterlinge finden auch Rot attraktiv. Nicht ganz so artenreich ist die Gruppe der zweijährigen Sommerblumen. Bekannte Vertreterinnen sind die frühlingsblühenden Maßliebchen (*Bellis perennis*), Stiefmütterchen (*Viola x wittrockiana*)

Sonnenblumen erreichen stattliche Wuchshöhen.

Ringelblumenblüten sind sehr schön und lassen sich zu Salbe verarbeiten.

und Vergißmeinnicht (*Myosotis sylvatica*). Zweijährige sät man im Frühsommer aus. Im Frühherbst werden sie dorthin gepflanzt, wo sie im nächsten Jahr blühen sollen. Über Winter schützt man die Jungpflanzen vor kalten Temperaturen entweder mit einer Abdeckung aus Zweigen oder in einem Frühbeetkasten.

Schmuckkörbchen sind sehr schöne Schnittblumen.

Kornblumen werden gerne von Bienen besucht.

Porträts
Einjährige

Klatschmohn, Kornblume und Kamille säen sich leicht selbst aus.

Löwenmäulchen
(Anthirrhinum majus)

Merkmale: Rachenblüten in Rot, Rosa, Gelb und Weiß, von Mai bis Oktober. Sonne – Halbschatten, auf allen Böden. **Kultur:** Aussaat von Januar bis März in Schalen. Im Abstand von 20–30 cm auspflanzen. **Sorten:** Niedrige 10–30 cm, hohe bis 100 cm.

Ringelblume
(Calendula officinalis)

Merkmale: Cremegelbe bis orangefarbene Korbblüten, häufig mit brauner Mitte, von Juni bis Oktober. Sonniger Platz, nicht zu sandiger, feuchter Boden. **Kultur:** Direktsaat von April bis Juni. **Sorten:** Niedrige Farbsorten 20–30 cm, hohe Sorten etwa 60 cm hoch. Schnittblume.

Aster
(Callistephus chinensis)

Merkmale: Blütenkörbe in Rot, Rosa, Weiß, Blau, Violett und Gelb, von Juni bis Oktober. Son-

Weitere einjährige Sommerblumen
Die Monate Januar bis Dezember sind in römischen Ziffern angegeben.

Name	Blütenfarbe	Blühzeit	Höhe	Kultur	Standort
Atlasblume (Clarkia amoena)	weiß, rosa, rot	VII–IX	40–60 cm	Aussaat von III bis V ins Freie	Sonne/Halbschatten, leichter, nährstoffarmer Boden
Spinnenblume (Cleome spinosa)	violett, rot, rosa, weiß	VII–XI	90–100 cm	Aussaat III bis V in Töpfe	Sonne; mittelschwerer Boden
Schmuckkörbchen (Cosmos bipinnatus)	weiß, rosa, rot	VII–X	100–120 cm	Direktsaat im V	Sonne; nährstoffreicher, durchlässiger Boden
Vanilleblume (Heliotropium arborescens)	blau bis violett	V–IX	30–50 cm	Aussaat I bis III in Schalen	Sonne; nährstoffreicher Boden nicht mit Erde bedecken
Balsamine (Impatiens balsamina)	weiß, rosa, rot	VII–X	60–70 cm	Aussaat ab III in Schalen, ab V ins Freie	Sonne/Halbschatten; reichlich Feuchtigkeit
Wicke (Lathyrus odoratus)	rosa, rot, weiß, violett	VI–IX	60–200 cm	Aussaat von III bis V ins Freie	Sonne/Halbschatten; kalkhaltiger, nährstoffreicher Boden
Steinrich (Lobularia maritima)	weiß, rosa, violett	V–X	6–15 cm	Aussaat ab Ende III in Töpfe, Direktsaat ab Ende IV	Sonne/Halbschatten; kalkhaltiger Boden
Levkoje (Matthiola incana)	rosa, violett, rot, weiß	VI–IX	30–90 cm	Aussaat Ende III in Schalen, nur leicht abdecken	Sonne/Halbschatten; kalkhaltiger Boden
Muschelblume (Molucella laevis)	weiß	VII–VIII	60–100 cm	Aussaat von II bis IV in Schalen	Sonne; durchlässiger, nährstoffreicher Boden
Ziertabak (Nicotiana x sanderae)	weiß, gelb-grün, rosa, rot	VI–X	25–80 cm	Aussaat ab III in Schalen, nicht mit Erde bedecken	Sonne; mittelschwerer, nährstoffreicher Boden
Jungfer im Grünen (Nigella damascena)	blau, rosa, weiß	VI–IX	40–50 cm	III bis IV direkt an Ort und Stelle aussäen	Sonne; nährstoffreicher Boden
Petunie (Petunia-Hybriden)	weiß, rot, rosa, violett, gelb	V–XI	20–30 cm	Aussaat II bis III in Schalen, nicht mit Erde bedecken	Sonne; möglichst regengeschützt, durchlässiger Boden
Bienenfreund (Phacelia tanacetifolia)	violett	VI–IX	40–90 cm	Von III bis VI breitwürfig ins Freiland	Sonne; reiche Blüte auf trockenen Böden
Gartenresede (Reseda odorata)	grünlich-gelb, rötlich	VII–IX	20–60 cm	Anfang IV in Töpfe säen	Sonne/Halbschatten; nährstoffreicher Boden
Kapuzinerkresse (Tropaeolum-Arten)	gelb, rot, orange	VII–X	25–200 cm	Aussaat IV bis V in Töpfe; ab V ins Freie	Sonne; lockerer, mäßig nährstoffreicher Boden

134 Der Ziergarten

niger Platz auf allen Böden. **Kultur:** Aussaat in Schalen ab Februar, Direktsaat ab April. **Sorten:** Niedrige (20–30 cm) und halbhohe Sorten (60–70 cm) gute Beetpflanzen, hohe Sorten (80–100 cm) für den Schnitt.

Kornblume
(Centaurea cyanus)

Merkmale: Korbblüten in Blau, Rosa, Rot und Weiß, von Juni bis September. Sonne, humoser Lehmboden. **Kultur:** Aussaat ab Juni ins Freie. Auf 30 cm ausdünnen. **Sorten:** Mischungen gefüllter und halbgefüllter Sorten, reine Farbsorten. Höhe 40–100 cm. Bienenweide und Schnittblume.

Rittersporn
(Delphinium ajacis und D. consolida)

Merkmale: Spornblüten in Blau, Weiß und Rosa, von Juni bis September. Sonne, nährstoffreicher Boden. **Kultur:** Aussaat März bis April oder bis Mitte Oktober direkt ins Freie. Abstand 30–40 cm. **Sorten:** Mischungen und Einzelfarben, großblütige Sorten. Höhe 40–110 cm. Für Rabatten und Schnitt.

Sonnenblume
(Helianthus annuus)

Merkmale: Korbblüten in Gelb, Rot, Braun, auch zweifarbig, von Juli bis Oktober. Sonne, nährstoffreicher Boden. **Kultur:** Aussaat ab April ins Freie, auf 60 cm vereinzeln. **Sorten:** Niedrige Sorten 40–60 cm, halbhohe bis 150 cm und hohe Sorten bis 300 cm. Für Kübel, Beet, zum Schnitt.

Bechermalve
(Lavatera trimestris)

Merkmale: Trichterblüten in Weiß, Rosa und Rosarot, von Juli bis Oktober. Sonniger Platz, humoser Boden. **Kultur:** Aussaat zwischen März und Mai in Töpfe. Ab April direkt ins Freie. Auf 60 cm ausdünnen. **Sorten:** Großblumige Mischungen, Farbsorten. Höhe: 50–120 cm. Schnittblume.

Blüten von Gänseblümchen

Klatschmohn
(Papaver rhoeas)

Merkmale: Blüten in Rot und Rosa von Mai bis Juli. Sonniger Platz, kalkhaltiger Boden. **Kultur:** Aussaat im März/April an Ort und Stelle. Auf 25 cm vereinzeln. **Sorten:** Einfachblühende und gefüllte für naturnahe Beete. Höhe: 30–80 cm.

Studentenblume
(Tagetes-Arten)

Merkmale: Korbblüten in Gelb, Orange, Weiß, auch zweifarbig, von Mai bis Oktober. Sonniger Platz in nährstoffreichem, nicht zu nassem Boden. **Kultur:** Aussaat ab Januar bis März in Schalen. **Sorten:** Patula-Sorten (25–30 cm), feinlaubige Tenuifolia-Sorten (20–30 cm), Erecta-Sorten (bis 120 cm). Für Töpfe und Beete, zum Schnitt.

Zinnie
(Zinnia angustifolia, Z. elegans)

Merkmale: Korbblüten in Gelb, Rot, Orange, Rosa, Weiß, häufig zweifarbig, von Juli bis September. Sonne, nährstoffreicher Boden. **Kultur:** Aussaat von Februar bis April in Schalen. Abstand im Beet 30 cm. **Sorten:** Kleinblumige *Zinnia angustifolia* (25–50 cm), großblumige *Z. elegans* bis 100 cm hoch.

Im Bauerngarten dürfen bunte Sommerblumen nicht fehlen.

Bunte Sommerblumen 135

Zweijährige

Gänseblümchen
(Bellis perennis)

Merkmale: Korbblüten in Weiß, Rosa, Rot von März bis Juni. Sonne bis Halbschatten, lehmiger, nährstoffreicher Boden. **Kultur:** Aussaat von Juni bis Juli auf Saatbeet. Auf 15 cm verpflanzen. Schutz vor Winterfrost. **Sorten:** Klein- und großblumige Sorten, Prachtmischungen. Höhe 12–20 cm.

Goldlack
(Cheiranthus cheiri)

Merkmale: Blütentrauben in Gelb, Orange, Rot, Braun und Weiß, von April bis Juni. Sonne, kalkhaltiger Lehmboden. **Kultur:** Aussaat von Mai bis Juli. Mit Papier verdunkeln. Im Topf frostgeschützt überwintern. Feucht halten. Im März auspflanzen. **Sorten:** Einfache und gefüllte, Höhe 30–70 cm.

Bartnelke
(Dianthus barbatus)

Merkmale: Blüten in Weiß, Rot und Rosa, von Juli bis Oktober. Sonne, nährstoffreicher Lehm-Sandboden. **Kultur:** Aussaat im Juni, vereinzeln, im August auspflanzen. Winterabdeckung. **Sorten:** Einfache und gefüllte, Höhe 20–60 cm. Schnittblume.

Vergißmeinnicht
(Myosotis sylvatica)

Merkmale: Blüten in Blau, Weiß und Rosa, von März bis Mai. Sonne bis Halbschatten, mittelschwerer Boden. **Kultur:** Aussaat Juni bis Juli auf Saatbeet, mit Erde abdecken. Verpflanzen. **Sorten:** Farbsorten, Höhe 15–40 cm. Für Beete, Rabatten, Blumenkästen.

Das zauberhafte Farbenspiel der Zinnien leuchtet bis zum Herbst.

Zweijährige Schönheiten
Die Monate Januar bis Dezember sind in römischen Ziffern angegeben.

Name	Blütenfarbe	Blühzeit	Höhe	Standort
Stockrose (Alcea rosea)	rot, rosa, gelb, weiß	VII–IX	120–200 cm	sonnig; tiefgründiger, humoser Boden
Marienglockenblume (Campanula medium)	weiß, rosa, blau	VI–VII	50–90 cm	sonnig bis halbschattig; nährstoffreicher, sandiger Boden
Rasselblume (Catananche caerulea)	blau	VI–IX	40–60 cm	sonnig; durchlässiger, kalkhaltiger Boden
Schöterich (Erysimum x allonii)	goldgelb, orange	V–VI	25–40 cm	sonnig; kalkhaltiger Boden
Judastaler (Lunaria annua)	violett, rosa, weiß	V–VI	40–100 cm	sonnig bis halbschattig; leicht feuchter Boden
Gemeine Nachtkerze (Oenothera biennis)	gelb	VI–IX	80–100 cm	sonnig bis halbschattig; durchlässiger Boden

Stiefmütterchen
(Viola x Wittrockiana-Hybriden)

Merkmale: Fünfblättrige Veilchenblüten in zahlreichen Farben von März bis Juni und Oktober bis November. Sonne bis Halbschatten, nährstoffreicher Boden.
Kultur: Aussaat im Juni bis Juli, später verpflanzen. **Sorten:** Einzelfarbige Stiefmütterchen sowie bunte Mischungen. Höhe 15–30 cm. Beet, Topf und Blumenkasten.

Vergißmeinnicht lassen sich überall dazwischen pflanzen.

136 Der Ziergarten

Osterglocken läuten den Frühling ein.

Nach langen Wintertagen erscheinen Krokusse und Schneeglöckchen.

Zwiebel- und Knollenpflanzen

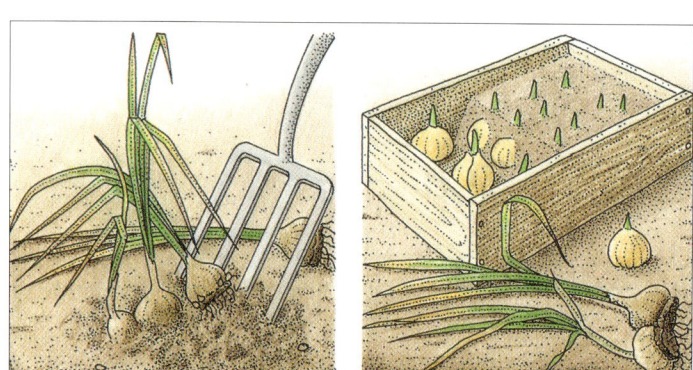
Gladiolenknollen im Herbst ausgraben und in trockenem Sand lagern.

Vor dem Pflanzen kann man Dahlienknollen mit dem Messer teilen.

Zwiebel- und Knollengewächse bereichern vor allem die Frühlingsmonate mit Farbe und Vielfalt. Deshalb pflanzt man sie schon im Herbst in den Gartenboden oder in Töpfe und Schalen. Der Boden sollte locker und durchlässig sein. Eine Dränageschicht aus Sand oder Kies ist ebenso zu empfehlen wie eine gründliche Bodenvorbereitung mit Kompost und organischem Dünger.

Ende Januar blühen die ersten Zwiebelgewächse. Teppiche von Schneeglöckchen, Winterling und Frühlingsalpenveilchen breiten sich in Wiesen oder unter Bäumen aus. Etwas später gesellen sich Krokus, Schneestolz, Strahlenanemone und Blausternchen dazu.

Frostempfindliche Arten wie Begonie, Indisches Blumenrohr (Canna), Dahlie und Gladiole können erst ab Mitte Mai ins Freie. Sie zeigen ihre ganze Pracht bis in den Herbst und bereichern Blumenrabatten und Gemüsebeete.

Lassen Sie die Blätter stets vergilben, bevor Sie sie entfernen. Nur so können die Pflanzen genügend Reservestoffe in die Speicherorgane einlagern. Da Wühlmäuse eine besondere Vorliebe für Zwiebeln und Knollen haben, ist es ratsam, diese in einen Korb aus Draht einzupflanzen. Winterharte Arten verbleiben in der Erde, die Sommerblüher werden vor den ersten Frösten herausgenommen. Entfernen Sie das alte Laub, und lagern Sie die Gewächse bis zur nächsten Saison trocken und frostfrei.

Zwiebel- und Knollenpflanzen

Porträts

Kaiserkrone
(Fritillaria imperialis)

Merkmale: Große Glockenblüten in Orange, Gelb und Rot von April bis Mai. **Kultur**: Ab August in dränierten Boden (sonnige Lage) 20–30 cm tief, Abstand 40–50 cm, pflanzen. Mit Kompost düngen. **Sorten**: Farbsorten. Geruch vertreibt Wühlmäuse. Höhe 60–100 cm.

Schmuckdahlien haben im Spätsommer Hochsaison.

Hyazinthe
(Hyazinthus orientalis)

Merkmale: Duftende Blütenkerzen in Blau, Rosa, Weiß, Rot und Gelb, von April bis Mai.
Kultur: Zwiebeln 15–20 cm tief, Abstand 10–15 cm, in durchlässigen Boden (volle Sonne) pflanzen.
Sorten: Reine Farben und Mischungen sind erhältlich. Höhe 15–30 cm.

Iris
(Iris-Arten)

Merkmale: Dreigeteilte Blüten in Weiß, Blau, Violett und außerdem Gelb.
Kultur: Bis auf Holländische und Englische Hybriden (Pflanzung im Frühjahr) pflanzt man Iris im Herbst. Die Pflanztiefe im sonnigen Beet auf durchlässigem Boden beträgt 10 cm, Abstand 10–15 cm.
Arten und Sorten: Zwergiris (*Iris danfordiae*, gelb und *I. reticulata*, blau) blühen von Februar bis März. Höhe 10–20 cm. Für Steingärten. Holländische Iris (*I.-Hollandica*-Hybriden) und Englische Iris (*I.-Anglica*-Hybriden) blühen von Mai bis Juni in vielen Farbtönen. Höhe 40–60 cm. Für Beete, Schnittblumen.

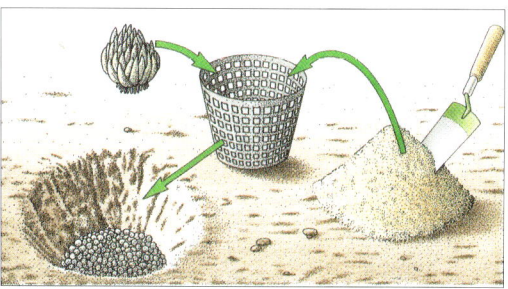
Pflanzkörbe schützen vor Wühlmausfraß.

Narzisse
(Narcissus-Arten)

Merkmale: Trompetenartige Blüten in Gelb, Weiß, Rosa und Orange von Februar bis Mai.
Kultur: Zwiebeln 15–20 cm tief, Abstand 15 cm, an sonnigem bis halbschattigem Platz in durchlässigem Boden pflanzen. **Arten und Sorten**: Zu den Gartennarzissen gehören großblumige Osterglocken (*Narcissus pseudonarcissus*) und Dichternarzissen (*N. poeticus*), die flache Blütensterne mit gerüschten Kronen haben. Wildnarzissen haben kleinere Blüten, wie z. B. die zierlichen, duftenden Jonquillen (*N. jonquilla*), die Engelstränen (*N. triandrus*-Hybriden) und die rundlichen Reifrocknarzisssen

Durchschnittliche Pflanztiefe für Zwiebel- und Knollenblumen im Gartenboden. Als Faustregel gilt: Zwiebeln und Knollen jeweils so tief pflanzen, daß die bedeckende Erdschicht etwa doppelt so hoch ist wie die Zwiebel selbst groß ist.

Zwiebeln und Knollengewächse

Die Monate Januar bis Dezember sind in römischen Ziffern angegeben.

Name	Blütenfarbe	Blühzeit	Höhe	Standort
Winterharte Zwiebeln und Knollengewächse (Pflanzzeit: Herbst)				
Zierlauch (Allium-Arten)	rosa, rot, violett, blau, gelb	V–VIII	10–100 cm	sonnig; trockener bis frischer, durchlässiger, sandig-lehmiger Boden
Krokus (Crocus-Arten)	blau bis violett, gelb, weiß	II–IV und IX–XI	5–10 cm	sonnig; durchlässiger, auch sandiger und steiniger Boden
Steppenkerze (Eremurus-Hybriden)	weiß, gelb, orange, rosa	VI–VII	100–200 cm	sonnig und warm; gut durchlässiger, nährstoffreicher Boden
Hasenglöckchen (Hyacinthoides-Arten)	blau, weiß	IV–VI	15–40 cm	kühler Platz im Halbschatten; lehmiger Laub-Humusboden
Lilien (Lilium-Arten)	alle Farben außer Blau	V–VIII	40–200 cm	sonnig bis halbschattig; frischer, humoser, durchlässiger, leicht saurer Boden
Blaustern (Scilla-Arten)	blau, weiß	II–V	10–20 cm	sonnig bis schattig; durchlässiger, humoser Lehmboden
Nicht winterharte Zwiebeln und Knollengewächse (Pflanzzeit: Frühling)				
Knollenbegonie (Begonia-Hybriden)	rot, gelb, orange, rosa, weiß	V–X	15–60 cm	halbschattig bis schattig; frischer, lockerer, nährstoffreicher Boden
Blumenrohr (Canna-Indica-Arten)	rot, rosa, gelb, orange	VI–X	50–150 cm	sonnig und windgeschützt; humoser, sandig-lehmiger Boden
Dahlien (Dahlia-Hybriden)	alle Farben außer Blau	VI–X	20–120 cm	sonnig; frischer, durchlässiger, nährstoffreicher Boden
Gartengladiole (Gladiolus-Hybriden)	alle Farben außer Blau	VI–IX	50–150 cm	sonnig; tiefgründiger, frischer bis leicht feuchter, nährstoffreicher Boden
Ranunkeln Ranunculus-Asiaticus-Arten	weiß, gelb, orange, rosa, rot	IV–VI	20–40 cm	sonnig; durchlässiger, nährstoffreicher Humusboden
Tigerblume (Tigrida pavonia)	rot, gelb, weiß, rosa	VII–IX	40–60 cm	voll sonnig und geschützt; gut durchlässiger, nährstoffreicher Boden

(*N. bulbocodium*). Die Alpenveilchen-Narzisse (*N. cyclamineus*-Hybriden) blüht schon im Februar. Höhe 20–60 cm. In Rabatten, Wiesen, vor Gehölzen; als Schnittblumen.

Tulpe

(Tulipa-Arten)

Merkmale: Die Tulpe entwickelt ihre wunderschönen Blüten von März bis Mai in fast allen Farben. Einzig die Farbe Blau kommt nicht vor.

Kultur: Zwiebeln 10–15 cm tief, Abstand 15–20 cm in durchlässigen Boden an sonnigen Platz pflanzen. Bald nach dem Austrieb sollten Sie diese Pflanzen mit organischem Volldünger versorgen.

Arten und Sorten: Man unterscheidet Wild- und Gartentulpen.

Zu den frühblühenden Wildtulpen (botanische Tulpen) gehören die *Kaufmanniana*-, *Fosteriana*- und *Greigii*-Hybriden. Höhe der Pflanzen 20–40 cm. Für Rabatten, am Gehölzrand.

Zu den Gartentulpen (bis 70 cm Höhe) gehören frühblühende Gartentulpen (April), mittelfrühe Triumph- und Darwin-Tulpen (April bis Mai) sowie die späten Sorten (Mai), zu denen man die Lilienblütigen-, die gestreiften Viridiflora- und die bizarr marmorierten Papageien-Tulpen rechnet.

Tulpen sind die Königinnen im Frühlingsbeet.

Traubenhyazinthen gedeihen fast überall ohne Probleme.

Prächtige Stauden

Gartenmargeriten halten sich auch in der Vase.

Herbstastern zünden ein spätes Blütenfeuerwerk.

Von einer Staude spricht man, wenn die Pflanze winterhart ist, sich also entweder über Winter in den Wurzelstock oder ein Rhizom zurückzieht, um dann im Frühling wieder auszutreiben, oder als ganze Pflanze weiterlebt. Das Reich der Stauden ist so vielfältig, daß es für jeden Lebensbereich im Garten geeignete Arten und Sorten gibt. Vor der Neuanlage eines Staudenbeetes sollte eine Bodenanalyse durchgeführt werden, damit Sie entsprechend der Standortverhältnisse die richtigen Pflanzen auswählen. Zur Bodenverbesserung eignen sich Kompost und organische Dünger. Mit Hilfe eines Pflanzplans vermeiden Sie, die Stauden zu dicht zu pflanzen. Beste Pflanzzeiten sind Herbst und Frühjahr. Eine Mulchdecke verhindert das Auflaufen von Unkräutern. Die Pflegeansprüche von Stauden sind sehr unterschiedlich. Blütenstauden brauchen regelmäßige Kompost- oder Düngergaben. Viele Arten (z. B. Rittersporn, Lupine, Berufskraut) blühen nach einem bodennahen Rückschnitt nach der ersten Blüte im Herbst noch einmal. Wildstauden und Polsterstauden sind eher anspruchslos. Vor allem polsterbildende Arten danken einen Rückschnitt nach der Blüte mit kompaktem Wachstum. Stauden können durch Aussaat, Teilung und Stecklinge vermehrt werden.

Bezaubernde Prachtstauden für Beete und Rabatten
Die Monate Januar bis Dezember sind in römischen Ziffern angegeben.

Name	Blütenfarbe	Blühzeit	Höhe	Standort
Frauenmantel (Alchemilla mollis)	gelb-grünlichgelb	VI-VII	30-60 cm	sonnig bis halbschattig; frischer, nährstoffreicher, lehmiger Gartenboden
Flockenblume (Centaurea-Arten)	blau, rosa, weiß, gelb	V-VIII	40-100 cm	sonnig bis halbschattig; mäßig trockener bis frischer, lockerer, nährstoffreicher Boden
Mädchenauge (Coreopsis verticillata)	gelb	VI-X	25-80 cm	sonnig-warmer Platz; jeder mäßig trockene bis frische, nährstoffreiche Boden. Nicht auf Lehm- und Tonboden
Berufskraut (Erigeron-Hybriden)	weiß, rosa, rot, violett, blau	VI-VIII und IX	60-80 cm	vollsonnig; frischer, tiefgründiger, nährstoffreicher, nicht zu schwerer Boden
Storchschnabel (Geranium-Arten)	weiß, lila, rosa, blau	V-VIII	20-60 cm	sonnig bis halbschattig; frischer bis mäßig trockener, durchlässiger, nährstoffreicher Boden
Sonnenauge (Heliopsis scabra)	gelb	VII-IX	70-160 cm	sonnig-warmer Platz; frischer, nährstoffreicher, lehmiger Boden
Fackellilie (Kniphofia-Hybriden)	gelb, orange, rot; oft zweifarbig	VI-IX	60-100 cm	vollsonnig-warmer Platz; frischer bis feuchter, sandiger, humus- und nährstoffreicher Boden
Lupine (Lupinus-Polyphyllus-Hybriden)	alle Farben, auch zweifarbig	VI-VII und IX-X	80-100 cm	sonniger Platz; mäßig trockener, schwach saurer, sandiger Boden. Wurzelknöllchen binden Luftstickstoff.
Indianernessel (Monarda-Hybriden)	rot, rosa, weiß, violett	VI-IX	100-150 cm	sonnig bis halbschattig; frischer bis feuchter, nährstoffreicher, lockerer Boden. Blütenduft zieht Bienen an.
Katzenminze (Nepeta x faassenii)	lavendelblau	VII-IX	25-50 cm	sonnig; trockener bis frischer, durchlässiger, mäßig nährstoffreicher Boden
Sonnenhut (Rudbeckia fulgida var. sullivantii)	gelb mit dunkler Mitte	VII-IX	60-100 cm	sonnig-warmer Platz; nährstoffreicher, frischer Boden, der gut Feuchtigkeit hält
Salbei (Salvia nemorosa)	blau, violett	VI-VIII	50 cm	sonnig-warmer Platz; durchlässiger, mäßig trockener, nährstoffreicher Boden
Purpurfetthenne (Sedum telephium)	rosa, karminrot	VIII-IX	30-50 cm	sonnig-warmer Platz; sandiger bzw. kiesiger, humusarmer Boden

Der Ziergarten

Ungefüllte, weißblühende Pfingstrose

Pracht-stauden

Die **Schafgarbe** (*Achillea*) begeistert mit gelb-, rot-, rosa- und weißblühenden Arten und Sorten. Sie blüht von Juni bis September auf frischem, nährstoffreichem, lehmigen Boden in voller Sonne. Höhe 30–120 cm.

Herbstastern (*Aster*) brauchen Sonne und nährstoffreichen Boden. Sie blühen von August bis November in Violett, Rosa, Rot, Blau und Weiß mit gelber Mitte. Die Kissenaster (*A. dumosus*) wird 20–50 cm hoch, die Glattblattaster (*A. novi-belgii*) und die Rauhblattaster *(A. novi-angliae)* sowie die Myrtenaster *(A. ericoides)* bis 120 cm hoch.

Zu den Chrysanthemen gehören die von Juni bis September weißblühenden **Margeriten** (*Chrysanthemum* (syn. *Leucanthemum*) *maximum*) sowie die von August bis November in fast allen Farben außer Blau blühenden **Herbst-Chrysanthemen** (*Dendranthema-Grandiflorum*-Hybriden). Beide Arten und ihre Sorten werden 50–90 cm hoch. Ideal ist ein frischer bis mäßig trockener, nährstoffreicher Boden.

Rittersporn (*Delphinium*-Arten) zeigt seine aufrechten blauen Blütenkerzen von Juni bis Juli; Nachblüte von August bis Oktober. Es gibt auch rosafarbene und weiße Sorten. Wichtig ist ein sonniger, windgeschützter Platz auf tiefgründigem, nährstoffreichem, nicht zu leichtem Boden. Höhe 80–180 cm.

Die **Taglilie** (*Hemerocallis*) bietet mit ihren Wildarten und Hybriden eine unerschöpfliche Vielfalt an Blütenformen und -farben. Obwohl jede Einzelblüte nur einen Tag hält, erstreckt sich die Blütezeit der Gattung von Mai bis September. Optimal ist ein sonniger bis halbschattiger Standort in frischem bis feuchtem, nährstoffreichem Boden. Höhe 30–120 cm.

Die gelben **Sonnenblumen**-Arten und Sorten (*Helianthus*) beeindrucken von August bis Oktober mit Wuchshöhen bis zu 200 cm. Sie verlangen einen vollsonnigen Platz auf tiefgründigem und nährstoffreichem Boden. Auch die **Sonnenbraut** (*Helenium*-Hybriden) blüht im Spätsommer (Juli bis Oktober). Ihre gelben, braunen, roten und teilweise zweifarbigen Korbblüten entwickeln sich auf bis 150 cm hohen Blütenstielen. Wichtig sind Sonne und ein frischer, humoser, nährstoffreicher Boden.

Eine Fülle an Sorten für sonnige Rabatten bietet die **Bartiris** (*Iris Barbata*-Hybriden). Es gibt sie in allen Farben von Weiß bis Violett, häufig auch mehrfarbig. Die Niedrige Bartiris (*I. barbata-nana*, 10–40 cm) blüht von April bis Mai, gefolgt von den Mittelhohen (*I. narbata-media*, 40–

Prachtvoller Rittersporn

Die Flammenblume fasziniert in sonnigen Rabatten.

Prächtige Stauden 141

Das gelbblühende Sonnenauge blüht im Hochsommer und sollte wegen seiner Größe im Hintergrund wachsen.

Damit hohe Stauden nicht umknicken, benötigen sie eine Stütze.

Zu dicht gewordene Stauden mit dem Spaten teilen

70 cm) im Mai und der Hohen Bartiris *(I. Barbata-Elatior,* 70–120 cm) von Mai bis Juli. Gewünscht wird Sonne und ein mäßig trockener, durchlässiger, nährstoffreicher, etwas kalkhaltiger Boden.

Die **Pfingstrose** *(Paeonia-Lactiflora*-Hybriden) begeistert von Mai bis Juni in Rabatten und Bauerngärten mit großen, meist dicht gefüllten und zart duftenden rosafarbenen, weißen oder roten Blütenbällen. Sie braucht Sonne und einen frischen, tiefgründigen, mäßig schweren, nährstoffreichen Boden. Die Pfingstrose erreicht eine Höhe von 70–100 cm.

Der **Türkenmohn** *(Papaver orientale)* enthüllt von Mai bis Juli seine meist feuerroten Schalenblüten. Man pflanzt ihn oder seine weißen, rosa- und orangefarbenen Sorten in volle Sonne auf tiefgründigen, sandigen Boden. Höhe der Pflanzen 50–110 cm.

Die **Flammenblume** *(Phlox Paniculata*-Hybriden) zündet von Juli bis September ihr weißes, rosafarbenes, rotes, violettes und häufig auch zweifarbiges Blütenfeuerwerk. Die bis 120 cm hoch werdende Rabattenstaude braucht Luft, volle Sonne und außerdem humus- und nährstoffreichen Gartenboden.

Taglilien sind pflegeleicht und fühlen sich in Rabatten und am Teichufer wohl.

Schattenstauden

Der **Eisenhut** (*Aconitum*) benötigt frischen, humosen und nährstoffreichen Boden. Er wird bis 150 cm hoch und zeigt von VI-VIII seine blauen Helmblüten. Verschiedene Arten und Sorten. Alle Teile sind giftig.

Der **Waldgeißbart** (*Aruncus dioicus*) kann bis zu 200 cm hoch wachsen. Im Juni bis Juli erscheinen große, gelb-weiße Blütenrispen. Der Boden soll frisch bis feucht und nährstoffreich sein.

Die Arten und Sorten der **Prachtspiere** (*Astilbe*) bringen mit ihren Blütenrispen in Weiß, Rosa, Lachs und Rot von Juni bis September Farbe ins Schattenbeet. Sie bevorzugen frischen bis feuchten, schwach sauren Boden. Höhe 30–130 cm.

Die **Bergenie** (*Bergenia cordifolia*) wächst auf jedem Boden. Sie ist pflegeleicht und wird 30–40 cm hoch. Die rosaroten oder weißen Blütenstände erscheinen von April bis Mai auf Stielen über großen, runden, immergrünen Blättern.

Die **Silberkerze** (*Cimicifuga*) kann bis 200 cm hoch werden und ziert von Juli bis Oktober mit weißen schlanken Blütenständen. Der Boden soll frisch bis feucht, humos und tiefgründig sein.

Christrosen-Arten blühen vom Winter bis zum Frühling.

Schöne Stauden für den Schattengarten

Die Monate Januar bis Dezember sind in römischen Ziffern angegeben.

Name	Blütenfarbe	Blühzeit	Höhe	Standort
Herbstanemone (*Anemone-Japonica*-Arten)	rosa, weiß, rot	VIII–X	60–100 cm	frischer, lockerer, nährstoffreicher Humusboden
Haselwurz (*Asarum europaeum*)	braunrot	IV	10 cm	der Bodendecker braucht frischen Humusboden
Kaukasus-Vergißmeinnicht (*Brunnera macrophylla*)	blau	IV–V	40–50 cm	frischer, lehmig-humoser, nährstoffreicher Boden
Purpurglöckchen (*Heuchera*-Hybriden)	rosa, weiß, rot	V–VII	50–70 cm	frischer bis feuchter, schwach saurer Humusboden
Wachsglocke (*Kirengeshoma palmata*)	gelb	VIII–IX	60 cm	kalkarmer, durchlässiger, humoser Boden
Greiskraut (*Ligularia*-Arten)	gelb	VII–IX	80–200 cm	feuchter, tiefgründiger, nährstoffreicher Boden
Knöterich (*Polygonum*-Arten)	rosa, rot oder weiß	V–IX	20–100 cm	frischer bis feuchter, nährstoff- und humusreicher Boden
Salomonsiegel (*Polygonatum odoratum*)	weiß	V–VI	30–50 cm	frischer, humoser, lockerer, kalkhaltiger Boden
Schaublatt (*Rodgersia*-Arten)	gelblichweiß	VI–VII	70–180 cm	feuchter bis frischer, nährstoffreicher, tiefgründiger Boden
Steinbrech (*Saxifraga*-Arten)	weiß, rosa, rot und gelb	IV–V; VI–VII; IX–X	5–50 cm	durchlässiger, frischer Humusboden
Dreiblatt (*Trillium erectum*)	rot, rosa	V	15–60 cm	frischer, humoser Boden

Schattenecke mit Funkie und Farn

Funkien haben sehr dekorative Blätter.

Prächtige Stauden

Von der **Herzblume** (*Dicentra*) gibt es mehrere Arten und Sorten. Je nach Art öffnen sich die herzförmigen, hängenden Blüten im Frühjahr, Sommer oder Herbst. Alle lieben einen frischen, humusreichen Boden. Höhe 30–80 cm.

Die **Christrose oder Nieswurz** (*Helleborus*-Arten und Sorten) blüht im Winter und Frühling. Die 15–60 cm hohen Pflanzen mit den ledrigen Blättern blühen weiß, gelb, rosa oder rot. Ideal ist ein durchlässiger, humus- und kalkreicher Boden.

Auch **Funkien** (*Hosta*) gibt es in vielen Arten und Sorten. Sie haben schmale bis herzförmige, grüne bis blaugraue sowie weiß- und gelbbunte Blätter. Von Juni bis September öffnen sich rosafarbene oder weiß gestielte Blüten. Gewünscht wird frischer, lehmig-humoser Boden. Höhe 30–90 cm.

Nicht nur niedrige Teppich-Primeln blühen im Schatten so richtig auf.

Der **Goldfelberich** (*Lysimachia punctata*) bildet dichte Horste von 60–100 cm. Die gelben Blütenkerzen erscheinen von Juni bis August. Der Boden soll frisch bis feucht und nährstoffreich sein.

Alle **Primeln** (*Primula*) fühlen sich auf einem frischen, humosen Boden wohl. Dank zahlreicher Arten und Sorten kann man sich vom Frühjahr bis zum Sommer an bunten Primelblüten erfreuen. Höhe 10–80 cm.

Der Goldfelberich breitet sich rasch aus.

Der Waldgeißbart wird bis 2 m hoch.

Der Ziergarten

Schöne Wildstauden für den Biogarten

Die Monate Januar bis Dezember sind in römischen Ziffern angegeben.

Name	Blütenfarbe	Blühzeit	Höhe	Standort
Waldanemone (Anemone sylvestris)	weiß-rosa	IV–V	30 cm	sonnig bis halbschattig; auf nährstoffreichem Humusboden
Färberkamille (Anthemis tinctoria)	gelb	VI–IX	50 cm	sonnig bis halbschattig; auf normalem bis trockenem Boden
Sterndolde (Astrantia major)	weiß oder rötlich	VI–VIII	60 cm	halbschattig bis sonnig; auf nährstoffreichem, frischem Boden
Maiglöckchen (Convallaria majalis)	weiß	V	20 cm	halbschattig bis schattig; auf humosem, kalkhaltigem Boden
Heidenelke (Dianthus deltoides)	purpurrot	VI–IX	15 cm	auf trockenem bis frischem, durchlässigem Boden in der Sonne
Wolfsmilch (Euphorbia polychroma)	gelbe Hochblätter	IV–V	20 cm	sonnig bis halbschattig; mäßig trockener bis frischer Boden
Wasserdost (Eupatorium cannabium)	rosa-weiß	VII–IX	bis 150 cm	sonnig bis halbschattig; frischer bis feuchter, humoser Boden
Frühlingsfingerkraut (Potentilla tabernaemontani)	gelb	III–IV	10 cm	volle Sonne; trockener bis feuchter, durchlässiger Boden
Schlüsselblume (Primula veris)	gelb	IV–V	15 cm	halbschattig bis sonnig; frischer bis trockener Humusboden
Gamander (Teucrium chamaedrys)	karminrot	VI–VIII	30 cm	verträgt trockene, kalkhaltige Böden in sonniger Lage
Duftveilchen (Viola odorata)	violett	III–V	15 cm	sonnig bis schattig; nährstoffreicher, humoser Lehmboden

Wildstauden

Als Wildstauden bezeichnet man die Arten, die ihren Wildcharakter bewahrt haben, also nicht durch Züchtung verändert wurden. Sie gedeihen am besten, wenn man sie ungestört wachsen läßt. Diese robusten und pflegeleichten Stauden finden am Fuß von Gehölzen, am Ufer von Gewässern und auf freien, sonnigen Beetflächen gute Wachstumsbedingungen.

Die **Akelei** (*Aquilegia vulgaris*) öffnet ihre exotisch anmutenden, gespornten blauen Blüten von Mai bis Juni. Gut ist ein halbschattiger Platz auf humusreichem, lockerem Boden. Höhe 30–80 cm. Auch buntblühende Sorten erhältlich.

Die **Glockenblume** (*Campanula latifolia*) blüht von Juni bis Juli mit violetten Glockenblüten. Gewünscht wird sonniger bis halbschattiger, humoser Boden. Höhe bis 150 cm. Auch andere *Campanula*-Arten und Sorten sind sehr beliebt.

Der **Rote Fingerhut** (*Digitalis purpurea*) wird 60–140 cm hoch

Die Akelei, eine elfenhaft schöne Wildstaude.

Zauberhaft blaue Glockenblume

Der Storchschnabel bevorzugt einen halbschattigen Standort.

Prächtige Stauden 145

Der zweijährige rote Fingerhut sät sich reichlich aus.

Die **Moschusmalve** (*Malva moschata*) hat einen buschigen Wuchs und wird bis zu 60 cm hoch.
Die rosafarbenen Blüten dieser Wildstaude beeindrucken von Juli bis September.
Ideal ist ein trockener bis frischer Boden und ein Platz in voller Sonne.

Die **Wiesenraute** (*Thalictrum aquilegifolium*) wird stattliche 100 cm hoch. Die Blütenrispen blühen von Mai bis Juli in hellem Lila. Sie wächst an einem sonnigen Standort, aber auch im Halbschatten.
Der Boden sollte frisch und leicht sauer sein.

Die zweijährige **Königskerze** (*Verbascum*) wächst auch auf sehr trockenem Boden in voller Sonne. Die gelben Blütenkerzen erscheinen von Mai bis August und erreichen eine Höhe von bis zu 200 cm.

Die Schlüsselblume öffnet im März ihre blaßgelben Glöckchen.

und begeistert von Juni bis August mit roten, trichterförmigen Blüten. Die zweijährige Pflanze sät sich reichlich aus, wenn sie im Halbschatten auf lockerem, humusreichem, schwach saurem Boden wächst.

Das **Mädesüß** (*Filipendula ulmaria*) öffnet von Juni bis August üppige weiße Rispenblüten. Ideal ist ein sonniger bis halbschattiger, kühler Platz auf feuchtem, nährstoffreichem Boden, z. B. am Gewässerrand. Höhe 100 cm.

Der **Wiesenstorchschnabel** (*Geranium pratense*) blüht von Juni bis September mit blauvioletten Blüten auf sonnigem bis halbschattigem, nährstoffreichem, lockerem Boden. Höhe 40 cm. Auch andere Arten und Sorten sind dankbare Gartenstauden.

Der **Schmalblättrige Alant** (*Inula ensifolia*) wird bis 60 cm hoch und trägt von Juli bis August gelbe Strahlenblüten. Er verträgt trockene Böden und Sonne.

Der **Staudenflachs** (*Linum perenne*) fühlt sich in voller Sonne auf leichtem, durchlässigen, auch kalkhaltigem Boden wohl. Die blauen Blüten erscheinen von Juni bis August. Höhe bis 60 cm.

Buschwindröschen blühen von März bis Mai auf humosen, im Frühjahr feuchten Böden.

Hübsche Bodendecker

Johanniskraut gedeiht in Sonne und Halbschatten.

Als Bodendecker bezeichnet man niedrige Stauden und Gehölze, die zu dichten Teppichen aus hübschem Laub und unzähligen Blüten zusammenwachsen. Neben den Polsterstauden, die überwiegend sonnige Beete, Mauern und Fugen zieren, gedeihen viele Arten auch im Halbschatten und Schatten unter Bäumen und Sträuchern. Über ihre Zierwirkung hinaus sind Bodendecker sehr nützlich. Sie halten den Boden feucht und unterdrücken das Unkraut. Zwiebelblumen können sich unter einer grünen Decke gut entwickeln, weil man sie nicht durch Hacken und Graben stört. Was Pflanzung und Pflege betrifft, gelten für Bodendecker die gleichen Empfehlungen wie für Stauden. Allerdings sollten Sie vorher das Unkraut gründlich entfernen und in der Anfangszeit regelmäßig jäten. Später wird es schwierig, dem Unkraut beizukommen. Frisch gepflanzte Bodendecker benötigen Feuchtigkeit. Der Boden bleibt gut feucht, wenn Sie eine 5 cm dicke Schicht Rindenhumus oder Kompost zwischen den Pflanzen verteilen. Einige frühlingsblühende Bodendecker ziehen im Sommer ihr Laub ein oder werden unansehnlich. Damit an diesen Stellen keine Lücken auftreten, sollten Sie diese Arten mit Gehölzen und Stauden kombinieren, deren Laub auch nach der Blüte attraktiv bleibt.

Frauenmantel: anspruchslos, für frische, feuchte Böden.

Die Elfenblume hat dekorative, herzförmige Blätter.

Bodendecker und Polsterstauden für die Sonne
Die Monate Januar bis Dezember sind in römischen Ziffern angegeben.

Name	Blütenfarbe	Blühzeit	Höhe	Merkmale
Stachelnüßchen (Acaena-Arten)	unscheinbare Blüte	ab VI	10 cm	trittfeste Staude mit schönen, stacheligen Samenständen
Steinkraut (Alyssum saxatile)	gelb	IV–VI	20–30 cm	im Steingarten, auf Mauern und vor Ziersträuchern
Gänsekresse (Arabis caucasica)	weiß-rosa	IV–V	10–20 cm	ideal für Steingarten, nach der Blüte zurückschneiden
Blaukissen (Aubrieta-Hybriden)	blau, violett, rot	IV–V	5–10 cm	große Polster über Mauern, nach der Blüte schneiden
Glockenblume (Campanula-Arten)	blau, violett, weiß	V–IX	10–30 cm	für Steingarten und Mauern, nur mäßig düngen
Hornkraut (Cerastium tomentosum)	weiß	ab V	10–15 cm	graufilziges Laub, ideal für trockene Plätze
Silberwurz (Dryas x suendermannii)	weiß	V–VI	15 cm	für kalkhaltigen Boden, federartige Samenstände
Sonnenröschen (Helianthemum-Hybriden)	weiß, gelb bis rot	VI–IX	10–20 cm	für kalkhaltigen Boden, nach der Blüte zurückschneiden
Johanniskraut (Hypericum-Arten)	gelb	VI–IX	15–30 cm	vor Gehölzen und an Hängen, Rückschnitt im Frühjahr
Schleifenblume (Iberis sempervirens)	weiß	IV–V	15–30 cm	Bodendecker unter Rosen, nach Blüte zurückschneiden
Polsterphlox (Phlox subulata)	weiß, rosa, rot, hellblau	IV–V	10–20 cm	für Steingarten und Hänge, nach der Blüte zurückschneiden
Moossteinbrech (Saxifraga arendsii)	weiß, rosa, rot	IV–V	5–20 cm	bevorzugt Halbschatten, oft teilen und neu pflanzen
Thymian (Thymus-Arten)	rosa, rot, weiß	VI–IX	5–20 cm	dichte, z. T. trittfeste Teppiche auf mageren Böden

Hübsche Bodendecker

Porträts

Der **Günsel** (*Ajuga reptans*) wird 10–15 cm hoch. Seine grünbraunroten Blätter bilden dichte Rosetten.
Von April bis Mai erscheinen blaue Lippenblüten. Gut sind feuchte, humusreiche Böden im Halbschatten.

Die **Elfenblume** (*Epimedium*) ist teilweise immergrün. Schön sind die herzförmigen Blätter und zarten Blüten in Gelb, Weiß oder Purpur von April bis Mai. Auf schattigen Plätzen in humusreicher Erde. Höhe der Pflanze 20–30 cm.

Die **Goldnessel** (*Lamiastrum galeobdolon*) ist immergrün und wird 25 cm hoch. Sie bildet von Mai bis Juli schöne gelbe Blütenstände.
Gewünscht wird ein frischer, humoser Boden im Schatten bis Halbschatten.

Das **Gedenkemein** (*Omphalodes verna*) wird 10–20 cm hoch und hat eiförmig zugespitzte Blätter und Vergißmeinnicht ähnliche Blüten von März bis Mai. Ideal ist frischer, lockerer Boden im Halbschatten.

Der **Ysander** (*Pachysandra terminalis*) ist immergrün mit ledrigen Blättern. Die Blüten im Frühjahr sind unscheinbar. Er wächst gut in saurem, feuchten Boden im tiefen Schatten. Höhe 15–30 cm.

Das **Lungenkraut** (*Pulmonaria*) hat rauhe Blätter und blaue/rötliche Glockenblüten von März bis Mai.
Es wächst in feuchtem, humusreichem Boden im Schatten. Höhe 20–40 cm.

Der **Beinwell** (*Symphytum*-Arten) hat rauhhaarige Blätter, und gelbe oder blaue Blütentrauben von April bis Mai.
Er bevorzugt frische, feuchte Böden im Schatten. Höhe 25–30 cm.

Die **Schaumblüte** (*Tiarella cordifolia*) kriecht mit breit-eiförmigen Blättern und weißen Blütenrispen von April bis Mai. Höhe 20–30 cm. Ideal ist ein halbschattiger bis schattiger Platz auf lockerem, humosem Boden.

Das **Immergrün** (*Vinca minor*) wird 10–30 cm hoch. Typisch für die Pflanze sind kleine, grüne Blätter an langen Trieben und blaue Blüten von April bis Juni. Gutes Wachstum ist auf feuchtem, humosem Boden im Schatten bis Halbschatten gegeben.

Die **Waldsteinie** (*Waldsteinia ternata*) ist ein beliebter Bodendecker und hat gelbe, erdbeerähnliche Blüten von April bis Juni, später rote Beeren. Gut geeignet ist die Pflanze für trockenen bis frischen Humusboden im Halbschatten bis Schatten. Höhe 5–10 cm.

Der Günsel bevorzugt feuchte, halbschattige Böden.

Reichblühendes Immergrün

Von April bis Mai leuchten die gelben Blüten der Waldsteinie.

Der Ziergarten

Farne beleben schattige Gartenbereiche.

Der immergrüne Hirschzungenfarn hat ungefiederte Wedel.

Farne

Die urwüchsigen, in Wäldern heimischen Farne fühlen sich in den Schattenbereichen unserer Gärten, unter Gehölzen sowie am Rand von Gewässern sehr wohl. Als genügsame Pflanzen wachsen sie willig auf gut durchlässigen, humosen bis leicht feuchten Böden. Bei idealen Lebensbedingungen halten sie es viele Jahre ohne aufwendige Pflege aus. Eine Mulchdecke aus Laub und Holzabfällen wird nicht nur nach der Pflanzung dankbar angenommen. Mit ihren attraktiven, unterschiedlich strukturierten, grünen Wedeln lassen sich Farne sehr schön mit nicht zu stark wuchernden Schattenstauden kombinieren.

Der **Pfauenradfarn** (*Adiantum pedatum*) wirkt zierlich durch seine handförmigen Wedel, die mehrfach gefiedert sind. Wächst 40–50 cm hoch.

Der **Frauenfarn** (*Athyrium filix-femina*) hat mehrfach gefiederte Wedel und breitet sich durch Ausläufer aus. Je nach Sorte wird er 30–80 cm hoch.

Der **Rippenfarn** (*Blechnum spicant*) treibt einfach gefiederte, glänzend-grüne, grazile Wedel. Er ist immergrün und wird 30–40 cm hoch.

Der **Wurmfarn** (*Dryopteris filix-mas*) entwickelt lange, einfach bis doppelt gefiederte Wedel, die bis 120 cm lang sind. Er bildet Ausläufer.

Der **Trichterfarn** (*Matteuccia struthiopteris*) besitzt breite, einfach gefiederte Wedel, die 80–130 cm hoch werden. Verbreitung durch Ausläufer.

Der **Perlfarn** (*Onoclea sensibilis*) bildet senkrecht stehende, krautige Wedel mit perlschnurartigen Fiederchen. Er treibt eifrig Ausläufer und wird 50–60 cm hoch.

Der **Königsfarn** (*Osmunda regalis*) entfaltet doppelt gefiederte Wedel. An den inneren Wedeln entwickeln sich braune Fruchtfiedern. Er verträgt auch Sonne und wird bis 150 cm hoch.

Der **Hirschzungenfarn** (*Phyllitis scolopendrium*) ist immergrün und besitzt ungeteilte, glatte, ledriggrüne Wedel, auf deren Unterseite auffällige, braune Sporenlager sitzen. Er wird 30–40 cm hoch.

Der **Tüpfelfarn** (*Polypodium vulgare*) treibt immergrüne, grobgefiederte, ledrige Wedel. Schöne Art für Steingärten. Wuchshöhe etwa 30 cm.

Der **Weiche Schildfarn** (*Polystichum setiferum*) hat fein gefiederte, meist etwas ledrige, immergrüne Wedel. Je nach Sorte wird er 80–100 cm hoch.

Ein junger Farnwedel beim Entfalten

Ziergräser

Gräser sind dank ihrer vielgestaltigen Blütenrispen und Halme, ihrer Herbstfärbung und wegen ihrer Wirkung als bizarr bereifte, winterliche Blickfänger zu unverzichtbaren Pflanzen in allen Gartenbereichen geworden. Fast alle Gräser sind anspruchslos. Eine Düngung ist in der Regel nicht erforderlich. Vor allem sollten Sie wenig Stickstoff geben. Lediglich Prachtgräser wie Pampasgras oder Chinaschilf verlangen alle paar Jahre nach einer kräftigen Kompostgabe. Verblühte Halme vor dem Austrieb zurückschneiden, damit die Pflanze im Winter vor Fäulnis durch Nässe und Frost geschützt wird. Gräserhorste kann man im Frühjahr mit dem Spaten teilen.

Gräser für sonnige, trockene Bereiche

Das **Zittergras** (*Briza media*) wird 20–40 cm hoch. An zierlich-feinen Rispen herzförmige Blüten.

Japansegge (*Carex morowii* 'Variegata') mit immergrünen, gelbgestreiften Halmen, 30–40 cm hoch; **Morgensternsegge** (*C. grayi*), 40–50 cm, mit dekorativen, igelartigen Fruchtständen; **Riesensegge** (*C. pendula*) mit überhängenden Blüten, 60–100 cm hoch; **Breitblattsegge** (*C. plantaginea*), 40 cm hoch, mit breiten, immergrünen Blättern.

Die **Waldschmiele** (*Deschampsia caespitosa*) besitzt grüne, überhängende Blätter und goldbraune Blüten. Bis 1 m hoch, viele Sorten erhältlich.

Der **Blauschwingel** (*Festuca cinerea*) breitet sich mit 20 cm hohen, blaugrauen Büscheln aus.

Blaustrahlhafer (*Helictotrichon sempervirens*); silberblaue Büsche mit duftigen Blütenhalmen. Höhe 60–80 cm.

Das **Schillergras** (*Koeleria glauca*) bildet feste, blaugrüne, 15–25 cm hohe Polster aus.

Das **Pfeifengras** (*Molinia caerulea*) entwickelt über grünen, überhängenden Halmen hohe Blüten. Höhe 30–90 cm.

Die **Rutenhirse** (*Panicum virgatum* 'Rehbraun') hat kupferrote Halme (80–100 cm hoch).

Das **Lampenputzergras** (*Pennisetum alopecuroides*) bildet ausladende Büsche (60–80 cm hoch) mit dekorativen Blüten.

Das **Reiherfedergras** (*Stipa barbata*), 60–80 cm hoch, glänzt mit silberweißen Blütenhalmen.

Das **Federgras** (*Stipa pennata*) wird 40–60 cm hoch und hat flauschig-fedrige Blüten.

Gräser, die es schattig und feucht mögen

Schneemarbel (*Luzula nivea*); behaarte Halme, helle Büschelblüten; **Waldmarbel** (*L. sylvatica*), wintergrün, dichte Blüten, beide bis 40 cm hoch.

Imposante Riesengräser

Das **Pampasgras** (*Cortaderia selloana*); bis 2 m hohe Blütenfahnen. Unbedingt einzeln stellen. Winterschutz nötig.

Das **Chinaschilf** (*Miscanthus sinensis*) hat federartige Blütenstände. Höhe 100–150 cm.

Das **Goldbandleistengras** (*Spartina pectinata* 'Aureomarginata') ziert mit gelbgeränderten, überhängenden Halmen. Höhe 130–150 cm.

Der Bärenfellschwingel bildet dichte Polster auf großen Flächen.

Reizvolle Früchte der Morgensternsegge zieren am Wasserrand.

Das Lampenputzergras fügt sich gut in Rabatten ein.

Königin Rose

Seit Jahrtausenden begeistert die Königin der Blumen die Menschen. Ob am Boden kriechend, aufrecht in die Höhe wachsend oder an Gerüsten rankend, ob bestückt mit einer Fülle einfacher oder gefüllter sowie herrlich duftender Blüten: Die Rose ist eine Pflanze für jede Gelegenheit. Achten Sie bereits beim Kauf auf die Qualität der Sträucher.

Rosengruppen

Üppig blühende Bodendeckerrose

Die **Edelrosen oder 'Teehybriden'** sind die Juwelen unter den Rosen. Sie besitzen meist eine einzelne, große, häufig auch duftende Einzelblüte auf langen Stielen. Wuchshöhe etwa 1 m. Bewährte Sorten sind z. B. 'Aachener Dom', 'Silver Jubilee' (beide rosa), 'Burgund 81' (rot), 'Gloria Dei', 'Banzai 83' (beide gelb), 'Polarstern' (weiß).

Kartoffelrosen (*Rosa rugosa*) – Blüten duften intensiv.

Die Hundsrose (*Rosa canina*) hat einfache, zartrosafarbene Blüten.

Beetrosen (Polyantha- und Floribundarosen) erkennt man an ihren großen Blütenbüscheln mit zahlreichen Einzelblüten. Der Wuchs ist mit 40–90 cm eher niedrig und buschig. Für Beete und Rabatten, auch in Kombination mit Stauden und Gräsern. Bekannt sind u. a. 'The Queen Elisabeth Rose' (rosa), 'Nina Weibull' (rot), 'Frisia', 'Goldmarie' (beide gelb) und 'Schneeflocke' (weiß).
Strauchrosen werden 1–3 m hoch und ebenso breit. Einmalblühende Sorten, z. B. 'Ferdy' (rosa), 'Scharlachglut' (rot), sind als Parkrosen mit dem natürlichen Charakter von Wildrosen bekannt. Öfterblühende Sorten wie 'Centenaire de Lourdes' (rosa), 'Dirigent' (rot), 'Lichtkönigin Lucia' (gelb) und 'Schneewittchen' (weiß) ähneln den Beet- und Edelrosen. Sehr schöne Solitärpflanzen.
Von den **Kletterrosen** können weder die Sorten mit den starren Trieben („climber") noch die mit den weichen, biegsamen Zweigen („rambler") selbständig klettern. Dennoch wachsen sie, an Gerüsten, Pergolen, Lauben oder in Bäumen festgebunden, bis zu 6 m hoch. Beispiele sind 'American Pillar', 'Rosarium Uetersen', 'New Dawn' (alle rosa), 'Sympathie' (rot), 'Golden showers' (gelb) oder 'Ilse Krohn Superior' (weiß).
Zu den **Romantischen Rosen** gehören Alte und Historische Rosen sowie die Englischen Rosen. Sie haben dicht gefüllte, duftende Blüten in gedeckten Farbtönen. Fast alle Sorten blühen nur einmal im Jahr und wachsen zu stattlichen Sträuchern heran. Der englische Züchter David Austin hat mit den Englischen Rosen eine neue Rosenklasse geschaffen. Seine Züchtungen haben die Blütenform, den Duft und das Farbenspiel alter Sorten, blühen aber mehrmals pro Jahr, z. B. 'Constance Spry',

Königin Rose

Blühen gerne im Duett: Rosen und Frauenmantel.

Schöne Rosenkavaliere

Vorbei sind die Zeiten, in denen nur Rosen neben Rosen in Beete gepflanzt wurden. Inzwischen gibt es sehr schöne und gesunde Kombinationen von Rosen und Begleitern, die die Ausdruckskraft der Königin steigern. Beliebte Rosenkavaliere sind vor allem Stauden, aber auch Gräser, kleine Sträucher und Sommerblumen. Sehr dekorativ sind Pflanzen mit blauen und weißen Blüten oder silbrigem Laub, zum Beispiel Salbei, Rittersporn, Schleierkraut, Lavendel, Katzenminze sowie die Schleifenblume. Aber auch eine Einfassung mit einjährigen Tagetes, Duftsteinrich oder niedrigen Löwenmäulchen sieht bezaubernd aus.

'Heritage' (beide rosa), 'Othello' (rot) und 'Graham Thomas' (gelb).
Flächenrosen (Bodendeckerrosen) haben einen breit überhängenden Wuchs. Man kann sie an Hängen, Böschungen, auf großen Flächen oder in Rabatten pflanzen. Dankbar sind 'Heidetraum', 'Immensee', 'The Fairy' (alle rosa) sowie 'Red Yesterday' (rot) und 'Swany' (weiß).
Wildrosen sind wuchsfreudige und robuste Sträucher für den Naturgarten. Sie haben einfache Blüten und dekorative Hagebutten, wie z. B. die Hundsrose (*Rosa canina*), die Schottische Zaunrose (*R. rubiginosa*), die Bibernellrose (*R. pimpinellifolia*), die Chinesische Goldrose (*R. hugonis*) und die Kartoffelrose (*R. rugosa*).

pflanzt. Eine Pflanzung im Frühjahr bis Mitte April empfiehlt sich besonders auf schweren Böden und in sehr kalten Gegenden. Containerrosen kann man das ganze Jahr über pflanzen.
Vor dem Pflanzen legt man wurzelnackte Rosen mindestens einen halben Tag lang komplett ins Wasserbad, Containerrosen sollen sich mit Wasser vollsaugen, bis keine Luftblasen mehr aufsteigen. Danach überlange und beschädigte Wurzeln wegschneiden.
Die oberirdischen Triebe kürzt man auf etwa 20 cm Länge ein.
Rosen in ein gut vorbereitetes, mindestens 40 cm breit und tief ausgehobenes Pflanzloch setzen. Die Veredlungsstelle liegt dabei etwa 5 cm unter der Erdoberfläche.
Das Pflanzloch mit Erde, die mit einer Handvoll Hornspäne oder Langzeitdünger gemischt ist, auffüllen, dann antreten und schließlich gründlich angießen. Bis zum Austrieb muß die Rose mit Erde angehäufelt werden.

Standort

Nur an sonnigen und luftigen Standorten gedeihen Rosen prächtig. Der Boden soll tiefgründig, humos und sandig-lehmig sein. Humusarme Böden können Sie mit verrottetem Stallmist, Rindenhumus oder Kompost verbessern. Wichtig ist auch eine gute Kalkversorgung des Bodens. Der pH-Wert auf lehmigen Böden sollte zwischen 6,5 und 7 liegen.
Wurzelnackte Rosen werden von Oktober bis Ende November ge-

Graulaubige und blaublütige Katzenminze schmeichelt jeder Rose.

Wurzelnackte Rosen pflanzen
1. Rosen mindestens einen halben Tag wässern, dann überlange und beschädigte Wurzeln wegschneiden.

2. Oberirdische Triebe auf ca. 20 cm Länge einkürzen, dann ins Pflanzloch setzen, so daß die Veredelungsstelle etwa 5 cm unter der Erdoberfläche zu liegen kommt.

3. Bis zum Austrieb mit Erde anhäufeln.

Richtige Pflege

Versorgen Sie die Pflanzen im Frühjahr mit Kompost, Rinderdung oder Hornspänen. Eine zweite Nährstoffgabe ist nach der Hauptblüte im Juni erforderlich. Sie können dann mit Brennesseljauche und tierischem Dünger helfen. Ab Ende Juli nicht mehr düngen, damit das Holz vor dem Winter ausreifen kann.

Gegossen werden Rosen eigentlich nur bei längeren Trockenperioden im Sommer. Das Wasser immer direkt in den Wurzelbereich geben. Nasse Blätter und Triebe sind anfällig für Pilzkrankheiten. Entfernen Sie regelmäßig verwelkte Blüten. Über Winter werden Beet- und Edelrosen mit Erde angehäufelt und mit Fichtenreisig abgedeckt. Strauch- und Kletterrosen bedecken Sie ebenfalls mit Fichtenzweigen oder umwickeln die Pflanzen mit Sackleinen. Junge Hochstämme legen Sie auf den Boden. Die Krone mit Erde zudecken und mit Haken im Boden befestigen. Die Kronen alter Hochstämme mit Stroh füllen und Fichtenreisig herumwickeln.

Die Wildrosensorte 'Red Nelly' besitzt einfache, samtig purpurfarbene Blüten.

Englische Rose 'Gertrude Jekyll' in Begleitung von Funkie, Akelei und Himmelsleiter

Rosen fachgerecht schneiden

Einmalblühende Rosen blühen am alten Holz, das heißt, sie werden immer nach der Blüte geschnitten. Öfterblühende Rosen bilden die Blumen an jungen Trieben und werden von Ende März bis Mitte April geschnitten. Im Herbst ist nur leichtes Einkürzen für den Winterschutz erlaubt.
Beim Frühjahrsschnitt kommen alle toten, überalterten und schwachen Zweige heraus. Dann werden Edel-, Beet- und Zwergrosen auf etwa 20 cm zurückgeschnitten; und zwar immer auf ein nach außen zeigendes Auge. Strauch-, Flächen- und Wildrosen benötigen in der Regel keinen Rückschnitt. Man nimmt nur totes und altes Holz heraus. Bei Kletterrosen sind alle querwachsenden Triebe zu entfernen und die Seitentriebe kräftiger neuer Haupttriebe auf zwei bis fünf Augen zurückzunehmen. Hochstammrosen werden wie die Edelrosen geschnitten, Kaskadenrosen befreit man nur von alten Zweigen.

Links ist der Schnitt einer Edelrose zu sehen. Die rechte Abbildung zeigt den Schnitt einer Strauchrose.

Schützende Hecken

Hecken sind wichtige Gestaltungselemente und Lebensraum für viele Tierarten. Wer viel Platz in sonniger Lage hat, kann eine freiwachsende Blütenhecke anlegen. Hier eine Auswahl empfehlenswerter Arten (die Blühmonate stehen in Klammern):
Der **Sommerflieder** (*Buddleja davidii*) blüht blau, rosa oder weiß (VII – X) und duftet. Höhe 2–4 m. Die **Deutzie** (*Deutzia*) wird je nach Art 0,5–4 m hoch und hat rosa bis weiße Blütenbüschel (V – VII). Den **Flieder** (*Syringa*) gibt es mit violetten, roten und weißen, duftenden Blüten (V – VI). Höhe 4–6 m. Die **Forsythie** (*Forsythia x intermedia*) wird 3–4 m hoch und zeigt gelbe Blüten (III – IV). Die **Kolkwitzie** (*Kolkwitzia amabilis*) erreicht eine Höhe bis 3 m und blüht hellrosa (V – VI). Der **Pfeifenstrauch** (*Philadelphus*-Hybriden) hat weiße, duftende Blüten (V – VI) und wird 3 m hoch. Der **Ranunkelstrauch** (*Kerria japonica* 'Plena') trägt gelb gefüllte Blüten (VI). Höhe 2–3 m. Die **Spiersträucher** (*Spiraea*-Arten) blühen im Frühling oder Sommer rosa oder weiß. Bis 2,5 m. Die **Weigelie** (*Weigelia*-Hybriden) zeigt rosa, rote oder weiße Blüten (V – VI) und wird bis 3 m hoch.

Große Grundstücke und Naturgärten können mit einer Hecke aus Wildsträuchern, die im Herbst mit bunten Früchten und Beeren begeistern, begrenzt werden. Hierfür eignen sich **Kornelkirsche** (*Cornus mas*), **Eberesche** (*Sorbus aucuparia*), **Holunder** (*Sambucus nigra*), **Schneeball** (*Viburnum opulus*), **Sauerdorn** (*Berberis vulgaris*), **Zierquitte**

Die wichtigsten Heckenprofile
a) Die Trapezform bleibt bis ins hohe Alter dicht, z. B. bei Liguster und Berberitze. b) Die grüne Wand braucht zwar wenig Platz (möglich für Hainbuche), aber sie verkahlt häufig von unten her. c) Der rundliche Torbogen bleibt unten dicht und ist besonders für Nadelgehölze geeignet.

Links freiwachsende Blütenhecke, rechts Hecke aus Wildsträuchern
1. Japan-Spiere (*Spiraea japonica*), 2. Mahonie 3. Kolkwitzie (*Kolkwitzia amabilis*), 4. Spierstrauch (*Spiraea*), 5. Weigelie (*Weigelia*-Hybride), 6. Eberesche (*Sorbus aucuparia*), 7. Wildrose (*Rosa*),

Schützende Hecken

(*Choenomeles japonica*), **Weißdorn** (*Crataegus monogyna*), **Felsenbirne** (*Amelanchier lamarckii*), **Schlehe** (*Prunus spinosa*), **Goldjohannisbeere** (*Ribes aureum*) und **Wildrosen** (*Rosa canina, R. rugosa*).

Wenig Platz beanspruchen geschnittene Hecken aus Laub- und Nadelgehölzen. Wenn nur im Sommer Sichtschutz benötigt wird, ist eine sommergrüne Hecke aus **Hainbuche** (*Carpinus betulus*) und **Rotbuche** (*Fagus sylvatica*) zu empfehlen. Eine dekorative Alternative zu den Nadelhecken aus **Eibe** (*Taxus baccata*), **Fichte** (*Picea abies*), **Lebensbaum** (*Thuja occidentalis*) und **Scheinzypresse** (*Chamaecyparis lawsoniana*) sind immergrüne Hecken aus **Kirschlorbeer** (*Prunus laurocerasus*), **Stechpalme** (*Ilex aquifolium*) und **Goldliguster** (*Ligustrum ovalifolium* 'Aureum'). Für **niedrige Einfassungen** bieten sich neben dem **Buchsbaum** (*Buxus*-Arten) auch die **Böschungsmyrte** (*Lonicera pileata*), die **Zwergberberitze** (*Berberis buxifolia* 'Nana'), das **Fingerkraut** (*Potentilla*-Arten) und das **Heiligenkraut** (*Santolina chamaecyparissus*) an.

Pflanzung und Pflege

Laubabwerfende, wurzelnackte Gehölze können von Oktober bis zum Laubaustrieb an frostfreien Tagen gepflanzt werden. Pflanzen in Containern und mit Ballen auch noch später. Immergrüne und Koniferen pflanzt man besser im August oder September, damit sie vor dem Winter einwurzeln.

Bei einer freiwachsenden Hecke ist ein Pflanzabstand von 1–2 m einzuhalten. Für eine Schnitthecke setzen Sie die jungen Sträucher in einem Pflanzgraben enger aneinander. Zum Auffüllen den Gartenboden mit verrottetem Kompost oder Humus im Verhältnis 1:1 mischen. Bei Frühjahrspflanzungen organischen Volldünger dazugeben. Erde gut festtreten, wenn nötig, noch nachfüllen und kräftig angießen. Die gepflanzten Gehölze stark zurückschneiden. Versorgen Sie dicht stehende Heckenpflanzen mit einer dicken Mulchschicht aus Kompost, Laub oder Häcksel sowie im Frühjahr mit organischem Dünger.

Schnittzeitpunkt

In der Regel werden Laubgehölzhecken zweimal pro Jahr geschnitten: Nach dem kräftigen Austrieb im Juni und später im August noch einmal. Bei den langsam wachsenden Koniferenhecken reicht ein Schnitt im Juli aus.

Der Schnitt von freiwachsenden Blütenhecken fördert den Austrieb und die Blütenbildung. Man entfernt nur Äste, die nicht mehr blühen, oder die nach innen wachsenden, unerwünschten Schößlinge sowie totes Holz. Frühjahrsblüher (Forsythie und Kornelkirsche) lichtet man gleich nach der Blüte aus. Sommerblüher wie Duftjasmin, Holunder oder Schneeball werden im Herbst geschnitten. Zum Schutz brütender Vögel sollte kein starker Schnitt zwischen März und September durchgeführt werden.

8. **Sauerdorn** (*Berberis vulgaris*), 9. **Berberitze** (*Berberis thunbergii*), 10. **Schnellball** (*Viburnum opulus*), 11. **Schlehe** (*Prunus spinosa*), 12. **Goldjohannisbeere** (*Ribes aureum*)

Der anspruchslose Pfeifenstrauch entwickelt seine duftenden Blüten in Sonne und Halbschatten.

Anspruchslos und überreich blühend: die Kolkwitzie.

Schöne Gartengehölze

Bäume und Sträucher bilden als langlebige Pflanzenarten das Gerüst des Gartens. Daher sollten Sie entsprechend der Grundstücksgröße vor allem das Klima, die Standortansprüche und die Wuchshöhe bei der Auswahl berücksichtigen. Ansonsten können Sie Bäume und Sträucher frei nach Ihren Wünschen aussuchen. Eine ausgewogene Mischung aus hohen und niedrigen Gehölzen belebt das Gartenbild ebenso wie eine Auswahl von Gehölzen mit Blüten, Fruchtschmuck, interessantem Wuchs und Laub sowie Vertretern, die ganzjährig grüne Blätter oder ein Nadelkleid tragen. Immergrüne Pflanzen sorgen im Winter für Farbe und gewähren Tieren Unterschlupf.

Für große Bäume wie Eiche, Linde, Kastanie oder Birke ist in den meisten Gärten kein Platz. Dennoch gibt es zahlreiche Baumarten oder Sorten, die Sie als Hausbaum in Einzelstellung pflanzen können. Eine schöne Auswahl finden Sie unten in der Tabelle. Neben der dekorativen Wirkung kommen Bäumen und Sträuchern wichtige ökologische Funktionen als Sauerstoffspender, Nahrungs- und Schutzpflanzen sowie als Produzenten von nützlichem Laubkompost zu.

Schöne Laubbäume für den kleinen Garten (Monate der Blühzeit in römischen Zahlen)

Name	Höhe	Breite	Blüte/Blütezeit	Merkmale
Ahorn (*Acer* in Arten)	4–10 m	2–5 m	gelblich, grün, rot von III–V	Gattung mit vielen Arten und Sorten, schöne Wuchs- und Laubformen sowie Blattfärbung
Judasbaum (*Cercis siliquastrum*)	4–6 m	4–5 m	purpurrosa bis violett von IV–V	Attraktiv im Frühling, aber auch später mit herzförmigem Laub und bohnenähnlichen Früchten
Weißdorn, Rotdorn (*Crataegus*-Arten u. Sorten)	3–7 m	3–6 m	weiß, rosa, rot von V–VI	Sommerliche Blütenpracht, Beerenschmuck, schöne Herbstfärbung, Vogelschutzgehölz
Goldblasenbaum (*Koelreuteria paniculata*)	6–8 m	4–6 m	gelb, von VII–VIII	Wechselständige, gefiederte Blätter, lampionartige, lang haftende Fruchtkapseln
Goldregen (*Laburnum* × *wateri* 'Vossii')	4–5 m	3–4 m	gelb, von V–VI	Üppig gelbe Blütentrauben, dreiteilige Laubblätter, lange, braune Fruchthülsen
Magnolie (*Magnolia*-Arten)	2–8 m	4–6 m	weiß, rosa-weiß, purpur von IV–VII	Zauberhafte Solitärbäume in vielen Arten und Sorten; Spätfrost kann Blüten schädigen
Zierapfel (*Malus*-Arten u. Sorten)	5–10 m	3–6 m	rosa, weiß-rot im V	Schöner Blütenbaum in vielen Sorten, kleine Apfelfrüchte ab VIII, rotbraune Herbstfärbung
Zierkirsche (*Prunus*-Arten u. Sorten)	4–12 m	3–8 m	rosa, weiß von III–VI und ab XI	Blütenbäume mit teils überhängender Krone, häufig gefüllte Blüten, rot glänzende Rinde
Eberesche (*Sorbus*-Arten u. Sorten)	4–12 m	3–6 m	weiß von V–VI	Wildobstbäume mit beerenartigen Früchten im Herbst, orangegelbe Herbstfärbung

Schöne Gartengehölze 157

Freilandazaleen (siehe Seite 158) setzen im Schattengarten farbige Akzente.

Der stark wüchsige Ranunkelstrauch wächst auf allen Böden in Sonne bis Halbschatten.

Blütensträucher

Einige Blütensträucher werden bereits im Kapitel Hecken auf S. 154 vorgestellt. Hier nun weitere schöne Beispiele:

Die **Bartblume** (*Caryopteris x clandonensis*) schmückt sich ab Sommer mit blauen Blüten. Sie wird 1 m hoch und hat graugrüne, duftende Blätter.

Der **Blumenhartriegel** (*Cornus florida*) öffnet im Mai große weiße Hochblüten. Höhe 4–6 m, wächst sehr breit. Braucht frischen Boden in Sonne bis Halbschatten.

Der **Perückenstrauch** (*Cotinus coggygria* 'Royal Purple') hat schwarzrotes Laub und wird 3 m hoch. Im Spätsommer zieren ihn perückenartige rosa-silbrige Fruchtstände.

Vom **Edelginster** (*Cytisus Scorparia*-Hybriden) gibt es gelb, weiß, rosa und rot blühende Sorten. Er wird 1–2 m hoch. Blütezeit im April und Mai.

Die **Zaubernuß** (*Hamamelis mollis*) blüht von Januar bis März in Gelb, Rot, Orange. Höhe 3 m.

Der **Roseneibisch** (*Hibiscus syriacus*) wird 3 m hoch und braucht Sonne. Er blüht in Weiß, Rosa, Rot und Violett von Juni bis August.

Von der **Hortensie** (*Hydrangea*) gibt es viele Arten und Sorten für den Halbschatten. Sie blüht ab Juni in Weiß, Rosa oder Blau. Höhe 1–3 m.

Die **Blauraute** (*Perovskia abrotanoides*) hat von August bis September lilablaue Blüten. Das graufilzige Laub duftet würzig. Höhe 1,5 m. Wurzel im Winter schützen.

Der **Fünffingerstrauch** (*Potentilla*) wird bis 1,2 m hoch und blüht von Juni bis Oktober in Weiß, Gelb oder Rot.

Ob Blau, Rosa oder Weiß: Hortensien dürfen in keinem Naturgarten fehlen.

158 Der Ziergarten

Immergrüne

Der **Buchsbaum** (*Buxus sempervirens*) hat ledrige, kleine Laubblätter und wächst auf humosen, frischen bis lehmigen Böden in Sonne und Schatten. Höhe 2–3 m. Hecken, Einzelstellung. Viele Sorten.

Der **Kirschlorbeer** (*Prunus laurocerasus*) hat ledrige, grüne, längliche Blätter. Weiße Blüten im Mai, später schwarze Beeren. Auf nahrhaftem Boden im Schatten bis Halbschatten. Höhe 2–4 m. Hecken, Einzelstellung.

Die **Lavendelheide** (*Pieris japonica*) besitzt mattgrüne, elliptische Blätter. Blüht weiß von März bis Mai. Ideal ist humoser saurer Boden im Halbschatten. Höhe 2–3 m. In Gehölzgruppen.

Der **Liguster** (*Ligustrum ovalifolium*) bildet kleine, glänzend-dunkelgrüne Blätter. Verträgt alle Böden in Sonne und Schatten. Höhe 2–3 m. Sorte 'Aureum' hat gelb gerandetes Laub. Für Hecken.

Die **Lorbeerrose** (*Kalmia angustifolia*) glänzt mit frischgrünem, lanzettlichem Laub und purpurroten Blüten von Juni bis Juli. Gedeiht in saurem Humusboden im Halbschatten. Höhe 1 m. In Heidegärten.

Immergrüne Stechpalmen zieren als Hecke und als Solitär.

Betula pendula, **ein Baum für jede Bodenart.**

Die **Mahonie** (*Mahonia aquifolium*) besitzt gefiederte, dornig gezähnte Blätter. Von April bis Mai öffnen sich gelbe Blüten, später zeigen sich blauschwarze Beeren. Auf durchlässigen Böden in Sonne und Schatten. Höhe bis 1,5 m. Gehölzgruppen, Hecke.

Die **Ölweide** (*Eleagnus x ebbingei*) hat elliptische, grüne, unterseits graue Blätter und duftende Blüten von Oktober bis November. Auf sonnigem Platz in trockenem Boden. Höhe 2–3 m. Vogelnistgehölz.

Die **Stechpalme** (*Ilex aquifolium*) besitzt stachelig gezähnte, ledrig-grüne Blätter. Nur weibliche Pflanzen tragen rote Beeren. Auf frischen Böden im Halbschatten. Höhe 8–12 m. Hecken, in Gehölzgruppen.

Rhododendren, Azaleen

Die Gattung der **Rhododendren** besitzt zahlreiche, von April bis Juni blühende Sorten. Der Blütenstrauch verlangt luftigen, humosen, durchlässigen Boden mit einem pH-Wert von 4,5–5,5, hohe Luftfeuchtigkeit und Halbschatten. Großblumige Sorten (z. B. *Catawbiense*-Hybriden) bilden bis 4 m hohe Büsche mit kugeligen Blütenständen von Mai bis Juni. Zu den deutlich niedriger wachsenden Kleinwüchsigen Sorten gehören die *Yakushimanum*-Hybriden mit graufilzigem Belag auf den Blättern, die *Williamsianum*-Hybriden, die von April bis Mai glockige Blüten über blaugrünem Laub öffnen, und die kissenförmig wachsenden *Repens*-Hybriden, mit vielen rotblühenden Sorten. **Azaleen** oder **Sommergrüne Rhododendren**

Säulenförmige Wacholder vermitteln Heidegarten-Charakter.

Schöne Gartengehölze

werfen jedes Jahr ihr Laub ab. Die 1–2 m hoch werdenden Arten blühen vor dem Blattaustrieb von Mai bis Juni. Als **Japanische Azaleen** werden Rhododendren-Sorten mit riesigem Blütenreichtum aus verschiedener Abstammung zusammengefaßt. Die kompakten Sträucher werden 1,5 m hoch. **Rhododendren-Wildarten** wachsen etwa 1 m hoch und wirken weniger pompös. Passen zu Wildstauden, Gehölzen und in den Steingarten.

Einige Nadelgehölze

Nadelgehölze sind im Biogarten nicht sehr populär. Wenn Sie jedoch nicht zu viele und zu groß werdende Arten pflanzen, tragen Koniferen zur sinnvollen Vielfalt im Garten bei. In Baumschulen finden Sie eine Auswahl an mittelgroßen und kleinwüchsigen Arten und Sorten von Tanne (*Abies*), Zeder (*Cedrus*), Scheinzypresse (*Chamaecyparis*), Wacholder (*Juniperus*), Fichte (*Picea*), Kiefer (*Pinus*), Eibe (*Taxus*), Lebensbaum (*Thuja*) und Hemlocktanne (*Tsuga*).

Picea abies 'Acrocona', die Gemeine Zapfenfichte

Der heimische Feldahorn hat eine schöne Herbstfärbung.

Linden sind nur für große Gärten mit Platz und Sonne.

Die meisten Sträucher brauchen alle 2 bis 3 Jahre einen Auslichtungsschnitt, bei dem die alten Triebe an der Basis entfernt werden.

Starthilfen für Gehölze

Achten Sie schon beim Einkauf in Baumschulen und Gärtnereien unbedingt auf die Qualität. Da heute immer mehr Pflanzen in Töpfen und Containern oder mit Ballen angeboten werden, ist die Pflanzzeit nicht mehr auf Frühling und Herbst beschränkt.

Die Pflanzgrube muß doppelt so breit und tief sein wie der Wurzelballen. Der ideale Boden ist humos und locker. Schwere, zu Staunässe neigende Böden verbessern Sie am besten mit Sand und einer Dränageschicht aus Kies im Pflanzloch.

Vor dem Pflanzen bei ballenlosen Gehölzen abgebrochene und lange Wurzeln beschneiden. Um etwa ein Drittel ihrer Länge kürzt man auch die oberirdischen Triebe ein. Wenn Sie Gehölze nicht gleich nach dem Kauf pflanzen, sind Wurzeln und Ballen feucht zu halten und vor Sonne zu schützen. Alle Gehölze kommen ebenso tief in die Erde, wie sie vorher in der Baumschule gestanden haben. Nach dem Pflanzen gut angießen. Große Gehölze brauchen, bis sie sich selbst verankert haben, eine Stütze. An Bäumen mit Ballen wird der Stützpfahl schräg, an ballenlosen Exemplaren senkrecht im Boden befestigt und mit einer Kokosschnur am Stamm festgebunden.

Durch Mulchen mit Gras, Stroh, Laub und Kompost versorgen Sie den Boden mit Humus, lockern ihn und halten die Feuchtigkeit.

Zur regelmäßigen Düngung sind organische Volldünger geeignet.

Beim Schneiden von Gehölzen sollte man sich am natürlichen Wuchs orientieren und mit Bedacht vorgehen. Nur trockenes oder erfrorenes Holz regelmäßig herausnehmen. Beim Auslichtungsschnitt werden die ältesten Triebe über dem Boden entfernt. So werden z. B. Hartriegel (*Cornus*), Deutzie (*Deutzia*), Ranunkelstrauch (*Kerria*), Kolkwitzie (*Kolkwitzia*), Pfeifenstrauch (*Philadelphus*), Schneeball (*Viburnum*) und Weigelie (*Weigela*) behandelt. Einen mäßigen Rückschnitt im zeitigen Frühjahr, der nicht bis ins alte Holz geht, vertragen Ziersträucher, die im Sommer an den Enden der neu ausgetriebenen Zweige blühen, wie z. B. Sommerflieder (*Buddleja*) und Rispenhortensie (*Hydrangea paniculata*). Einen starken Frühlingsschnitt, etwa eine Handbreit über dem Boden, benötigen Sommerblüher wie Bartblume und Spierstrauch sowie das Mandelbäumchen.

Nicht geschnitten werden Perückenstrauch, Zaubernuß, Goldregen, Magnolie, Zierapfel, Zierkirsche, Immergrüne Laubgehölze und außerdem Nadelbäume, deren natürliche Wuchsform man sonst zerstört.

Gehölz mit Ballen pflanzen
1. Gehölzwurzeln zuerst gut wässern

2. Ins Pflanzloch setzen, Ballentuch lösen

3. Erde auffüllen und kräftig angießen

Vielseitige Kletterstars

Mit ausgeklügelten Methoden erobern Kletterpflanzen Wände, Mauern, Gerüste oder Bäume und verleihen Häusern und Gärten durch dekoratives Laub und schöne, leuchtende Blüten einen urwüchsigen oder romantischen Charme. Nicht zu vernachlässigen ist ihre Wirkung auf das Klima, denn die grünen Blätter produzieren reichlich Sauerstoff. Im dichten Ast- und Blattwerk bauen viele Vogelarten ihre Nester, aber auch Nützlinge wie Marienkäfer und Schwebfliegen leben hier.
Keinesfalls müssen Sie befürchten, sich vermehrt Ungeziefer in Haus zu holen, denn im grünen Pelz lebt eine Gemeinschaft, die sich ohne Eingriffe in ihrer Existenz selbst reguliert.
Es gibt zahlreiche ausdauernde Kletterpflanzen, zu denen die herrlich blühenden Waldreben (*Clematis*), der Blauregen (*Wisteria*), das Geißblatt (*Lonicera*) und der Knöterich (*Fallopia aubertii*) gehören. Sie benötigen eine Kletter- oder Rankhilfe. Ohne fremde Hilfe klettern die schattenliebenden Arten Efeu (*Hedera*), Wilder Wein (*Parthenocissus*) und Kletterhortensie (*Hydrangea petiolaris*).
Wer öfter mal was Neues möchte, kann im Garten oder auf der Terrasse auch Einjährige Kletterer pflanzen. Duftwicke (*Lathyrus*), Glockenrebe (*Cobaea*), Kapuzinerkresse (*Tropaeolum*), Maurandie (*Asarina*), Prunkwinde (*Ipomoea*) und Schönranke (*Ecremocarpus*), Schwarzäugige Susanne (*Thunbergia*) oder Sternwinde (*Quamoclit*) können Sie aus Samen anziehen und mit unters Gartenvolk mischen. Ein sonniger Standort sowie reichliche Wasser- und Nährstoffgaben sind für einjährige Kletterpflanzen wichtig.

Grüne Hauswände verbessern das Klima und beherbergen Nützlinge.

Schwarzäugige Susanne, ein einjähriger Kletterstar

Großblumige Clematis-Hybride 'Ville de Lyon'

Romantisch rosa-weiße Blumenwiese mit Malven und Immortellen (*Helipterum*)

Auf zur Blumenwiese

An einer bunten Wiese im Garten erfreut sich nicht nur der Gärtner, der hübsche Sträußchen pflücken kann, sondern auch die Tierwelt. Ob Honigbiene, Hummel oder nektarliebende Falter: In einer Blumenwiese pulsiert vielseitiges Leben.

Abgeblühte Blumenwiese mit der Sense mähen

So wird's gemacht

Eine blütenreiche Naturgartenwiese können Sie auf verschiedene Weise anlegen. Zum einen läßt sich eine normale Rasenfläche in eine Blumenwiese umwandeln, indem Sie einfach alle Blumen, die sich dort ansiedeln, wachsen und blühen lassen. Mit Gänseblümchen, Löwenzahn, Klee, Ehrenpreis, Günsel und Wiesenschaumkraut finden sich rasch hübsche Frühlings- und Frühsommerblüher zwischen den Rasengräsern ein. Der Rasenmäher darf dann erst nach deren Blüte zum Einsatz kommen. Achten Sie darauf, daß Sie stets nur mit der höchsten Schnitteinstellung arbeiten. Soll die bestehende Blütenpalette erweitert werden, können Sie an verschiedenen Stellen Rasensoden entfernen und dort entweder Wildblumen wie Margerite, Kornblume oder Mohn einpflanzen oder geeignete Blumenmischungen in die freien Flächen aussäen. Sehr schön in einer blumigen Wiese sehen auch Zwiebelblumen wie Schneeglöckchen, Krokus, Blauglöckchen und Narzisse aus.

Schritt-für-Schritt zur Wildblumenwiese

Ein anderer Weg zur prächtigen Naturgartenwiese ist die Anlage einer richtigen Wildblumenfläche. Während man den Blumenrasen noch betreten kann, sollte die aus Acker- und Feldblumen bestehende und höher wachsende wilde Wiese möglichst in Ruhe gelassen werden. Um sie begehbar zu halten, kann man schmale Wege durch die hohe Pracht einplanen. Damit sie sich optimal entfaltet, ist für eine solche Wiese viel Platz nötig. Am besten kommt sie auf einer Fläche von mindestens 100 m² zur Geltung. Aber auch auf kleineren Flächen sehen

Farbenfrohe Blumenwiese mit Goldmohn, Ringelblume, Kornblume, Malve und Wucherblume

die bunten Blumen zauberhaft aus. Der Fachhandel bietet eine Auswahl an Samenmischungen an, die für die jeweils unterschiedlichen Bodenverhältnisse geeignet sind. Da die Samen von Wildblumen nur in offenem und magerem Boden keimen, wird der Boden, der nicht zu nährstoffreich sein darf, spatentief umgegraben oder gefräst, gelockert und mit einem Rechen glattgezogen. Wurzelreste von Pflanzen und Dauerunkräutern entfernt man sorgfältig. Es ist ratsam, bereits mindestens 1 Jahr vor der Anlage einer Blumenwiese den Boden nicht mehr zu düngen. Humusreiche Erden werden durch Zugabe von Sand, Stroh und Algenkalk magerer. In den gut vorbereiteten Boden nun das Saatgut entweder breitwürfig oder in einzelnen Reihen aussäen. Mit einer Walze oder Trittbrettern festdrücken. Dann gründlich mit einem fein zerstäubenden Regner angießen und etwa 5 Wochen lang nicht austrocknen lassen. Die beste Zeit, eine Blumenwiese anzulegen, ist von April bis Juni oder von August bis September. Wenn Sie sich als Lückenfüller eine bunte Mischung von Sommerblumen wie Zinnien, Ringelblumen, Tagetes und Schmuckkörbchen wünschen, muß diese alljährlich im Frühjahr neu ausgesät werden.

Entwicklung der Blumenwiese
Eine Wildblumenwiese benötigt Zeit, sich zu entwickeln. Zuerst keimen überwiegend Ackerblumen wie Mohn und Kornblumen, im zweiten Jahr kommen Gräser und Wiesenkräuter wie Margeriten, Glockenblumen oder Witwenblumen hinzu. Bedenken Sie, daß die Art des Bodens letztendlich bestimmt, welche Pflanzen keimen und auf Dauer eine Chance haben, sich anzusiedeln. Einmal angelegt, ist eine Blumenwiese recht pflegeleicht. Düngen und Wässern ist nicht nötig. Zweimaliges Mähen, am besten mit einer Sense, nach der Hauptblüte im Juli/August und später noch einmal im September bis Oktober reicht aus. Beim Mähen auf größeren Wiesenflächen fällt sehr viel Schnittgut an. Ist die Menge für den eigenen Kompost zu groß, nehmen Halter von Kühen und Pferden das Mähgut gerne zum Füttern an.

Schwalbenschwanz-Schmetterling
(*Papilio machaon*)

Distelfalter-Schmetterling
(*Vanessa cardui*)

Das Rasen-ABC

Gemütliche Sitzecke auf dem Rasenteppich

Ein kurz gemähter, gut gepflegter Rasen hat auch im naturnahen Garten seine Berechtigung. Neben der Auswahl des richtigen Saatgutes für einen Zier-, Spiel- oder Schattenrasen ist eine gründliche Bodenvorbereitung wichtig. Der Boden wird tiefgründig gelockert, sämtliche Pflanzenteile entfernt, und durch Zugabe von Sand oder Kompost verbessert. Streuen Sie vor der Aussaat, mit der ab April begonnen werden kann, organischen Vorratsdünger ein, und harken Sie dann die ganze Fläche glatt. Damit die ausgesäten Grassamen festen Bodenschluß bekommen, drückt man sie mit einer Walze oder Brettern fest. Die ausgesäte Fläche gießen und feucht halten.

Ein Zierrasen, der höchsten Ansprüchen genügen soll, verlangt nach Düngung. Organische Rasendünger werden im April, im Juni/Juli und bei Bedarf noch im September ausgebracht. Ausreichendes Wässern dabei nicht vergessen.

Außerdem will der grüne Teppich regelmäßig von März bis Oktober gemäht werden; mindestens einmal pro Woche, besser sogar zweimal. Schnitthöhe: 4 cm. Auf schattigen Flächen 5–6 cm Schnitthöhe wählen.

Leise und umweltfreundlich sind handbetriebene Spindelmäher. Sie schneiden die Halme glatt ab; der Rasenschnitt kann gelegentlich liegen bleiben, wenn häufig gemäht wird. Im Fangkorb gesammeltes Schnittgut wird kompostiert oder nach dem Antrocknen als Mulch in den Beeten ausgebracht. Ab und zu braucht der Rasen eine Belüftungskur. Mit einem Vertikutierer wird im Frühling die oberste Wurzelzone durchgekämmt; alter Filz und Moos werden dabei aus dem Rasen entfernt.

Rasen anlegen
1. Boden gut lockern, Steine entfernen und glattharken

2. Rasensamen mit der Hand breitwürfig aussäen

3. Mit Brett-Schuhen die Samen fest andrücken

4. Frisch gesäte Rasenfläche gründlich angießen

Die Eibe ist hochgiftig.

Verursacht Hautausschlag: der Saft von Riesenbärenklau.

Gefährliche Pflanzen

Gerade wenn Sie Kinder haben, ist es wichtig zu wissen, welche Pflanzen gefährliche Inhaltsstoffe besitzen. Sei es, daß sie sich durch den Verzehr von Pflanzenteilen vergiften, was zu Übelkeit, Krämpfen, Fieber oder Kollaps führen kann, oder durch die Berührung von Pflanzen schwere Hautausschläge verursacht werden.

Viele dekorative Gartenpflanzen sehen dabei harmloser aus, als sie sind. Besonders attraktiv für Kinder sind bunte Beerenfrüchte. Zu den Arten mit giftigen roten Beeren gehören Aronstab (*Arum maculatum*), Faulbaum (*Frangula alnus*), Maiglöckchen (*Convallaria majalis*), Seidelbast (*Daphne mezereum*) und Stechpalme (*Ilex aquifolium*). Mit schwarzen Beeren locken Liguster (*Ligustrum vulgare*), Lorbeerkirsche (*Prunus laurocerasus*) und Schwarzer Nachtschatten (*Solanum nigrum*). Meist weisen allerdings reife Beeren eine geringere Giftkonzentration auf als unreife. Die Liste erhebt keinen Anspruch auf Vollständigkeit.

Weitere wichtige Gartenpflanzen mit giftiger Wirkung
Die Monate Januar bis Dezember sind in römischen Ziffern angegeben.

Name	Merkmale	Giftige Pflanzenteile
Eisenhut (*Aconitum napellus*)	Staude, 50-150 cm hoch, blaue Blüten von VI-VIII	enthält Aconitin, das stärkste aller Pflanzengifte; besonders giftig sind Wurzeln und Samen
Fingerhut (*Digitalis purpurea*)	zweijährig, 90-120 cm hoch, rosa Blüten von VI-VII	sehr stark giftig in allen Pflanzenteilen
Pfaffenhütchen (*Euonymus europaeus*)	bis 6 m hoher Strauch, Blüte V, Samenreife von VIII-X	alle Teile stark giftig, vor allem frische Früchte
Wolfsmilch (*Euphorbia amygdaloides*)	Staude, 30-60 cm hoch, gelbe Blütenstände von IV-V	enthält giftigen Milchsaft, der innerlich und äußerlich verätzend wirkt
Goldregen (*Laburnum anagryoides*)	Baum oder Strauch, bis 7 m hoch, gelbe Blüten von IV-VI, Früchte reifen ab VII	alle Teile stark giftig, besonders die Schoten mit bohnenähnlichen Samen
Lupine (*Lupinus polyphyllus*)	Staude, bis 150 cm hoch, blau bis purpurne Blüten von VI-VIII, Samenreife VII-X	Hülsen mit bohnenähnlichen Samen sind wie die ganze Pflanze stark giftig
Schlafmohn (*Papaver somniferum*)	einjährig, 30-150 cm hoch, hellviolette Blüten von VI-VIII, Samenreife VII-IX	ganze Pflanze, besonders die Kapseln sind stark giftig, die Samen nicht
Feuerbohne (*Phaseolus coccineus*)	einjährige, kletternde Gemüsepflanze, feuerrote Blüten von VI-IX	nur die rohen Fruchtschalen und Samen sind giftig; gekocht sind sie genießbar
Weinraute (*Ruta graveolens*)	Staude, 60-80 cm hoch, gelbgrüne Blüten von VI-VIII	Blätter der Arzneipflanze enthalten ätherisches Öl, das bei Sonnenlicht Hautreizungen verursachen kann

Gärten „ohne Land" lassen sich auf der Sonnenterrasse eines Einfamilienhauses ebenso wie auf einer luftigen Dachterrasse oder auf dem schmalen Balkon eines Mietshauses einrichten. Pflanzkästen, Kübel, Tröge, Töpfe und Ampeln bieten ein großes Experimentierfeld. Vom Blumenschmuck an der Balkonbrüstung und am Fenster über Kräuter, Gemüsepflanzen und Obstgehölze bis hin zur Begrünung mit Kletterpflanzen kann man alles in Gefäßen halten.

Balkon und Terrasse

Richtig pflanzen
1. Blähton als Dränageschicht, darüber Substrat einbringen

2. Pflanzen nicht zu tief setzen; hinten die hohen, vorn die Hängepflanzen setzen. Die niedrigeren Pflanzen bekommen vorn und in den Lücken ihren Platz.

Praxis

Schöner Blumenschmuck

Wer mit bunten Blumen die Balkonbrüstung, Fenstersimse und den Hauseingang schmückt, erfreut Passanten aber in erster Linie auch sich selbst. Denn bei der Auswahl der Blumen für den jeweiligen Standort läßt man sich gerne von Sympathien für bestimmte Pflanzen und Farbwünschen leiten. Pastelltöne oder Ton-in-Ton-Kombinationen sorgen zum Beispiel für eine elegante Note.
Kräftige Farben leuchten schon von weitem; sie lassen sich selbstverständlich auch im Zwei- oder Dreiklang kombinieren oder nach Belieben kunterbunt mischen. Sehr modern wirkt das Duo aus leuchtendem Rot und Violett.
Man kann aber natürlich auch seiner Lieblingsfarbe viel Platz einräumen und das Farbenspiel mit ausgewählten Gefäßen und dekorativem Zubehör unterstreichen.
Falls typische Balkonblumen für Kästen, Kübel, Töpfe, Hanging Baskets und Ampeln nicht ausreichen, können Stauden, Kräuter und Gemüsepflanzen in die Bresche (sprich: Lücke) springen. Sogar Obst läßt sich erfolgreich pflegen.

Zinnien blühen in vielen Sorten von Juli bis Oktober. Hier: *Zinnia elegans* mit gelben gefüllten Blüten, *Z. linearis* einfach in Weiß

Richtig umgetopft: Ein Vlies über der Dränageschicht verhindert, daß Erde eingeschlämmt wird.

Gefäß-Auswahl

Pflanzenwurzeln brauchen zum Entwickeln Platz. Daher sollen Balkonkästen geräumig, breit und tief sein. Optimal sind Kästen mit Wasserreservoir und gleichbleibender Feuchtigkeit. Da bepflanzte Gefäße ein enormes Gewicht haben, sollte man jedoch über eine Länge von 80 cm nicht hinausgehen. Größere Kästen lassen sich ohne Hilfe kaum über die Brüstung in die Halterung heben. In jedem Fall müssen die Kästen geradehängen, so daß kein Gießwasser überlaufen kann und bei starkem Regen keine Erde ausgeschwemmt wird.
Ob man helle oder dunkle Balkonkästen bevorzugt, ist Ansichtssache. Doch wirkt sich die Gefäßfarbe auch auf das Wohlbefinden der Pflanzen aus. Dunkle Kunststoffkästen werden von der Sonne aufgeheizt, lassen sich aber vor dem Bepflanzen in-

Praxis   169

So schön präsentierte Zinnien (*Zinnia elegans* 'Habbit Rot') verzichten gerne auf Begleitpflanzen.

nen mit Styropor isolieren. Zudem können überwachsende Hängepflanzen den Hitzestau im Wurzelbereich mildern. Auf Südbalkonen dunkle Kästen besser innen an der Brüstung befestigen oder helle Gefäßfarben wählen.

Erden und Substrate

Für Balkon- und Kübelpflanzen sollten Sie keine Gartenerde nehmen. Sie kann Krankheitskeime und Schädlinge enthalten, ist meistens schwer, verdichtet sich und vernäßt schnell. Besser sind spezielle, strukturstabile Kultursubstrate, die Feuchtigkeit, Sauerstoff und Nährstoffe speichern können. Es gibt auch hochwertige Blumen- und Kübelpflanzenerden, die torffrei sind (siehe Herstellerangaben auf der Packung).
Der pH-Wert dieser käuflichen Substrate liegt etwa bei 5,5 bis 6,5. Durch Zugabe von Lehm oder Gesteinsmehl läßt er sich erhöhen, durch saures Material wie Nadelerde oder Laubkompost senken. Bei Verwendung von Kompost muß die Rotte völlig abgeschlossen sein. Die Komposterde darf auf keinen Fall schimmelig sein und keine Unkrautsamen oder „Getier" enthalten. Balkongärtner, die nicht selber kompostieren und organische Abfälle über die Biotonne entsorgen, können Komposterde kaufen.

Pflanzenauswahl

Sie sollen Wind vertragen und die mitunter sehr stickige Großstadtluft. Sie dürfen nicht gleich schlapp machen, wenn sie mal kurzfristig dursten müssen, und sollten aber auch „ohne zu murren" Regenperioden verkraften. Von Vorteil ist eine gewisse Winterhärte bei ausdauernden Pflanzen, Gehölzen und Stauden, Kletterpflanzen und Kräutern (mit Ausnahme von Zwiebel- und Knollengewächsen, die ausgetopft im Keller oder in der Garage bessere Zeiten abwarten müssen). Was nicht winterfest ist, kann ansonsten auch einjährig kultiviert werden. Allerdings bedeutet das, daß man die

Neue Erde für Kübelpflanzen, die sich schlecht oder nicht mehr umtopfen lassen. Man nennt das Auffrischen.

Hochstämmchen ziehen

Fuchsien, Margeriten oder Wandelröschen lassen sich zu Bäumchen formen.
1. Von einer Jungpflanze den gerade gewachsenen, gut belaubten Mitteltrieb an einen Stab binden und alle Seitentriebe entfernen.
2. Hat das künftige Stämmchen die gewünschte Höhe erreicht, wird die Triebspitze ausgezwickt.
3. Die unmittelbar darunter erscheinenden Seitentriebe werden nach 2 Blattpaaren entspitzt und alle folgenden Verzweigungen ebenso, bis die Krone ihre endgültige Form erreicht hat. Den Stamm nun von allen Blättern und Trieben freihalten.

Bäumchen benötigen weniger Platz als ein Strauch, lassen sich rundum leichter pflegen und schön unterpflanzen.

Pflanzen am Saisonende über den Kompost entsorgen muß. Dann stellt sich auch nicht die Frage nach dem passenden Winterquartier.

Pflanzung

In einen geräumigen 80-Zentimeter-Kasten passen 5 starkwüchsige oder 7 schwachwüchsige Pflanzen. Hohe, aufrechte Arten werden nach hinten gepflanzt, niedrige mit hängendem Wuchs sitzen davor in den Lücken. Beim Einpflanzen darauf achten, daß der Ballen nicht zu tief sitzt und nur knapp mit frischer Erde bedeckt wird. Wie gepflanzt wird, zeigen Ihnen die Zeichnungen auf S. 168 oben. Ein Vlies über der Dränageschicht aus durchlässigem Material verhindert, daß Erde eingeschlämmt wird.

Düngung

Jede Pflanze braucht Nährstoffe, die auch in organischen Düngemitteln in unterschiedlicher Zusammensetzung enthalten sind. Blutmehl und Hornmehl geben schnell große Mengen Stickstoff ab. Knochenmehl versorgt Blüten- und Gemüsepflanzen mit Phosphaten. Mischdünger enthalten Horn-, Blut- und Knochenmehl. Gut für die gesamte Nährstoffversorgung ist Guano. Die verschiedenen Dünger stets nach Anweisung der Hersteller verwenden. Nährstoffe aus organischem Dünger sind nicht so schnell verfügbar wie bei mineralischem Dünger. Dafür wirken sie länger, und Überdüngung ist nicht so leicht möglich.

Bewässerung

Kaltes Wasser vermeiden; daher Gießkannen zum Vorwärmen am Vortag füllen. Ist die Erde in den Kästen, Ampeln oder Töpfen zu sehr ausgetrocknet, Wasser in kleinen Portionen verteilen; sonst läuft es ungenutzt davon. Ein Tropfen Geschirrspülmittel im Gießwasser erleichtert in diesem Fall das Anfeuchten. Blumenampeln, die sehr schnell austrocknen, durch Tauchen wässern. Eventuell einen alten Badeschwamm als Wasserspeicher in die Dränageschicht einbauen. Man kann auch einen kleinen Tontopf mit der Öffnung nach oben in den Ballen eingraben und dort hinein Wasser geben. Oder eine Plastikflasche füllen und mit der Öffnung in die Erde drücken, so daß das Wasser langsam versickert. Solche Gießhilfen lassen sich auch als Pflanzensitter fürs Wochenende einsetzen. Bei längerer Abwesenheit die Pflanzen über Bewässerungssysteme versorgen (vorher testen).
Stehen Pflanzen zu naß, führt das auf Dauer zu Sauerstoffmangel im Wurzelbereich, so daß die feinen Saugwurzeln faulen. Riecht die Erde modrig, Pflanzen in frische Erde umtopfen. Bei großen Kübelpflanzen zur „Schadensbegrenzung" einen Teil

Gießhilfen, die die Pflanzenpflege erleichtern.

Idyllische Terrasse mit Kräutern, Gemüse und Obst

der Erde austauschen. Der Wurzelballen kann regenerieren, wenn künftig Staunässe vermieden wird.

Winterschutz

Echte Gartenpflanzen wie Rosen, Stauden und ausdauernde Kräuter sind normalerweise winterhart. Als Topfpflanzen leiden sie dennoch unter starkem Frost, wenn der Wurzelballen zum Eisklumpen friert. Diese Pflanzen während der Winterruhe draußen vor Nässe geschützt aufstellen und mit Tannenreisig oder Noppenfolie abdecken. Zerknülltes Zeitungspapier sorgt als Zwischenlage für isolierende Luftpolster. Kleinere Töpfe und Schalen kann man in eine mit Laub gefüllte Kiste setzen.

Werden winterharte Pflanzen in Töpfen vor Frost geschützt, gibt es weniger Ausfälle. Schilfmatten zum Umwickeln (links); Noppenfolie umhüllt das Pflanzgefäß (Mitte); Kiste mit Isoliermaterial (z. B. Holzwolle) zwischen den Töpfen, die auf einer Dränschicht stehen und mit Fichtenreisig abgedeckt werden (rechts).

Rechtliches

In der Regel können Balkone und Dachterrassen pro Quadratmeter mit etwa 250 kg belastet werden. Mitunter ist bei Fliesenbodenbelag und großen bepflanzten Terrakottagefäßen zuzüglich Personengewicht die Belastungsgrenze schon erreicht. Im Zweifelsfall einen Fachmann (gegebenenfalls beim örtlichen Bauamt) fragen. Sehr wichtig ist die stabile und sturmsichere Befestigung der Balkonkästen. An höheren Häusern aus Sicherheitsgründen (und weil es zugig ist) Kästen immer nach innen hängen. Besser sind bauseits fest installierte Pflanzwannen. Fensterkästen mit stabilen Haken und Drähten an der Fensterbrüstung befestigen; Einzeltöpfe auf der Fensterbank durch Gitter und Querleisten sichern. Leider untersagen Vermieter manchmal das Anbringen von Balkonkästen und Aufstellen von Pflanzgefäßen. Zur allgemeinen Sorgfaltspflicht gehört, daß Gieß- oder Regenwasser und herabfallende Blüten und Blätter keinen Schaden anrichten und niemanden belästigen.

Balkon und Terrasse

Pinkfarbene, weißumrandete China-Nelke 'Diana'

Eisbegonie, *Begonia semperflorens* 'Olympia Weiß'

Mittagsgold oder Gazanien strahlen wie die Mittagssonne.

Pflanzenporträts

Für den Topfgarten sind vor allem widerstandsfähige Pflanzen für extreme Standorte geeignet, die sich bei guter Pflege auch gegen Schädlinge und Krankheiten wehren können und den Einsatz von Pflanzenschutzmitteln überflüssig machen.
Für sonnige bis halbschattige Balkone und Terrassen eignet sich **Leberbalsam** *(Ageratum houstinianum)*, der einjährig kultiviert wird. Die Sorten 'Blaue Donau' (blüht blau), 'Madison' (violett) und 'White Hawaii' (weiß) werden 12 bis 18 cm hoch, vertragen Wind und Regen, aber keine extrem heißen Lagen. Damit sie von Mai bis Oktober ununterbrochen blühen können, brauchen sie regelmäßig Wasser und – wie alle Balkonblumen – eine „Putzaktion". Durch regen Insektenbesuch und Bestäubung setzen sie Samen an, die die Entwicklung neuer Blütenknospen behindern und daher möglichst bald ausgeputzt werden müssen.

Die goldgelben Blüten der **Goldtalerblume** 'Gold Coin' *(Asteriscus maritimus)* öffnen sich an sonnigen Plätzen bereits im April. Dort lassen sie sich auch von Regen und trübem Wetter nicht beeindrucken. Erst der Frost bedeutet für die Dukatenblüten das Aus. Wuchshöhe: 30–45 cm, einjährige Kultur.

Immerblühende Begonien oder **Eisbegonien** *(Begonia-Semperflorens-*Hybriden) sind auch mit wenig Sonne zufrieden. Zu weißen, rosafarbenen und roten Blüten gesellen sich, je nach Sorte, braunrote und grüne Blätter.
Diese 15–20 cm hohen, einjährig kultivierten Sommerblumen (Blüte Mai bis Oktober) vertragen Wind und Regen und brauchen reichlich Wasser.

Pantoffelblumen *(Calceolaria integrifolia)* sind ideal für kühle Höhenlagen; die Blüten halten dort länger. Pantoffelblumen werden einjährig kultiviert und gedeihen auch als Topfpflanze. Auch großblumige Sorten wie 'Goldari' (hellgelb), 'Goldbukett', 'Golden Bunch' (beide goldgelb, 20–40 cm hoch) ärgern sich nicht über Regen. Denn sie brauchen ohnehin reichlich Wasser.

Eine enorme Leuchtkraft besitzen die einjährigen **Celosien**. Die niedrige **Hahnenkamm-Celosie** *(Celosia argentea* 'Cristata') präsentiert ihre 'Olympia'-Serie in Gelb, Scharlach- und Purpurrot.

Kunterbunte Gesellschaft aus kleinblütigen Petunien, Vanilleblumen (*Heliotropium*) und Tapien-Verbenen

Balkonfein sind von Juli bis Oktober auch die **Federbusch-Celosien** (*Celosia argentea* 'Plumosa') mit 20–25 cm hohen 'Nippon'-Sorten in Gelb, Rosa und Rot sowie 'New Look' in feurigem Rot. Wind und Regen machen ihnen nichts aus, wenn sie zwischendurch Sonne tanken können.

Strauchmargeriten (*Chrysanthemum frutescens*) können als Sommerblumen oder als mehrjährige Kübelpflanze kultiviert werden (Halbstrauch). Ausschlaggebend ist ein 5–10 °C kühles, helles Winterquartier. Dann öffnen sich ab dem Frühjahr wieder die weißen Blüten. Sonne und reichlich Wasser gehören zu ihrem Wohlbefinden. Wind stört sie nicht; kopflastige Bäumchen aber zur Sicherheit abstützen.

Einfachblühende **Dahlien** (*Dahlia*-Hybriden) zählen zu den Stauden und verlängern den Sommer mit niedrigen Sorten wie 'Sunny Yellow' (kräftiggelb), 'Figaro Gelb', 'Figaro Weiß' und 'Rigoletto' (bunte Mischung). Sie mögen Sonne und Halbschatten, vertragen Regen (bei guter Gefäßdränage), aber keinen Durst. Die geputzten Knollen im Winter bei 5–10 °C dunkel einlagern.

Durchlässig und humusreich soll die Erde sein, damit sich **China-Nelken** (*Dianthus chinensis*) wohlfühlen und bis zum Frost ununterbrochen blühen (einjährige Kultur). Balkon-Format haben die niedrigen Sorten 'Color Magician' (Mischung weißdunkelrosa), 'Firestone' (rot), 'Snowfire' (weiß), 'Telstar Crimson' (karminrot), 'Telstar Purple' (karminrot, Rand weiß). Sie machen bei Trockenheit nicht gleich schlapp und vertragen Wind.

Für blaue Akzente sorgt die **Kapaster** (*Felicia amelloides*). Die 30 cm hohe Staude mag Sonne, verträgt Regen und öffnet ihre blauen „Margeriten"-Blüten von Mai bis Oktober. Geschützt kann sie im Freien überwintern.

Gazanien oder **Mittagsgold** (*Gazania*-Hybriden) werden einjährig kultiviert. Sie sind die Mini-Stars im Balkonkasten. Und so heißen sie auch. Die 20 cm hohe 'Mini-Star'-Serie blüht in Sonnengelb, Hellorange und Weiß. 'Talent' trägt von Mai bis Oktober dunkel gefleckte, pinkfarbene Blüten über silbrigen Blättern. Wind und gelegentliche Trockenheit können Gazanien nicht einschüchtern.

Der zierliche, nur 15 cm hohe **Kugelamarant** (*Gomphrena globosa*) ist ideal als Unterpflanzung, sofern er genügend Sonne abbekommt. Die regenfesten einjährigen Sorten 'Buddy Purpur' und 'Buddy Weiß' blühen von Juli bis September und brauchen gleichmäßige Feuchtigkeit.

Einjährige **Sonnenblumen** (*Helianthus annuus*) treten als Zwerge und Riesen auf. Etwa 40 cm hoch werden 'Teddybär' (goldgelb, dicht gefüllt) und 'Sunspot' (gelbe Strahlenblüten, dunkle Mitte). Sonnenblumen brauchen viel Wasser, vertragen aber auch mal Trockenheit.

Korkenzieherhasel (siehe S. 177) wird durch Rückschnitt balkontauglich.

Sehr genügsam und robust sind **Zwergstrohblumen** (*Helichrysum bracteatum*). Die 'Bikini'-Sorten werden nur 30 cm hoch und blühen von Juli bis Oktober in Weiß, Gelb, Rosa und verschiedenen Rottönen (einjährige Kultur).

An schattigen Plätzen sorgen zierliche **Fleißige Lieschen** *(Walleriana-Impatiens)* für Farbe. Sonne, aber keine Hitze vertragen die sogenannten Sonnen-Lieschen *(Neuguinea-Impatiens)*. Beide Formen werden einjährig kultiviert und blühen in Weiß, Orange, Rot, Pink, Violett und Rot, manchmal auch zweifarbig; Sonnen-Lieschen haben zudem buntes Laub. Beide Impatiensgruppen reichlich gießen.

Wandelröschen *(Lantana-Camara-Hybriden)* haben viel zu bieten: Blüten in Rosa, Rot und Orange, die bei Insektenbestäubung die Farbe verändern, oder gleichbleibend weiße, gelbe oder violette Dolden. Als zierliche, niedrige Sträucher können Wandelröschen einjährig in Balkonkästen, Schalen und Trögen wachsen. Regelmäßig in Form geschnittene Hochstämme oder Pyramiden schmücken als Kübel-

Kleinblütige Sonnenblumen sitzen auf kurzen Stengeln.

pflanzen sonnige bis halbschattige Plätze (und brauchen helle, kühle Winterquartiere). Wandelröschen vertragen Regen ebenso wie trockene, heiße Lagen; für gleichmäßige Feuchtigkeit sind sie dennoch empfänglich.

Lavendel (*Lavandula angustifolia*) braucht Sonne und Wärme und akzeptiert nur zeitweise Halbschatten. In geräumigen Töpfen kann man üppige Gartensorten halten (Halbstrauch). Spezielle Topfsorten, z. B. die blaue 'Dwarf Blue' und die weiße 'Alba', werden nur 25 cm hoch. 'Rosea' erreicht eine Höhe von bis zu 40 cm. Die Hauptblütezeit dauert von Juli bis September. Die Erde soll lehmig-humos, kalkhaltig und trocken sein. Lavendel im Winter geschützt aufstellen.

Quartett: Petunie, Lobelie, Geranie und Bacopa

Petunien und Duftsteinkraut

Die in Beeten unverzichtbaren, prächtigen **Staudenmargeriten** (*Leucanthemum-Maximum*-Hybriden) haben balkontaugliche Schwestern. 'Snow Lady' ist nur 25 cm hoch, blüht von Juni bis August und mag Sonne wie Halbschatten. Sie benötigt wenig Wasser, verträgt Wind und Trockenheit und kann im Freien geschützt überwintern.

Der einjährige **Duftsteinrich** (*Lobularia maritima*) legt sich als 6 bis 8 cm dicker, duftender Teppich anderen Pflanzen zu Füßen: z. B. 'Orientalische Nächte' in Dunkelviolett, 'Rosebud' in Karminrosa, 'Easter Bonnet Deep Pink' in intensivem Rosa, 'Schneeteppich' und 'Snow Crystals' in Weiß. Alle blühen von Juni bis Oktober in Sonne und Halbschatten, sind genügsam und vertragen Trockenheit wie Regen.

Die 20 bis 40 cm hohe **Sterntalerblume** (*Melampodium paludosum*) wird einjährig kultiviert und tritt eine Sommersaison lang bei Sonne wie bei Regen als 'Showstar' auf. Diese Sorte blüht von Juni bis September mit tiefgelben Blüten. Sie möchte regelmäßig gegossen werden.

Erfrischend wirkt der 12 cm hohe, genügsame **Weißbecher** 'Mont Blanc' (*Nierembergia hippomanica*) in bunten Bepflanzungen. Er mag Sonne, ausreichend Wasser und verträgt Wind (einjährige Kultur).

Die **Glockenwinde** (*Nolana paradoxa*) will nicht als Kletterpflanze hoch hinaus. An sonnigen Plätzen breitet sie sich lieber als Bodendecker aus. Die himmelblaue Sorte 'Blauer Vogel' kommt gut mit Trockenheit zurecht und braucht wenig Wasser. Die Glockenwinde wird einjährig kultiviert.

Goldgelber **Oregano** (*Origanum vulgare* 'Aureum') sorgt als Strukturpflanze für schöne Kontraste zu gelb-, rot- und blaublühenden Pflanzen. Er ist sehr genügsam und winterhart und verträgt Trockenheit besser als Nässe.

Der südafrikanische Heimatstandort verrät die Wünsche der **Kapkörbchen** oder **Kapmargeriten** (*Osteospermum* syn. *Dimorphotheca*): Sonne, Wärme und magere, durchlässige Böden. 'Zulu' (gelb), 'Sonny Boy' (weiß), 'Sonny Lady' (dunkellila) und 'Sparkler' (weiß mit blauer Mitte) sind mehrjährig (Staude). Sie werden 25 cm hoch, blühen von Juni bis September und überwintern hell bei 5–10 °C.

Aufrechte Balkongeranien (*Pelargonium-Zonale*-Hybr.) vertragen – im Gegensatz zu hitzeempfindlichen **Hängegeranien** (*Pelargonium-Peltatum*-Hybr.) – Wärme und kurzfristige Trockenheit. Sie kommen auch besser über den Winter (hell bei 5–10 °C). Beide können jedoch in puncto Blütenfarbe jeden Wunsch (mit Ausnahme Gelb) erfüllen: von Weiß über Orange, kräftiges und zartes Rosa, Pink, Violett bis zu vielen Rotnuancen.

Solisten: Tapien-Verbenen, weißgrüne Hosta, Lavendel,

Pflanzenporträts

Besonders apart sind zweifarbige Blüten.

Der kriechende **Staudenknöterich** (*Polygonum capitatum*) ist an geschützten, sonnigen bis halbschattigen Stellen gerne ein Dauergast, wenn er einen leichten Winterschutz aus trockenem Herbstlaub und Tannenreisig bekommt. 'Afghan' blüht rosa von Juli bis September und verträgt kurze Durststrecken.

Die **Salbei**-Familie kann mit mehreren Arten Balkon und Terrasse schmücken. Für sonnige und halbschattige Plätze eignet sich vor allem der **einjährige Feuersalbei** *(Salvia coccinea)*. Er verträgt kurzfristige Trockenheit, benötigt ansonsten auch wenig Wasser und nur alle zwei Wochen Dünger. 'Lady in Red' wird 30 cm hoch und trägt von Mai bis September scharlachrote Blüten.

Prachtsalbei (*S. splendens*) ist als hohe Beetstaude bekannt, hat aber auch niedrige Sorten ('Fire Star', 'Leuchtfunk', 'Johannisfeuer') zu bieten. Wegen seiner scharlachroten Prachtblüten wird er auch **mehrjähriger Feu-**

Winterjasmin (siehe S. 177)

ersalbei genannt. Man kann ihn viele Jahre im Topf halten, braucht dann aber ein frostfreies Winterquartier. Mehrjährig sind auch **Gelbbunter Salbei** *(S. officinalis* 'Iceterina') und **Purpursalbei** *(S. off.* 'Purpurascens'*)*. Diese 30–40 cm hohen Blattschmuck- oder Strukturpflanzen sind bedingt frosthart, so daß sie (etwas geschützt) draußen bleiben können. Sie brauchen ein sonniges Plätzchen und nur wenig Wasser. Gelegentliche Trockenheit ist kein Drama.

Das zierliche, einjährige, 10–12 cm hohe **Husarenknöpfchen** *(Sanvitalia procumbens)* läßt sich weder von Wind noch von Regen oder Trockenheit beeindrucken. An hängenden Trieben öffnet die einjährige Pflanze ununterbrochen von Juli bis September kleine, gelbe Blüten. Neue Sorten haben nicht mehr das gewohnte schwarze, sondern ein gelbgrünes Blütenherz.

Studentenblumen können mit 18 cm hohen Zwergen (*Tagetes-Patula*-Hybriden) ebenso wie mit Meter-Riesen (*Tagetes-Erecta*-Hybriden) aufwarten. Allseits beliebt sind prächtige Pomponblüten in Gelb oder Orange. Die einjährigen Pflanzen sollten regengeschützt stehen, da die

Duftgeranien

wassergefüllten, schweren Blüten leicht abknicken. Witterungsbeständiger sind halb- oder ungefüllte, niedrige Sorten. In Gelb und Rostrot gibt es auch zweifarbige Blüten. An Wildblumen erinnert die sehr kleinblütige *Tagetes tenuifolia*. Alle Studentenblumen sind einjährig, benötigen einen sonnigen bis halbschattigen Standort und gleichmäßige Wassergaben. Regelmäßiges Ausputzen sichert den Blütenflor von Mai bis Oktober.

Viel Sonne und zeitweise sogar Trockenheit verträgt das einjährige **Gelbe Gänseblümchen** (*Thymophylla tenuiloba*). 'Sternschnuppe' wird nur 15 cm hoch und fühlt sich auch in Ampeln pudelwohl.

Sommerzypresse und Storchschnabel

Staudenknöterich

176 Balkon und Terrasse

Minirosen und Sonnenblume 'Big Smile'

Wunderschöne Zinnien

Zu den witterungsbeständigsten Balkonpflanzen gehört das einjährig kultivierte **Eisenkraut** *(Verbena canadensis, V. rigida, V. tenera)*.
Die Dolden setzen sich aus weißen, rosafarbenen, roten, blauen, violetten, oft sogar zweifarbigen Miniblüten zusammen. Neue Sorten sind mehltauresistent.
Gleichmäßiges Gießen erhöht die Widerstandskraft der schönen Pflanzen.

Wo Farbtupfen fehlen, sind **Zinnien** *(Zinnia elegans, Z. lineraris)* mit niedrigen Sorten, die weiß, gelb, orange, rosa und rot blühen, zur Stelle.
Zinnien brauchen den Sommer über viel Wasser, machen jedoch bei Durst trotzdem nicht gleich schlapp.
Sie werden einjährig kultiviert.

Pflanzenporträts

Winterharte Laub- und Nadelgehölze für eine Ganzjahresbepflanzung

Die Monate Januar bis Dezember sind in römischen Ziffern angegeben.
○ = Sonniger Standort, ◐ = halbschattiger Standort, ● = schattiger Standort, mtl. = monatlich

Arten und Sorten	Standort	Nadel-/Blattfarbe Blütezeit, -farbe	Wuchshöhe in cm	Wasserbedarf	Düngen	Besonderheiten
NADELGEHÖLZE:						
Zwergbalsamtanne, *Abies balsamaea* 'Nana'	○–◐	dunkelgrüne, unterseits blau-weiße Nadeln	kugelig 60–100	hoch	wenig	wächst sehr langsam
Blaue Kissenzypresse, *Chamaecyparis lawsoniana* 'Minima Glauca'	○–◐	dunkle, blaugrüne Nadeln	80–100	mittel	mtl.	wächst sehr langsam
Muschelzypresse, *C. obtusa* 'Nana Gracilis'	○–◐	dunkelgrüne Nadeln	100–200	mittel	mtl.	sehr dekorativ
Gelbe Fadenzypresse, *Chamaecyparis pisifera* 'Filifera Aurea Nana'	○–◐	gelbgrüne Nadeln	50–100	mittel	mtl.	graziler Wuchs
Strauchwacholder, *Juniperus chinensis* 'Mint Julop' und 'Old Gold'	○–● ○–●	gelbe Nadeln / bronzefarbene Nadeln	bis 100 / bis 80	mittel mittel	alle im	beide wachsen sehr langsam
Zwergwacholder, *J. communis* 'Meyeri'	○–●	blaugrüne bis silbrige Nadeln	200	mittel	Frühjahr	im Kasten: zwergig
Teppichwacholder, *J. horizontalis* 'Glauca'	○–●	stahlblaue Nadeln	30	mittel		kriechender Wuchs
Kriechwacholder, *J. squamata* 'Blue Carpet'	○–●	blaugrüne Nadeln	50	mittel	düngen	wächst in die Breite
Raketenwacholder, *J. virginiana* 'Skyrocket'	○–●	blaugrüne bis silbrige Nadeln	60	mittel		schmale Säule
Gnomenfichte, *Picea abies* 'Pygmaea'	○–◐	gelbgrüne Nadeln	bis 150	mittel	alle	kugeliger Wuchs
Kissenfichte, *P. abies* 'Echiniformis'	○–◐	gelbgrüne Nadeln	30–50	mittel	im	wächst in die Breite
Zwergfichte, *P. abies* 'Little Gem'	○–◐	gelbgrüne Nadeln	20	mittel	Frühjahr	Wuchs sehr kompakt
Igelfichte, *P. glauca* 'Echiniformis'	○–◐	blaugrüne Nadeln	40–50	mittel		wächst sehr langsam
Serbische Kegelfichte, *P. omorika* 'Nana'	○–◐	grüne Nadeln	bis 60	mittel	düngen	Wuchs unregelmäßig
Stechfichte, *P. pungens* 'Glauca Globosa'	○–◐	blaugrüne Nadeln	100–200	mittel		etwas struppig
Kissenkiefer, *Pinus mugo* 'Mops'	○	gelbgrüne Nadeln	30–40	mittel	alle	wächst kissenförmig
Kriechkiefer, *P. mugo* 'Pumilio'	○	gelbgrüne Nadeln	50–60	mittel	im	sehr breit und dicht
Blaue Mädchenkiefer, *P. praviflora* 'Glauca'	○	blaugrüne, silbrige Nadeln	100–150	mittel	Frühjahr	niedrig im Gefäß
Niedrige Föhre, *P. sylvestris* 'Fastigiata'	○–◐	stahlblaue Nadeln	bis 150	mittel		wächst sehr breit
Säuleneibe, *Taxus baccata* 'Fastigiata'	○–●	dunkelgrüne Nadeln	bis 200	mittel	alle	niedrig im Gefäß
Kisseneibe, *T. baccata* 'Repandens'	○–●	dunkelgrüne Nadeln	30–50	mittel	im	wächst in die Breite
Goldeibe, *T. b.* 'Fastigiata Aureo marginata'	○–●	goldgelb umrandete Nadeln	bis 200	mittel	Frühjahr	kompakt im Gefäß
Bechereibe, *Taxus media* 'Hicksii'	○–●	grüne Nadeln	100–150	mittel		lockere Säulen
Säulenlebensbaum, *Thuja occidentalis* 'Columnea'	○–◐	grüne Nadeln	200–300	mittel	wie oben	wächst sehr langsam im Gefäß
Kissenhemlock, *Tsuga canadensis* 'Nana'	○–◐	grüne Nadeln	30–40	mittel	s. o.	Zweige niederliegend
LAUBGEHÖLZE:						
Polsterberberitze, *Berberis buxifolia* 'Nana'	○–◐	immergrün	50	mittel	mtl.	kompakter Wuchs
Zwergberberitze, *B. thunbergii* 'Artopurpurea Nana'	◐–●	blutrote Blätter, sommergrün	30	mittel	mtl.	Beerenschmuck
Silberberberitze, *B.* 'Verrucandi'	○–●	immergrün	60–100	mittel	mtl.	wächst überhängend
Korkenzieherhasel, *Corylus avellana* 'Contorta'	◐–●	Blütezeit III–VI, gelbgrüne Blüten, Blätter gewellt	200–400	mittel	mtl.	durch Rückschnitt klein halten
Teppichmispel, *Cotoneaster dammeri var.* 'Radicans'	○–◐	Blütezeit V–VI, Blüte weiß, immergrün	5	mittel	Frühjahr	herabhängende Triebe
Elfenbeinginster, *Cytisus praecox*	○–◐	Blütezeit V, Blüten gelb	100–150	mittel	mtl.	Wuchs überhängend
Spindelstrauch, *Euronymus fortunei* 'Gracilis' und 'Emerald'n Gold'	○–◐ ○–◐	immergrün, silbrige Blätter / immergr. gelbbunte Blätter	20 / 20	mittel mittel	mtl. mtl.	beide: Triebe 150 cm, hängend/kletternd
Steinginster, *Genista lydia*	○–◐	Blütezeit V–VI, Blüten gelb	30–50	mittel	wenig	braucht Winterschutz
Felsenefeu, *Hedera helix* 'Conglomerata'	○–◐	immergrün	10	mittel	wenig	wächst sehr langsam
Gelbbunter Efeu, *H. helix* 'Goldheart'	○–◐	immergrün	20	mittel	wenig	200 cm lange Ranken
Winterjasmin, *Jasminum nudiflorum*	○–◐	Blütezeit XII–II, Blüte gelb	200	mittel	wenig	hängend/kletternd
Sommerjasmin, Pfeifenstrauch *Philadelphus* 'Manteau d'Hermine'	○–◐	Blütezeit VI–VII, cremeweiße Blüten	60–80	hoch	wenig	duftende Blüten
Rote Zwergmandel, *Prunus tenella* 'Fire Hill'	○–◐	Blütezeit IV–V, Blüten rot	80–100	mittel	mtl.	auch als Hochstämmchen
Trauer-Kätzchenweide, *Salix caprea* 'Pendula'	○–◐	Blütezeit II–IV, Blüten gelb	bis 200	hoch	selten	Krone im Winter mit Reisig schützen
Spierstrauch, *Spirea japonica* 'Little Princess'	○	Blütezeit VI–IX, Blüten rosa	bis 30	niedrig	wenig	Staunässe vermeiden
Topfrosen/Hybriden	○	Blütezeit VI–VIII, VIII–X		gleichmäßig feucht halten, jedoch Staunässe vermeiden	mtl. bis Ende VIII mit Rosendünger	alle haben eine zweite Blüte nach kurzer Pause und sind winterhart unter Reisigschutz
'Baby Maskerade'		Blüten gelb/rot	20–40			
'Finnstar'		orangefarben	30–50			
'Lady Meillandina'		lachsrosa mit gelbem Hauch	20–30			
'Little Artist'		blutrot mit weiß	20–30			
'Morena', 'Peach Meillandina'		lachsrosa	20–40			
'Sunny Meillandina'		pastellgelb m. dunkler Mitte	30–40			
'Teeny Weeny'		rosa mit weiß	20–40			
'White Gem'		elfenbeinfarben	30–40			

Der Duftbalkon

Düfte entspannen, unterstützen das Wohlbefinden, beflügeln die Phantasie, sind Balsam für die Seele. Parfümieren Sie Ihren Balkon oder die Terrasse also mit Ihrem Lieblingsduft. Ob blumig zart, herb oder süß: Wohlriechende Pflanzen gibt es in allen möglichen Duftnoten.

Die meisten Blüten duften kaum merklich, so daß man sich ihnen mit der Nase nähern muß. Bei ihnen zählen dann vorrangig die optischen Reize.

Duftpflanzen sollen dagegen Auge und Nase ansprechen, oder umgekehrt. Erst die Nase und dann das Auge: Duft wird wahrgenommen, auch wenn man die Duftquelle gar nicht zu sehen bekommt. Daher müssen stark parfümierte Duftpflanzen, die individuelle Note ihrer Blüten (oder Blätter), sorgfältig auf das Umfeld abgestimmt werden. Sie läßt sich eben nicht so leicht ignorieren wie eine „Fehlfarbe".

Duft ist Geschmackssache. Was nach eigenem Empfinden himmlisch duftet, kann für andere Menschen unerträglich sein. Zumal Düfte miteinander konkurrieren oder sich sogar „beißen" können.

Auf den Blumenbeeten im Garten gibt es keine „Geschmacksverirrung", sondern nur bezaubernde Duftwolken – und das zu jeder Tageszeit. Die Blüten locken ja nicht alle gleichzeitig Insekten zum Bestäuben an. Resede, Duftsteinrich, Federnelken, Goldlack, Levkojen, Salbei, Ringelblumen oder Steinkraut darf man daher auch im Topfgarten beliebig kombinieren. Duftblattpelargonien fügen sich überall harmonisch ein. Sie brauchen ein paar Streicheleinheiten, bevor sie ihren Wohlgeruch verströmen.

Duftpelargonien bezaubern durch Blütenfarben und bunte Blätter.

Besonders reizvoll ist die Gruppe jener Duftpflanzen, die nur nachts ihren Duft verströmen. Nachtviolen beispielsweise oder Levkojen und Nachtkerzen. Wo sie nicht mit stark duftenden Kübelpflanzen konkurrieren müssen, sind sie in Pflanzgefäßen für verzauberte Sommerabende zuständig. Und ihr Platz ist natürlich dort, wo man sich zur blauen oder späteren Stunde bevorzugt aufhält.

Levkojen zieht man am besten jedes Jahr neu durch Samen.

Den Duft von *Pelargonium odoratissimum* genießt man hautnah.

Der Duftbalkon

Der Mehlige Salbei (*Salvia farinacea*) duftet würzig.

Duftwicken ranken im Topf an Stäben oder Maschendraht.

Porträts der Duftpflanzen

Die Monate Januar bis Dezember sind in römischen Ziffern angegeben.

Blumige Duftnote
Goldlack *(Cheiranthus cheiri)*, ○, ☉, 30–50 cm, V–VI, Blüten gelb, rot, orange
Duftwicken *(Lathyrus odoratus)*, ○, ☉, 25–200 cm, VI–IX, weiß, rot, rosa, lila
Duftsteinrich *(Lobularia maritima)*, ○, ☉, 10 cm, VI–X, weiß, purpur
Levkojen *(Matthiola incana)*, ○, ☉, 30–90 cm, V–VIII, weiß, rot, rosa
Duftblattpelargonien *(Pelargonium denticulatum, P. graveolens* = Rosenduft*)*, ○, mehrj., 20–50 cm
Resede *(Reseda odorata)*, ○, ☉, 40 cm, VII–VIII, grünlich
Veilchen *(Viola odorata)*, ○, mehrjährig, 15 cm, III–IV, violett

Würzige Duftnote
Alpensteinquendel *(Acinos alpina* syn. *Satureja alpina)*, ○, mehrjährig, 30 cm, VII–IX, weiß, rosa, lila
Ringelblumen *(Calendula officinalis)*, ○, ☉, 30–50 cm, V–X, gelb, orange
Federnelke *(Dianthus plumarius)*, ○, ☉, 25–30 cm, VI–VIII, weiß, rosa, rot
Lavendel *(Lavandula angustifolia)*, ○, mehrjährig, 20–50 cm, VII, violettblau
Indianernessel *(Monarada-*Hybriden*)*, ○, mehrjährig, 80–120 cm, VII–IX, weiß, rosa, rot
Majoran, Dost *(Origanum vulgare)*, ○, mehrjährig, 20–40 cm, VII–IX, rötlich
Duftblattpelargonien *(Pelargonium crispum* 'Variegatum' = Zitronenduft; *P. odoratissimum* = Apfelminze*)*, ○, mehrjährig, 20–40 cm
Mehliger Salbei *(Salvia farinacea)*, ○, mehrjährig, 70–80 cm, VII–IX, weiß, blau
Heiligenkraut *(Santolina chamaecyparissus)*, ○, aromatische Blätter, mehrjährig, 50 cm, VII–VIII, gelb

Orientalische Duftnote
Steinkraut *(Alyssum saxatile)*, ○, mehrjährig, 20–30 cm, IV–V, gelb
Nachtviole *(Hesperis matronalis)*, ○ – ◐, ☉, 80 cm, V–VI, violett, weiß
Nachtkerze *(Oenothera biennis)*, ○ – ◐, ☉, 80–120 cm, VII–VIII, gelb

Zeichenerklärung

⊙ = einjährig
☉ = zweijährig
○ = sonnig
◐ = halbschattig
● = schattig

Duftpelargonien können die Sammelleidenschaft wecken.

Einjährige Kletterpflanzen

Feuerbohnen weben einen blickdichten, grünen Vorhang.

Einjährige Kletterpflanzen verwandeln Balkon und Terrasse schnell in eine grüne Oase. Sie knüpfen an Rankgittern, Drähten oder Schnüren grünbunte Wandteppiche und sorgen für einen höchst attraktiven Sichtschutz. Besitzt das geräumige, mit Rankhilfen ausgestattete Pflanzgefäß Rollen, bleibt der Sicht- und Sonnenschutz mobil. Da die Pflanzen im Herbst absterben, können sie in der lichtarmen Jahreszeit die Räume nicht verdunkeln. Jungpflanzen kann man im Frühjahr auf der Fensterbank aus Samen heranziehen.

Die **Maurandie** (*Asarina barclaiana*) schmückt 2 m lange Ranken mit herzförmigen Blättern und von Juli bis September mit 7 cm langen, violetten Rachenblüten.

Die **Glockenrebe** (*Cobaea scandens*) blüht violett von Juli bis Oktober; 'Alba' in Weiß.

An 4 m langen Trieben trägt die **Schönranke** (*Eccremocarpus scaber*) gefiederte Blätter und von Juli bis September orangerote Blütentrauben.

Mit auffallenden Blüten kann der **Japanhopfen** (*Humulus scandens* 'Variegatus') nicht dienen. Dafür sorgen seine weißbunten Blätter für Lichtblicke.

Duftwicken (*Lathyrus odoratus*) erfreuen mit zart oder kräftig getönten, duftenden Blüten Augen und Nase.

Die **Prunkwinde** (*Ipomea purpurea*) hat rote, blaue und weiße Blüten zu bieten.

Feuerbohnen (*Phaseolus coccineus*) bilden mit herzförmigen Blättern einen dekorativen Sichtschutz, sorgen für leuchtendroten Blütenschmuck und liefern zusätzlich leckeres Gemüse (Schoten jung ernten). Lustig ist ein mit Feuerbohnen berranktes 'Indianerzelt'. Hierfür Bohnenstangen und Bohnen in große Mörtelkübel stecken.

Von der violetten Glockenrebe (*Cobaea scandens*) gibt es auch eine weiße Spielart.

Aus den leuchtendroten Blüten der Feuerbohne entstehen leckere Schoten.

Der Genuß-balkon

Vitaminreiches Gemüse

Kleinbleibende Obst- und Gemüsesorten sind nicht nur für den Single-Haushalt attraktiv. Die Sortenvielfalt bei Gemüse, Kräutern und Obst ermöglicht auch Balkongärtnern mit größerem Appetit reiche Ernten. Allerdings verlangen im Topf kultivierte Nutzpflanzen etwas mehr Fürsorge als das im Gartenbeet ausgepflanzte Gemüse. Aufmerksamkeit bekommen sie auf dem Balkon oder der Terrasse automatisch. Denn dort stehen die auffallenden Schmuckstücke unmittelbar im Blickfeld. Doch ist letztendlich die Pflege für das gute Aussehen entscheidend. Und die Sonne! Fruchtgemüse wie Tomaten und Gurken brauchen täglich mindestens 6 Stunden Sonne; Wurzelgemüse benötigen ebenso wie Salate unde Blattgemüse 4–5 Sonnenstunden pro Tag.

Außerdem brauchen Nutzpflanzen gut gedüngte, humusreiche und lockere Erde. Geräumige Gefäße garantieren einen ausreichenden Wurzelraum und eine zügige Entwicklung (nachstehend in Klammern die Mindestgefäßgröße bzw. das Erdvolumen

Garantiert frische Kräuter und knackige Salate

in Liter und die Pflanzenanzahl). Ein lichtdurchfluteter, nicht zu windiger Standort sorgt für das allgemeine Wohlbefinden und täglich ausreichendes Gießen für eine gleichmäßige Wasserführung und feste Zellstrukturen.

Für Kästen und Kübel geeignete Gemüse-Setzlinge

Sinnliches Vergnügen. Zum Genuß für Auge und Gaumen gehört auch die Freude am Umgang mit Pflanzen und das Erfolgserlebnis.

kann man schon ab Anfang März, wenn das Tageslicht wieder ausreicht, auf dem Fensterbrett heranziehen: beispielsweise Auberginen ('Black Beauty'; 20 Liter Erde pro Pflanze = 20 / 1), Birnenmelonen ('Pepino'), Buschbohnen (gelb- und grünfruchtige; 8 / 6) und Stangenbohnen ('Blauhilde', Feuerbohnen 'Preisgewinner'; 16 / 6), Gurken ('Bella', 'Paska F1', 'Sandra', Balkon-Gurke 'Bush Champion'; 20 / 2), Kohlrabi, Kürbis ('Baby Baer'; 20 / 1), Mangold (13 / 4–5), Paprika ('Gypsy F1', 'Merit', 'Sweet Banana', 8 / 1), Peperoni, Zucchini (gelb- oder grünfruchtend, sowie Melonensquash 'Fliegende Untertassen'; 20 / 1) und natürlich Tomaten in jeder Form und Farbe ('Phyra', 'Tiny Tim', 'Minibel'; 20 / 1; Ampeltomaten: 'Pendulina', 'Tumbler F1'; 5 / 1). Salatrauke (Rucola), Pflücksalate ('Grand Rapids/ Salli', Eichenlaub-Typen), Kresse, Radieschen und Möhren (Fingermöhre 'Suko') wird man direkt und zeitlich gestaffelt in mehreren Etappen aussäen. Rucola kann nach 3 bis 5 Wochen geerntet werden. Kresse liefert bei feuchtwarmer Witterung und ausreichender Bodenfeuchtigkeit zartes Würzgrün bereits nach 14 Tagen. Da beide schnell und gleichmäßig auflaufen, eignen sie sich gut als Lückenbüßer für abgeerntete Stellen. Für Nachsaaten daher immer ein paar Samentüten auf Vorrat besorgen. Auch von den schnellwüchsigen, knackigen Radieschen. Neben den bekannten runden, roten Sorten gibt es auch längliche Wurzelformen in Weiß und Weißrot. Da Radieschen sehr bescheiden

182 Balkon und Terrasse

Das Auge kann sich gar nicht sattsehen.

Schön kombiniert: Kräuter und Erdbeeren

in ihren Platz- und Pflegeansprüchen sind, kann man sie im Gefäß als Mischkultur mit Bohnen, Tomaten, Blattsalaten und Petersilie heranziehen. Nichts für Ungeduldige ist der Anbau von Rot-, Weiß- und Wirsingkohl auf Balkon und Terrasse. Etwas mehr als ein Vierteljahr muß man vom Pflanzen der Kohlsetzlinge bis zur Ernte geschlossener Köpfe rechnen. Da die Einzelpflanze viel Platz braucht (im 20-Liter-Gefäß) und es im Topfgarten ohnehin eng zugeht, heißt es: Was ist wichtiger; eine rasche und reiche Ernte? Dann sollte man auf Kohlgemüse besser verzichten. Oder wird die Wahl nach optischen Gesichtspunken und der Vielfalt zuliebe getroffen? Dann gehören die schmukken Kohlköpfe natürlich dazu. Tomaten haben zwar auch eine lange Kulturzeit. Aber von der ersten reifen Frucht bis zum Frost kann man auf eine reiche Ernte hoffen. Sie gedeihen am besten im Gefäß, wenn sie leicht geschützt vor Regen und Wind stehen. Auch Zucchini treiben den ganzen Sommer über zauberhafte Blüten und leckere Früchte. Wichtig ist allerdings ein großer, geräumiger Pflanzkübel, kompostreiche Erde und regelmäßiges Wässern. Denn das ausladende Gewächs mit den riesigen, gefleckten Blättern ist sehr durstig.

Leckere, vitaminreiche Naschereien

Saftiges Obst

Beerenobst ist aus verschiedenen Gründen für Balkongärtner interessant. Johannisbeeren und Stachelbeeren ('Invicta', 'Rocula', Hochstämmchen) runden mit fröhlichen Farbtupfen das Gesamtbild ab. Auf Mini-Bäumchen wachsen die vitaminreichen Naschereien fast in den Mund hinein. Die anspruchslosen Wald- und Monatserdbeeren ('Rügen', 'Baron Soleche', 'Sperlings Bowlenzauber') blühen und fruchten den ganzen Sommer lang. Interessant sind Erdbeerbäumchen (an Spiralen oder anderen Klettervorrichtungen gezogene Rankerdbeeren wie 'Kletter-Star 2000') und Hängeerdbeeren ('Rimona', 'Pink Panda' blüht rosa).

Wer Sehnsucht nach dem Süden verspürt, kann die kleine Obstplantage durch dekorative Zitrusgewächse (Zitrone, Limone) ergänzen. Wie Tomaten werden die Andenbeeren (*Physalis peruviana edulis*) gezogen. Die kleinen, orangegelben Früchte sind ein Insidertip. Ihr säuerliches Aroma erinnert an Stachelbeeren. Die Pflanze könnte jedoch an keinem Schönheitswettbewerb teilnehmen. Wegen ihres sparrigen Wuchses und den schon im Hochsommer unansehnlichen Blättern sollte man sie besser abseits aufstellen.

Vom Frühjahr bis ins Spätjahr kann sich dagegen 'Cido', eine zauberhaft blühende und üppig fruchtende Mini-Zierquitte, sehen lassen. Ebenso die Kulturheidelbeere. Beide gedeihen gut im Topf, bringen reiche Ernten und sind pflegeleicht. Etwas höhere Ansprüche haben die anderen kübeltauglichen Obstbäumchen. Natürlich möchte man auf Apfel (beispielsweise Spindel- oder Ballerina-Formen: mit hellgrünen Früchten 'Bolero', mit rot-grünen 'Polka', mit dunkelrot-grünen 'Waltz', mit purpurroten 'Maypole' sowie den Zwergformen von 'Elstar' und 'Jonagold') nicht verzichten. Ebenso wenig auf Pfirsich und Nektarine (als Zwergformen) oder Sauerkirschen (frühfruchtende Sorten). Doch sehen die beliebten Gartenobstgehölze als Mini-Ausgabe zwar faszinierend aus, sie machen aber ebenso viel Arbeit (Pflegeschnitt) wie die

Der Genußbalkon

großen. Außerdem sollten sie im Winter vor Wind und Wetter geschützt stehen, so daß der Topfballen nicht völlig durchfriert.

Genügsamer sind dagegen Heidel- und Preiselbeeren, von ihren Bodenansprüchen einmal abgesehen. Denn sie gedeihen als Moorbeetpflanzen nur in saurer, feuchter Erde. Ideal ist für sie daher Rhododendronerde.

In Weinbaugebieten können sich in geräumigen Gefäßen sogar Kiwi, Feigen und Weinreben wohl fühlen. Die langen Triebe von Kiwi und Wein brauchen eine Stütze und können rasch dekorative Rankgitter umgarnen. Daher bieten sich diese Obstgehölze auch gern als Sichtschutz an.

Würzige Küchenkräuter

Ein nahezu grenzenloses Betätigungsfeld eröffnen dem Balkongärtner die Küchenkräuter.
Für Ananassalbei (*Salvia rutilans*), Basilikum, Bohnenkraut, Currykraut (*Helichrysum italicum*), Dost, Eberraute, Estragon, Kapuzinerkresse, Kerbel, Majoran, Melisse, Oregano, Petersilie, Pfefferminze, Rosmarin, Salbei, Schnittlauch, Thymian, Ysop und Zitronenmelisse (neu ist eine panaschierte Form, d. h. mit bunt- oder weißgescheckten Blättern) gibt es unzählige Verwendungsmöglichkeiten. Kräuter sprechen Genießer ebenso an wie den Hobbykoch, Duftliebhaber und nicht zuletzt auch den Pflanzensammler. Die meisten Kräuter haben ein intensives Aroma, so daß schon wenige Blätter zum Würzen von Salaten, Braten, Gemüse und Soßen ausreichen.

Erntefrisch auf den Tisch

Damit Kräuter im Topf gleichmäßig wachsen und schön buschig werden, sollten die Mitteltriebe regelmäßig entfernt werden. Das regt die Verzweigung an und vermeidet ein Verkahlen der Pflanze von unten her. Außerdem sollten die Kräutertöpfe möglichst jede Woche gedreht werden, so daß auch die lichtabgewandte Seite Sonne tanken kann. Als Pflanzsubstrat behagt ihnen eine Mischung aus Blumenerde, Sand und kompostreicher Gartenerde. Bekanntlich kommen im Garten ausgepflanzte Kräuter gut mit Trockenheit zurecht. Das darf man jedoch nicht auf Kräuter im Topf übertragen. Sie müssen täglich gegossen werden, vorzugsweise abends nach Sonnenuntergang.

Dekorative Namensschilder bringen nicht nur praktischen Nutzen, sie lockern auch die Pflanzengruppen auf.

Erinnerung an die Provence

Wer heute einmacht, ist sich des hohen Wertes von Gemüse, Obst und Kräutern aus dem eigenen Garten bewußt. Man weiß, wie und wo sie gewachsen sind, und schafft damit gesunde Abwechslung und Unabhängigkeit für jede Jahreszeit. Das Aroma des Sommers läßt sich leicht konservieren: in süßen Konfitüren und Säften, durch Trocknen, Einfrieren, Einkochen, Einlegen in Öl oder Alkohol sowie milchsaures Vergären. Einige Gemüse und Früchte lassen sich sogar frisch über den Winter bringen, im kühlen Keller oder in einer geschützten Erdmiete im Freien.

Lagern, Halt- barmachen

Einlagern im Garten

Die Erdmiete als Lagerraum

Es gibt eine Reihe von Möglichkeiten, Gemüse und Obst aus eigener Ernte frisch über den Winter zu bekommen. Draußen wie drinnen. Allerdings: Lagergemüse braucht viel Aufmerksamkeit. Es ist nicht damit getan, die Ernten sorgsam im kühlen Keller oder in der Erdmiete im Garten abzulegen. Man muß sie sicher vor Frost und Nässe lagern und kontrollieren. Zum Einlagern eignen sich grundsätzlich nur ausgereifte Herbsternten in bester Qualität. Das heißt, Gemüse und Früchte müssen frei von Krankheiten und Schädlingen sein und dürfen auch sonst keine sichtbaren Blessuren zeigen. Außerdem muß Lagergemüse absolut trocken und sauber sein. Anhaftende Erde, zum Beispiel an Wurzelgemüse, nach der Ernte gut antrocknen lassen und dann behutsam entfernen, wenn nötig auch mit einer Bürste, aber ohne das Gemüse zu waschen oder dabei zu stark zu rubbeln. Die Gefahr, dabei die Haut beziehungsweise die Schale zu verletzen, ist zu groß.

Zum Einlagern kommen ein frostfreier Geräteschuppen oder ein Frühbeet in Frage, das sich mit wenig Aufwand entsprechend herrichten läßt. Eine durchaus sinnvolle und praktikable Alternative bietet eine Erdmiete, besonders wenn man große Mengen lagern möchte. Das Ausheben und Herrichten des Erdlagers braucht zwar seine Zeit. Doch die Mühe lohnt sich zweifellos, denn Gemüse – zum Beispiel Weißkohl, Rotkohl, Wirsing, Winterendivien, Kartoffeln, Chinakohl, Möhren, Rettiche, Rote Bete, Sellerieknollen oder Schwarzwurzeln – behalten in der Erdmiete über Monate hinweg ihre Frische. Vorausgesetzt sie sind optimal ausgereift. Bei Wurzelgemüse und Sellerie das Blattwerk einfach abdrehen. Dabei äußerst behutsam vorgehen, denn werden die Blätter herausgerissen oder zu dicht an der Rübe oder Knolle abgetrennt, verliert das Gemüse Saft und somit wertvolle Nährstoffe. Das gilt besonders für Rote Bete. Deshalb die zarten inneren Blätter, die sogenannten Herzblätter, grundsätzlich stehen lassen.

Ungeeignet oder nur bedingt lagerfähig sind von Natur aus weiche Gemüse. Gurken, Zucchini oder Tomaten gehören dazu, ebenso Blattgemüse, Mangold oder Kopfsalat. Eine Ausnahme bilden Kürbisse. Sie halten sich im kühlen Keller bis Dezember/Januar. Nach der Ernte läßt man sie 10 bis 14 Tage bei etwa 25 Grad Celsius nachreifen. Erst danach kommen sie ins Winterquartier, in dem es nicht kühler als plus 10 bis 15 °C sein darf.

Wer eine Selbstversorgung aus dem Garten anstrebt, sollte bereits bei der Aussaat ausgesprochene Lagersorten reichlich berücksichtigen. Diese sind auf der Samentüte als solche ausgewiesen.

Die Erdmiete

Für die Anlage einer Erdmiete wird Anfang November auf einem gut erreichbaren, abgeernteten Beet eine 1 bis 2 Spaten tiefe Grube ausgehoben. Wählen Sie eine rechteckige, etwa 1 m breite und von allen Seiten gut zugängliche Form. Die ausgehobene Grube zum Schutz vor Wühlmäusen mit Maschendraht auslegen. Diesen mit einer dichten

Einlagern im Frühbeet

Einlagern im Garten

Waschmaschinentrommel

So ungewöhnlich es klingen mag, aber eine alte Waschmaschinentrommel eignet sich hervorragend zum Lagern. Sie hat den Vorteil, daß sie rostfrei ist und daß Wühlmäuse und andere Nager keine Chance haben, sondern sich höchstens die Zähne daran ausbeißen können. Außerdem braucht das Edelstahlgefäß relativ wenig Platz.

Die Waschmaschinentrommel wird einfach in den Boden eingegraben, die Öffnung mit Stroh und Reisig abgedeckt, fertig. Das Erntegut läßt sich einfach entnehmen.

Waschmaschinentrommel eignet sich gut zum Lagern.

Schicht Fichtenreisig oder Stroh bedecken. In besonders rauhen Gegenden ist es angebracht, die Erde, beziehungsweise den Draht erstmal mit Styroporplatten abzudecken, falls man welche zur Hand hat, und dann erst mit Stroh. Ansonsten genügt eine dicke Strohschicht. Nun das Gemüse dicht an dicht auf dem Stroh auslegen, möglichst schichtweise. Zuvor alles noch einmal auf eventuelle Schäden hin überprüfen. Das ist deshalb so wichtig, weil das Gemüse eng aufeinanderliegt und sich Schimmelpilze oder Fäulnisbakterien rasch ausbreiten würden. Und: Ist das Gemüse in der Miete, hat man es nicht mehr im Blick und kann bei Befall auch nicht mehr schützend eingreifen. Die letzte Gemüseschicht mit Stroh bedecken, darüber kommt Fichtenreisig. Zum Schluß die Miete mit einer dünnen Erdschicht bedecken. Außerdem schadet es nicht, sie zusätzlich mit Laub oder Schnittmaterial, wie es in jedem Garten anfällt, abzudecken.

Lagergemüse kann den ganzen Winter über entnommen werden, vorausgesetzt der Boden ist nicht gefroren. Schnee dagegen läßt sich schon mal beiseite schieben. Nach jeder Entnahme das Winterquartier wieder gut verschließen. Bis April sollte das Erdlager geleert sein, denn durch die steigenden Temperaturen beginnt das Gemüse neu auszutreiben. Kartoffeln zum Beispiel bekommen Triebe, schrumpfen und werden ungenießbar.

Im Frühbeet einlagern

Als überaus praktisches und sicheres Winterquartier bietet sich das Frühbeet an. Es ist zum Herbstbeginn so herzurichten, daß es nicht mehr hineinregnen und die Erde darin gut abtrocknen kann. Das Frühbeet eignet sich neben vielen anderen Gemüsen (siehe Zeichnung unten auf dieser Seite) hervorragend für Winterendivien. Der robuste Salat wird mit einer Grabegabel tief ausgestochen. Dabei die Wurzeln möglichst nicht beschädigen und im Frühbeetkasten in trockene Erde einschlagen. Bei Frostgefahr und nachts die Fenster schließen und gegebenenfalls zusätzlich mit einer Schilfmatte bedecken.

Einlagern im Haus

Für die frische Lagerung von Obst und Gemüse im Haus braucht man einen kühlen, möglichst dunklen Raum. Die optimale Temperatur liegt zwischen 2 und 5 °C. Doch darin liegt oft die Schwierigkeit. Die meisten Keller sind nämlich zu warm und lufttrocken. Wenn keine Ausweichmöglichkeit besteht, sollte man so oft es geht den Raum und Boden mit Wasser besprühen oder flache, große Wasserschalen (je höher die Verdunstungsfläche, desto besser!) aufstellen. Und: An frostfreien Tagen den Lagerraum immer wieder gut lüften.

Wurzelgemüse lagern

Wurzelgemüse (z. B. Möhren, Rüben, Rettiche) kann man gut in leicht angefeuchteten Sand einschlagen. Dadurch sind sie vor Wasserverlust geschützt. Als Lagergefäß einfach Obst- und Gemüsesteigen (gibt es kostenlos beim Lebensmittelhändler) verwenden. Die Holzkiste etwa 5 cm mit Sand auffüllen, dann das Gemüse schräg mit dem Blattansatz nach oben in mehreren Lagen darin aufschichten. Zwischen die Lagen reichlich Sand ausbringen. Auf die gleiche Art lassen sich Sellerieknollen, Schwarzwurzeln, Kohlrüben und Endiviensalat lagern. Den Sand immer leicht feucht halten. Ganz praktisch dafür ist zum Beispiel ein Wasserzerstäuber.

Kopfkohl und Chinakohl lagern

Bei Kopfkohlarten und Chinakohl hat sich das Aufhängen bewährt. Deshalb diese Kohlarten so ernten, daß der Strunk erhalten bleibt, das heißt knapp über dem Boden abschneiden. Eine Schnur oder Bast um den Strunk schlingen und den Kohlkopf kopfüber aufhängen. Falls der Kohl ebenfalls in eine Sandkiste soll, ist anzuraten, ihn mit Hilfe einer Grabegabel samt Wurzel aus dem Beet zu nehmen und einzuschlagen. Ob Sie sich fürs Aufhängen oder Einschlagen entscheiden, die äußeren Blätter sind in jedem Fall zu entfernen.

Obst lagern

Die Lagerung von Obst ist ein Kapitel für sich. In Frage kommen ohnehin nur Äpfel, Birnen und Nüsse, alle anderen Arten halten sich nur ganz kurze Zeit frisch. Walnüsse zum Beispiel sind reif, wenn sie vom Baum fallen und sich leicht aus der grünen Fruchthülle lösen. Danach gründlich abbürsten, flach ausbreiten und an der Sonne oder auf dem warmen Speicher trocknen. Dadurch läßt sich die Schimmelbildung der Kerne weitgehend vermeiden. Zum Lagern die Nüsse am besten in Leinenbeutel oder Kunststoffnetze geben und an einem trockenen, luftigen Platz aufhängen. Walnüsse halten sich kaum länger als drei Monate, danach

Einlagern im Haus

trocknen sie mehr und mehr aus oder werden ranzig. In besonders ernteereichen Jahren ist es daher zweckmäßig, einen Teil der Ernte nach dem Trocknen gleich zu entkernen und einzufrieren. So können Sie sicher sein, daß die Nüsse nicht ranzig oder von Schädlingen befallen werden. Eingefrorene Nüsse können Sie gut für die Dessertküche und zum Backen nutzen.

Die Lagerung hat für Äpfel sicherlich die größte Bedeutung. Es gibt eine Reihe von Sorten mit hervorragenden Lagereigenschaften. In der Regel ist ihre Schale hart oder mit einer natürlichen Wachsschicht überzogen, eine Eigenschaft, die sie vor schnellem Austrocknen schützt. Es gibt auch hier verschiedene Lagermöglichkeiten. Weitverbreitet ist das lagenweise Horden. Dazu werden die ausgewählten Früchte mit dem Stiel nach oben nebeneinander auf Holzregalen oder auch auf Brettern ausgelegt.

Positiv auf die Lagereigenschaften von Äpfeln wirken sich Adler- oder Wurmfarn aus. Dazu die Farnblätter dicht und gleichmäßig ausbreiten und die Äpfel eng nebeneinander darauf legen. Die Ausdünstungen der Blätter schützen vor typischen Lagerkrankheiten. Wer keinen kühlen Raum zur Verfügung hat, kann Äpfel in Kunststoffbeuteln aus Polyethylen aufbewahren. Dieses Material ist leicht luftdurchlässig, hält aber auch Feuchtigkeit erstaunlich gut. Bevor die Äpfel in Folienbeutel gegeben werden, nach der Ernte erst einmal zwei, drei Tage bei Zimmertemperatur liegen lassen. Erst dann verpacken, ansonsten bildet sich in den Kunststoffbeuteln Schwitzwasser. In Räumen über 12 °C bildet sich in den Folienbeuteln zwangsläufig mehr Feuchtigkeit, als den Früchten gut tut. Deshalb ist es hier angebracht, den Beutel an zwei, drei Stellen zu perforieren, damit entstehende Feuchtigkeit entweichen kann. Zudem ist es ratsam, nicht mehr als 5 kg in eine Tüte zu geben. Somit hält sich der Gewichtsdruck auf die untenliegenden Früchte in Grenzen.

Birnen lagern ist nicht ganz einfach.

Man erntet sie unreif und legt sie wie Äpfel auf ein Regal in einen kühlen Raum. Doch mitunter haben sie schon 2 Wochen später ihre Genußreife erreicht und sind butterweich. Das heißt, man muß sie dann baldmöglichst verbrauchen. Reife, saftige Birnen lassen sich nicht mehr lagern!

Möhren und anderes Wurzelgemüse läßt sich in angefeuchtem Sand gut im Keller einlagern.

Äpfel haben einen guten Lagerplatz in diesen „Holzlattenschubladen".

Ein gut eingerichteter Lagerraum im kühlen Keller

Trocknen

Getrocknete Blüten von Heilkräutern eignen sich gut für Tee.

Das Trocknen gehört zu den ältesten Konservierungsarten überhaupt. Die Vorteile liegen auf der Hand: ständige Verfügbarkeit, problemlose Lagerung – und alles bei verhältnismäßig geringem Arbeitsaufwand.

Kräuter trocknen

Besonders gut lassen sich Kräuter trocknen. Um die Würzkraft weitgehend zu erhalten, muß bei der Verarbeitung äußerst behutsam mit ihnen umgegangen werden. Ernten Sie am besten vormittags, sobald der Tau abgetrocknet ist. Die Kräuter mit einem scharfen Messer abschneiden, nicht reißen oder quetschen, und zum Transportieren locker in einen Korb geben. Danach sofort sorgsam verlesen. In Frage kommen nur einwandfreie Pflanzenteile. Sie dürfen weder Schadstellen haben noch von Schädlingen befallen oder mit chemischen Pflanzenschutzmitteln behandelt worden sein. Falls Sie das Gefühl haben, die Kräuter sollten zuvor gewaschen werden, muß dies mit viel Fingerspitzengefühl geschehen, das heißt, man tupft sie danach mit Küchenkrepp behutsam trocken. Für die Qualität des Trockengutes wäre es besser, die Kräuter nicht zu waschen, aber, wie schon angedeutet, ist das Ermessenssache. Der ungeeignetste Erntezeitpunkt ist um die Mittagszeit, dann sind die Pflanzen möglicherweise schlapp und ein Großteil der ätherischen Öle durch die Hitze verdunstet. Zum Trocknen die Kräuter einfach zu lockeren kleinen Sträußen binden und kopfüber an einem luftigen, warmen Platz aufhängen. Das kann sowohl unter einem

Minze bündeln und zum Trocknen aufhängen

Kräuter, die sich gut zum Trocknen eignen				
Deutscher Name	Botanischer Name	Pflanzenteile	Erntezeit	Bemerkung
Fenchel	*Foeniculum vulgare*	Samen	ab Ende Juli	Samenernte erst im 2. Jahr möglich
Lavendel	*Lavandula spec.*	Blüten	Juli/August	nur offene Blüten ernten
Minzen	*Mentha species*	Blätter	vorm Aufblühen	bodennah schneiden, treibt neu aus
Zitronenmelisse	*Melissa officinalis*	Blätter	vorm Aufblühen	bodennah schneiden, treibt neu aus
Majoran	*Origanum majorana*	Blätter/Blütenknospen	ab Juni	größte Würzkraft kurz vorm Öffnen der Blütenknospen
Anis	*Pimpinella anisum*	Samen	ab August	bodennah schneiden, aufhängen
Rosmarin	*Rosmarinus officinalis*	Blätter/Triebspitzen	Mai/Juni	Haupternte während oder unmittelbar nach dem Aufblühen
Salbei	*Salvia officinalis*	Blätter	Mai/Juni	kurz vorm Aufblühen Blätter und Triebspitzen ernten
Thymian	*Thymus species*	Blätter	vorm Aufblühen	Pflanze im ersten Jahr nicht zu stark abernten

Trocknen

Dachvorsprung sein als auch in jedem gut durchlüfteten Raum. Sobald die Blätter rascheldürr sind, abstreifen und luftdicht verpacken. Dazu die Blätter von den jetzt leicht brechenden Stengeln streifen. Das Aufhängen gilt vor allem für die fruchttragenden Kräuter Anis, Dill, Fenchel, Koriander und Kümmel. Um deren Früchte beziehungsweise Samen aufzufangen, unbedingt ein sauberes, feinmaschiges Tuch unter den Kräuterbüscheln ausbreiten. Für jede Art ein eigenes Tuch, sonst haben Sie hinterher eine Gewürzmischung, die sich nicht mehr trennen läßt. Nicht alle Samen fallen von alleine aus, daher die Blüten- beziehungsweise Fruchtstände nach dem Trocknen ausklopfen oder kräftig ausschütteln.

Ebensogut können Sie Kräuter im Freien auf einer Darre oder in Obststeigen trocknen. Man legt diese zuvor mit sauberem Pergamentpapier aus.

Noch sensibler als Blätter reagieren Blüten. Die Trockenmethode an sich bleibt gleich, jedoch müssen die Blüten noch sorgfältiger ausgebreitet werden und brauchen in der Regel etwas länger, bis sie richtig trocken sind. Wird draußen getrocknet, muß das Wetter natürlich entsprechend schön – sonnig und trocken – sein.

Wer sehr viel trocknet, sollte sich die Anschaffung eines elektrischen Dörrapparates überlegen. Empfehlenswerte Auswahlkriterien sind ein eingebauter Ventilator und Metallsiebe, die für eine gute Luftzirkulation sorgen. Bei Geräten, die mit geschlossenen Kunststofftabletts ausgestattet sind, entsteht leicht Schwitzwasser. Zu den Vorteilen eines Dörrapparates gehören auch die konstante Trockentemperatur, die bei Kräutern 35 °C nicht übersteigen darf, und die Wetterunabhängigkeit zum Trocknen.

Während des Trockenvorgangs wird den Kräutern nahezu alle Feuchtigkeit entzogen. Je schneller dieser Prozeß nach der Ernte vor sich geht, umso besser die Qualität: Aroma und Mineralstoffe bleiben über Monate erhalten. Nicht so gut sieht es mit den Vitaminen aus. Sie reagieren äußerst sensibel auf Wärme und werden durchs Trocknen weitgehend zerstört. Zu niedrige Temperaturen würden den Trockenprozeß hinauszögern, wodurch mit jedem Tag die Gefahr der Schimmelbildung und des Bakterienbefalls steigt.

Kräuter in Obststeigen auf dem Speicher trocknen

Trockenkräuter sollten Sie in luftdichten, dunklen Gefäßen aufbewahren, am besten aus Glas oder Porzellan. Feuchtigkeit, Licht und Staub sind zu vermeiden, sie verändern das Aroma und die Farbe. Kräutervorräte innerhalb eines Jahres aufbrauchen. Danach verfügen sie kaum noch über Inhaltsstoffe und taugen allenfalls noch für Duftsäckchen oder zum Baden. Dafür die Kräuter zuvor durch die Zugabe von einigen Tropfen ätherischer Öle wieder neu beleben.

Dörrobst schmeckt

Der Aufwand ist hierfür um ein Vielfaches höher als bei Kräutern.

Bei Dörr- oder Trockenobst kommt es bei unsachgemäßer Lagerung schnell zu Schimmelbildung. Es ist dann nicht mehr verwendbar und muß vernichtet werden.

Die meisten Obstarten eignen sich gut zum Trocknen oder Dörren. Wobei Äpfel, Pfirsiche, Aprikosen und Pflaumen am meisten Verwendung finden. Äpfel zum Trocknen schälen, das Kerngehäuse entfernen und in mit Zitronensäure versetztes Wasser legen. So behalten die Früchte ihre appetitliche Farbe. Die Äpfel in Scheiben schneiden, in siedendheißes Zucker-Wasser (1 l Wasser/150–200 g Zucker) tauchen und etwa eine Minute darin garen. Aus dem Wasser nehmen, gut abtropfen lassen, in das Sieb des Dörrapparates legen und den Trockenvorgang bei niedrigen Temperaturen (40 bis 60 °C) beginnen. Die Apfelscheiben mehrmals täglich kontrollieren und auskühlen lassen; die Höchsttemperatur sollte 70 °C nicht übersteigen. Das Obst ist fertig, sobald sich die Oberfläche trocken und ledrig anfühlt.

Trockenobst in verschließbaren Gläsern oder Dosen aufbewahren.

Klassiker: Zwiebelzöpfe, Kräuterkranz und -büschel

Ein Zwiebelzopf ist schnell hergestellt.

Einkochen

Das Einmachglas

So unbedeutend oder selbstverständlich das Glas beim Einmachen auch scheint, es spielt eine tragende Rolle. Ob mit Schraubverschluß oder Glasdeckel und Gummiring, weder Glas noch Deckel dürfen beschädigt sein. Sonst könnte beim Einkochen Wasser eindringen oder später beim Lagern Luft, was unweigerlich zum Verderb des Lebensmittels führt. Die Gläser vor dem Einfüllen der Früchte sorgfältig spülen und auf einem Tuch abtropfen lassen. Metalldeckel zusätzlich auskochen. Das gilt auch für Gummiringe, die übrigens exakt auf den Glasrand passen müssen und keinesfalls porös oder verzogen sein dürfen. Empfehlenswert sind auch Gläser mit zweiteiligen Metalldeckeln, man kann sie bis zum Rand mit Obst oder Gemüse füllen. Vor dem Schließen den Glasrand gründlich säubern.
Nach dem Einkochen beziehungsweise Abkühlen der Gläser die Klammern abnehmen und überprüfen, ob sie richtig geschlossen sind.

Das Einkochen von Obst und Gemüse wird wegen der hohen Vitaminverluste häufig diskutiert, ist aber für Gartenbesitzer in jedem Fall empfehlenswert, ja geradezu unumgänglich. Denn kaum ein beseelter Nutzgärtner wird sich das Zuviel an reifen Früchten nicht für später sichern wollen. Und dazu gehört nun mal auch die klassische Konservierungsmethode. Dafür sprechen in jedem Fall das Wissen um die Herkunft der Produkte und ihre rasche Verfügbarkeit. Das Obst und Gemüse ist bereits gegart und kann jederzeit verzehrt werden. Technisch gesehen gibt es verschiedene Möglichkeiten. Wer nur gelegentlich einkocht, kann dies im Backofen oder Schnellkochtopf tun. Hat man jedoch öfters größere Mengen zu verarbeiten, ist es sinnvoll, sich einen Einkochtopf anzuschaffen. Dabei können Sie zwischen 2 Ausführungen wählen. Der konventionelle Einkochtopf ist mit einem Thermometer ausgestattet, das durch eine Öffnung im Deckel in den Topf eingeführt wird. Moderner und sehr bequem in der Handhabung ist ein elektrisches Gerät mit eingebautem Thermostat und einer Zeitschaltuhr. Beide Töpfe sind mit einem Drahtgitter ausgestattet, auf dem die Gläser während des Kochvorgangs stehen. Allerdings: Ein Einkochautomat hat seinen Preis.
Die Einkochzeit beginnt, sobald das Thermometer die vorgegebene Temperatur anzeigt. Im Backofen kündigen aufsteigende Luftbläschen die Kochzeit an.
Desweiteren brauchen Sie zum Einkochen geeignete Gläser, Etiketten zum Beschriften, Zucker oder Salz.
Doch nicht die technischen Hilfsmittel sichern den Erfolg. Die Haltbarkeit des eingekochten Gemüses oder Obstes hängt von der Einkochtemperatur, einem dichten Glas sowie der sorgfältigen Zubereitung des Gemüses und der Früchte ab. Verwenden Sie nur Ernten in einwandfreier Qualität. Sie dürfen weder überreif, angefault, noch mit Schadstellen behaftet sein. Und gehen Sie behutsam damit um. Denn jeder Stoß oder starke Druck, den beispielsweise ein Pfirsich oder eine Birne während des Waschens, Schälens oder Zerkleinerns abbekommt, rächt sich, indem sich die betreffenden Stellen später bräunlich verfärben.
Das beste Ergebnis erzielen Sie, wenn die Früchte nach der Ernte ohne Umwege verarbeitet werden. Das heißt: ernten, waschen, putzen und in Gläser füllen.
Die meisten Gemüsearten müssen auf mindestens 90 bis 100 °C erhitzt werden. Bei Temperaturen darunter bleiben einige Mikroorganismen aktiv, und das bedeutet, daß die Haltbarkeit nicht gegeben ist.
Nachteil des Einkochens: Die hohe, lange Hitzezufuhr zerstört den Nährstoffgehalt um etwa die Hälfte. Eingekochte Vorräte sind jahrelang haltbar, verlieren jedoch nach und nach mehr an Aroma und Inhaltsstoffen. Daher die Gläser unbedingt beschriften und bis zu Beginn der nächsten Erntesaison verbrauchen.

Pfirsiche werden vor dem Einkochen enthäutet.

Einkochen 193

Kirschen einkochen wie zu Großmutters Zeiten

Rezepte

Eingekochte Birnen
Reife Birnen, 1 bis 2 Zitronen, Zuckerwasser (je nach Fruchtsüße pro Liter Wasser 200 bis 250 g Einmachzucker)

Die Birnen waschen, das Kernhaus ausstechen und die Früchte schälen. Nach Belieben in Spalten schneiden oder vierteln. Um die helle Farbe zu erhalten, gleich in Zitronenwasser legen. Separat Wasser zum Kochen bringen und den Zucker darin auflösen. Vorbereitetes Obst in saubere Gläser füllen und mit dem heißen Zuckerwasser übergießen. 30 Minuten bei 90 °C einkochen.

Gekochte Birnen sind besonders lecker zu Mehlspeisen.

Einkochzeiten für Obstkonserven

Obst	Minuten	°C	Zuckerlösung pro Liter Wasser
Äpfel	30	90	200–350 g
Birnen	30	90	200–250 g
Brombeeren	30	80	500–600 g
Erdbeeren	30	75	400 g
Heidelbeeren	30	80	400–500 g
Himbeeren	25	75	500–600 g
Johannisbeeren	25	80	500–600 g
Sauerkirschen	30	80	400–600 g
Stachelbeeren	30	80	500 g
Süßkirschen	30	80	250–350 g
Mirabellen	30	75	300–400 g
Pfirsiche	30	90	300–400 g
Pflaumen	30	90	350–500 g
Zwetschgen	30	90	500–600 g

Pfirsiche aus dem Glas

Pfirsiche eignen sich hervorragend zum Einkochen. Am besten nehmen Sie dazu feste, gelbfleischige Sorten. Zum Enthäuten die Früchte etwa 30 Sekunden in kochendes Wasser tauchen, herausnehmen und die Haut abziehen. Die Früchte nach Belieben halbieren oder vierteln, die Steine entfernen und die Fruchtstücke gleich in die vorbereiteten Einmachgläser füllen. Nun mit einer Zuckerlösung (1 Liter Wasser/300–400 g Einmachzucker) übergießen. Unbedingt darauf achten, daß alle Früchte mit reichlich Flüssigkeit bedeckt sind. Gläser verschließen und 30 Minuten bei 90 °C einkochen. Die Gläser aus dem kochendheißen Wasserbad nehmen, auf ein Geschirrtuch stellen und auskühlen lassen. Bevor die Gläser ins Vorratsregal kommen, alle Deckel nochmal überprüfen, ob sie wirklich dicht sind.

Unvergleichlich: selbstgemachte Essig-Gurken

Aromatische Dillgurken

2,5 kg Gurken, 4–6 Knoblauchzehen, 4 Dillblüten, 4 Teelöffel Pfefferkörner, Essiglösung: 2 Teile Essig, 1 Teil Wasser und pro Liter Flüssigkeit 25 g Salz
Die Gurken gründlich waschen, den Stielansatz entfernen und je nach Größe in dicke Scheiben schneiden. Den Knoblauch grob zerkleinern. Gurken, Knoblauch, Dillblüten (gegebenenfalls auseinanderzupfen) und Pfefferkörner in Einmachgläser verteilen. Die Essiglösung zum Kochen bringen und heiß darüber gießen. Die Gläser verschließen und 30 Minuten bei 90 °C einkochen.

Bohnen sterilisieren

Frisch geerntete grüne Bohnen waschen, Spitzen und eventuelle Fäden entfernen. Das vorbereitete Gemüse etwa vier Minuten in kochendem Wasser blanchieren, herausnehmen, unter kaltem Wasser abschrecken und kurz abkühlen lassen. Danach in Gläser füllen und mit kalter Salzwasserlösung (pro Liter Wasser/1 Teelöffel Salz aufkochen und abkühlen lassen) aufgießen. Ein Liter Flüssigkeit ist ausreichend für etwa vier Liter-Gläser. Die Bohnen

Violette Bohnen werden durch Erhitzen grün.

120 Minuten bei 100 Grad Celsius einkochen. Sterilisierte Bohnen schmecken hervorragend als Beilage und lassen sich im Handumdrehen in einen leckeren Salat verwandeln.

Einkochen 195

Einkochzeiten für Gemüse-Konserven

Gemüse	Minuten	°C	vorkochen
Blumenkohl	90	100	x
Bohnen	120	100	x
Erbsen	120	100	
Essiggurken	30	90	
Kohlrabi	90	100	
Kürbis	30	90	
Mixed Pickles	30	90	
Mais	30	100	x
Möhren	90	100	
Paprika	60	100	
Dicke Bohnen	120	120	
Rosenkohl	120	100	
Rotkohl	120	100	
Rote Bete, süß-sauer	30	90	x
Selleriesalat	90	100	
Tomaten	30	90	

Würzige Tomatenpaste für Aufläufe und Pizzen

Tomaten-Knoblauchpaste

2 kg Fleischtomaten, 4 Eßlöffel Olivenöl, 4 Zwiebeln, 10 Knoblauchzehen, 1 Paprika, 4 Zweige Thymian, 6–8 Basilikumblätter, 2–4 Rosmarinblätter, 2 Chilischoten, 1 Teelöffel Salz, Pfeffer aus der Mühle

Tomaten kurz in kochendes Wasser tauchen und kalt abschrecken, die Haut abziehen und die Tomaten kleinschneiden.
Zwiebeln, Knoblauchzehen, Paprika, Kräuter und Chilischoten fein schneiden oder hacken.
Anschließend das Olivenöl in einem Topf erhitzen. Zwiebelwürfel darin glasig dünsten und danach die restlichen Zutaten nacheinander dazugeben.
Das Ganze zirka 30 Minuten bei schwacher Hitze unter Rühren zu einer Paste kochen. Anschließend in Gläser füllen und 30 Minuten bei 90 °C einkochen.
Diese leckere Paste würzt Nudelgerichte und außerdem Pizzen.

Eingekochtes in Gläsern

Auf Eis gelegt

Rhabarber einfrieren
1. Die frischen Rhabarberstangen waschen, Enden abschneiden und die Haut abziehen.

2. Rhabarberstiele in kleine Stücke schneiden. Wichtig: Rhabarber ganz durchschneiden, sonst zieht er später unangenehme Fäden.

3. Die mit Zucker bestreuten Stücke gleich in Dosen oder Beutel verpacken und einfrieren.

Das Einfrieren ist eine der bekanntesten und gebräuchlichsten Konservierungsarten überhaupt. Die Vorteile liegen ganz klar auf der Hand: Farbe und Aroma des Gefriergutes bleiben weitgehend erhalten, und der Arbeitsaufwand hält sich in Grenzen. Doch bevor Obst, Gemüse oder Kräuter in die Kühltruhe kommen, müssen sie sorgfältig vorbereitet werden. Waschen, putzen, zerkleinern und gegebenenfalls blanchieren sind selbstverständlich. Danach das Ganze in gefriergeeignete Folie, Beutel oder Dosen verpacken. Vor dem Einfrieren alle Luft aus den Beuteln streichen. Ungeeignete Verpackungsmaterialien sind Frischhaltefolie, Pappkartons oder Pergamentpapier, da diese nicht aromadicht sind. Gummiringe, Klammern oder kälteverträgliche Klebebänder beim Verschließen so fest wie möglich anbringen. Ideal ist das Verschweißen von Folien. Die Deckel von festen Gefäßen wie Dosen oder Glasbehältern müssen ebenfalls fest schließen und dürfen nicht beim ersten Stoß aufspringen, den sie unweigerlich abbekommen werden.

Das Gefriergut unbedingt beschriften. Am besten in großer Schrift, dann muß man bei Bedarf später nicht solange suchen, was letztendlich Zeit und Energie spart. Folien und Beutel mit einem wasserfesten, dicken Filzstift kennzeichnen; es gibt jedoch auch entsprechende, selbstklebende Etiketten oder Klebebänder.

Vermerken Sie unbedingt Inhalt, Menge, Abfülltag und Zusätze wie beispielsweise Zucker, Salz oder Flüssigkeit.

Das Gewicht beziehungsweise das Abwiegen ist besonders bei Früchten wichtig, die später zu Konfitüren verarbeitet werden. Dafür ist es sinnvoll und überaus praktisch, diese von vornherein kilo- oder pfundweise zu verpacken und gleich für den späteren Verwendungszweck zu kennzeichnen.

Zum Einfrieren eignen sich Beeren aller Art, Steinobst wie Aprikosen, Pfirsiche, Nektarinen, Zwetschgen und natürlich Kirschen, süße wie saure, sowie viele Gemüse und Kräuter. Im Gegensatz zum Einkochen hat das Einfrieren den Vorteil, daß Vitamine und Mineralstoffe weitgehend geschont werden und somit dem frischen Produkt am nächsten kommen.

Doch Gefrorenes kann nur so gut sein wie das Ausgangsprodukt. Also nur beste, erntefrische und reife Qualität auf Eis legen. Noch nicht ganz ausgereifte Früchte werden durchs Einfrieren nicht besser, und kommt Obst überreif in die Truhe, wird es nach dem Auftauen weich und mehlig.

Ebenso wichtig ist die Temperatur. Je schneller die vorbereitete Ernte auf −18 °C gekühlt wird, umso

Auf Eis gelegt

Kräuterbutter schmeckt hervorragend zu Gemüse-, Kartoffel- und Fischgerichten (Rezept S. 198).

besser bleibt die Konsistenz der Früchte erhalten. Denn Obst und Gemüse bestehen größtenteils aus Wasser. Bei langsamem Einfrieren bilden sich große Eiskristalle, die Zellwände des Gefrierguts werden zerstört. Das bedeutet, die Struktur des Eingefrorenen verändert sich nach dem Auftauen, es verliert an Geschmack. Falls möglich, ist daher vorheriges Schockgefrieren immer zu empfehlen. Das gilt besonders für die sehr empfindlichen Beerenfrüchte.

Schockgefrieren (es gibt eine entsprechende Taste am Kühlgerät) heißt, die Temperatur wird in ganz kurzer Zeit auf –30 bis –45 °C gesenkt. Dabei bilden sich kaum oder nur ganz winzige Eiskristalle. Die Form des Gefrierguts bleibt weitgehend erhalten, und der Geschmacksverlust hält sich in Grenzen. Sobald die Ernten gefroren sind, wird die Temperatur des Kühlgerätes wieder auf normal, –18 °C, eingestellt.

Doch bei aller Sorgfalt wird die Struktur von Obst, Gemüse und Kräutern beim Einfrieren immer etwas beschädigt. Daher verderben aufgetaute Nahrungsmittel rascher als frische und müssen sofort verbraucht werden. Nochmaliges Einfrieren ist nicht möglich.

Einfrieren: Geeignete Gemüse- und Obstarten

Art	blanchieren	Hinweise
Bohnen	x	violette Sorten werden durch Erhitzen grün
Dicke Bohnen		für Salate vorkochen und abkühlen lassen
Brokkoli	x	da sehr empfindlich, nur in siedendem Wasser blanchieren
Erbsen	x	Erbsen können gleich mit Karotten gemischt werden
Fenchel	x	je nach Verwendung gleich fertig zubereiten
Kohlrabi		in Stifte oder Scheiben schneiden
Möhren, Karotten	x	nach Belieben zerkleinern
Spinat	x	für Rahmspinat, Stiele entfernen und Blätter fein hacken
Erdbeeren		verlieren an Aussehen; gut für Desserts und Marmeladen
Heidelbeeren		ideal für Kuchenbelag, Kompott, Süßspeisen, Konfitüre
Himbeeren		siehe Anleitung Seite 199
Johannisbeeren		die Beeren am besten mit Hilfe einer Gabel abstreifen
Süßkirschen		dunkle Sorten sind gut geeignet, möglichst entsteinen
Rhabarber		kann roh oder als Kompott eingefroren werden

Bohnen auf die Kälte vorbereiten
Das Gemüse waschen, Stielansätze und Spitzen entfernen. Nun vier Minuten in kochendem Wasser blanchieren. Damit sie ihre Farbe besser behalten, die heißen Bohnen unter fließend kaltem Wasser oder in Eiswasser abschrecken und gut abtropfen lassen. Das abgekühlte Gemüse in gefriergeeignete Beutel geben, gut verschließen. Bei Bedarf tiefgefroren weiterverarbeiten.

Bohnen nach dem Blanchieren kalt abschrecken

Kräuter einfrieren

Optisch gesehen büßen Kräuter durchs Einfrieren am meisten an Aussehen ein. Deshalb ist es besser, sie gleich zubereitet einzufrieren. Zum Beispiel in Form von Kräuterbutter (siehe Rezept rechts) oder feingeschnitten im Eiswürfelbehälter. Dazu die feingeschnittenen Würzpflanzen mit etwas Wasser in das Gefäß geben, durchfrieren lassen und in Gefrierbeutel oder -dosen umfüllen. Mit einem wasserfesten Stift den Namen des Krautes und das Erntedatum vermerken. Je nach Bedarf können Sie Beutel oder Dose öffnen und die Würfel einzeln entnehmen. Genausogut können Sie kleingezupfte oder geschnittene Kräuter in einen Beutel geben. Anschließend die Luft herausstreichen. Bei Bedarf das Kraut in beliebiger Menge entnehmen, und in gefrorenem Zustand an die vorgesehenen Speisen geben. Eingefrorene Kräutervorräte innerhalb von 6 bis 8 Monaten aufbrauchen. Geeignet sind: Basilikum, Beifuß, Bohnenkraut, Dill, Estragon, Kerbel, Liebstöckel, Majoran, Petersilie, Pimpinelle, Schnittlauch und Zitronenmelisse.

Kräuterbutter
500 g Süßrahmbutter, je 2 1/2 Eßlöffel fein gehackte Kräuter wie Schnittlauch, Kerbel, Basilikum und Petersilie, 1 Knoblauchzehe, frischen Zitronensaft, Salz
Frisch geerntete Kräuter behutsam waschen, trockentupfen und ganz fein schneiden. Ideal dafür ist ein Wiegemesser. Kühle, feste Butter in ein Gefäß geben und mit dem Mixer cremig schlagen. Unter ständigem Rühren die kleingeschnittenen Kräuter, gepreßten Knoblauch sowie einige Tropfen frisch gepreßten Zitronensaft dazugeben. Mit Salz und nach Belieben auch mit etwas schwarzem Pfeffer abschmecken. Solange weiterrühren, bis die Kräuter gleichmäßig verteilt sind. Danach die Butter portionsweise in Tiegel füllen, verschließen und in die Kühltruhe geben. Man kann sie auch in den Eiswürfelbehälter streichen und schockgefrieren. Später dann die Kräuterbutter-Würfel in einen wiederverschließbaren Beutel oder in eine Dose drücken und dicht verschließen. Vorteil: Die Kräu-

Verpackung

Mit entscheidend für die Qualität aller eingefrorenen Produkte ist die Verpackungsart beziehungsweise worin Obst, Gemüse oder Kräuter verpackt werden. Das Material muß absolut reißfest, wasser- und luftdicht zu verschließen sein. Zum einen geht es darum, daß während des Einfrierens keine Flüssigkeit auslaufen kann, andererseits würde das Gefriergut austrocknen und an Geschmack verlieren. Das heißt, die Verpackung muß Druck aushalten können. Verwenden Sie daher ausschließlich als gefriergeeignet ausgewiesene Kunststoffbeutel. Äußerst praktisch und wiederverwendbar sind Gefrierdosen, denn sie lassen sich prima stapeln und behalten ihre Form. Auch hier gilt: Sie müssen mit dem Prädikat „gefriergeeignet" gekennzeichnet sein; herkömmliche Kunststoffbehälter verformen sich in der Kühltruhe leicht. Durch das ständige Entnehmen und neu Befüllen wird das Gefriergut in der Tiefkühltruhe oder dem Gefrierschrank zwangsläufig hin- und hergeschubst. Ungeeignete Materialien reißen dabei leicht, viele werden porös.

Fruchtwürfel für Erfrischungsgetränke: einzelne Beeren in Eiswürfelbehälter geben, mit Mineralwasser aufgießen und einfrieren.

Gefriergut, z. B. für Suppen und Soßen ohne Auftauen in den Topf geben und zubereiten.

terbutter kann so nach Bedarf einzeln entnommen werden.
Die obigen Zutaten zeigen nur eine Variante, die selbstverständlich nach Geschmack abgewandelt werden kann, zum Beispiel mit Thymian, Oregano, zwei, drei Blättchen Majoran, Rosmarin oder Salbei. Geeignet sind nahezu alle würzigen Kräuter. Tiefgekühlte Kräuterbutter hält sich ein halbes Jahr.

Brokkoli zum Einfrieren vorbereiten

Das frisch geerntete Gemüse behutsam in stehendem kalten Wasser waschen. Die Stiele mit einem kleinen, spitzen Küchenmesser an der Schnittfläche etwa 1 cm tief einschneiden. Gelegentlich kommt es vor, daß die Haut des Brokkoli-Stiels zäh und dick ist, dann sollte man sie so behutsam wie möglich bis zu den eigentlichen Brokkoliröschen abziehen. Danach den Brokkoli 2 bis 3 Minuten in siedend heißem Wasser blanchieren und sofort unter kaltem Wasser abschrecken; dadurch bleibt das Gemüse appetitlich grün. In einem großen Sieb gut abtropfen lassen. Sobald der Brokkoli ganz abgekühlt ist in Gefrierbeutel oder -dosen verpacken und sorgfältig mit Datum und Inhalt beschriften. Brokkoli kann problemlos bis zu einem Jahr in der Tiefkühltruhe bleiben. Das Feingemüse unbedingt in gefrorenem Zustand weiterverarbeiten und nicht erst auftauen, sonst büßt er an Aussehen und Bißfestigkeit ein.

Himbeeren einfrieren

Frisch geerntete Früchte gut verlesen und ungewaschen auf einem mit Folie ausgelegten Tablett oder Blech ausbreiten. Locker mit Frischhaltefolie bedecken und 1 bis 2 Stunden vorfrosten. Hartgefroren in Dosen oder Tüten umfüllen und, mit Datum, Inhalt und Gewicht versehen, gleich wieder in das Gefriergerät geben. Diese etwas aufwendigere Art des Einfrierens hat den Vorteil, daß die Beeren nicht zerdrückt werden.

Himbeeren einzeln vorfrosten

Konfitüre und Co.

Kleine Konfitürenkunde für jedermann

Die Beeren- und Rhabarbersaison gibt alle Jahre den Auftakt für leckere Konfitüren. Dank der modernen Gelierhilfen (siehe auch Kasten Seite 201) hält sich die Zubereitungszeit in Grenzen, und das Ergebnis ist von bester Qualität. Zu den Vorzügen von Gelierzuckern gehört vor allem die kurze Kochzeit, dadurch bleiben Farbe und Aroma weitgehend erhalten. Früher wurde mit gewöhnlichem Zucker eingekocht. Das bedeutete endloses Rühren. Dadurch wurde die Konfitüre aber nicht besser, stattdessen sehr süß und dunkel.

Scheint die Konfitüre zu flüssig, ist in jedem Fall eine Gelierprobe zu empfehlen. Das kann vorkommen, wenn ein zu kleiner Topf verwendet oder nicht ständig gerührt wird. Es konnte nicht genügend Flüssigkeit verdampfen. Die Gelierprobe geht ganz einfach. Bevor Sie die Konfitüre in Gläser ab-

Marmelade und Konfitüre – eine altbewährte Methode des Haltbarmachens

Frucht-Zucker-Mischung zum Kochen bringen

Eine Gelierprobe ist nie verkehrt.

füllen, mit einem Löffel etwas kochende Masse entnehmen, auf einen Teller geben und erkalten lassen. Wenn Sie den Teller schräg halten und die kalte Masse noch verläuft, die Konfitüre unbedingt noch 2 bis 3 Minuten weiterkochen lassen und die Gelierprobe wiederholen. Ist das Gegenteil der Fall und Konfitüre oder Gelee sind zu fest geworden, kann man jeweils vor Gebrauch etwas Fruchtsaft unterrühren.

Gelegentlich kommt es auch vor, daß sich beim Marmelade- oder Geleekochen Schaum auf der Oberfläche bildet, zum Beispiel bei Erdbeeren. Diesen unbedingt vor dem Abfüllen, also nach dem Kochen abschöpfen, ansonsten kann die Haltbarkeit beeinträchtigt werden.

Maßgeblich für das Gelingen sind Frische und einwandfreie Qualität der Früchte. Am besten werden sie direkt nach der Ernte verarbeitet. Selbst bei nur eintägiger Lagerung gehen viele Inhaltsstoffe verloren. In diesem Fall wäre das Einfrieren vorzuziehen. So kann das Obst bei Bedarf verwendet werden; nach Belieben auch für Mischungen mit später reifenden Obstarten. Das gleiche gilt für Rhabarber, der den ganzen Winter über gefragt ist.

Durch die Zugabe von einem Schuß Alkohol, zum Beispiel Kirschwasser an Kirschkonfitüre, Himbeergeist an Himbeergelee, läßt sich das Aroma wunderbar intensivieren. Die oft empfohlene Zugabe von Wodka, Korn oder Campari gibt dem Ganzen eine ebenso interessante Note.

Zur Abrundung eignen sich auch die Blätter von frischen Kräutern wie Basilikum, Zitronenmelisse, Zitronenstrauch, Minze, Duftpelargonien, oder die Blütenblätter von Duftrosen sehr gut. Sie werden in ganz feine Streifen geschnitten und zum Schluß der Kochzeit in die Fruchtmasse eingerührt. Aller-

Kirschkonfitüre

1 kg Süßkirschen (entsteint gewogen), 1 kg Gelierzucker, 2 Eßlöffel Kirschwasser

Die Kirschen waschen und abtropfen lassen. Anschließend die Stiele entfernen, die Früchte entsteinen und abwiegen. Danach mit dem Gelierzucker in einen großen Topf geben und die Masse unter Rühren zum Kochen bringen. 4 Minuten sprudelnd kochen lassen. Zum Schluß der Kochzeit das Kirschwasser einrühren und die kochendheiße, flüssige Konfitüre in vorbereitete saubere Gläser füllen. Diese gleich mit nassem Zellophanpapier oder Twist-off-Deckeln verschließen. Beschriften nicht vergessen.

Konfitürekochen ist immer wieder ein sinnliches Vergnügen.

dings ist hier weniger mehr: Für ein Kilogramm Früchte nicht mehr als einen Eßlöffel voll verwenden. Herrlich angenehm riechen und schmecken die Blütenblätter der Zentifolienrosensorten (*Rosa centifolia*) 'Cristata' und 'Fatin Latour'. Verwenden Sie aber auf jeden Fall nur ungespritzte Rosen. Empfehlenswerte Gewürze sind frisches Vanillemark, Zimt, Nelken, Sternanis, Ingwer und natürlich frisch gepreßter Zitronensaft oder die abgeriebene Schale von Zitrusfrüchten. Ausprobieren lohnt sich in jedem Fall!

Kirschkonfitüre aus schwarzen Früchten

Rezepte

Mehrfruchtkonfitüre

(siehe Foto links oben)
100 g Johannisbeeren, 100 g Brombeeren, 300 g Himbeeren, 300 g Erdbeeren, 200 g Zwetschgen oder Pflaumen, 1 kg Gelierzucker

Beeren behutsam waschen, abtropfen lassen und verlesen.
Wer die kleinen Kernchen nicht mag, sollte die Johannis-, Brom- und Himbeeren durch ein Haarsieb streichen.
Gewaschene Zwetschgen entsteinen und zerkleinern.
Alle Früchte in einen großen Topf geben, Zucker untermischen und unter ständigem Rühren zum Kochen bringen. Die Frucht-Zucker-Masse 4 Minuten sprudelnd weiterkochen lassen, währenddessen ständig rühren. Danach heiß in vorbereitete saubere Gläser füllen. Diese gleich mit nassem Zellophanpapier einbinden oder mit Twist-off-Deckeln verschließen.

Zucker

Zucker ist nicht nur zum Süßen da, er begünstigt die Gelierfähigkeit und sorgt auf natürliche Weise für die Haltbarkeit von Konfitüren und Gelee. Zucker verhindert Schimmelbildung und das Gären der Fruchtmasse. Am einfachsten ist Gelierzucker zu handhaben. Er besteht aus raffiniertem Zucker, Zitronensäure und Apfelpektin. Das sind Zutaten, die aus Äpfeln und Zitrusschalen gewonnen werden und die Kochzeit erheblich verringern. Gelierzucker für die klassische Zubereitung – 1 kg Früchte/1 kg Zucker – garantiert eine nahezu unbegrenzte Haltbarkeit. Wer es weniger süß mag, nimmt Spezial- oder Extra-Gelierzucker, damit läßt sich die Zuckermenge halbieren. Wichtig: Halten Sie sich beim Zubereiten immer an die auf der Zuckerpackung angegebenen Empfehlungen.

Es gibt jedoch auch eine Reihe alternativer Geliermittel. Das heißt, hier kann der Zucker auf ein Minimum reduziert oder durch Honig, Ahornsirup oder Birnendicksaft ersetzt werden. Am bekanntesten sind Konfigel (Geliermittel: Pektin und Kartoffelstärke) und Agar-Agar (Bindemittel aus Meeresalgen). Beide Produkte gibt es in Bioläden und Reformhäusern.

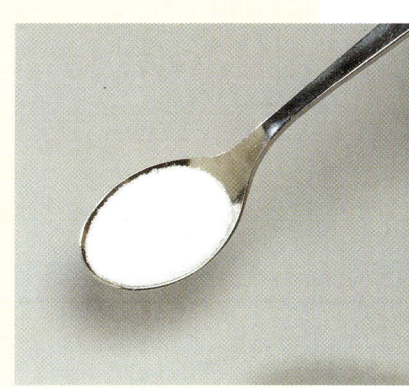

Die Haltbarkeit

Wie bereits auf der vorhergehenden Seite erwähnt, spielt die Zugabe von Zucker bei der Haltbarkeit eine entscheidende Rolle. Als weiteres, wichtiges Kriterium kommt die Sauberkeit beim Zubereiten hinzu. Sowohl die Früchte selbst, als auch alle verwendeten Gerätschaften und nicht zuletzt die Gläser müssen absolut sauber sein. Das heißt, die Gläser unmittelbar zuvor gründlich mit Spülmittel waschen, mit klarem Wasser nachspülen und auf einem sauberen Geschirrtuch abtropfen lassen. Vor dem Einfüllen der Konfitüre oder des Gelees die Gläser noch einmal heiß ausspülen und die Masse bis knapp unter den Rand füllen. Anschließend sofort verschließen und auf einem feuchten Tuch über Nacht auskühlen lassen. Erst dann das Eingemachte ins Vorratsregal stellen. Konfitüre und Gelee kühl und dunkel lagern.

Geöffnete Konfitüre im Kühlschrank aufbewahren, das gilt insbesondere für die Kalorienreduzierten! Hat sich trotz sorgfältiger Zubereitung Schimmel gebildet, die Konfitüre oder das Gelee nicht mehr verzehren.

Aprikosen-Stachelbeer-Konfitüre
(siehe Foto unten)

500 g Aprikosen, 500 g Stachelbeeren, 1 kg Gelierzucker

Früchte waschen und abtropfen lassen. Aprikosen entsteinen und nach Belieben zerkleinern. Die Blütenansätze und Stiele der Stachelbeeren mit einem scharfen, kleinen Küchenmesser entfernen und halbieren. Die Früchte abwiegen und in einen großen Kochtopf geben. Den Zucker gut untermischen und das Ganze zugedeckt über Nacht in den Kühlschrank stellen. Nun die Masse zum Kochen bringen und 4 Minuten unter ständigem Rühren sprudelnd kochen lassen. Heiß in vorbereitete Gläser abfüllen und beschriften.

Zwetschgen-Brombeer-Konfitüre
(siehe Foto unten)

600 g Zwetschgen, 400 g Brombeeren, 1 Zitrone, 500 g Extra-Gelierzucker

Zwetschgen waschen, entsteinen und zerkleinern. Die Brombeeren verlesen, kurz in kaltes Wasser tauchen und gut abtropfen lassen. Abwiegen und nach Belieben durch ein Haarsieb in den Kochtopf streichen. Zwetschgen, Extra-Gelierzucker und ausgepreßten Zitronensaft dazugeben und die Konfitüre nach Packungsanleitung kochen. Die kochendheiße Konfitüre in Schraubverschlußgläser füllen, also mit sogenannten Twist-off-Deckeln, verschließen und auf dem Kopf stehend erkalten lassen. Dadurch bildet sich ein Vakuum, das die Konfitüre vorm Austrocknen schützt und Schimmelbildung verhindert. Konfitüren, die mit Extra-Gelierzucker gekocht wurden, sind wegen des geringeren Zuckergehalts nur begrenzt haltbar.

Herb wie der Herbst, aber herrlich süß: Brombeer-Zwetschgen-Konfitüre

Johannisbeergelee
(siehe Foto Seite 203 rechts unten)

1 l ungesüßten Johannisbeersaft (Anleitung Seite 205), 1 kg Gelierzucker, 1 Eßlöffel Kroatzbeer-Likör

Saft und Zucker zum Kochen bringen. Die Flüssigkeit unter ständigem Rühren 4 Minuten sprudelnd weiterkochen lassen. Nach Bedarf abschäumen und heiß in saubere Gläser füllen.

Sehr fein schmeckt auch eine Geleemischung aus mehreren Fruchtsäften. Geschmacklich passen rote und schwarze Johannisbeeren hervorragend zusammen. Ebenfalls sehr fein: eine Kombination mit Himbeeren oder Kirschen.

Zweite Gelee-Variante: Etwa 1 kg rote Johannisbeeren unter kaltem Wasser waschen und mit einer Gabel von den Rispen streifen. Nun gut abtropfen

Köstliche Verbindung: Aprikosen und Stachelbeeren

Pure Himbeerkonfitüre schmeckt unvergleichlich gut.

lassen. In eine Schüssel geben und zuckern. Zugedeckt etwa drei Stunden stehen lassen, damit die Beeren Saft ziehen. Danach das Ganze in einen Topf geben und zum Kochen bringen. Unter stetem Rühren erhitzen und etwa fünf Minuten lang kochen lassen. Danach die heiße Flüssigkeit durch ein Tuch in einen Topf abseihen. Nochmals erhitzen und nach erfolgter Gelierprobe in Gläser füllen. Gleich verschließen und beschriften.

Himbeerkonfitüre
(siehe Foto oben)
1 kg Himbeeren, 1 kg Gelierzucker
Himbeeren sorgsam verlesen, möglichst nicht waschen, sonst büßen sie an Aroma ein. Die Früchte und den Zucker in einen Topf geben, unter Rühren zum Kochen bringen und 4 Minuten sprudeln lassen. Heiß in vorbereitete Gläser füllen, gleich verschließen und beschriften.

Johannisbeeren mit einer Gabel abstreifen

Johannisbeergelee ist wunderbar säuerlich.

Verschiedene Geräte zum Entsaften: vorne Dampfentsafter, oben elektrische Saftzentrifuge, Para-Press (mit Wasser betriebene Fruchtpresse), Topf und Tuch mit Auffangschale

Mit einem Dampfentsafter wird der Saft direkt in Flaschen abgefüllt.

Vitaminreiche Säfte

Zur Saftgewinnung braucht man kein spezielles Gerät. Vorbereitetes Obst wird einfach kleingeschnitten oder mit einem Stampfer (dieser muß absolut sauber sein!) zerdrückt und mit Wasser bedeckt gekocht, vorzugsweise im Schnellkochtopf. Nun den heißen Fruchtbrei auf ein gespanntes Leinen- oder Mulltuch geben und den Saft auffangen oder durch ein sauberes Haarsieb abtropfen lassen. Den Saft abmessen, die entsprechende Zuckermenge einrühren und zehn Minuten aufkochen lassen. Danach mit Hilfe eines Trichters in saubere Flaschen füllen.

Zum Rohentsaften eignen sich elektrische Saftzentrifugen oder eine hydraulische Fruchtpresse, die mit Wasserdruck funktioniert.

Gemüsesäfte zum sofortigen Genuß mit einer elektrischen Saftzentrifuge herstellen. Die Farbe hält sich besser als beim Dampfentsaften.

Früchte, die sich gut zum Entsaften eignen				
Obst	Entsaftungszeiten in Min. Dampfentsafter/Schnellkochtopf		Zuckerzugabe pro kg Obst zum Verdünnen/trinkfertig		Gekochter Saft: Wasserzugabe pro kg Obst
Äpfel	60–70	25	100 g	50 g	$^3/_4$ – 1 l
Birnen	70	25	100 g	50 g	1 l
Brombeeren	40	15	150–200 g	75 g	$^1/_4$ – $^1/_2$ l
Erdbeeren	30	13	100 g	50 g	$^1/_4$ l
Himbeeren	30	13	150 g	50–75 g	$^1/_4$ l
Holunderbeeren	40	13	250 g	100–125 g	$^1/_2$ l
Johannisbeeren, rot	60	20	200–250 g	100–125 g	$^1/_2$ l
Sauerkirschen	45	18	200 g	100 g	$^1/_2$ l
Süßkirschen	45	18	100 g	50 g	$^1/_2$ l
Pflaumen	45	18	200 g	100 g	$^1/_2$ l
Quitten	70	30	200 g	100 g	1 l
Stachelbeeren	50	13	200 g	100 g	$^1/_2$ l

Für Gartenbesitzer und große Haushalte empfiehlt sich die Anschaffung eines Dampfentsafters. Damit können 5 kg Früchte in einem Vorgang verwertet und direkt aus dem Gerät in Flaschen abgefüllt werden.

Empfehlenswert ist auch ein Kochvollautomat mit Entsafteraufsatz. Mit ihm kann man entsaften und sterilisieren zugleich,

Vitaminreiche Säfte

es gibt Ausführungen mit Zeitschaltuhr und sinnvoller Energiespartaste. Der Kauf eines vollautomatischen Gerätes lohnt nur, wenn man große Mengen einmachen möchte, ansonsten reicht ein herkömmlicher Entsafter.

Saft sollte man grundsätzlich dunkel und kühl aufbewahren. Licht läßt die Farbe verblassen, und die Inhaltsstoffe bauen schneller ab.

Fruchtsäfte, die mit der hier angegebenen Zuckermenge gekocht wurden, zum Trinken mit Wasser verdünnen. Für trinkfertigen Saft genügen pro Liter Flüssigkeit je nach Sorte 50 bis 125 g Zucker. Allerdings muß dieser Saft nach dem Abfüllen nochmal 25 Minuten bei 75 °C sterilisiert werden, sonst hält er sich nicht.

Wenn Sie aus dem Saft Gelee kochen wollen, die Früchte ohne Zuckerzusatz entsaften. Wer generell ungesüßten Fruchtsaft wünscht, gibt zur Konservierung Weinstein- oder Zitronensäure dazu. Die Haltbarkeit beträgt etwa 1 Jahr.

Falls sich auf dem Saft Schimmel gebildet hat, ist er ungenießbar und muß vernichtet werden. Der Grund dafür liegt zumeist an nicht ausreichender Sauberkeit bei der Zubereitung oder an einer zu niedrigen Einkochtemperatur.

Praxis des Entsaftens

Die Zubereitung ist denkbar einfach. Obst und Gemüse zum Entsaften müssen nicht erste Wahl sein, aber reif und frisch geerntet. Unterschieden wird zwischen rohem, gekochtem und gedämpftem Saft. Die Entsaftungszeiten und Zugaben entnehmen Sie der Tabelle Seite 204. Entscheidend für das gute Gelingen ist peinlichste Sauberkeit beim Zubereiten, schon die kleinste Brotkrume im Einmachgut kann den Saft zum Gären bringen. Die Früchte verlesen, gründlich waschen, beschädigte Stellen großzügig wegschneiden. Keinesfalls schimmlige Produkte verwenden. Die Saftflaschen mit einer entsprechenden Bürste, kochendheißem Wasser und Spülmittel waschen; mit klarem Wasser nachspülen und die Flaschen vor dem Befüllen auf dem Kopf stehend trocknen lassen. Gummikappen und -ringe auskochen.

Ein elektrischer Entsafter bietet die optimale Saftausbeute.

Rezepte

Johannisbeersaft

5 kg Johannisbeeren (rote oder schwarze) abwiegen, waschen, gut abtropfen lassen und samt den Stielen in den Fruchtkorb des Dampfentsafters geben.

1 1/4 kg Einmachzucker darüberstreuen und bei geschlossenem Deckel 60 Minuten entsaften; zuvor das Wasser zum Kochen bringen. Kurz vor Ende des Entsaftungsvorgangs 1/2 Liter Saft ablassen und über die nun schon etwas ausgelaugten Früchte gießen.

Den Saft kochendheiß in Flaschen füllen, den Flaschenhals sauber abwischen und gleich verschließen.

Tomatensaft

4 kg Tomaten waschen, trockentupfen und schließlich vierteln.

Keine Fleischtomaten verwenden, sie sind relativ trocken und haben nur wenig Saft.

Mit 3 großen, grob gewürfelten Zwiebeln und zwei Bund Petersilie (ebenfalls grob zerkleinert) in den Fruchtkorb des Dampfentsafters geben.

Zwei Teelöffel Salz und frisch gemahlenen Pfeffer darüberstreuen.

Das Ganze 50 bis 60 Minuten entsaften und heiß in Flaschen abfüllen.

Die Menge ergibt etwa 2 Liter Gemüsesaft.

Köstliche Vorräte: Frucht- und Gemüsesäfte aus eigenen Ernten

Paste, Öl und Essig

Kräuter-Öl-Paste

Kräuterpasten sind in der kreativen Küche unverzichtbar. Sie bieten Abwechslung in Farbe und Geschmack. Kräuterpaste ist hochkonzentrierte Würze. Besonders gut eignen sich der Bärlauch mit seinem wunderbaren Knoblaucharoma, Basilikum, Kerbel, Majoran, Oregano und Petersilie dafür.
Das Grundrezept: 100 g Frischkräuter, 10 g Salz, 1/10 l hochwertiges Sonnenblumen- oder Olivenöl. Die ausgewählten Kräuter behutsam waschen, mit Küchenkrepp trockentupfen, superfein hacken, besser noch im Mörser zerreiben. Salz und Öl untermischen und die cremige Masse in dunkle Gläser füllen. Jeweils nur eine Kräuterart verwenden. Das Ganze großzügig mit Öl bedecken, verschließen, beschriften und kühl aufbewahren. Für die Haltbarkeit ist es unerläßlich, die angegebene Salzmenge einzuhalten und nach jeder Entnahme darauf zu achten, daß die Oberfläche 1–2 cm hoch mit Öl bedeckt ist. Kräuterpaste innerhalb von 4 bis 6 Monaten aufbrauchen. Man kann damit wunderbar Suppen, Soßen, Teigwaren, Kartoffel- und Reisgerichte würzen und auch färben. Bei wenig Erfahrung erst einmal teelöffelweise dosieren.

Vorräte und Mitbringsel aus dem eigenen Garten

Die enorme Kräutervielfalt bietet uns nahezu alle Geschmacksnuancen. Ob herbe Würze oder blumiges Aroma, man kann sie wunderbar für individuelle Vorräte einfangen.
Der Genuß einer Kräuterpaste im Winter macht die Arbeit des Zubereitens vergessen – man schmeckt die Würze des Sommers pur!
Werden die Regeln eingehalten, kann nach Herzenslust experimentiert werden. Entscheidend für das Gelingen sind die Frische der Kräuter und absolut saubere Gefäße. Sobald die Stiele, Blätter oder Blüten der Pflanzen abgeschnitten oder abgezupft sind, beginnen Stoffwechselveränderungen, die das Aroma und die Heilkraft beeinflussen. Deshalb Kräuter immer so rasch und schonend wie möglich verarbeiten. Und: So verführerisch schön Essig- und Öl-Ansätze sich auch darbieten, behalten Sie sie stets im Auge. Denn die Kräuter, ob kleingeschnitten oder ganze Zweige, müssen immer mit Flüssigkeit bedeckt sein. Ansonsten beginnen sie unmerklich zu schimmeln oder faulen, der Ansatz wird ranzig und somit ungenießbar.

Aromatisches Kräuteröl

Basilikum, Bohnenkraut, Estragon, Fenchel, Majoran, Minze, Rosmarin und Thymian eignen sich besonders gut für würzige Öle. Die frisch gepflückten Kräuter einfach locker in ein hohes Glasgefäß oder eine Flasche geben. Mit Distel-, Sonnenblumen- oder Olivenöl übergießen.
Das Gefäß verschließen und etwa 2 Wochen bei Zimmertemperatur, am besten an einem halbschattigen Fensterplatz, durchziehen lassen. Den Ansatz muß man während dieser Zeit täglich leicht durchschütteln.
Danach das Öl durch ein Tuch filtern und probieren. Ist das Aroma intensiv genug, in saubere Flaschen füllen, verschließen und beschriften.
Ist das Aroma noch nicht zufriedenstellend nochmal frische Kräuter hineingeben und weitere 2 Wochen reifen lassen.

Estragon-Essig paßt hervorragend zu Gurken.

Italienisches Basilikum-Pesto

Zutaten für die berühmte, italienische Soße:
4–5 Knoblauchzehen, 50 g Pinienkerne, 1 Teelöffel Salz, 120–150 g frische Basilikumblätter, 125 g Pecorino- oder Parmesankäse, etwa 150 ml kaltgepreßtes Olivenöl

Kleingeschnittenen Knoblauch mit Pinienkernen und Salz im Mörser zerreiben. Basilikumblätter vorsichtig waschen, in der Salatschleuder trockenschleudern oder trockentupfen, grob schneiden und nacheinander zur Knoblauchmasse in den Mörser geben. Das Ganze so lange stampfen und reiben, bis schließlich eine geschmeidige Masse entstanden ist.
Wer keinen Mörser hat, kann auch den Pürierstab nehmen.
Den Käse darüberreiben, nach und nach das Olivenöl unterrühren.
Die Masse in ein verschließbares Glas füllen und mit soviel Öl übergießen, daß die Oberfläche 1–2 cm damit bedeckt ist. Pesto im Kühlschrank aufbewahren und innerhalb 2 Wochen verbrauchen.

Immer ein Genuß: Kräuteressig

Würzöl macht Speisen bekömmlicher.

Basilikum-Pesto würzt Gemüse und Teigwaren.

Kräuteressig für die eigene Küche oder zum Verschenken

Als Basis für den Kräuteransatz einen Obst-, Wein- oder Branntweinessig mit fünf bis sechs Prozent Säure verwenden.
Für Kräuteressig eignen sich vor allem Blätter oder Blattstiele von Basilikum, Bohnenkraut, Dill (hiervon auch ganze Blütendolden nehmen), Estragon, Fenchel, Kerbel, Oregano, Rosmarin, Zitronenmelisse sowie Blüten von Salbei, Thymian, Kapuzinerkresse, Veilchen und Holunder.
Pro Liter Essig genügen schon vier bis sechs Kräuterzweige.
Nach Belieben können auch Knoblauch, frische Peperoni, Senf-, Koriander- oder Pfefferkörner mit angesetzt werden.
Die frischen Kräuter gut verlesen, behutsam waschen, mit Küchenkrepp trockentupfen, gegebenenfalls die Blätter abzupfen. Die Kräuter einzeln oder in beliebiger Mischung in eine saubere Flasche geben, mit Essig aufgießen und verschließen. Das Ganze je nach gewünschter Intensität bis zu 4 Wochen durchziehen lassen. Kräuteransätze haben einen ungeheuer dekorativen Effekt. Den Kräuteressig regelmäßig kontrollieren, das heißt, am besten verwenden Sie ihn gleich probeweise zum Anmachen von Salat.
Erscheint das Aroma stark genug, durch ein Tuch oder ein Haarsieb filtern und in ein sauberes, trockenes Gefäß abfüllen.

Milchsäuregärung

„Sauerkraut" ist das bekannteste und auch berühmteste Gärgemüse überhaupt. Das Wissen um seinen gesundheitlichen Wert reicht schon Jahrhunderte zurück. Gärgemüse zeichnet sich vor allem durch aromatischen Duft und einen säuerlich-milden Geschmack aus. Es ist urgesund. Beim Einsäuern wandeln sich im Gemüse enthaltene Stärke und Zucker in wertvolle Milchsäure um. Einerseits wird dadurch die Haltbarkeit gesichert, andererseits wirkt sich der Verzehr positiv auf den Organismus aus. Milchsaure Gemüse halten den Stoffwechsel in Schwung, wirken auf sanfte Weise entwässernd und sind überaus reich an Vitaminen, Enzymen, Ballast- und Mineralstoffen. Wie das nachstehende Sauerkrautrezept zeigt, ist die Zubereitung denkbar einfach. Damit die Gärung sicher in Gang kommt, kann durch die Zugabe von etwas Trinkmolke oder Brottrunk (maximal 1/4 l für einen 10-Liter-Gärtopf) nachgeholfen werden. Notwendig sind diese Hilfsmittel jedoch nicht. Viel entscheidender für den reibungslosen Gärprozeß ist die Qualität des Gemüses. Verwenden Sie einwandfreies Gemüse möglichst aus biologischem Anbau. Für die Milchsäuregärung kommen nur Herbstsorten, zum Beispiel von Weißkohl, Rotkohl, Gurken, Bohnen oder Roter Bete in Frage. Frühe Sorten sind in der Zellstruktur zu weich und verderben rasch.

Noch ein Wort zum Gärgefäß: Vorzuziehen ist immer ein Tontopf mit Beschwerungssteinen, passendem Deckel und einer Wasserrinne. Nur dadurch wird verhindert, daß Sauerstoff eindringt und sich Kahmhefe bildet. Sie zeigt sich als grauweißer, ungenießbarer Belag auf der Oberfläche. Falls sie sich trotz aller Vorkehrungen doch bildet, die obere Schicht des Gärgemüses entfernen und die Beschwerungssteine gründlich reinigen. Dazu die Steine mit kochendem Wasser überbrühen und danach kalt abspülen.

Rezepte

Sauerkraut
Für einen 10-Liter-Gärtopf: 10 kg Weißkohl, 2–3 säuerliche Äpfel, 100–120 g Salz, 4 Eßlöffel Wacholderbeeren
Den Kohl putzen, ein paar unversehrte, große Blätter zum Abdecken zur Seite legen und den Strunk herausschneiden. Danach die Kohlköpfe hobeln. Die Äpfel in feine Spalten schneiden. Nun den gehobelten Kohl schichtweise mit Apfelscheiben, Wacholderbeeren und Salz in den frisch gewaschenen Gärtopf geben. Lage für Lage kräftig stampfen, so daß sich Saft bildet. Den Gärtopf nicht bis zum Rand füllen. Das eingestampfte Gemüse mit unversehrten großen Kohlblättern und, falls zur Hand, einigen Himbeerblättern bedecken. Nun die Beschwerungssteine auflegen, die möglichst mit dem Kohlsaft bedeckt sein sollten. Falls nicht, besser noch etwas abgekochtes, jedoch kaltes Wasser dazugießen. Den Deckel auflegen und in die Rinne Wasser füllen. Damit der Gärprozeß in Gang kommt, ist

Sauerkraut selbst machen
1. Äußere Blätter des Weißkohls entfernen

2. Den Strunk herausstechen oder -schneiden

3. Weißkohl gleichmäßig hobeln

Milchsäuregärung

Milchsaure Gurken sind bereits nach 2, 3 Wochen eßbar

für zwei Tage eine Temperatur von 20 bis 22 °C notwendig, danach sind für die kommenden 2 bis 3 Wochen 15 °C angebracht. Den Gärtopf jetzt kühler stellen; bis zur Genußreife vergehen weitere 2 bis 3 Wochen.

Gesäuerte Gurken

Für ein 2-Liter-Steingutgefäß: 2 kg kleine, feste Einlegegurken, 1 große Zwiebel oder mehrere kleine, 2 Knoblauchzehen, 1/2 Teelöffel Dillsamen, 1 Teelöffel Senf- und Korianderkörner, ein paar Estragon- und Lorbeerblätter, 40 g Salz, 1 1/2 l Wasser, 4 Eßlöffel Molke

Die Gurken gründlich waschen, am besten abbürsten.
Zwiebeln und Knoblauchzehen nach Belieben zerkleinern.
Das Salz in Wasser aufkochen und dann abkühlen lassen.
Die Molke dazugeben. Nun Gurken, Zwiebeln und Knoblauch mit den Gewürzen in das Gefäß geben. Mit dem Salz-Molke-Wasser übergießen und verschließen. Den Gurkentopf bei Zimmertemperatur eine Woche lang durchziehen lassen.
Danach kühler stellen, nach zirka 2 Wochen können die Gurken gegessen werden.

4. Kraut lagenweise in den Topf geben, stampfen

5. Austretender Zellsaft bedeckt die Steine.

6. Die Rinne mit Wasser aufgießen

Den gefilterten Likör in ein schönes Gefäß abfüllen

Wohltuend herb: Schlehenelixier

Alkoholische Köstlichkeiten

Aromatische Liköre aus eigener Herstellung

Für die Herstellung von aufgesetzten Likören brauchen Sie lediglich Obst oder Kräuter, Zucker, Alkohol und natürlich gut verschließbare Flaschen. Nehmen Sie die dekorativsten Gefäße, die Sie im Haushalt auftreiben können.

Verwendet werden nur vollreife Früchte wie Beeren, Kirschen, Pfirsiche, Aprikosen, Zwetschgen, Mirabellen, Birnen oder die im Spätsommer reifenden Wildfrüchte. Eben jene Obstsorten mit ausgeprägtem Aroma.

Früchte und Kräuter immer so frisch wie möglich und in einwandfreiem Zustand verwenden, sie dürfen keine Druckstellen haben, nicht angefault oder schimmelig sein.

Die Zubereitung ist denkbar einfach, es gibt zweierlei Möglichkeiten.

Einmal kann man ganze Früchte oder Fruchtstücke in Alkohol einlegen (siehe Rezepte ab Seite 211), oder man verwendet den reinen Fruchtsaft. Das gut vorbereitete Obst mit Zucker in eine große Flasche oder ein Einmachglas mit Schraubverschluß geben. Den Alkohol über die Fruchteinlage gießen und einige Wochen an einem warmen Platz durchziehen lassen. Zwischendurch den Inhalt immer mal wieder gut durchschütteln, damit sich der Zucker auflöst und sich das Aroma mit dem Alkohol verbinden kann. Zudem macht Zucker den Likör leicht sämig und verleiht ihm einen lieblicheren Geschmack. Wenn sich Trübstoffe bilden, was häufig vorkommt, den Likör besser zweimal durch ein sauberes Mulltuch filtern. Es kann auch ein Haarsieb verwendet werden. Nahezu klar wird der Likör, wenn er durch eine Kaffeefiltertüte abläuft. Allerdings das Filterpapier nicht wie gewöhnlich in den Kaffeefilter (Kaffeegeschmack!) geben, sondern in ein sauberes Spitzsieb. Als Alkoholzusatz empfehlen sich Korn, Doppelkorn oder Wodka. Sie sind weitgehend geschmacksneutral und somit keine Konkurrenz für das Fruchtaroma.

Rezepte

Eingelegte Zwetschgen

*750 g Zwetschgen, 250 g Kandiszucker,
1 Stückchen Zimtstange, 1 Liter Rum*

Die Zwetschgen gut verlesen, sorgsam waschen und 3–5 Minuten lang in kochendem Wasser ziehen lassen. Nach Belieben können Sie sie auch entsteinen, allerdings büßen sie dann durchs Kochen nahezu all ihr Aroma ein und werden unappetitlich weich. Zwischenzeitlich den Kandiszucker und etwas Zimtstange in ein großes, verschließbares Glasgefäß geben. Die Zwetschgen gut abtropfen und abkühlen lassen und zum Zucker in das Glas geben. Nun das Ganze mit Rum aufgießen. Das Gefäß verschließen und die Zwetschgen 4 Wochen lang im Rum durchziehen lassen und kühl lagern. Die beschwipsten Zwetschgen schmecken hervorragend zu Milchspeisen und Eis.

Tip: Beschwipste Zwetschgen sind immer ein willkommenes Mitbringsel.

Schlehenelixier

1 kg Schlehen, 1 1/2 l trockener Rotwein, 1 Stange Zimt, 5 Gewürznelken, ein wenig Sternanis, 600 g Tannenhonig, 1 l Weingeist (38 % Alkoholgehalt)

Schlehen (*Prunus spinosa*) schmecken von Natur aus unangenehm sauer, was aber durch Frosteinwirkung oder vorheriges Einfrieren erheblich gemildert wird. Schlehenfrüchte unbedingt entkernen und im Mörser oder mit dem Pürierstab zerkleinern. Das blauschwarze Mus in ein großes Steingutgefäß geben, mit Rotwein übergießen und die Gewürze dazugeben. Das Ganze 3 bis 4 Tage zugedeckt ziehen lassen. Danach durch ein Tuch oder Haarsieb abtropfen lassen. Den Honig im Wasserbad erwärmen bis er flüssig ist und unter den abgefilterten Schlehenwein rühren. Nach dem Abkühlen den Weingeist dazugeben. Das Schlehenelixier in Flaschen füllen und gut verschließen. Kühl und dunkel lagern.

Eingelegte Zwetschgen hübsch verpackt

Kräuterlikör

3 Stiele Apfelminze, 2 Stiele Pfefferminze, 2 Stiele Zitronenmelisse, einige Blättchen Ananassalbei, 1 Messerspitze Korianderpulver, 150–200 g brauner Kandiszucker

Die frischen Kräuter behutsam waschen und mit Küchenkrepp trockentupfen. Sind die Stiele sehr grob, werden sie nicht verwendet. Die Blätter mit einem scharfen Messer abschneiden und zusammen mit dem Kandiszucker in eine Flasche geben. Den Alkohol darübergießen. Das Gefäß verschließen und alles kräftig durchschütteln. Nun den Likör 4 bis 6 Wochen an einen sonnigen, aber nicht zu heißen Ort stellen. Ein idealer Platz ist die Fensterbank. Den Kräuteransatz ein- bis zweimal wöchentlich kräftig durchschütteln. Den fertigen Likör später durch ein sauberes Tuch filtern und in das Gefäß

Alkohol-Ansätze an einem sonnigen Plätzchen reifen lassen; Flaschen wöchentlich mehrmals schütteln

Lagern, Haltbarmachen

Rosmarinwein bringt den Kreislauf in Schwung.

zurückgießen. Servieren Sie Kräuterlikör möglichst immer gut gekühlt.

Rosmarinwein

1 Zweig Rosmarin, 1 l Weißwein (Riesling oder Silvaner)
Den sauberen, trockenen Rosmarinzweig in ein Gefäß geben und mit Wein aufgießen. Etwa 2 Wochen ziehen lassen. Rosmarinwein schmeckt wunderbar würzig und hilft bei Kreislaufbeschwerden. Bei Bedarf dreimal täglich einen Eßlöffel voll einnehmen.
Ausnahme: während der Schwangerschaft

Immer wieder beliebt: Rumtopf-Früchte

Das Konservieren von Früchten in Alkohol und Zucker hat eine lange Tradition. Schon zu Großmutters Zeiten war es etwas Besonderes, sich an kalten Wintertagen an den beschwipsten Früchten zu erwärmen. Rumtopf-Früchte sind vor allem in der Dessertküche gefragt und passen hervorragend zu Mehl- oder Milchspeisen wie Pudding oder Vanille-Eis.
Zum Ansetzen ein großes Gefäß mit Deckel aus Steingut, Keramik oder Porzellan verwenden. Zutaten sind frisches Obst wie Aprikosen, Erdbeeren, Pfirsiche, Himbeeren, Kirschen, Pflaumen, Brombeeren, Heidelbeeren, Birnen und Weintrauben, gewöhnlicher Haushaltszucker und 54prozentiger Rum.
Die vollreifen Früchte sorgsam verlesen, waschen, trockentupfen und gegebenenfalls zerkleinern, damit sie besser durchziehen. Die jeweils der Jahreszeit entsprechenden und sorgsam vorbereiteten Früchte schichtweise mit Zucker (1 Pfund Obst/250 g Zucker) in das Gefäß geben. Bei jeder neuen Frucht-Zucker-Einlage das Ganze mit so viel Rum übergießen, daß alle Früchte reichlich mit Flüssigkeit bedeckt sind.
Das Rumtopf-Gefäß kühl und dunkel stellen. Die Fruchteinlage hin und wieder mit einem sauberen Löffel umrühren.
Je länger die Rumtopf-Früchte reifen, um so besser schmecken sie.
Wenn die letzte Obstschicht eingelegt ist, alles nochmal 4 Wochen durchziehen lassen. Bei Bedarf die Rumfrüchte mit einer Schöpfkelle portionsweise entnehmen und das Gefäß immer wieder gut verschließen.
Dunkel und kühl lagern.

Je länger Rumtopf-Früchte reifen, desto besser schmecken sie.

Alkoholische Köstlichkeiten

Birnenlikör wird durch Zitronenmelisse verfeinert.

Birnenlikör
600 g Williams-Christ-Birnen, 200 g Zucker, 750 ml Wodka, 300–400 ml Zuckerlösung
Die Birnen waschen, ungeschält achteln und das Kernhaus entfernen. Danach mit dem Zucker und dem Alkohol in eine Flasche oder verschließbares Gefäß geben und mindestens 6 bis 8 Wochen an einem sonnigen Fensterplatz ruhen lassen. Danach die Flüssigkeit abfiltern, mit der Zuckerlösung auffüllen, gut durchschütteln und in ein sauberes Gefäß gießen.

Dreifruchtlikör
200 g Himbeeren, je 100 g rote Johannisbeeren und Heidelbeeren, 200 g Zucker, 700 ml Rum, 400–500 ml Zuckerlösung
Die Himbeeren sorgfältig verlesen, möglichst nicht waschen; Johannis- und Heidelbeeren waschen und trockentupfen. Danach in eine verschließbare Flasche geben, Zucker und Alkohol dazugeben. Das Ganze zirka 2 Monate an einem sonnigen Platz durchziehen lassen. Anschließend die Flüssigkeit abseihen, mit der kalten Zuckerlösung in eine Flasche gießen und kräftig durchschütteln.

Kirschlikör
500 g Süßkirschen, 150 g weißer Kandiszucker, 1/2 l Korn (38 % Alkoholgehalt), 1 kleine Zimtstange, 250–300 ml Zuckerlösung
Die Süßkirschen waschen, entsteinen und mit dem Kandiszucker in eine Flasche oder Einmachglas geben. Das Ganze mit Korn aufgießen, Gefäß verschließen und mindestens 6 bis 8 Wochen durchziehen lassen. Zwischendurch immer wieder mal kräftig durchschütteln, damit sich der Kandiszucker gleichmäßig auflöst. Danach die Kirschen abseihen und mit der Zuckerlösung in eine Karaffe oder Flasche zurückgießen.

Fruchtliköre sind ein Genuß auf der ganzen Linie.

Himbeerlikör
300 g frisch gepflückte, reife Himbeeren, 150 g Ursüße (aus dem Reformhaus) oder Zucker, 1/2 l Bacardi-Rum, 200 g Zuckerlösung
Die Himbeeren sorgsam verlesen und mit der Ursüße in eine Flasche geben. Das Ganze mit dem Rum aufgießen und acht Wochen an einem sonnigen Fensterplatz durchziehen lassen. Zwischenzeitlich immer wieder mal durchschütteln. Den Ansatz später durch ein feines Tuch filtern und mit kaltem Zuckersirup in eine saubere Flasche zurückgießen.

Likör

Hauptbestandteile von Likören sind Früchte, Alkohol, Zucker oder Honig. Letztere müssen sein, denn erst die Süße macht den Likör süffig und gibt ihm seine Lieblichkeit. Honig verleiht ihm obendrein noch interessante Geschmacksstoffe.
Es ist also angebracht, nach dem Abfiltern den aromatisierten Alkohol zusätzlich mit einer Zuckerlösung anzureichern.
Zubereitung: 1/2 l Wasser und 250 g Zucker kurz aufkochen, solange umrühren bis der Zucker restlos aufgelöst ist. Danach das Zuckerwasser abkühlen lassen. Die kalte Zuckerlösung in den gefilterten Fruchtlikör gießen, und das Ganze kräftig schütteln. Den Likör bis zum Gebrauch nochmal einige Wochen ruhenlassen, anfangs immer wieder mal gut kräftig schütteln, je länger er reift, um so besser schmeckt er.

214

Im Garten gibt es rund ums Jahr etwas zu tun. Sei es nun die Aussaat, das Pikieren, das Pflanzen, notwendige Pflegearbeiten, das Ernten oder die Verwertung. Unser Arbeitskalender informiert Sie über die wichtigsten Arbeiten, die von Januar bis Dezember im Nutzgarten anfallen. Ob Gemüse, Kräuter oder Obst, gute und artgerechte Behandlung wird durch überaus aromatische und gesunde Kost belohnt. Allerdings: die Blüh- und Erntetermine können je nach Klimazone durchaus um ein oder zwei Wochen von unseren Angaben abweichen.

Arbeits-
kalender

Januar

Lagergemüse und -obst auf Schadstellen hin überprüfen und bei Befall aussortieren. Samenreste aus dem Vorjahr sichten, auflisten und eine Keimprobe vornehmen.
Gemüsegarten: Grünkohl, Lauch und Feldsalat bei frostfreiem Wetter nach und nach ernten. Chicorée antreiben. Dazu die Wurzeln in einen Eimer mit Erde geben und dunkel stellen. Ideale Temperatur: ca. 15 °C. Kresse sowie Keime und Sprossen auf der Fensterbank heranziehen. Obstgarten: Um Frostrissen an Obstgehölzen vorzubeugen, die Rinde mit Lehm oder Kalk anstreichen. Haselnußsträucher tragen besser, wenn die jungen Bodentriebe jetzt zurückgeschnitten werden.

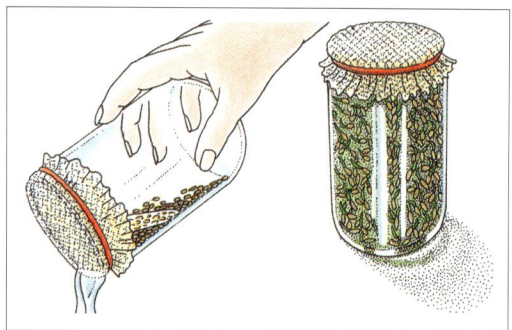

Vitaminreiche Winterkost: Keimsprossen

Rosenkohl verträgt Frost.

Der nächste Sommer kommt bestimmt.

Februar

Ab Monatsmitte Erdmiete sowie andere Vorratslager nach und nach leeren.
Gemüsegarten: Bei anhaltend mildem Wetter den Boden für Stark- und Mittelzehrer vorbereiten. Mulchschichten entfernen, grobe Erdschollen zerkleinern und ab Monatsende organischen Dünger, Kompost, Kalk und Gesteinsmehl flach in die Erde einarbeiten. Je nach Witterung können dann auch schon Spinat, Möhren, Zwiebeln und Melde ins Freiland gesät werden, jedoch nur mit Folienschutz. Rhabarber verfrühen. Dazu verrotteten Mist oder Kompost um die Pflanze geben und einen Behälter darüberstülpen.
Obstgarten: Beerensträucher und Obstgehölze an frostfreien Tagen zurückschneiden. Beim Auslichten vor allem nach innen wachsende, kranke oder zu eng stehende Zweige entfernen. Baumscheiben mit Kompost versorgen. Bei offenem Boden, also wenn er nicht gefroren ist, können Obstgehölze gepflanzt werden.

Leckeres aus dem Vorratsregal: Möhren

Jahres-Arbeitskalender

März

Gemüse- und Kräutergarten:
Letzte Wintergemüse wie Lauch, Grünkohl oder Feldsalat ernten; den Boden lockern. Gründüngung auf ungenutzte, vorläufig nicht benötigte Beete ausbringen, zum Beispiel Ackerbohnen oder Gelbsenf. Falls noch nicht geschehen, eine dünne Kompostschicht ausstreuen und oberflächlich in den Boden einarbeiten. Kräuter- und Gemüsejungpflanzen auf der Fensterbank oder im Warmhaus vorziehen. Das gilt vor allem für Tomaten, Paprika, Auberginen, lauch stecken. Löwenzahn zum Bleichen mit Folie abdecken. Wurzelstöcke vom Rhabarber teilen. Frühe Gemüsekulturen durch Abdecken mit Folie oder Vlies vor kalten Nachtwinden und Vogelfraß schützen.

Obstgarten: Vor Vegetationsbeginn Pfirsiche, Aprikosen, Quitten, Kiwis, Weinreben, Himbeeren, Tayberen oder Brombeeren pflanzen. Auf die Baumscheiben flachwurzelnde Gründünger säen. Jetzt ist ein idealer Zeitpunkt für die Anlage von Obstspalieren. Einfach und stabil ist

Folienabdeckung schützt vor Frost und Wind.

Frühgemüse ab Mitte März setzen

Artischocken, Knollensellerie. Auch Estragon, Majoran, Salbei, Thymian und Zitronenmelisse werden jetzt durch Aussaat vorgezogen. Bei entsprechender Witterung und in klimatisch begünstigten Gegenden können bereits ab Mitte des Monats und bei frostfreiem Boden Grünspargel und Frühkartoffeln gepflanzt werden. Zwiebeln und Knob- ein Gerüst, bestehend aus Holzpflöcken und Stahldrähten. Den Winterschnitt abschließen und Obstgehölze, die im Vorjahr trotz reichlich Blütenansatz nicht gefruchtet haben, durch Aufpfropfen einer Befruchtersorte veredeln. Besonders Äpfel, Birnen und Süßkirschen sind häufig auf die Bestäubung durch eine andere Sorte angewiesen.

1. Nach der Bodenvorbereitung Saatrillen ziehen

2. Nach der Aussaat zuharken, leicht andrücken und angießen

April

Ein arbeitsintensiver Monat für alle Gärtner. Beete mit Sämlingen und Jungpflanzen locker und unkrautfrei halten. An sonnig-warmen Tagen gießen. Brühen und Jauchen ausbringen; auf Schnecken achten und gegebenenfalls absammeln.

Der Nachwuchs wird getopft.

Die Blüte der Kirschbäume

Gemüse- und Kräutergarten: Spinat, Mairüben, Möhren, Salate, Erbsen, Kohlrabi, Rote Bete, Mangold, Radieschen und Rettiche ins Freiland säen. Nach dem Auflaufen der Erbsensaat Rankhilfe anbringen, zum Beispiel aus Reisig oder Draht. Pflanzzeit für Frühkartoffeln und bereits vorgezogene Gemüse wie Kohl, Salate oder Lauch. Ausdauernde Kräuter in Form schneiden, Erfrorenes entfernen. Salbei, Thymian, Oregano oder Schnittlauch durch Wurzelstockteilung verjüngen. Erste Radieschen oder junge Spinatblätter, die zeitig im Frühbeet ausgesät wurden, sind erntereif. Folienabdeckung bei Salaten entfernen, sobald sich Köpfe bilden. Anfang des Monats ist Aussaattermin für Paprika, Tomaten und Auberginen, allerdings nur unter Glas oder auf der Fensterbank.
Beete, die erst später benötigt werden, mit schnellwachsendem Gründünger ansäen.
Obstgarten: Beerensträucher wie Johannisbeeren oder Brombeeren jetzt durch Absenker vermehren. Bei Brombeeren das alte Holz entfernen und die jungen Bodentriebe am Spalier verteilen. Optimale Pflanzzeit für Kiwis.
Nachtfrösten vorbeugen. Bei Frostgefahr bereits aufblühende kleinere Obstgehölze, zum Beispiel im Kübel oder Sträucher, durch Abdecken mit einem Tuch schützen. Falls noch nicht erledigt, Frostrisse an Obstbäumen kontrollieren, die lose Borke mit einem scharfen Messer bis in das gesunde Holz zurückschneiden. Dann die glatte Schnittfläche sorgfältig mit Wundverschlußmittel einstreichen.

Frühbeet und Folie schützen vor Kälte.

Jahres-Arbeitskalender

Mai

Gemüse- und Kräutergarten: Nahezu alle Gemüsearten können jetzt ins Freiland gesät werden. Vorgezogene Jungpflanzen – wie Tomaten, Paprika, Gurken, Kürbis, Zucchini und Kräuter – nach den Eisheiligen Mitte Mai ins Freie setzen. Die Beete regelmäßig hacken, unkrautfrei halten und bei Trockenheit gießen. Auf Schnecken achten und bei Befall täglich absammeln. Kartoffeln anhäufeln. Folienabdeckungen von Frühkulturen spätestens Mitte des Monats entfernen. Erste Kräuter zum Trocknen ernten. Schnellwachsende – wie Basilikum, Dill, Kerbel und Majoran – direkt aussäen. Kräuterbrühen und -jauchen ansetzen.
Obstgarten: Baumscheiben mit Kompost mulchen oder mit Kapuzinerkresse, Lupinen oder Ringelblumen einsäen. Sobald die Erdbeeren zu blühen beginnen, zwischen den Reihen und Pflanzen Stroh ausbringen. Das hält den Boden feucht und unkrautfrei und schützt die Früchte vor Fäulnis, außerdem bleiben sie sauber.

Jungpflanzen mit Erde anhäufeln

Nach den Eisheiligen kann bedenkenlos gesät werden.

Juni

Regelmäßiges Wässern ist nötig.

Die Beete locker und unkrautfrei halten. Bei Trockenheit täglich gießen.
Starkzehrer mit verdünnter Brennesseljauche nachdüngen. Die Ernten sind in vollem Gange.
Gemüse- und Kräutergarten: Abgeerntete Beete zum Beispiel mit Blattsalaten, Buschbohnen, Radieschen, Herbstrettich, Winterlauch und Fenchel neu einsäen. Die Ernte von Rhabarber und Spargel zum Monatsende hin abschließen und die Pflanzen kräftig düngen. Tomaten regelmäßig ausgeizen. Zitronenmelisse vor dem Aufblühen abschneiden und trocknen. Die Pflanze treibt nochmals kräftig aus.
Obstgarten: Die ersten Früchte reifen. Bindestellen bei jungen Bäumen überprüfen und gegebenenfalls lockern. Erziehungsschnitt für Spalierbäume vornehmen.

Mit der Erntesaison beginnt auch das Einmachen.

Juli

Stangenbohnen zwei- bis dreimal wöchentlich ernten.

Erbsen gibt es in Hülle und Fülle.

Beete ausreichend wässern, denn Trockenheit geht zu Lasten der Qualität und des Geschmacks.
<u>Gemüse- und Kräutergarten:</u> Die Erde um Gemüsekulturen herum immer wieder lockern, gegebenenfalls auch leicht anhäufeln; auf diese Weise hält sich die Feuchtigkeit besser. Rhabarberstengel nicht mehr ernten und reichlich mit Kompost versorgen, damit die Pflanze wieder neue Kraft schöpft. Stabtomaten weiterhin ständig ausgeizen und die Pflanzen bei Bedarf düngen. Bei Blumenkohl einige Blätter nach innen knicken, so daß die Blüte beschattet ist und appetitlich weiß bleibt. Lauchschäfte bleiben ebenfalls schön weiß, wenn man die Pflanzen mit Erde anhäufelt. Herbst- und Wintergemüse, wie zum Beispiel Chinakohl, Zuckerhut, Rüben, Möhren, Eissalat und Grünkohl aussäen; vorgezogene Pflanzen an Ort und Stelle setzen.
Gurken, Zucchini und Buschbohnen möglichst jung ernten, dann schmecken sie am besten. Bohnen können danach noch weitere Male durchgepflückt werden.

Auch die ersten Kartoffeln sind erntereif.
Petersilie und Kümmel für das kommende Jahr aussäen. Außerdem ist Erntezeit im Kräuterbeet. Viele Blattkräuter können nun zum Trocknen geerntet werden, die meisten besitzen kurz vor der Blüte die meisten Inhaltsstoffe.
Für den Frischverbrauch stets einige Triebe an den Pflanzen belassen.
<u>Obstgarten:</u> Beeren haben jetzt Erntesaison, Kirschen, Pfirsiche, Nektarinen sowie frühe Apfel- und Pflaumensorten folgen. Abgeerntete Johannis- und Stachelbeersträucher zurückschneiden; ebenfalls die Ruten einmaltragender Himbeeren. Auch größere Obstgehölze brauchen einen Sommerschnitt. Ende Juli beginnt die Pflanzzeit für Erdbeeren. Die Jungpflanzen bis zum Anwachsen täglich gut wässern. Ausläufer an älteren Erdbeerpflanzen sind zu entfernen, damit sie weiterhin gut tragen.

Kirschsaft schmeckt einfach köstlich.

Jahres-Arbeitskalender

August

Boden lockern, Unkraut entfernen und Gießen gehören jetzt ebenso wie das Ernten zu den Routinearbeiten.

Eine besonders wichtige Pflegearbeit im August ist regelmäßiges Hacken, sonst verkrustet die Erdoberfläche und wird hart, was zur Folge hat, daß sie kaum noch Wasser aufnehmen kann. Aufgelockerte Böden speichern Feuchtigkeit, die Pflanzen wachsen besser.

Gemüse- und Kräutergarten: Anfang des Monats ist die letzte Aussaatmöglichkeit für Radieschen, Rettich, Kopf- und Pflücksalat. Später reifen sie nicht mehr aus.

Netze können Gemüsekulturen vor den Schädlingen Kohlweißling, Möhrenfliege und Lauchmotte schützen.

Obstgarten: Besonders ertragreiche Obstbäume brauchen jetzt eine Stütze, andernfalls besteht die Gefahr, daß die Äste zu schwer werden und schließlich brechen.

Erdbeeren sollten Sie bis Mitte des Monats pflanzen, danach ist es zu spät. Ein großzügiger Pflanzabstand beugt Grauschimmel vor.

Außerdem ist es empfehlenswert, einige Knoblauchzehen quer übers Erdbeerbeet zu verteilen. Das wirkt ebenfalls vorbeugend

Bei Trockenheit ist tägliches Gießen unumgänglich.

Mischkulturen sichern reiche, gesunde Ernten im eigenen Gemüsegarten.

Auf bereits abgeerntete und unkrautfreie Beete Gründüngung ausbringen. Das lockert den Boden und reichert ihn mit Nährstoffen an.

Zwiebeln ernten, sobald ihre Blätter umfallen und im oberen Drittel abgestorben, also vertrocknet sind.

Die Kräuterernte erreicht ihren Höhepunkt.

Stiel-, Blatt- und Wurzelgemüse nicht mehr düngen, sonst speichern die Pflanzen zuviel schädliches Nitrat.

gegen Pilzkrankheiten und fördert außerdem das Wachstum der Pflanzen.

Abgeerntete Himbeerruten bis zum Boden zurückschneiden, unter den Pflanzen gut mulchen. Krankes Holz sollten Sie bei Stein- und Beerenobst nach der Ernte auslichten. Die Baumscheiben von Obstgehölzen nochmals mit einer dünnen Kompostschicht versehen.

Erntezeit

September

Endivien zum Bleichen zusammenbinden

Gemüse- und Kräutergarten: Die Ernten sind in vollem Gange: Weil die Nächte ab Monatsmitte zu kalt für Auberginen, Gurken, Bohnen, Paprika, Tomaten und Zucchini werden, jetzt ernten. Einjährige Blattkräuter wie Basilikum, Majoran oder Estragon ebenfalls abernten, sie verlieren deutlich an Würzkraft. Winterlauch anhäufeln und Endivien zum Bleichen zusammenbinden, sofern die Sorte nicht selbstbleichend ist. Rosenkohl entspitzen, dann fällt die Ernte reicher aus. Ende des Monats Rhabarber und mehrjährige Kräuter durch Wurzelstockteilung vermehren. Nochmal reichlich Feldsalat und Spinat aussäen und bis zum Auflaufen der Saat das Beet gut feucht halten. Auch Wintersalat wird jetzt ausgesät, er bleibt den Winter über im Beet und ist im April erntereif.

Obstgarten: Äpfel, Birnen sowie späte Pflaumen-, Himbeer- und Brombeersorten werden nach und nach abgeerntet. Walnüsse nicht vom Baum schlagen, sondern warten, bis sie von selbst herunterfallen. Ab Monatsmitte sind Hagebutten und Schwarzer Holunder reif.

Den Boden auf eine eventuell spätere Gehölzpflanzung mit reichlich Kompost und Steinmehl vorbereiten.

Oktober

Herbstfrüchte: farbenfroh und aromatisch

Gemüsegarten: Vor dem ersten Nachtfrost gesunde Tomatenpflanzen samt Wurzeln aus der Erde nehmen und zum Nachreifen kopfüber im Keller aufhängen. Möhren, Sellerieknollen, Rote Bete, Rettich, Knollenfenchel, Blumenkohl und Brokkoli vor Frostbeginn ernten. Chicoréewurzeln Ende Oktober zum Antreiben aus der Erde nehmen. Den Boden der abgeräumten Beete lockern und reichlich reifen Mist oder Kompost einarbeiten.

Obstgarten: Äpfel und Birnen vorsichtig pflücken. Druckstellen beginnen leicht zu faulen.

Kartoffeln kühl und dunkel lagern

November

Beim Mangold die äußeren Blätter abschneiden und den Rest mit einer Laubschicht vor der Kälte schützen.

Gemüse und Obst vor dem Einlagern sorgfältigst verlesen. Es muß von einwandfreier Qualität sein, dabei spielt es keine Rolle, ob es in eine Erdmiete, ins Frühbeet oder in den Keller kommt. Äpfel und Kartoffeln dürfen nicht im selben Raum lagern.
<u>Gemüse- und Kräutergarten:</u> Falls noch nicht geschehen, den Boden fürs kommende Frühjahr vorbereiten. Frostempfindliche Kräuter mit Reisig abdecken. Schnittlauch ausgraben, in eine Steige legen und durchfrieren lassen. Später die Wurzelstücke in Töpfe verteilen, mit Erde auffüllen und auf der Fensterbank antreiben.
<u>Obstgarten:</u> Jetzt ist es Zeit für die Kiwi-Ernte. Solange der Boden nicht gefroren ist, Beerensträucher und Obstgehölze pflanzen. Busch- und Spindelbäumen unbedingt einen Pflanzpfahl geben.

Schnittlauch-Treiberei
1. Kräftige ausgegrabene Pflanzen draußen durchfrieren lassen

2. Eintopfen und am Fenster oder im Gewächshaus antreiben

Dezember

Den Komposthaufen im Winter durch Abdecken mit einer Schilfmatte oder Folie schützen.
<u>Gemüsegarten:</u> Lauch, Meerrettich, Topinambur, Feldsalat, Winterportulak und Kohlgemüse

Wurzelpetersilie am Fenster antreiben.

können fortlaufend geerntet werden. Allerdings nur, wenn sie nicht gefroren sind, ansonsten werden sie matschig, sobald sie in die Wärme kommen und auftauen; die meisten jedenfalls. Eingeschlagenes Gemüse immer wieder mal kontrollieren. Schimmeliges oder Beschädigtes aussortieren und trockenen Sand mit Wasser besprühen. Chicorée antreiben: Dazu einen Eimer mit Erde füllen, die Wurzeln hineingeben und dunkel stellen.
<u>Obstgarten:</u> Lagerfrüchte wöchentlich überprüfen, Faules aussortieren. Den Vorratskeller regelmäßig lüften.

Eingekochter Himbeersaft verkörpert das Aroma des Sommers.

Auf den nachfolgenden acht Buchseiten haben wir für Sie viele Geheimtips und Tricks zusammengestellt, die wir von Gärtnerinnen und Gärtner in mehr als 25 Jahren erfahren haben. Probieren Sie die Ratschläge doch einfach mal aus und stören Sie sich bitte nicht daran, wenn im vorderen Teil des Buches – besonders was den Pflanzenschutz betrifft – diese Kniffe nicht aufgenommen wurden. Es handelt sich sozusagen um Gärtnerwissen, das eben nur über den Gartenzaun weitergeben wird.

Was tun, wenn...?

Gesammeltes Gärtnerwissen

Praxis-ABC:

- Ackerwinden im Garten und Gewächshaus — Seite 227
- Ameisen im Garten — Seite 227
- Amerikanischer Mehltau an Stachelbeeren — Seite 227
- Lästige Amseln — Seite 227
- Asseln in der Gartenlaube, auf Balkon und Terrasse — Seite 227
- Baumstümpfe im Garten — Seite 227
- Blattläuse an Gemüse — Seite 227
- Blumenzwiebeln, Schutz bei Pflanzaktionen — Seite 228
- Blumenzwiebeln, Schutz vor Wühlmäusen — Seite 228
- Brennesseln im Garten — Seite 228
- Christrosen, Schwarzfleckenkrankheit — Seite 228
- Disteln im Garten — Seite 228
- Drahtwürmer im Salatbeet — Seite 228
- Eichhörnchen im Walnußbaum — Seite 228
- Erbsen, Fraßschäden bei Jungpflanzen — Seite 228
- Erde, keimfrei für Aussaaten — Seite 228
- Erdflöhe im Gewächshaus — Seite 229
- Fliegen auf Terrasse und Balkon — Seite 229
- Fliegen in Wohnräumen — Seite 229
- Gießkannen, Schutz vor Algen — Seite 229
- Gladiolen, die kranke Blüten haben — Seite 229
- Grünspargel, Spargelkäferbefall — Seite 229
- Kriechender Hahnenfuß im Garten — Seite 229
- Kaninchen im Garten und auf Gräbern — Seite 229
- Kartoffelkäfer im Garten — Seite 230
- Kiefernnadeln, Verwendung großer Mengen — Seite 230
- Knollen teilen, Schnittflächen desinfizieren — Seite 230
- Kompostieren auf dem Balkon — Seite 230
- Lebermoos im Garten und auf Wegen — Seite 230
- Löwenzahn im Rasen — Seite 230
- Mäuse im Komposthaufen — Seite 230
- Maulwurf vertreiben — Seite 230
- Mehltau an Phlox und Astern — Seite 231
- Mückenabwehr im Freien — Seite 231
- Mückenlarven im Regenfaß — Seite 231
- Nistkästen reinigen (Parasitenbefall) — Seite 231
- Ohrkneifer in der Gartenlaube — Seite 231
- Quecke im Garten — Seite 231
- Rehe, Abwehr im Garten — Seite 231
- Rosen, alternative Spritzmittel — Seite 232
- Schadschnecken bekämpfen — Seite 232
- Schildläuse an Kübelpflanzen — Seite 232
- Schnittlauch, Rostpilzbefall — Seite 232
- Verkrustete Tontöpfe säubern — Seite 232
- Werren (Maulwurfsgrillen) im Garten — Seite 232
- Wildwuchs auf Gartenwegen — Seite 233
- Woolläuse an Zierpflanzen — Seite 233
- Wühlmäuse im Garten — Seite 233
- Zwiebelfliege an Porree — Seite 233

Gesammeltes Gärtnerwissen

Wenn Ackerwinden sich im Garten oder im Gewächshaus zu sehr breitmachen

Im Frühjahr den Austrieb freilegen, einen Plastikbecher oder eine Plastikflasche (zum Beispiel von Putzmitteln den engen Hals abschneiden) darüber stülpen, fest andrücken und mit Erde abdecken. So behandelte Pflanzen sind und bleiben verschwunden, da die Wurzeln absterben. Man kann über jede Winde aber auch ein altes Einweckglas setzen. Das sieht lustig aus. Da die Pflanze hineinwächst und nicht weiter kann, ist das Glas bald komplett ausgefüllt. Platz für Blätter bleibt nicht, so daß die Winde nicht assimilieren kann. Sie geht letztendlich ein. Winden lassen sich punktuell auch mit Salz bekämpfen.

Wenn Ameisen lästig werden

Erfahrungsgemäß überqueren Ameisen keine Holz- oder Papierasche. Diese sollte man allerdings so ausstreuen, daß sie nicht feucht wird. Ameisen mögen ebenso wenig Tomatenblätter, Lavendel, Majoran, verschimmelte Zitronenscheiben und Wermutjauche. Verwirrung stiftet Zimt auf der Ameisenstraße (oder spezielles Ameisenöl als Vertreibungsmittel). Und: Ameisen können mit einem sandgefüllten Tontopf umgesiedelt werden. Er wird mit der Öffnung nach unten über das Nest gesetzt. Quillt Sand aus dem Wasserabzugsloch, ist der Topf bewohnt. Mit einer Schaufel kann er dann weggetragen werden.

Wenn Stachelbeeren unter Amerikanischem Mehltau leiden

Ursachen können ein zu enger, schattiger Stand, Kalkmangel und einseitige Stickstoffdüngung sein. Zu dichte Kronen sollten ausgelichtet werden. Da der Pilz in den Triebspitzen überwintert, im Herbst vorsorglich alle Triebspitzen abschneiden. Nach drei Jahren diese Prozedur wiederholen. Erfahrene Gartenbesitzer pflanzen Wermut (*Artemisia absinthium*) zwischen ihre Stachelbeersträucher und mulchen von Frühjahr bis Herbst den Wurzelraum mit frischen Kartoffelschalen.

Wenn Amseln Balkonkästen und Blumentöpfe umpflügen oder die Krokusse zerfleddern

Einfach Kinderwindmühlen in gefährdete Pflanzgefäße und Beete stecken. Oder Fäden spannen und flatternde Alustreifen anbinden.
Lustig sehen bunte, mit der Schere geringelte Geschenkbänder an Holzstäben aus. Unauffälliger sind dagegen kurze, dornige Rosenzweige zwischen den Pflanzen.

Wenn Asseln auf dem Balkon, der Terrasse oder in der Gartenlaube lästig werden

Asseln lieben feuchte, dunkle Unterschlupfmöglichkeiten. Wenn sie sich in Scharen in der Laube, unter Kübelpflanzen und Untersetzern eingefunden haben, ein feuchtes Scheuertuch als Köder auslegen und dieses dann in größerer Entfernung vom Ort des Geschehens ausschütten. Wird dies öfter wiederholt, ist der „Spuk" bald vorbei.

Wenn Baumstümpfe im Garten stören

Stümpfe von Obstbäumen mit Pilzbrut (Shii-Take, Austernseitling, Stockschwämmchen) beimpfen. Sie wird auf der Schnittfläche aufgebracht und abgedeckt (mit Brettern oder Folie). Das Pilzmyzel durchwächst bei genügender Wärme und Feuchtigkeit das Holz. Nach zwei Jahren reicher Ernte zerfällt der Baumstumpf dann in Späne.

Oder: Eine passende Betonröhre über den Baumstumpf stülpen, halb verrotteten Kompost einfüllen und mit Blumen bepflanzen. Nach drei Jahren ist der Stumpf mürbe. Hartholz vorher mehrmals mit der Axt einkerben oder mit der Bohrmaschine mehrfach senkrecht anbohren, um die Angriffsfläche für Wasser und Sauerstoff zu vergrößern.

Wenn Blattläuse an Gemüsepflanzen sitzen

Werden Tagetes oder Kapuzinerkresse zwischen die befallenen Pflanzen gesetzt, siedeln Blattläuse gerne um. Restbestände auf den Gemüsepflanzen dann mit Brennesselbrühe vertreiben. Blattläuse lassen sich auch durch blendendes Licht abwehren. Hierfür mit Alufolie bespannte Tafeln an Stäben zwischen die Pflanzen stecken oder an Schnüren aufhängen.
Früher bestäubte man von Blattläusen (und Erdflöhen) geplagte Pflanzen dick mit Holzasche. Nach dem nächsten Regenguß waren Asche und Läuse verschwunden.
Das klappt aber auch mit Zeitungspapierasche und einem Guß aus Gießkanne oder Schlauch. Diese Asche-Methode funktioniert sogar bei Zierpflanzen (Zimmerpflanzen ins Freie stellen).
Als Spritzmittel gegen Blattläuse nimmt man Wermuttee oder Zwiebelschalenwasser (Schalen drei bis vier Tage darin ziehen lassen).
Im Gewächshaus können Ohrwürmer bei den Blattläusen aufräumen. Für diesen Zweck bewohnte Ohrwurm-Quartiere (mit Heu oder Holzwolle gefüllte Blumentöpfe) aus dem Garten holen.
Notgedrungen lassen sich im Garten gefundene Spinnen und Marienkäfer auf befallene Pflanzen setzen.

Wenn Blumenzwiebeln im Boden bei späteren Pflanzaktionen gefährdet sind

Möglichst die Pflanzstellen dauerhaft kennzeichnen, damit die Zwiebeln durch Schaufel oder Grabegabel nicht beschädigt werden. Schutz bietet ein leicht über den Boden stehender Plastikring von einem alten Eimer oder von großen Pflanzcontainern. Oder: dicken, kunststoffbeschichteten Draht in 20 cm lange Stücke schneiden und rings um die Pflanzstelle tief in den Boden stecken. Die überstehenden Enden stören nicht. Lustig sehen bunte Trinkhalme als Markierung aus, z. B. gelbe für Narzissen, rote für Tulpen, blaue für Traubenhyazinthen. Man kann aber stattdessen auch die freien Zwischenräume durch Holzstäbe kennzeichnen.

Wenn Blumenzwiebeln durch Wühlmausfraß gefährdet sind

Blumenzwiebel-Pflanzkörbe aus Kunststoff können durchgenagt werden. Mehr Schutz bietet feiner Maschendraht (verzinkter Hasendraht, 10-Meter-Rolle, 50 cm breit, im Gartencenter oder Baumarkt). 50 x 50 cm ergeben einen 24 x 24 cm großen, 13 cm hohen Korb. Er wird mit der Oberkante bündig ins Pflanzloch gesetzt. Bei kleinen Blumenzwiebeln die Pflanzhöhe durch Einfüllen von Erde anpassen. Große Zwiebeln kann man einzeln schützen. Vom Maschendraht einen 15 cm breiten Streifen abschneiden. Er wird einmal um den Blumenzwiebelpflanzer gewickelt, bei der Überlappung abgeschnitten und an den Längskanten und der Bodenöffnung verknüpft. Das später mit dem Blumenzwiebelpflanzer ausgehobene Loch braucht nur etwas ausgeweitet zu werden, damit das Drahtkörbchen dann oberflächenbündig eingesetzt werden kann.

Wenn Brennesseln sich zu stark ausbreiten

Den Brennessel-Dschungel alle 2 bis 3 Wochen abmähen (für Schmetterlinge jedoch einen Streifen stehen lassen). Zwar fördert das Abmähen vorerst noch das Wachstum; danach stirbt die Brennessel ab. Das Wurzelwerk dann mit der Kartoffelhacke entfernen. Die Brennesseln ergeben ausgezeichnetes Material für Kompost oder düngende Jauche.

Wenn Christrosen immer wieder braune Blätter bekommen

Die sogenannte Schwarzfleckenkrankheit wird durch einen Schadpilz ausgelöst. Gefährdet sind vor allem Christrosen (*Helleborus*) in saurem Boden. Er kann mit kohlensaurem Kalk verbessert werden; vorbeugend etwas Kalkschotter ins Pflanzloch geben. Vor Austriebsbeginn im Frühjahr sorgfältig alle befallenen Blätter entfernen.

Wenn Disteln zur Plage werden

Disteln fortwährend abschneiden (vor allem die Samenreife verhindern) und die hohlen Stengel mit Wasser füllen. Das bekommt den Pflanzen nicht. Oder über jeden Neuaustrieb einen Joghurtbecher stülpen und diesen fest in den Boden drücken. Alternativ dazu neue Triebe 10 cm tief im Boden mit einem scharfen Messer durchtrennen. Im Rasen kann man Distelwurzeln im Herbst so tief wie möglich ausstechen. In die erweiterten Löcher dann Komposterde und Dünger geben; Narzissenzwiebeln einsetzen und mit Erde abdecken. Wurzelreste treiben nicht mehr aus.

Wenn Drahtwürmer die Salaternte vernichten

Das Salatbeet mit Tagetes und Ringelblumen umpflanzen und eine Meerrettichstaude dazusetzen. Die Drahtwürmer siedeln sich dann lieber dort an. Sie lassen sich aber auch mit halbierten rohen Kartoffeln ködern. Diese werden eingegraben (Stellen mit Stäben markieren) und nach 2 bis 3 Wochen wieder eingesammelt. Die von Drahtwürmern besiedelten Kartoffeln dann in die Mülltonne geben.

Wenn Eichhörnchen den Walnußbaum plündern

Bevor die Walnüsse reif sind, den Baumstamm in Augenhöhe mit einer Blechmanschette oder biegsamen Plexiglasfolie (Breite mindestens 1 m) ummanteln. Versuchen Eichhörnchen den Stamm hochzulaufen, rutschen sie ab – ohne Schaden zu nehmen. Aufspringen von Nachbarbäumen durch Einkürzen der Zweige verhindern. Eichhörnchen können von Ast zu Ast bei gleicher Höhe leicht 6 m überwinden, im „Sturzflug" sogar 10 m. Abgefallene Nüsse frühmorgens aufsammeln und ein paar für die possierlichen Tiere übrig lassen.

Wenn auflaufende Erbsen gleich abgefressen werden

Über ausgesäte Erbsen sofort ein Insektenschutz-Vlies legen. Es schützt die Keimlinge und behindert, da es sehr leicht ist, auch heranwachsende Pflanzen nicht. Oder die Pflänzchen anhäufeln, sobald sich die ersten grünen Spitzen zeigen; fortlaufend, bis die Pflanzen groß genug sind. Durch Anhäufeln werden die Blätter bitter, was Schädlinge vom Anknabbern abhält.

Wenn Erde für Aussaaten keim- und schädlingsfrei sein soll

Kleine Mengen Anzuchterde kann man im 180 °C heißen Backofen dämpfen. Sie wird feucht 8–10 cm hoch auf das Backblech geschichtet und ist nach etwa 15 Minuten fertig.

Gesammeltes Gärtnerwissen

Gut ausgekühlt ist sie am nächsten Tag einsatzbereit. So kann man auch Blumenerde vor ungebetenen Gästen (Blasenfüßern, Larven von Trauermücken) befreien. Angefeuchtet wird sie in Tontöpfen in den Backofen gestellt (selbstverständlich ohne Pflanzen). Oder in die Mikrowelle 4 Minuten lang bei 700 Watt.

Wenn Erdflöhe Gewächshaus-Kulturen schädigen

Wo Tomaten, Wermut oder Pfefferminze wachsen, lassen sich keine Erdflöhe blicken. Man kann auch einen Sud aus ihren Blättern an gefährdete Pflanzen gießen. Oder vorbeugend Holzasche streuen. Da Erdflöhe trockenen Boden lieben, regelmäßig gießen und die Pflanzflächen mulchen. Als Soforthilfe bei Befall Kaliumpermanganat ins Gießwasser geben (1 Teelöffel/l Wasser) und an zwei aufeinander folgenden Tagen großflächig ausbringen.

Wenn Fliegen auf Terrasse und Balkon lästig werden

Diese ungebetenen Gäste lassen sich durch Tomatenpflanzen fernhalten, die in Töpfen auf der Fensterbank oder Kübeln beim Sitzplatz wachsen. Ähnliche Wirkung haben blühende Kaiserkronen und Eukalyptus. Kurzfristig helfen Nußbaumzweige in einer Vase.

Wenn sich Fliegen in Küche und Speiseräumen aufhalten

Duftgeranien und Tomatenpflanzen vor dem Fenster in Kästen oder Töpfen kultivieren. Dann verirrt sich nur selten eine Fliege ins Zimmer. Oder stattdessen Zitronenmelisse aufs Fensterbrett stellen. In baltischen Ländern hängen Trockensträuße und -kränze aus Weinraute als Schutz gegen Fliegen und andere Insekten in den Bauernhäusern. In Südtirol werden Zitronen mit Gewürznelken gespickt, um damit offene Türen und Fenster zu schützen. In Mittelmeerländern bindet man Anti-Fliegen-Sträuße aus drei großen Stengeln Beifuß, einem großen Stengel Lavendel, zwei großen Stengeln Rainfarn und einem kleinen Stengel Rosmarin. Die Wirkung hält ein Jahr.

Wenn Gießkannen durch Algen verschmutzen

Gießkannen nach Gebrauch umgedreht aufhängen, so daß restliches Wasser ablaufen kann. Dann sind die Kannen in kürzester Zeit trocken und auf Dauer algenfrei.

Wenn Gladiolen kranke, schmierige Blüten bekommen

Gladiolen werden gern von Blasenfüßern (Thripse) befallen, die Pflanzenzellen anstechen, um Saft zu saugen und Eier hineinzulegen. Betroffene Blütenknospen werden schlapp und sterben ab. Häufig werden durch Thripse geschwächte Gladiolen auch von Pilzen befallen (Grauschimmel, Kraut- und Knollenfäule). Bei Thripsbefall mit umweltfreundlichem Sommeröl spritzen und die Gladiolen durch Algenextrakt und Brennesseljauche stärken. Im Herbst die Zwiebeln vor den ersten Nachtfrösten mit der Grabegabel aus dem Boden heben. Das Laub handbreit stehen lassen und die trockenen Zwiebeln dick mit Babypuder einstäuben (desinfiziert wie Holzkohlepulver). Im nächsten Jahr die neue Pflanzstelle vorsorglich mit Ackerschachtelhalmbrühe gießen und einen Pflanzabstand von 10-20 cm einhalten.

Wenn Grünspargel von Spargelkäfern befallen wird

Da sich die Maden Ende Juli in den Stengeln 5-10 cm unter der Erdoberfläche verpuppen, muß man das befallene Kraut mit einem Spaten vorher noch etwas tiefer abtrennen. Beim Graben im Herbst die Stengelreste nochmals - so tief es geht - abstechen, sorgsam alles absammeln und gleich verbrennen. Zumal Spargelkäfer ebenfalls im Mark des Spargelkrautes überwintern. Grünspargel als Mischkultur mit Tomaten, Gurken, Petersilie und Schnittsalat anbauen.

Wenn Kriechender Hahnenfuß sich im Garten ausbreitet

Hahnenfuß (Ranunculus repens) bevorzugt schweren Tonboden. Das Wildkraut mit Geduld von Pflanze zu Pflanze entlang des Ausläuferstranges (mit einem Gärtner- oder spitzen Küchenmesser) ausstechen. Feste Böden mit Sand auflockern und dick mit Gehölzschnitt-Häcksel mulchen. Falls möglich, Kartoffeln anbauen oder Lupinen aussäen.

Wenn hungrige Kaninchen zur Plage werden

Hornmehl (keine Späne!) oder Knochenmehl auf die Pflanzen und drumherum streuen. Das vergrault gefräßige Kaninchen und düngt gleichzeitig. Abschreckend wirkt der intensive Geruch von frischer, ungewaschener Schafswolle. Sie kann in Büscheln in Sträucher gehängt werden oder an Stäbe gebunden Beete schützen. Eine ähnliche Wirkung haben Stofflappen, die mit Franzosenöl (aus der Drogerie) getränkt sind. Um Setzlinge Buttermilch gießen. Mitunter lassen Kaninchen Gemüsebeete in Ruhe, wenn sie in angemessener Entfernung altes Brot (wetterfest in einer umgedrehten Kiste) vorfinden. Gräber können durch eine Schicht frischer Thujazweige (mit Erde abdecken) oder durch Fischmehl (200 g/m^2) geschützt werden. Um die Pflanzen herum kann man auch Menschen- oder Hundehaare einarbeiten (beim entsprechenden Frisör nachfragen).

Was tun, wenn …?

Wenn Kartoffelkäfer im Beet ihr Unwesen treiben

Mit Austriebbeginn jeden Tag die Käfer absammeln und alle Blätter entfernen, an denen abgelegte Eier zu erkennen sind. Hilfreich kann das Bestäuben des Krautes mit Kartoffel- oder Stärkemehl (Mondamin) sein. Wo Kartoffelkäfer beständig auftauchen, die Anbaufläche jährlich wechseln. Und Spinat oder Kapuzinerkresse zwischen die Reihen säen.

Wenn Kiefernnadeln in großen Mengen anfallen

Pflanzen, die sauren Boden mögen (Kulturheidelbeeren, Himbeeren, Azaleen, Rhododendren), dick mit Kiefernnadeln mulchen. Im Frühjahr kann man Kiefernnadeln zentimeterhoch zwischen Salatpflanzen und Gemüseaussaaten streuen, um Schnecken abzuhalten. Bei sandigen Böden im ganzen Garten eine 10 bis 15 cm hohe Mulchschicht ausbringen (nachdem die Vorjahresschicht eingearbeitet wurde). Nadelmulch unterdrückt Unkraut und schützt die Bodenoberfläche. Kiefernnadeln eignen sich zudem als Winterschutz für empfindliche Gehölze, Stauden und Zwiebelblumen. Und zum Auflockern von Topferde. Man kann Kiefernnadeln aber auch mit anderen Gartenabfällen kompostieren. Allerdings dauert die Verrottung etwas länger.

Wenn die Knollen von Dahlien und Begonien geteilt und desinfiziert werden müssen

Bekanntlich ist Holzasche gut zum Einpudern der Schnittflächen. Doch woher nehmen im Zeitalter der Öl- und Gas-Heizungen? Versuche haben gezeigt, daß Dahlien- und Begonien-Knollen oder Iris-Rhizome ebenso mit Babypuder oder Aktiv-Puder vor Fäulnis bewahrt werden können. Flächen vorher antrocknen lassen.

Wenn Balkongärtner Kompost herstellen möchten

Hierfür werden einfache Kompostsäcke im Gartenfachhandel oder bei Versandfirmen angeboten. Speziell für den Balkon gibt es aber auch Komposttonnen (sogar mit Holzverkleidung) sowie Kompostwürmer für den Dauereinsatz. Werden dann Küchen- und Pflanzenabfälle schichtweise mit speziellen Komposterflocken vermischt, kann schon nach 6 bis 8 Wochen reifer Kompost entnommen werden.

Wenn Lebermoos lästig ist

Lebermoos tritt vor allem in schattigen Gartenteilen und gut eingewachsenen Staudenkulturen auf. Hier das Moos mit Holzhäcksel, Rindenmulch, Kies, Lavagrus oder einer dicken Schicht Holzasche unterdrücken. Oder Gartenkalk ausstreuen und die Fläche wässern (nicht bei Moorbeetpflanzen). Wird gekörnter Stickstoff ausgestreut, ist das Lebermoos nach sechs bis acht Wochen verschwunden. Auf freien Flächen ganz ohne Nebenwirkung; im Rasen muß man eventuell nachsäen. Wege oder Kiesflächen einfach zwei-, dreimal mit kochend heißem Wasser begießen.

Wenn Löwenzahn im Rasen zum Ärgernis wird

Keinesfalls Blüten oder gar Samenflug dulden; alle Blüten sofort abzwicken. Im zeitigen Frühjahr junge Pflanzen samt Wurzeln ausstechen. Da fast immer ein Wurzelrest im Boden bleibt, in das Loch mit einem Teelöffel etwas Kalkstickstoff geben. Er verätzt die Löwenzahnwurzel, macht aber den Graswurzeln nichts aus. Im Gegenteil: An behandelten Stellen hat das Gras eine sattgrüne Farbe. Im übrigen ergeben frühjahrsfrische Löwenzahnblätter einen vitaminreichen, wohlschmeckenden Salat.

Wenn Mäuse sich im Komposthaufen tummeln

Gekochte Essensreste und trockenes Brot gehören, schon um Geruchsbelästigungen zu vermeiden, nicht auf den Komposthaufen, sondern in den Restmüll. Sonst werden sich in absehbarer Zeit neben Mäusen auch Ratten einfinden. Unbedenklich sind Teebeutel und Kaffeefilter. Von Mäusen besiedelten Kompost umsetzen. Im Sommer Würzkräuter (Rosmarin, Thymian, Salbe) trocknen und zwischen Gemüse- und sonstige Pflanzenabfälle geben.

Wenn der Maulwurf im Rasen und in den Beeten zu sehr nervt

Der unter Naturschutz stehende Maulwurf darf nicht gejagt, sondern nur verjagt werden. Vielleicht so? Einen Holzpflock ins Gangsystem setzen und möglichst oft dranschlagen. Oder eine leere Flasche so in die Erde eingraben, daß sie etwa 10 cm aus dem Boden ragt und sich der Wind darin fängt. Er soll dann den Maulwurf vergraulen. Mitunter reagiert der sensible Untergrundarbeiter auf das Vibrieren von Kinderwindmühlen, die in kurzen Abständen in den Boden gesteckt werden. Geheimtips sind Menschenhaare, mit Salmiakgeist getränkte Lappen, Mottenkugeln, junge Holundertriebe, Räucherfischabfälle, vergärte Schnecken oder eine halbe Tasse Essigessenz. Es ist eigentlich gar nicht wichtig, was in die Maulwurfsgänge eingebracht wird. Die empfindliche Nase des Maulwurfs mag keine strengen Gerüche. Daher können genervte Garten- und Hundebesitzer sogar mit „Stinkbomben" ihres Lieblings Erfolg verbuchen. Und: Bei zuviel Unruhe zieht der Maulwurf von dannen anstatt sich um die fetten Engerlinge, Wiesenschnakenlarven oder Drahtwürmer zu kümmern, die an den Pflanzenwurzeln nagen.

Gesammeltes Gärtnerwissen

Wenn Phlox und Astern unter Mehltau leiden

Pilzkrankheiten, zu denen auch der Mehltau gehört, sind oft Anzeichen für Kaliummangel im Boden. Pilzanfällige Kissenastern sowie Phlox, Rosen und Stachelbeeren daher mit Pflanzenkali düngen. Das festigt die Wachsschicht der Blattoberseite, so daß Pilzsporen schlechter haften. Von Mehltau befallene Pflanzen dreimal pro Woche mit Knoblauchsud besprühen. Hierfür 10 Knoblauchzehen in fünf Liter Wasser auskochen. Oder Brennesseln, Ackerschachtelhalm und Rainfarn in einem Eimer Wasser einweichen. Einen Liter Brühe dann in 10 Liter Gießwasser geben und die Mischung abends ausbringen. Ansonsten die Pflanzen so gießen, daß die Blätter trocken bleiben.

Wenn Mücken den Aufenthalt im Freien stören

Einige Tropfen Nelken- oder Lavendelöl (aus der Apotheke) auf ein Schälchen träufeln und auf den Tisch stellen. Oder eine neutrale Bodylotion entsprechend parfümieren und als Mückenschutz verwenden. Da Mücken (Schnaken) auf feuchte Wärme reagieren, lassen sie sich auch durch einen mit Wasser gefüllten Teller, in dem ein brennendes Teelicht steht, ablenken.

Wenn sich Mückenlarven in Regentonnen ansiedeln

Wasserwanzen im Gartenteich mit einem Sieb fangen und einsetzen. Oder aber einen (!) Tropfen Fahrradöl auf die Wasseroberfläche geben. Das tötet die Mückenlarven, schadet aber den Pflanzen nicht. Vorbeugend im Frühjahr die Regentonne mit heißem Wasser reinigen und mit Fliegendraht oder einer feinen Tüllgardine bespannen. Gegen Mückenbrut (und Algen) hilft ein fester Deckel auf der Regentonne, der allerdings den Zulauf nicht behindern sollte. Oder eine passend zugeschnittene Styroporplatte, die immer obenauf schwimmt und sich dem „Wasserpegel" anpaßt.

Wenn Nistkästen gereinigt werden müssen, die meistens auch Parasiten beherbergen

Damit sich ausgehungerte Milben, Flöhe, Zecken oder sonstige Parasiten nicht gleich auf den Menschen stürzen, vorab kochendes Wasser über und in den Nistkasten gießen.
Anschließend können alte Nester entfernt werden.
Dann den Kasten reinigen und nochmals mit heißem Wasser ausspülen. „Hautnahe" Erfahrungen lassen sich ansonsten leicht vermeiden, wenn die Nistkästen während der Frostperiode gereinigt werden. Allerdings nimmt man überwinternden Vögeln dann eine Unterschlupfmöglichkeit. Daher die Nistkästen bei Wintereinbruch reinigen, wieder aufhängen und nochmals gegen Ende der kalten Jahreszeit säubern.

Wenn Ohrkneifer in der Gartenlaube lästig werden

Ohrkneifer können fliegen und machen sich nachts auf die Suche nach Blattläusen.
Bei Tagesanbruch ziehen sich die lichtscheuen Schädlingsbekämpfer gern zurück: in eine beliebige, dunkle Ecke der Gartenlaube.
Oder noch lieber in einen ungestörten, eigens für sie gebauten Unterschlupf. Blumentöpfe mit Holzwolle oder Heu füllen, mit engem Maschendraht bespannen und einen festen Draht durch das Wasserabzugsloch ziehen. Er kann innen von einer großen Unterlegscheibe oder einem Holzstück gehalten werden. Die Töpfe umgekehrt an die Dachrinne der Laube, an ein Rankgitter oder einen nahen Strauch hängen.

Wenn die Quecke sich querbeet im Garten breit gemacht hat

Das hartnäckige Wurzelunkraut mit einer 20 cm hohen Mulchschicht abdecken. Ist das nicht möglich, regelmäßig die oberirdischen Teile abschneiden, um die Pflanzen zu schwächen. Zum Umgraben nur eine Grabegabel verwenden und alle Wurzelstücke sorgfältig aussammeln. Auf stark verunkrauteten Flächen Kartoffeln anpflanzen. Oder Ringelblumen so dicht aussäen, daß der Boden durchgehend beschattet ist. Der geschlossene Pflanzenbewuchs wirkt wie eine Mulchdecke. Beim Anhäufeln der Kartoffelreihen und später bei der Kartoffelernte stets auf Queckenwurzeln achten.

Wenn Rehe im eingezäunten Garten Schaden verursachen

Den Zaun auf mindestens 2 m erhöhen. Ein Spanndraht genügt schon. Die bestehende Umzäunung kann aber auch mit einem elektrischen, ungefährlichen Weidezaun überspannt werden (in Raiffeisenmärkten erhältlich). Oder an den Zaun in kleinen Abständen Beutelchen aus alten Nylonstrümpfen hängen, die mit Hunde- oder Menschenhaaren gefüllt sind. Das wirkt mindestens ein halbes Jahr lang. Anstelle der Haarbeutel kann man auch Speckschwarten nehmen oder mit Franzosenöl getränkte Lappen. Fehlt ein Zaun, alle 5 m Stäbe in den Boden stecken und ausrüsten. Einzelpflanzen oder gefährdete Sträucher kann man mit Buttermilch besprenkeln. Diese in eine Schale gießen und mit einem Handfeger verteilen.

Gesammeltes Gärtnerwissen

Was tun, wenn...?

Wenn Rosen kränkeln (Alternativen zum Spritzen)

Gute Erfahrungen haben Rosengärtner mit konsequenter Bodenpflege gemacht. Zur Stärkung die Rosen im Sommer mehrfach mit Brennesselbrühe oder anderen Pflanzenjauchen übersprühen. In den Wurzelbereich zerkleinerte Bananen- und Eierschalen oder Baldrian- und Rhabarberblätter sowie Kaffeesatz einarbeiten. Einen sichtbaren Erfolg gegen Mehltau erzielt Knoblauchextrakt. Hierfür 500 g geschälte Knoblauchzehen mit einen Liter kochendem Wasser überbrühen und ziehen lassen. Im Verhältnis 1:10 verdünnt mit dem Gießwasser ausbringen. Oder mit Langzeitwirkung Knoblauch rund um die Rosenstöcke anpflanzen.

Wenn Schadschnecken zur Plage werden

Kurze Stücke von rauhen Fichtenbrettern in Wasser einweichen und in die Gemüsebeete legen. Darunter verkriechen sich auch winzigkleine Nacktschnecken, die man sonst kaum sieht. Durch regelmäßiges Absammeln kann man den Bestand stark dezimieren. Schnecken lassen sich aber auch mit leeren Katzenfutterdosen ködern. Etwas Wasser zum Bodenrest geben und die Dose ins Beet legen. Abends und frühmorgens die Schnecken absammeln. Gelegentlich die Dosen austauschen. Als Ködermittel kann man auch übergroße, schon stark mit Samen durchsetzte Zucchini verwenden. Sie werden in Scheiben geschnitten und eingefroren. Bereits im zeitigen Frühjahr können dann angetaute Scheiben ausgelegt werden. Große wie kleine Nacktschnecken finden sich dort ein und lassen sich leicht absammeln. Zur Schneckenabwehr Thymian um die Beete pflanzen und zum Mulchen nur trockenes Material verwenden. Sägemehl oder Holzasche als „Wanderschranke" ausstreuen. Und die Pflanzen am besten morgens einzeln und nur im Wurzelbereich gießen. Abends das Umfeld anfeuchten, um Schnecken abzulenken. Sollen sie von Gemüsesetzlingen und reifen Erdbeeren ferngehalten werden, zermahlene Eierschalen auf die Erde streuen. Oder Branntkalk-Staub (keinen Körnerkalk) einarbeiten. Damit auch kurzgeschnittene Rasenflächen abstreuen. Nach 3 bis 4 Monaten die Behandlung wiederholen. Erfahrungen mit Bierfallen zeigen, daß sie durchaus wirksam sind, aber auch Schnecken in Mengen von weither anlocken können.

Wenn Schildläuse Kübelpflanzen das Leben schwer machen

Kleine Pflanzen kann man in Klarsichtbeuteln einpacken und schattig aufstellen. Nach etwa 2 Wochen sind die Schädlinge (ebenso Spinnmilben, Thripse oder Weiße Fliege) in der hohen Luftfeuchtigkeit eingegangen. Großblättrige Pflanzen mit einer Schmierseifenlösung und Schwamm gründlich abwaschen und anschließend mit klarem Wasser abbrausen. Anfälligen Oleander, Zitronen- und Gummibäume Ende September und im April mit Weißöl oder Para-Sommeröl triefend naß einnebeln (eventuell Zeitungspapier oder Folie unterlegen). Durch den ungiftigen Ölfilm geht den Schädlingen die Luft aus.

Wenn Schnittlauch von Rostpilzen befallen ist

An feuchten Standorten (z. B. am Teichrand) wächst Schnittlauch sehr gut, wird er auch kaum von Rostpilzen (Schnittlauchrost) befallen. Bei höherer Luftfeuchtigkeit können sich dort die Pilzsporen kaum vermehren. An weniger günstigen Standorten Schnittlauchpflanzen mit Ackerschachtelhalm- oder Rainfarntee spritzen. Gute Stärkungsmittel sind Kaffeereste im Gießwasser und Kaffeesatz als Dünger. Und: Schnittlauch ernten, sobald er anfängt sich umzulegen. Bodenkontakt vergrößert das Infektionsrisiko. Zudem soll Schnittlauch oft geschnitten werden. Im verschlossenen Schraubglas bleibt er im Kühlschrank lange Zeit frisch.
Er kann auch gut eingefroren werden.

Wenn Tontöpfe durch Kalk oder auch Salz verkrustet sind

Tontöpfe lassen sich leicht reinigen, wenn man sie mit frischen Kartoffelschalen über Nacht in Wasser einweicht (klappt auch bei Vasen und Glaskrügen). Oder 2 Päckchen Natronsalz (Haushaltsnatron aus der Drogerie oder Apotheke) in 20 bis 30 Liter Wasser auflösen und die Tontöpfe in dieser Lauge 24 Stunden lang einweichen. Gleiche Wirkung hat der Zusatz von Essigessenz bei kleineren Mengen.
Oder die verkalkten Töpfe für ein paar Tage im Garten eingraben. Mit Wasser abgebürstet sind sie anschließend wie neu.

Wenn Werren oder Maulwurfsgrillen Schaden anrichten

Etwas Geschirrspülmittel in die Gänge füllen und mit der Gießkanne Wasser nachschütten. Die Schädlinge kommen an die Oberfläche und lassen sich leicht absammeln. Kein Salatöl nehmen, wie oft empfohlen. Es verseucht den Boden. Die knapp unter der Erdoberfläche liegenden Brutnester lassen sich durch ständiges Hacken oder Grubbern zerstören. Da auch Igel, Kröten und Spitzmäuse Werren vertilgen, sollte man diesen Helfern Reisig-, Stein- und locker geschichtete Komposthaufen als Unterschlupf anbieten.

Gesammeltes Gärtnerwissen

Wenn Wildwuchs Kieswege und -flächen im Garten verunziert
Zwei Teelöffel „Bullrich-Salz" (Haushaltsnatron) in einem Liter kochendem Wasser auflösen und damit den Kiesweg abbrausen. Eine andere Möglichkeit ist Kochsalz, das stark konzentriert in heißem Wasser gelöst und gezielt über den Wildwuchs gegossen wird.

Wenn Wolläuse Zierpflanzen heimsuchen
Stark von Woll- oder Schmierläusen befallene Pflanzen kann man kopfüber in handwarmes Wasser hängen, das ein paar Tropfen Geschirrspülmittel enthält. Den Topfballen mit Folie einbinden, damit die Erde nicht ausstreut. Wurzelhalsläuse oder vereinzelte Schädlinge an schwer zugänglichen Stellen mit Brennspiritus betupfen; am besten mit Wattestäbchen. Einfacher ist das Einsprühen mit alkoholhaltigem Melissengeist. In beiden Fällen gehen die Läuse durch Verdunstungskälte ein (sie verfärben sich braun). Anschließend die Pflanzen mit kräftigem Wasserstrahl lauwarm abduschen.

Wenn Wühlmäuse im Garten ihr Unwesen treiben
Wühlmäuse haben einen ausgeprägten Geruchssinn. Daher kann man zur Abwehr Knoblauch, Narzissen oder auch Kaiserkronen in die Nähe besonders gefährdeter Kulturen (zum Beispiel auf Baumscheiben) pflanzen.
Oder man steckt frische Holunder- und Thujazweige in Gänge, die nachweislich „bewohnt" sind. Das erkennt man am ehesten, wenn man den Wühlmausgang auf einer Länge von etwa 20 cm freilegt und er von der lichtscheuen Wühlmaus bald wieder verschlossen wird. In ländlichen Gegenden schwört man auf Jauche als „anrüchigen" Wühlmausschreck. Sie ist ja meistens in großen Mengen vorhanden, muß allerdings mehrmals auf gefährdeten Flächen ausgebracht werden. Ansonsten lohnt ein Versuch mit jenen Vergrämungsmitteln, die auch gegen Maulwürfe empfohlen werden.

Wenn Raupen der Zwiebelfliege den Porree zerfressen
Die braun-weiß gefleckte Motte fliegt im April/Mai und später im August/September und legt meistens abends ihre Eier an die Blätter. Daher Porree nicht vor Juni oder im Herbst nicht vor Oktober pflanzen, um Befall vorzubeugen. Am besten in Mischkultur mit Sellerie und Möhren. Jährlich das Beet wechseln. Dill und Lavendel zwischen die Reihen legen oder Sägemehl streuen. Mehrmals mit Schachtelhalmbrühe oder unverdünnter Brühe aus Rhabarberblättern gießen (1 kg frische Blätter auf 10 Liter Wasser, 30 Minuten kochen und abseihen). Bei Befall: Die Stengel etwa einen Zentimeter über dem Boden abschneiden und in die Mülltonne geben. Der verbliebene Pflanzenrest treibt wieder aus. Dann noch sichtbare Larven in den Gängen mit der Hand zerdrücken.

Die Tabellen und Übersichten, die aus zahlreichen Gartenbüchern zusammengestellt wurden, vertiefen und ergänzen die Kapitel dieses Buches. Sie dienen zum Nachschlagen, ermöglichen den übersichtlichen Vergleich verschiedenster Pflanzen des Nutz- und Ziergartens zu unterschiedlichen Verwendungszwecken und Einsatzbereichen und komplettieren die Informationsfülle dieses Gartenbuches.

Tabellen, Übersichten

Gliederung der Tabellen

Dieses Kapitel erhebt keinen Anspruch auf Vollständigkeit; die Gliederung der Tabellen lehnt sich an die des gesamten Buches an.

Die Gartenpraxis

- Mulchverfahren und deren Anwendungsbereiche Seite 237
(aus Seitz, Paul: Das Kompostbuch für jedermann, Kosmos Verlag)
- Rindenprodukte und deren Verwendung im Garten Seite 238
(aus Seitz, Paul: Kompost und Boden, Kosmos Verlag)
- Flachwurzler und Tiefwurzler Seite 239
(aus Seitz, Paul: Kompost und Boden, Kosmos Verlag; Tabelle erweitert)
- Hilfe bei Kompostierproblemen Seite 239
(aus Jauch, Martin: Kompostieren – so geht's, Kosmos Verlag)
- Organische Handelsdünger (Auswahl) Seite 240
(aus Seitz, Paul: Kompost und Boden, Kosmos Verlag; Tabelle erweitert)
- Fruchtfolgekrankheiten (verschiedene Autoren, Universitätszusammenstellung) Seite 240
- Häufige Schädlinge und ihre natürlichen Gegenspieler Seite 241
(aus Fortmann, Manfred: Das große Kosmosbuch der Nützlinge, Kosmos Verlag und Fortmann, Manfred: Gesunde Zimmerpflanzen, Kosmos Verlag)
- Hilfreiche Methoden gegen Schaderreger Seite 242
(aus Fortmann, Manfred: Gesunde Zimmerpflanzen, Kosmos Verlag; Tabelle erweitert)
- Pflanzenschutzwirkungen von Kräutern in Mischkulturen Seite 243
(aus Sartorius, Gisela: Mischkultur und Fruchtwechsel, Kosmos Verlag)
- Abwehrwirkungen von Gemüsepflanzen auf Schaderreger Seite 243
(aus Sartorius, Gisela: Mischkultur und Fruchtwechsel, Kosmos Verlag)
- Vermehrung von Kräutern Seite 244
(aus Haberer, Martin: Vermehrung von Pflanzen, Kosmos Verlag und Jantra, Helmut: Pflanzen selbst vermehren, Kosmos Verlag; Tabelle erweitert)
- Vermehrung von Beerenobst Seite 245
und Obstgehölzen (aus Jantra, Helmut: Pflanzen selbst vermehren, Kosmos Verlag; Tabelle erweitert)
- Vermehrung von Stauden und Zwiebelpflanzen Seite 246
(aus Jantra, Helmut: Pflanzen selbst vermehren, Kosmos Verlag; Tabelle erweitert)
- Vermehrung von Laubgehölzen Seite 249
(aus Jantra, Helmut: Pflanzen selbst vermehren, Kosmos Verlag)

Der Gemüsegarten

- Fruchtfolge im Gemüsegarten Seite 250
(aus Sartorius, Gisela: Mischkultur und Fruchtwechsel, Kosmos Verlag und Wolff, Jürgen: Gemüsegarten, Kosmos Verlag)

Der Obstgarten

- Alte Apfel- und Birnensorten Seite 252
(aus Bischof, Herbert: Großvaters Alte Obstsorten, Kosmos Verlag)

Der Ziergarten

- Blüten und Früchte für Trockensträuße Seite 254
(aus Stichmann-Marny, Ursula: Trockensträuße, Kosmos Verlag)
- Die Blumenuhr Seite 256
(aus Bruns, Susanne: Was Großvater noch wußte, Kosmos Verlag)

Lagern, Haltbarmachen

- Optimale Lagerung von Gemüse und Küchenkräutern Seite 257
(verschiedene Autoren, Universitätszusammenstellung)
- Optimale Lagerung von Obst Seite 258
(verschiedene Autoren, Universitätszusammenstellung)

Tiere im Garten

- Nektarspender für Tag- und Nachtschmetterlinge Seite 258
(aus Richarz, Klaus: Ein Garten voller Tiere, Kosmos Verlag)
- Welches Tier hält sich wann und wo im Garten auf? Seite 259
(aus Richarz, Klaus: Ein Garten voller Tiere, Kosmos Verlag)

Aussaat-Daten

- Aussaat-Daten Seite 260
(Daten-Grundlage: mathematisch-astronomische Sektion des Goetheanums, Dornbach, Schweiz; berechnet von Wolfgang Bohlsen)

Die Gartenpraxis

Mulchverfahren und deren Anwendungsbereiche

	Mulchverfahren		
	Bodenbedeckung	Mulchen	Flächenkompostierung
Materialeinsatz	– schwarze Mulchfolie – Mulch-, Vliesstoffe – Pappe – Papier	– Ernterückstände und Unkräuter – Gründüngungsmulch – Rasenschnitt – Schreddermaterial – Rindenmulch – Laub, Stroh, Heu, Stallmist – Rohkompost	– zerkleinerte Ernterückstände – vorverrottete Gartenabfälle
Wirkung der Maßnahme; Vor- und Nachteile	– Bodenschutz – totale Wirkung gegen Unkraut – keine Nährdecke – keine Humusanreicherung – Einfluß auf Bodengare vorhanden – wassersparend – höhere Bodentemperaturen	– Bodenschutz – Unkrautminderung – Nährdecke – Humusanreicherung – Verbesserung der Bodengare – wassersparend – Entsorgung von Gartenabfällen	– geringerer Bodenschutz – geringere Unkrautminderung – zeitweilig reichliche organische Bodennahrung – Humusanreicherung – Verbesserung der Bodengare – geringer wassersparend – Entsorgung von Gartenabfällen
Anwendungsbereiche	– Gemüsebau: z. B. Gurken, Zucchini, Kürbis, Paprika – Obstbau: Erdbeeren, Strauchbeerenobst, Junganlagen von Baumobst	– Gemüsebau: alle Gemüsekulturen – Obstbau: Strauch- und Baumobst – Ziergarten: Strauch- und Gehölzpflanzen, Stauden	– Gemüsebau: für nahezu alle Gemüsekulturen; Einschränkungen bei Wurzelgemüse, zum Beispiel bei Schwarzwurzeln
Bemerkungen	– Boden vor Bedecken mit Folie anfeuchten	– Boden vorher aufrauhen, schwere Böden dünner bedecken als leichtere; Sommermulch 2 cm aufbringen, öfters wiederholen; Wintermulch 5–8 cm aufbringen; – Zusatz von Gesteinsmehl möglich	– flach unterarbeiten

Rindenprodukte und deren Verwendung im Garten

	Definition	Verwendungszweck	Herbizideffekte	pH-Wert	Auflageschicht	Bemerkung
Rindenmulch	zerkleinerte, fraktionierte und nicht fermentierte Rinde, ohne Zusätze	Schutz und Verbesserung des Bodenlebens; ausgeglichener Wasserhaushalt; Erosionshemmung; phytosanitäre Eigenschaften; keine Bodenversauerung	bei frischer Rinde durch Inhaltsstoffe, z. B. Tannine, Phenole, Harze	4,5–5,0	7–10 cm	nicht in den Wurzelraum einbringen
Rindenhumus	zerkleinerte, fraktionierte und fermentierte Rinde, mit und ohne Nährstoffzusatz	Humus- und Strukturverbesserung der Böden, auch als Ersatz von Kompost und Torf; hoher Anteil an Mikroorganismen, beträchtliche Nährstoffgehalte	nicht vorhanden; durch Kompostierung abgebaut; reich an Mikroorganismen	5,5 und höher	1,5–2 cm, Ausbringung wie Kompost	frei von Wachstumshemmstoffen; Mangangehalt kann bei empfindlichen Kulturen Eisenmangel verursachen
Rindenkultursubstrat	Kultursubstrate auf der Basis fermentierter Rinde, unter Beimischung anderer substratfähiger Stoffe, mit oder ohne Nährstoffzusatz	anteilig für die Herstellung gärtnerischer Erden	–	5,5–7,0	–	–
Rindenerde	Mischung aus zerkleinerter, fraktionierter und fermentierter Rinde mit 20–50% Zugabe aufbereiteter pflanzlicher Reststoffe (Kompost), mit oder ohne Nährstoffzugabe	als Erdsubstrat	–	5,5–7,5	–	–

Die Gartenpraxis

Flachwurzler und Tiefwurzler

Die Wurzeln der Pflanzen reichen in unterschiedliche Tiefen. Besonders die tiefwurzelnden Gründüngungspflanzen eignen sich dazu, verdichtete Böden zu lockern. In der Tabelle ist eine Auswahl flach- und tiefwurzelnder Gemüse und Gründüngungspflanzen zusammengestellt.

	Wurzeltiefe			
bis 30 cm	60 cm – 90 cm		über 90 cm	
Gemüse	Gemüse	Gründüngungspflanzen	Gemüse	Gründüngungspflanzen
Feldsalat	Blumenkohl	Inkarnatklee	Chicorée	Ackerbohne
Kohlrabi	Brokkoli	Phazelia	Rhabarber	Buchweizen
Kopfsalat	Buschbohne	Sommerwicke	Rosenkohl	Erbse
Radieschen	Chinakohl	Weißklee	Rotkohl	Klee, Gelb-
Rettich	Einlegegurke	Winterwicke	Spargel	Klee, Rot-
	Eissalat		Tomate	Klee, Stein-
	Endivie		Weißkohl	Lupine
	Möhre		Zuckermais	Luzerne
	Porree, Lauch			Ölrettich
	Rote Rübe			Raps
	Sellerie			Saatwicke
	Spinat			Senf, Weißer
	Stangenbohne			Seradella
	Zwiebel			Sonnenblume
				Weidelgras
				Winterroggen

Hilfe bei Kompostierproblemen

Kompostierproblem	Maßnahmen zur Behebung
Geruchsbelästigung	Kompostabfälle mit Strukturmaterial mischen; Kompost mit Erde abdecken; mit Steinmehl vermischen
Ungeziefer	keine Essensreste kompostieren oder geschlossene Behälter benutzen; Küchenabfälle mit Erde überdecken
Krankheitskeime im Kompost	Küchenabfälle, Kleintierstreu und krankes Pflanzenmaterial nicht kompostieren
Unkraut	Unkraut, das Samen angesetzt hat, sowie Wurzelunkräuter nicht kompostieren; Kompost gegen Anflug von Samen abdecken; keimende Unkräuter so gut wie möglich entfernen
zu trockener Kompost	Kompost wässern; Kompost umsetzen und feuchte Kompostabfälle untermischen
zu nasser Kompost	feuchte Kompostabfälle mit Trockenem mischen; Kompost mit einer Abdeckung vor Übernässung durch Niederschlagswasser schützen
zu geringe Temperaturen	Kompost umsetzen und mit Grasschnitt im Verhältnis 1:1 mischen

Organische Handelsdünger (Auswahl)

	Stickstoff	Phosphor	Kalium	Kalzium	Magnesium
	Zusammensetzung der Nährstoffgehalte in %				
Blutmehl	10,0–14,0	1,3–1,5	0,7–0,8	–	–
Borsten	11,0	–	–	–	–
Guano	6,0	12,0	2,0–2,5	12,0–20,0	1,0
Hornspäne	10,0–14,0	5,0	–	–	–
Hühnermist, trocken	2,0–5,0	2,0–5,0	2,0–3,0	7,0–14,0	2,0–3,0
Holzasche	–	2,0–4,0	6,0–10,0	30,0–35,0	
Knochenmehl	5,0	18,0–22,0	0,2–0,3	25,0	–
Pferdemist, frisch	0,5	0,2–0,3	0,4	0,2	–
Rapsschrot	5,0	2,0	1,0	–	–
Rindermist, frisch	0,4–0,6	0,2	0,4–0,5	0,4–0,5	0,2
Rizinusschrot	5,0	2,5	1,5	–	–

Fruchtfolgekrankheiten

Die Tabelle zeigt verschiedene Fruchtfolgekrankheiten und Schädlinge, die bei mehrjährigem Anbau derselben Gemüsearten auf der gleichen Gartenfläche auftreten können.

Krankheit/Schädling	Anfällige Gemüsearten	Gering anfällige Gemüsearten
Erwinia-Weichfäule	Chinakohl, Möhren, Sellerie, Zwiebeln	alle übrigen Gemüse
Fusarium-Welke	Bohnen, Erbsen, Gurken, Tomaten	alle übrigen Gemüse
Kohlhernie	Kohl-Arten, Radieschen, Rettich, Gründüngungspflanzen aus der Familie der Kreuzblütler	alle übrigen Gemüse, die nicht zur Familie der Kreuzblütler gehören
Sklerotinia-Fäule	Bohnen, Möhren, Salat, Sellerie	Kartoffeln, Kohl-Arten
Stengel-Nematoden	Fenchel, Möhren, Porree, Sellerie, Zwiebeln	Endivien, Kartoffeln, Kohl-Arten, Salate
Wurzel-Nematoden	Kartoffeln, Kohl-Arten, Möhren, Schwarzwurzeln, Sellerie	alle übrigen Gemüse

Häufige Schädlinge und ihre natürlichen Gegenspieler

● = häufige/spezialisierte Räuber und Parasiten
○ = gelegentliche/weniger spezialisierte Räuber und Parasiten

Nützliche Räuber und Parasiten	Blattläuse	Blattsauger	Blattwanzen	Blattwespen	Blutläuse	Schadkäfer, -larven (z. B. Borkenkäfer)	Schadschmetterlinge, Raupen (z. B. Spanner, Spinner)	Schildläuse	Spinnmilben	Springschwänze (Collembolen)	Thripse	Weiße Fliegen	Weichhautmilben	Woll-/Schmierläuse	Zikaden
Aaskäfer							●								
Blattlausfliegen	●							●							
Florfliegen	●					○	●	○	●		●		●	○	
Gallmücken	●	●							●						
Hundertfüßer	●					●	○			●					
Krabbenspinnen				●		○	●								
Langbeinfliegen						●									
Laufkäfer	●			○		●	●			●					
Laufspinnen	○	○	○	○			○								
Leuchtkäfer															
Libellen	○			○		○	○								
Marienkäfer	●	○			●			●	●		●	●	●	●	
Ohrwürmer	●	○			●		●	●	●	○					
Raubfliegen			●			●	●								
Raubwanzen	●														
Schlupfwespen								●				●			
Schwebfliegen	●	○			○						○			○	
Weberknechte	●					●		●							
Weichwanzen	●	●			●		●						●		●
Zitterspinnen							○								

Hilfreiche Methoden gegen Schaderreger

	zur naturgemäßen Bekämpfung/Vertreibung von ...
Gelbtafeln	Blattläusen Minierfliegen Trauermücken Weißen Fliegen
Blautafeln	Thripsen
Pheromonfalle	Apfelwicklern Pflaumenwicklern
Kirschfruchtfliegenfalle	Kirschfruchtfliegen
Raupenleimring	Frostspannern an Obst- und Ziergehölzen
Schutznetz, Vlies	Gemüsefliegen
Boden-Nützlinge (Nematoden)	Erdraupen Larven von Trauermücken Gefurchte Dickmaulrüßlern Maikäfern Wiesenschnaken (Tipula) Maulwurfsgrillen
Bacillus thuringiensis-Präparate	Kartoffelkäferlarven Raupen Trauermücken
Apfelwickler-Granulosevirus	Apfelwicklern
Kaliseifen-Präparate	Blattläusen Spinnmilben Springschwänzen (Collembolen) Weißen Fliegen Wurzelläusen Zikaden
Rapsöl-Präparate	Blattläusen Gallmilben Spinnmilben Schildläusen Weißen Fliegen Woll- und Schmierläusen
Fettsäure-Präparate	Grauschimmel /Erdbeere Kräuselkrankheit/Pfirsich Mehltau Monilia/Sauerkirschen Rost/Rosen Schorf/Kernobst Sternrußtau/Rosen

	zur naturgemäßen Bekämpfung/Vertreibung von ...
Pyrethrum-Präparate	Blattläusen Blattwanzen Thripsen Zikaden
Lecithin-Präparate	Echtem Mehltau
Neem-Präparate	Blattläusen Blattwespen Käfern Minierfliegen Raupen Spinnmilben Thripsen Weißen Fliegen Zikaden
Schwefel-Präparate	Echtem Mehltau
Kupfer-Präparate	Dürrfleckenkrankheit/Tomate Falschen Mehltaupilzen Kräuselkrankheit/Pfirsich Kraut- und Braunfäulen/Tomate Kraut- und Knollenfäulen/Kartoffel Obstbaumkrebs Rot- und Weißfleckenkrankheit/Erdbeere Schorf/Kernobst Schrotschußkrankheit/Steinobst Spargelrost
Entfernen befallener Pflanzen(-teile)	Minierfliegen Nematoden Spinnmilben Weichhautmilben Wurzelmilben

Die Gartenpraxis

Pflanzenschutzwirkungen von Kräutern in Mischkulturen

Kräuter	Abwehrwirkung auf ...
Basilikum	Gurkenmehltau Fliegen
Bohnenkraut	Schwarze Bohnenlaus
Dill	Blattläuse Kohlweißling
Echter Lavendel	Blattläuse Ameisen
Gartenkresse	Schnecken
Salbei	Möhrenfliege Schnecken Kohlweißling
Kapuzinerkresse	Ameisen Schnecken Kohlweißling
Kerbel	Mehltaubefall an Salaten Ameisen Schnecken Läuse
Knoblauch	Mehltau an Rosen allgemein wirksam gegen verschiedene Insekten Nematoden Pilze, Bakterien Mäuse
Meerrettich	Kartoffelkäfer Monilia bei Obstbäumen
Minze-Arten	Kohlschädlinge, z. B. Erdflöhe, Kohlweißling Ameisen
Thymian	Schnecken Kohlweißling
Weißer Senf	Schnecken
Ysop	Schnecken Kohlweißling

Abwehrwirkungen von Gemüsepflanzen auf Schaderreger

Die beiden folgenden Tabellen zeigen eine Auswahl verschiedener Gemüse- und Kräuterarten, die über Abwehrwirkungen gegenüber Schaderregern verfügen und somit Krankheiten und Schädlinge im Mischkulturbeet fernhalten können.

Gemüse	Abwehrwirkung auf ...
Buschbohne	Mehlige Kohlblattlaus, z. B. bei Rosenkohl
Dicke Bohne	Mehlige Kohlblattlaus, z. B. bei Rosenkohl
Kohlarten	Sellerierost
Kopfsalat	Erdflöhe bei Kohlrabi und Radieschen Möhrenfliege
Möhre	Zwiebelfliege Lauchmotte Erdflöhe bei Radieschen
Porree, Lauch	Möhrenfliege Eulenraupen an Kohl Grauschimmel *(Botrytis)* an Erdbeeren
Rote Bete	Fäulniserreger (Bakterium *Erwinia carotovora*) bei Möhren
Schwarzwurzeln	Möhrenfliege
Sellerie	Kohlweißlingsraupen Erdflöhe bei Kohlarten
Spargel	Tomaten-Welkekrankheit
Spinat	Erdflöhe bei Radieschen und Rettich
Tomate	Kohlweißlingsraupen Kohlfliege Erdflöhe bei Kohlarten, Radieschen und Rettich Blattläuse Spargelrost
Zwiebel	Möhrenfliege Grauschimmel *(Botrytis)* an Erdbeeren Blattlaus bei Kopfsalat Wurzelläuse bei Möhren

Vermehrung von Kräutern

Deutscher Name	Botanischer Name	Aussaat	Teilung	Stecklinge	Ausläufer	Wurzel-ausläufer	Wurzel-rißlinge	Wurzel-schnittlinge	Absenker
Anis	*Pimpinella anisum*	x							
Baldrian	*Valeriana officinalis*	x	x						
Basilikum	*Ocimum basilicum*	x							
Beifuß	*Artemisia vulgaris*	x	x						
Bergbohnenkraut	*Satureja montana*	x	x	x					
Borretsch	*Borago officinalis*	x							
Dill	*Anethum graveolens*	x							
Eberraute	*Artemisia abrotanum*			x					
Estragon	*Artemisia dracunculus*	x	x	x		x			
Fenchel	*Foeniculum vulgare*	x							
Kamille	*Chamomilla*	x							
Kapuzinerkresse	*Tropaeolum majus*	x							
Kerbel	*Anthriscus cerefolium*	x							
Koriander	*Coriandrum sativum*	x							
Kresse, Brunnen-	*Nasturtium officinale*	x		x					
Kresse, Garten-	*Lepidium sativum*	x							
Kümmel	*Carum carvi*	x							
Lavendel	*Lavandula angustifolia*	x		x					
Liebstöckel	*Levisticum officinale*	x	x						
Majoran	*Origanum majorana*	x							
Meerrettich	*Armoracia rusticana*							x	
Oregano	*Origanum vulgare*	x				x			
Petersilie	*Petroselinum crispum*	x							
Pfefferminze	*Mentha × piperita*		x	x					
Pimpinelle	*Sanguisorba minor*	x	x						
Ringelblume	*Calendula officinalis*	x							
Rosmarin	*Rosmarinus officinalis*	x		x					
Salbei	*Salvia officinalis*	x		x					x
Sauerampfer	*Rumex rugosus*	x	x						

Deutscher Name	Botanischer Name	Vermehrung durch ...							
		Aussaat	Teilung	Stecklinge	Ausläufer	Wurzel-ausläufer	Wurzel-rißlinge	Wurzel-schnittlinge	Absenker
Senf	*Sinapis alba*	x							
Schnittlauch	*Allium schoenoprasum*	x	x						
Thymian	*Thymus vulgaris*	x	x	x					
Weinraute	*Ruta graveolens*		x	x					
Wermut	*Artemisa absinthium*	x	x						
Ysop	*Hyssopus officinalis*	x	x	x					
Zitronen-melisse	*Melissa officinalis*	x	x	x					

Vermehrung von Beerenobst und Obstgehölzen

Baumobstsorten werden zur Vermehrung in der Regel auf Unterlagen veredelt. Da die meisten Obstarten mischerbig sind, ist die sortenreine Vermehrung durch Samen nicht möglich.

Deutscher Name	Vermehrung durch ...						
	Aussaat	Stecklinge	Steckhölzer	Ausläufer	Wurzelausläufer	Absenker	Anhäufeln
Brombeere		x			x	x	
Erdbeere	x			x			
Feige		x	x				
Himbeere					x	x	
Johannisbeere		x	x			x	x
Jostabeere		x	x			x	x
Kiwi	x	x					
Heidelbeere		x	x			x	
Preiselbeere		x	x			x	
Quitte		x					
Stachelbeere		x				x	x

Vermehrung von Stauden und Zwiebelpflanzen

Vermehrung durch …

Deutscher Name	Botanischer Name	Aussaat	Teilung	Stecklinge	Augenstecklinge	Steckhölzer	Stammstecklinge	Blattstecklinge	Abmoosen	Ableger	Ausläufer	Absenker	Brutpflanze	Wurzelrißlinge	Wurzelschnittlinge	Brutzwiebeln/-knollen	Knollenteilung	Schuppenblätter	Achselbulben	Pfropfen
Adonisröschen	Adonis	x	x																	
Akanthus	Acanthus		x												x					
Akelei	Aquilegia	x	x																	
Anemone	Anemone	x	x												x	x				
Aster	Aster	x	x	x																
Blumenrohr	Canna																x			
Bergenie	Bergenia		x					x												
Berufkraut	Erigeron	x	x	x																
Blaukissen	Aubrieta	x	x	x																
Christrose	Helleborus	x	x																	
Dahlie	Dahlia	x		x													x			
Edeldistel	Eryngium	x													x					
Ehrenpreis	Veronica	x	x	x																
Eisenhut	Aconitum	x	x																	
Enzian	Gentiana	x	x	x																
Fetthenne	Sedum	x	x	x				x							x					
Fingerhut	Digitalis	x																		
Fingerkraut	Potentilla	x	x	x																
Flammenblume	Phlox	x	x	x											x					
Flockenblume	Centaurea	x	x								x				x					
Funkie	Hosta		x																	
Gänsekresse	Arabis	x	x	x																
Gauklerblume	Mimulus	x	x	x																
Gedenkemein	Omphalodes	x	x																	
Gemswurz	Doronicum	x	x																	
Gladiole	Gladiolus															x	x			
Glockenblume	Campanula	x	x	x																
Goldrute	Solidago	x	x	x																
Grasnelke	Armeria	x	x	x																
Hauswurz	Sempervivum	x	x	x						x										
Hungerblümchen	Draba	x	x	x																

Die Gartenpraxis

Vermehrung durch ...

Deutscher Name	Botanischer Name	Aussaat	Teilung	Stecklinge	Augenstecklinge	Steckhölzer	Stammstecklinge	Blattstecklinge	Abmoosen	Ableger	Ausläufer	Absenker	Brutpflanze	Wurzelrißlinge	Wurzelschnittlinge	Brutzwiebeln/-knollen	Knollenteilung	Schuppenblätter	Achselbulben	Pfropfen
Hyazinthe	Hyacinthus															x				
Johanniskraut	Hypericum	x	x	x																
Kaiserkrone	Fritillaria															x				
Knollenbegonie	Begonia-Hybriden																x			
Königskerze	Verbascum	x	x												x					
Kokardenblume	Gaillardia	x	x												x					
Kriechgünsel	Ajuga reptans		x								x									
Krokus	Crocus															x				
Kugeldistel	Echinops	x	x												x					
Lichtnelke	Lychnis	x	x																	
Lilie	Lilium		x															x	x	
Lungenkraut	Pulmonaria	x	x																	
Lupine	Lupinus	x	x	x																
Mädchenauge	Coreopsis	x	x	x																
Mädesüß	Filipendula	x	x												x					
Maiglöckchen	Convallaria		x																	
Mannsschild	Androsace	x	x	x																
Mittagsblume	Mesembryanthemum	x		x											x					
Mohn	Papaver	x													x					
Nachtkerze	Oenothera	x	x	x							x									
Narzisse	Narcissus															x				
Nelke	Dianthus	x	x	x																
Pfingstrose	Paeonia		x												x					
Prachtspiere	Astilbe	x	x																	
Primel	Primula	x	x												x					
Purpurglöckchen	Heuchera	x	x																	
Purpur-Rudbeckie	Echinacea purpurea		x	x											x					
Rittersporn	Delphinium	x	x	x																
Salomonsiegel	Polygonatum	x	x																	
Schafgarbe	Achillea	x	x	x																
Schleierkraut	Gypsophila	x		x																

Vermehrung von Stauden und Zwiebelpflanzen (Fortsetzung)

Vermehrung durch ...

Deutscher Name	Botanischer Name	Aussaat	Teilung	Stecklinge	Augenstecklinge	Steckhölzer	Stammstecklinge	Blattstecklinge	Abmoosen	Ableger	Ausläufer	Absenker	Brutpflanze	Wurzelrißlinge	Wurzelschnittlinge	Brutzwiebeln/-knollen	Knollenteilung	Schuppenblätter	Achselbulben	Pfropfen
Schleifenblume	Iberis	x		x																
Schmucklilie	Agapanthus		x																	
Schneeglöckchen	Galanthus															x				
Schwertlilie	Iris		x													x				
Seifenkraut	Saponaria		x	x						x										
Silberdistel	Carlina	x													x					
Silberkerze	Cimicifuga		x																	
Silberwurz	Dryas	x		x																
Skabiose	Scabiosa	x	x	x																
Sonnenbraut	Helenium	x	x	x											x					
Sonnenhut	Rudbeckia	x	x												x					
Sonnenröschen	Helianthemum	x		x																
Stachelnüßchen	Acaena	x	x							x										
Staudenwicke	Lathyrus	x	x																	
Steinbrech	Saxifraga	x	x	x																
Steinkraut	Alyssum	x		x																
Steppenkerze	Eremurus	x															x			
Stockrose	Alcea	x																		
Storchschnabel	Geranium	x	x												x					
Sumpfkalla	Calla		x																	
Taglilie	Hemerocallis		x																	
Tränendes Herz	Dicentra	x	x	x											x					
Trollblume	Trollius	x	x																	
Tulpe	Tulipa															x				
Veilchen	Viola	x	x	x																
Vergißmeinnicht	Myosotis	x	x	x																
Winterling	Eranthis	x	x																	
Wolfsmilch	Euphorbia	x	x	x																
Wucherblume	Chrysanthemum	x	x	x																

Vermehrung von Laubgehölzen

Deutscher Name	Botanischer Name	Teilung	Stecklinge	Augenstecklinge	Steckhölzer	Stammstecklinge	Abmoosen	Ableger	Ausläufer	Absenker	Wurzelrißlinge	Wurzelschnittlinge	Anhäufeln
Alpenrose	Rhododendron	x	x							x			
Berberitze	Berberis	x	x										
Hainbuche	Carpinus		x							x			
Echter Jasmin	Jasminum	x	x		x					x			
Felsenbirne	Amelanchier	x	x										
Feuerdorn	Pyracantha		x										
Flieder	Syringa		x		x			x		x			
Geißblatt	Lonicera		x		x					x			
Geißklee	Cytisus		x										
Ginster	Genista		x										
Glyzine	Wisteria		x					x		x			
Goldglöckchen	Forsythia		x		x					x			
Goldregen	Laburnum		x		x					x			
Hartriegel	Cornus		x		x					x			x
Haselnuß	Corylus		x					x		x			x
Holunder	Sambucus	x	x		x			x					
Liguster	Ligustrum		x		x								
Magnolie	Magnolia		x				x			x			
Mahonie	Mahonia	x	x				x			x			
Perückenstrauch	Cotinus		x							x	x		
Pfaffenhütchen	Euonymus		x							x			
Pfeifenstrauch	Philadelphus		x										
Rosmarinseidelbast	Daphne cneorum		x							x			
Scheinbuche	Nothofagus		x							x			
Scheinquitte	Choenomeles		x							x	x	x	
Schneeball	Viburnum		x										
Seidelbast	Daphne mezereum		x					x		x			
Sommerflieder	Buddleja		x		x								
Spierstrauch	Spiraea		x		x								
Stechpalme	Ilex		x							x			
Weigelie	Weigela		x		x			x					
Zaubernuß	Hamamelis		x							x			

Der Gemüsegarten

Fruchtfolge im Gemüsegarten

Unter Fruchtfolge versteht man den aufeinanderfolgenden Anbau verschiedener Gemüsearten auf einem Beet oder einer Gartenfläche. Um die jährliche Kulturzeit auszunutzen, pflanzt man Vor- und Nachkulturen an, je nach Kulturzeit der jeweiligen Gemüsearten. Die folgenden Tabellen zeigen Ihnen Beispiele für vierjährige Fruchtfolgen.

	Beet 1	Beet 2	Beet 3	Beet 4
1. Jahr	Kartoffeln Buschbohnen	Zuckermais Spinat	Möhren Feldsalat	Rettich Winterporree
2. Jahr	Rettich Winterporree	Kartoffeln Buschbohnen	Zuckermais Spinat	Möhren Feldsalat
3. Jahr	Möhren Feldsalat	Rettich Winterporree	Kartoffeln Buschbohnen	Zuckermais Spinat
4. Jahr	Zuckermais Spinat	Möhren Feldsalat	Rettich Winterporree	Kartoffeln Buschbohnen

	Beet 5	Beet 6	Beet 7	Beet 8
1. Jahr	Spinat Möhren	Schwarzwurzeln	Kohlrabi Neuseel. Spinat	Eissalat Gurken Zucchini
2. Jahr	Eissalat Gurken Zucchini	Spinat Möhren	Schwarzwurzeln	Kohlrabi Neuseel. Spinat
3. Jahr	Kohlrabi Neuseel. Spinat	Eissalat Gurken Zucchini	Spinat Möhren	Schwarzwurzeln
4. Jahr	Schwarzwurzeln	Kohlrabi Neuseel. Spinat	Eissalat Gurken Zucchini	Spinat Möhren

	Beet 9	Beet 10	Beet 11	Beet 12
1. Jahr	Radieschen Tomaten Paprika	Stangenbohnen Winterpostelein	Winterporree	Kopfsalat Sellerie
2. Jahr	Kopfsalat Sellerie	Radieschen Tomaten Paprika	Stangenbohnen Winterpostelein	Winterporree
3. Jahr	Winterporree	Kopfsalat Sellerie	Radieschen Tomaten Paprika	Stangenbohnen Winterpostelein
4. Jahr	Stangenbohnen Winterpostelein	Winterporree	Kopfsalat Sellerie	Radieschen Tomaten Paprika

Der Gemüsegarten

	Beet 13	Beet 14	Beet 15	Beet 16
1. Jahr	Stangenbohnen Winterpostelein	Herbstkohl-Arten	Erbsen Knollenfenchel	Mangold Endivien Radicchio
2. Jahr	Mangold Endivien Radicchio	Stangenbohnen Winterpostelein	Herbstkohl-Arten	Erbsen Knollenfenchel
3. Jahr	Erbsen Knollenfenchel	Mangold Endivien Radicchio	Stangenbohnen Winterpostelein	Herbstkohl-Arten
4. Jahr	Herbstkohl-Arten	Erbsen Knollenfenchel	Mangold Endivien Radicchio	Stangenbohnen Winterpostelein

Beispiele für mehrjährige Fruchtfolgen im Folien- oder Gewächshaus

	Beet 1	Beet 2	Beet 3	Beet 4
1. Jahr	<u>Vorkultur:</u> Kohlrabi Rettich Radieschen <u>Hauptkultur:</u> Tomate Paprika Aubergine	<u>Vorkultur:</u> Salate <u>Hauptkultur:</u> Gurken Kürbis Melone	<u>Vorkultur:</u> Spinat <u>Hauptkultur:</u> Busch-, Stangenbohnen	<u>Vorkultur:</u> Porree <u>Hauptkultur:</u> Feldsalat Winterpostelein
2. Jahr	<u>Vorkultur:</u> Porree <u>Hauptkultur:</u> Feldsalat Winterpostelein	<u>Vorkultur:</u> Kohlrabi Rettich Radieschen <u>Hauptkultur:</u> Tomate Paprika Aubergine	<u>Vorkultur:</u> Salate <u>Hauptkultur:</u> Gurken Kürbis Melone	<u>Vorkultur:</u> Spinat <u>Hauptkultur:</u> Busch-, Stangenbohnen
3. Jahr	<u>Vorkultur:</u> Spinat <u>Hauptkultur:</u> Busch-, Stangenbohnen	<u>Vorkultur:</u> Porree <u>Hauptkultur:</u> Feldsalat Winterpostelein	<u>Vorkultur:</u> Kohlrabi Rettich Radieschen <u>Hauptkultur:</u> Tomate Paprika Aubergine	<u>Vorkultur:</u> Salate <u>Hauptkultur:</u> Gurken Kürbis Melone
4. Jahr	<u>Vorkultur:</u> Salate <u>Hauptkultur:</u> Gurken Kürbis Melone	<u>Vorkultur:</u> Spinat <u>Hauptkultur:</u> Busch-, Stangenbohnen	<u>Vorkultur:</u> Porree <u>Hauptkultur:</u> Feldsalat Winterpostelein	<u>Vorkultur:</u> Kohlrabi Rettich Radieschen <u>Hauptkultur:</u> Tomate Paprika Aubergine

Der Obstgarten

Alte Apfel- und Birnensorten

Äpfel

Sorte	Reifezeit	Herkunft	Fruchtform, Aussehen der Äpfel	Eigenschaften der Frucht	Eigenschaften des Baumes
'Brettacher'	XI – III	Kreis Heilbronn, um 1900	– großer, bauchiger Apfel – kurzer, dicker Stiel – Schale gelblichgrün, sonnenseits hellrot – starke Wachsschicht	– süßsäuerliches, mäßiges Aroma – Fruchtfleisch weiß und saftig – neigt bei Schalenverletzungen zu Fäulnis	– regelmäßiger Schnitt notwendig, um Fruchtholzbildung anzuregen – Ertrag regelmäßig und reichlich – widerstandsfähig
'Goldrenette von Blenheim'	Ende XI – IV	England, Anfang 19. Jahrhundert	– großer bis sehr großer Apfel – kurzer, dicker Stiel – Schale glatt, grüngelb, sonnenseits rot überzogen	– Geschmack feinsäuerlich, sehr würzig – festes Fruchtfleisch	– kräftiger Wuchs – große, breit-aufrechte Krone – ungeeignet für Spaliere
'Jakob Fischer'	IX – Ende X	Zufallssämling, Baden-Württemberg, 1903	– große, flachrunde Frucht – Schale hell- bis gelblichgrün, sonnenseits leuchtend rot	– süßsäuerlich, feines Aroma – Fruchtfleisch locker und saftig – Ertrag setzt früh ein und bleibt regelmäßig – gering krankheitsanfällig	– starker Wuchs – große, breitpyramidale Krone – frühe Blüte – Holz ausgesprochen frosthart
'Kaiser Wilhelm'	IX – III	Solingen, 1864	– mittelgroße bis große Frucht – Schale gelb, sonnenseits starke rötliche Deckfarbe	– gelblichweißes, knackigsaftiges Fruchtfleisch – weinsäuerliches Aroma – Frucht gering druckempfindlich	– nicht zu stark zurückschneiden, da dadurch der Baum sehr leicht zu starkem Trieb angeregt werden kann – Blüte unempfindlich und wenig Spätfrost gefährdet
'Rheinischer Bohnapfel'	I – VI	Zufallssämling, Rheinland, Mitte/Ende des 18. Jahrhunderts	– mittelgroßer, walzenförmiger Apfel – Schale gelbgrün, sonnenseits braunrot streifig marmoriert – Sorte neigt zu Berostungen	– bei Genußreife schwach süß bis säuerlich – Fruchtfleisch angenehm fest – lange Haltbarkeit und Robustheit	– mittelstarkes Wachstum – schöne, geschlossene, hochkugelige Krone – regelmäßiger Auslichtungsschnitt notwendig – späte Blüte dauert lange an und ist unempfindlich
'Rheinischer Krummstiel'	XII – V	Zufallssämling, Deutschland, um 1800	– mittelgroße, bauchige Frucht – Schale glatt, etwas glänzend – grünlichgelbe Grundfarbe, bräunlich- bis bläulichrote Deckfarbe	– Frucht angenehm feinsäuerlich	– Baum bildet ausladende, mittelgroße bis große Krone – regelmäßiger Schnitt notwendig – Ertrag setzt spät ein, ist aber sehr reichlich – Blüte nicht frostempfindlich
'Rheinischer Winterrambour'	XII – V	Zufallssämling, um 1800 in der Schweiz oder in den Niederlanden gefunden	– meist plattrunde Form, große bis sehr große Frucht – kurzer, fleischig verdickter Stiel – Schale gelbgrün, bei Reife hellgelbe Grundfarbe, mit verwaschenem Rot überzogen	– intensiver Apfelgeruch – saftiges, hellgelbes Fruchtfleisch – guter Koch- und Backapfel	– stark wachsend – weit ausladende, kräftige Krone – späte Blüte gegen Frost und Nässe unempfindlich
'Schwaikheimer Rambour'	I – V	ungewiß, eventuell alte ungarische Sorte 'Sikulaer Apfel'	– großer Apfel mit glatter, fester Schale – Grundfarbe hellgrün, sonnenseits hellrote Streifen – netzartige Berostung	– festes Fruchtfleisch – schwach säuerlich, leicht süßliches Aroma	– breite, weit ausladende Krone muß laufend ausgelichtet werden – Blüte wenig empfindlich

Der Obstgarten

Sorte	Reifezeit	Herkunft	Fruchtform, Aussehen der Äpfel	Eigenschaften der Frucht	Eigenschaften des Baumes
'Transparent aus Croncels'	Ende VIII – X	Frankreich, 1869	– große bis sehr große Frucht von rundlicher Form – Schale weißgelb, sonnenseits mattgolden	– lockeres, saftiges Fruchtfleisch – süßweiniger Geschmack – Frucht druckempfindlich und nur kurz lagerbar	– starker Wuchs – widerstandsfähig gegen Frost und Erkrankungen
'Welschisner'	I – V	ungewiß, bereits 1659 beschrieben	– mittelgroßer bis großer Apfel – Schale zitronengelb, sonnenseits leuchtend rot überzogen	– angenehmer Geschmack, mäßig aromatisch – intensiver Geruch	– stark wachsend, breite, überhängende Krone neigt zum Verkahlen – mittelfrühe Blüte sehr frostempfindlich

Birnen

Sorte	Reifezeit	Herkunft	Fruchtform, Aussehen der Birne	Eigenschaften der Frucht	Eigenschaften des Baumes
'Alexander Lucas'	X – XII	Frankreich, um 1870	– große, kegelförmige Birne – Schale glatt und glänzend – mit zunehmender Reife leuchtend gelb, sonnenseits schwach rötlich getönt	– weißes, sehr saftiges, süßes Fruchtfleisch – Frucht sehr druckempfindlich – lange Lagerzeit	– hochgebaute Krone – Ertrag setzt früh ein – regelmäßige Ernten – mittelfrühe Blüte, empfindlich gegen Spätfrost
'Bunte Julibirne'	VII – Anfang VIII	Frankreich, 1857	– mittelgroße, rundliche Birne – gelbe Schale sonnenseits gerötet	– saftiges, weißes Fruchtfleisch – geringe Haltbarkeit, Birnen werden schnell mehlig	– mäßiger Wuchs – wenig verzweigte Krone – Ertrag setzt früh ein – regelmäßiger Verjüngungsschnitt unerläßlich
'Conference'	Mitte X – XI	England, seit 1894 im Handel	– mittelgroße, langgezogene Frucht – Schale stumpfgrün bis grüngelb	– saftiges Fruchtfleisch – würziger, aromatischer Geschmack – feste Fruchtschale, wenig druckempfindlich – Birne auch für Dörrobst geeignet	– starker Wuchs – hoch-pyramidale Krone – Ertrag setzt früh ein – Blüte und Holz wenig frostempfindlich
'Gellerts Butterbirne'	Ende IX – Ende X	Frankreich, 1838	– mittelgroß bis groß – Schale grünlich, bei Vollreife ockergelb	– erfrischend würziger Geschmack – sehr saftig	– starker Wuchs – durch Herabbinden der Äste Krone formen – wenig schneiden – Holz winterhart
'Nordhäuser Winterforellenbirne'	I – III	Norddeutschland	– mittelgroße, kegelförmige Birne – Schale grünlichgelb, sonnenseits braunrot, leicht fettig	– weißes Fruchtfleisch, würzigsüßes Aroma	– aufrechter Wuchs – Äste nehmen später waagrechte Stellung ein – gut für Spaliere geeignet
'Pastorenbirne'	Ende X – I	Frankreich, Mitte des 18. Jahrhunderts	– flaschenförmige, mittelgroße Birne – Schale grünlichgelb bis hellgelb, sonnenseits braunrot	– gelblichweißes, saftiges Fruchtfleisch – Frucht im Bereich um das Kerngehäuse steinig	– kräftiger Wuchs

Der Ziergarten

Blüten und Früchte für Trockensträuße

Deutscher Name	Botanischer Name	Mai	Juni	Juli	August	September	Oktober
Gartenpflanzen							
Ageratum, Gelbes	*Lonas annua*				Blüte	Blüte	Blüte
Akelei	*Aquilegia*-Hybriden	Blüte	Blüte	Frucht	Frucht		
Artischocke	*Cynara-scolymus*					Blüte	Blüte
Blaustern	*Agapanthus praecox*					Frucht	Frucht
Büschelrose	*Rosa multifora*					Frucht	Frucht
Färberdistel	*Carthamus tinctorius*				Blüte	Blüte	
Frauenmantel	*Alchemilla mollis*		Blüte	Blüte	Blüte		
Fuchsschwanz, Aufrechter	*Amaranthus*			Blüte	Blüte	Blüte	Blüte
Fuchsschwanz, Garten-	*Amaranthus caudatus*			Blüte	Blüte	Blüte	Blüte
Germer	*Veratrum album, Veratrum nigrum*					Frucht	Frucht
Goldgarbe	*Achillea filipendulina*			Blüte	Blüte		
Grasnelke	*Armeria juniperifolia*	Blüte	Blüte				
Hortensie, Garten-	*Hydrangea macrophylla*			Blüte	Blüte		
Iris	*Iris delavayi*				Frucht	Frucht	
Judaskirsche	*Physalis alkekengi*				Frucht	Frucht	Frucht
Jungfer im Grünen	*Nigella damascena*			Blüte	Blüte/Frucht	Blüte/Frucht	Frucht
Kaiserkrone	*Fritillaria imperialis*		Frucht	Frucht			
Katzenpfote	*Helichrysum cassinianum*				Blüte	Blüte	
Kugeldistel	*Echinops bannaticus, Echinops ritro*				Blüte	Blüte	Blüte
Lavendel	*Lavandula angustifolia*				Blüte	Blüte	
Mannstreu	*Eryngium*				Blüte	Blüte	
Muschelblume	*Molucella laevis*			Blüte	Blüte/Frucht	Blüte/Frucht	
Papierknöpfchen	*Ammobium alatum*				Blüte	Blüte	Blüte
Pfingstrose	*Paeonia lactiflora*		Blüte	Blüte			
Prachtscharte	*Liatris spicata*				Blüte	Blüte	Blüte
Prachtspiere	*Astilbe*				Blüte	Blüte	Frucht
Ringelblume	*Calendula officinalis*				Blüte	Blüte	Blüte	Blüte
Rittersporn	*Delphinium*-Hybriden			Blüte	Blüte	Blüte	Blüte/Frucht	Frucht
Rosen	*Rosa*			Blüte	Blüte	Blüte	Blüte
Schleierkraut	*Gypsophila paniculata*			Blüte	Blüte	Blüte	

Der Ziergarten

Deutscher Name	Botanischer Name	Mai	Juni	Juli	August	September	Oktober
				Sammel-/Erntezeit			
Gartenpflanzen							
Silberblatt	*Lunaria annua*			Frucht	Frucht	Frucht	Frucht
Sonnenblume	*Helianthus annuus*			Blüte	Blüte/Frucht	Blüte/Frucht	Blüte/Frucht
Sonnenflügel	*Helipterum humboldtianum*			Blüte	Blüte	Blüte	
Sonnenhut, Roter	*Rudbeckia purpurea*				Blüte	Blüte	Blüte
Statice	*Gomiolimon tataricum*			Blüte	Blüte	Blüte	
Strohblume	*Helichrysum bracteatum*				Blüte	Blüte	Blüte
Studentenblume	*Tagetes Erecta*-Hybriden		Blüte	Blüte	Blüte	Blüte	Blüte
Zinnie	*Zinnia*			Blüte	Blüte	Blüte	Blüte
Zittergras, Großes	*Briza maxima*			Frucht	Frucht	Frucht	
Wildpflanzen							
Ampfer, Krauser	*Rumex crispus*		Frucht	Frucht	Frucht	Frucht	
Beifuß	*Artemisia vulgaris*			Blüte	Blüte		
Besenheide	*Calluna vulgaris*				Blüte	Blüte	Blüte
Dost	*Origanum vulgare*			Blüte	Blüte	Blüte	
Flockenblume, Wiesen-	*Centaurea jacea*		Blüte	Blüte	Blüte/Frucht	Blüte/Frucht	Frucht
Goldrute	*Solidago canadensis*			Blüte	Blüte		
Hellerkraut, Acker-	*Thlaspi arvense*	Frucht	Frucht	Frucht	Frucht	Frucht	
Hopfen	*Humulus lupulus*			Blüte	Blüte		
Johanniskraut	*Hypericum*		Blüte	Blüte	Blüte/Frucht	Frucht	
Karde, Wilde	*Dipsacus sylvestris*			Frucht	Frucht	Frucht	Frucht
Königskerze	*Verbascum*			Frucht	Frucht	Frucht	Frucht
Lichtnelke, Rote	*Silene dioica*				Frucht	Frucht	Frucht
Mädesüß	*Filipendula ulmaria*				Frucht	Frucht	
Möhre, Wilde	*Daucus carota*		Blüte	Blüte/Frucht			
Nachtkerze	*Oenothera biennis*				Frucht	Frucht	Frucht
Rainfarn	*Tanacetum vulgare*			Blüte	Blüte	Blüte	
Schafgarbe	*Achillea millefolium*			Blüte	Blüte	Frucht	Frucht
Waldgamander	*Teucrium scorodonia*			Frucht	Frucht	Frucht	Frucht
Wau	*Reseda luteola*			Frucht	Frucht	Frucht	Frucht
Weidenröschen, Wald-	*Epilobium angustifolium*		Blüte	Blüte	Blüte/Frucht	Frucht	Frucht
Weiderich, Blut-	*Lythrum salicaria*		Blüte	Blüte	Blüte	Blüte	
Zittergras	*Briza media*			Frucht	Frucht		

Die Blumenuhr

Am Öffnen und Schließen der Blüten verschiedener Blumen läßt sich die Tageszeit ablesen. Erforscht wurden bisher vor allem die Blühzeiten von Wildkräutern. Beispielsweise richteten sich früher die Landarbeiter auf dem Feld nach dem Bocksbart. Wenn dieses Kraut seine Blüten schloß, wurde Mittagspause gemacht.

Die in der nachfolgenden Liste angegebenen Uhrzeiten geben die Mitteleuropäische Zeit (MEZ) an. Die Blumen richten sich aber nach der Sonnenzeit, die von der MEZ etwas abweicht und noch mehr von der Sommerzeit (= MEZ + 1 Stunde). Beim Anlegen der Blumenuhr ist außerdem noch zu beachten, daß auch die unterschiedlichen Lichtverhältnisse in den Gärten zu Abweichungen in der Genauigkeit führen können. Die Blumenuhr ist also eine Uhr für experimentierfreudige Gartenliebhaber, die gerne etwas für sie Neues probieren. Über die genannten Pflanzenarten hinaus lassen sich, nach einigen Beobachtungen, sicherlich auch viele Kulturpflanzen mit in die Blumenuhr integrieren.

Die Monate der Blütezeit sind in der Liste in römischen Ziffern angegeben.

Es öffnen sich:

6 Uhr:
Zaunwinde (*Calystegia sepium*), VI – IX
Gelbrote Taglilie (*Hemerocallis fulva*), VII – VIII

7 Uhr:
Weiße Seerose (*Nymphaea alba*), VI – X
Ringelblume (*Calendula officinalis*), VI – X

8 Uhr:
Habichtskraut (*Hieracium aurantiacum*), VI – VIII
Gauchheil (*Anagallis arvensis*), VI – X

9 Uhr:
Ringelblume (*Calendula officinalis*) bei trübem Wetter, VI – X
Pfingstnelke (*Dianthus gratianopolitanus*), VI – IX

10 Uhr:
Malvengewächse, z. B. Malve (*Malva moschata*), VII – VIII
Stockrose (*Alcea rosea*), VII – IX
Käsepappel (*Malva neglecta*), VI – XI

11 Uhr:
Tigerblume (*Tigridia pavonia*), VII – IX
Stern von Bethlehem (*Ornithogalum umbellatum*), IV – V

16 Uhr:
Wunderblume (*Mirabilis jalapa*), VI – X

18 Uhr:
Nachtkerze (*Oenothera*-Arten), VI – IX

Es schließen sich:

12 Uhr:
Gemeine Wegwarte (*Cichorium intybus*), VII – IX
Bocksbart (*Tragopogon pratensis*), V – VII

13 Uhr:
Pfingstnelke (*Dianthus gratianopolitanus*), VI – IX
Lungenkraut (*Pulmonaria*-Arten), III – V
Karthäusernelke (*Dianthus carthusianorum*), VI – IX

14 Uhr:
Ringelblume (*Calendula officinalis*), VI – X

15 Uhr:
Wurmlattich (*Picris echioides*), VII – VIII
Geflecktes Ferkelkraut (*Hypochaeris maculata*), V – VIII

16 Uhr:
Gauchheil (*Anagallis arvensis*), VI – X
Zaunwinde (*Calystegia sepium*), VI – IX

17 Uhr:
Weiße Seerose (*Nymphaea alba*), VI – X

Lagern, Haltbarmachen

Optimale Lagerung von Gemüse und Küchenkräutern

Gemüse/Kräuter	Optimale Lagertemperatur	Optimale relative Luftfeuchte	Bemerkung
Artischocke Champignon Endivie Erbse Kopfsalat Kräuter, Küchen- Mais, Zucker- Möhre Porree, Lauch Petersilie Rote Rübe Schwarzwurzel Spargel Spinat Kresse, Brunnen-	0 °C – 1,5 °C	95 % – 100 %	nicht mit Eis in Berührung bringen
Blumenkohl Brokkoli Gemüserübe Kohlrabi Kopfkohl Meerrettich Radieschen Rosenkohl Sellerie, Blatt- Sellerie, Knollen- Zwiebeln (grün)	0 °C – 1,5 °C	95 % – 100 %	Eisberührung wird vertragen
Knoblauch Zwiebel	0 °C – 1,5 °C	65 % – 75 %	
Bohne Paprika (rot) Zucchini	4,5 °C – 7,5 °C	95 %	nicht mit Eis in Berührung bringen
Gurke Kartoffel Kürbis	4,5 °C – 13 °C	85 % – 90 %	nicht mit Eis in Berührung bringen
Aubergine Kartoffel, Früh- Tomate	13 °C – 18 °C	85 % – 90 %	nicht mit Eis in Berührung bringen

Optimale Lagerung von Obst

Obst	Optimale Lagertemperatur	Optimale relative Luftfeuchte	Bemerkung
Apfel Aprikose Birne Beerenobst Feige Grapefruit Kirsche Pfirsich Pflaume	0 °C – 1,5 °C	90 % – 95 %	nicht mit Eis in Berührung bringen
Orange Zitrone	2,5 °C – 5 °C	90 % – 98 %	nicht mit Eis in Berührung bringen
Wassermelone	4,5 °C – 13 °C	85 % – 90 %	nicht mit Eis in Berührung bringen

Tiere im Garten

Nektarspender für Tag- und Nachtschmetterlinge

Zierpflanzen		Wildpflanzen	
Deutscher Name	Botanischer Name	Deutscher Name	Botanischer Name
Blaukissen	*Aubrieta*	Distel	*Carduus*
Edeldistel	*Eryngium*	Dost, Wilder	*Origanum*
Geißblatt, Echtes	*Lonicera*	Goldrute	*Solidago*
Goldlack	*Cheiranthus*	Johanniskraut	*Hypericum*
Herbstaster	*Aster*	Karthäuser-Nelke	*Dianthus*
Kapuzinerkresse	*Tropaeolum*	Kuckucks-Lichtnelke	*Lychnis*
Leberbalsam	*Ageratum*	Nachtkerze	*Oenothera*
Nelke	*Dianthus*	Natternkopf	*Echium*
Petunie	*Petunia*	Nickendes Leimkraut	*Silene*
Phlox	*Phlox*	Rote Lichtnelke	*Lychnis*
Prachtscharte	*Liatris*	Seifenkraut, Echtes	*Saponaria*
Primel	*Primula*	Skabiose	*Scabiosa*
Schmetterlingsstrauch	*Buddleja*	Teufelsabbiß	*Succisa*
Silberblatt	*Lunaria*	Traubenkropf-Leimkraut	*Silene*
Spornblume	*Centranthus*	Waldgeißblatt	*Lonicera*
Steinkraut	*Alyssum*	Weidenröschen	*Epilobium*
Strauchveronika	*Hebe*	Weißes Leimkraut	*Silene*
Studentenblume	*Tagetes*	Wiesenflockenblume	*Centaurea*
Taglilie	*Hemerocallis*	Wiesensalbei	*Salvia*
Wunderblume	*Mirabilis*	Wilde Karde	*Dipsacus*
Ziertabak	*Nicotiana*	Zaunwinde	*Calystegia*

Tiere im Garten

Welches Tier hält sich wann und wo im Garten auf?

Die Monate Januar bis Dezember sind in römischen Ziffern angegeben.

Tierart/-gruppe	Bevorzugte Lebensräume	Nutzung des Aufenthaltortes	Tagaktiv	Dämmerungs-aktiv	Nachtaktiv	Jahresaktivität
Amsel	Garten, Gebäude	zur Jungenaufzucht, Nahrung	x			Brutzeit III – VIII
Grauschnäpper	Garten, Gebäude	zur Jungenaufzucht, Nahrung	x			Brutzeit V – VIII
Hausrotschwanz	Garten, Gebäude	zur Jungenaufzucht, Nahrung	x			Brutzeit IV – VIII
Haussperling	Garten, Nistkasten, Gebäude	zur Jungenaufzucht, Nahrung	x			Brutzeit IV – VIII
Mauersegler	Gebäudenischen	zur Jungenaufzucht	x			Brutzeit V – VII
Meise, Blau-	Garten, Baumhöhle, Nistkasten	zur Jungenaufzucht, Nahrung	x			Brutzeit IV – VII
Meise, Kohl-	Garten, Baumhöhle, Nistkasten	zur Jungenaufzucht, Nahrung	x			Brutzeit III – VII
Schleiereule	Dachboden, Scheune	zur Jungenaufzucht			x	Brutzeit V – IX
Schwalbe, Mehl-	unter Dachvorsprüngen	zur Jungenaufzucht	x			Brutzeit V – IX
Schwalbe, Rauch-	in Gebäuden	zur Jungenaufzucht	x			Brutzeit V – IX
Star	Garten, Baumhöhle, Nistkasten	zur Jungenaufzucht, Nahrung	x			Brutzeit IV – VII
Waldkauz	Dachboden, Scheune	zur Jungenaufzucht			x	Brutzeit XII – V
Fledermäuse	Garten, Spalten in/an Gebäuden, Dachboden, Keller	zur Jungenaufzucht, Nahrung, Versteck, Winterquartier			x	Winterschlaf X – Mitte IV
Bilche	Obstwiese, Hecke, Zwischendecken in Gebäuden	zur Jungenaufzucht, Nahrung, Versteck			x	Winterschlaf X – Mitte V
Mauswiesel, Hermelin	Hecke, Steinhaufen, Trockenmauer	zur Jungenaufzucht, Nahrung, Versteck	x		x	ganzjährig aktiv
Marder, Stein-	Garten, Gebäude	zur Jungenaufzucht, Nahrung, Versteck			x	ganzjährig aktiv
Mäuse	Garten, Hecke, Gebäude	zur Jungenaufzucht, Nahrung, Versteck		x	x	ganzjährig aktiv
Spitzmäuse	Hecke, Kompost, Gebäude	zur Jungenaufzucht, Nahrung, Versteck		x	x	ganzjährig aktiv
Igel	Hecke, Obstwiese, Reisighaufen	zur Jungenaufzucht, Nahrung, Versteck, Winterquartier	x (im Herbst)	x	x	Winterschlaf X – IV
Eidechse, Zaun-	Trockenmauer, Hecke	zur Jungenaufzucht, Nahrung, Versteck, Winterquartier	x			Winterstarre XI – IV
Frosch, Gras-	Gartenteich, Wiese, Bretterstapel und ähnliches	zur Jungenaufzucht, Nahrung, Versteck, Winterquartier	x		x	Winterstarre XI – III

Aussaatdaten

Für viele Biogärtner sind die Wirkungen der Planeten und der verschiedenen Tierkreiszeichen bei Ihrer Gartenarbeit rund ums Jahr von entscheidender Bedeutung. Sie richten sich nach den Aussaatdaten.

Zum Verständnis der Aussaatdaten

Die Aussaatdaten orientieren sich an der Mondkonstellation. Der Mond zieht während seines Umlaufens um die Erde regelmäßig an den Arealen der 12 Sternzeichen vorbei und regt dadurch Kräfte an, die sich auf verschiedene Vorgänge auf der Erde auswirken. Im Abstand von zwei bis vier Tagen steht der Mond jeweils vor einem neuen Sternbild. Im Vorbeigang werden so jeweils die Kräfte des Sternbildes angeregt, vor dem der Mond gerade zieht. Diese frei werdenden Kräfte wirken auf den Anbau von Pflanzen, insbesondere auf die Aussaat.

Sternbild	Element	Förderung des Wachstums von …
Jungfrau		
Steinbock	Erde	Wurzelpflanzen
Stier		
Krebs		
Skorpion	Wasser	Blattpflanzen
Fisch		
Zwilling		
Waage	Luft	Blütenpflanzen
Wassermann		
Löwe		
Schütze	Feuer	Fruchtpflanzen
Widder		

Jeweils drei Sternzeichen bilden ein Trigon, welches sich wiederum einem der vier Urelementen (Erde, Wasser, Luft, Feuer) zuordnen läßt. Diese vier Elemente werden mit den verschiedenen pflanzlichen Wuchstypen in Verbindung gebracht.
Nähert sich der Mond auf seiner Umlaufbahn um die Erde beispielsweise dem Sternzeichen Löwe, so werden in diesem Zeitraum alle Fruchtpflanzen positiv beeinflußt. Aussaat und sämtliche gärtnerische Pflegearbeiten mit Fruchtpflanzen sollten bevorzugt an einem Fruchttag stattfinden.
Entsprechend gelten für Wurzelpflanzen, Blattpflanzen und Blütenpflanzen Wurzeltage, Blattage und Blütentage (siehe Kalendarium).

Zuordnung der Pflanzenarten zu den pflanzlichen Wuchstypen

Zu den Wurzelpflanzen gehören Chicorée, Kartoffel, Knoblauch, Möhre, Pastinake, Radieschen, Rettich, Rote Bete, Schwarzwurzel, Sellerie, Steckrübe, Wurzelpetersilie und Zwiebel.
Zu den Blattpflanzen zählen Endivien, Feldsalat, Fenchel, Kohlgewächse wie z. B. Kohlrabi und Kopfkohl, Lauch, Mangold, Petersilie, Rosenkohl, Salat (Kopf-, Eis-, Schnitt-, Pflücksalat), Spinat und alle Blattkräuter.
Unter die Kategorie Blütenpflanzen fallen Blütengehölze, Sommerblumen, Stauden und Blumenzwiebeln.
Zu den Fruchtpflanzen gehören Aubergine, Bohne, Erdbeere, Erbse, Gurke, Kürbis, Mais, Obst, Paprika, Tomate, Zucchini.

Zum Kalendarium

Neben Datum und Wochentag ist an jedem Tag das Sternbild genannt, an dem der Mond zu dieser Zeit vorüberzieht. Es gibt zwölf Sternbilder: Widder, Stier, Zwilling, Krebs, Löwe, Jungfrau, Waage, Skorpion, Schütze, Steinbock, Wassermann, Fisch.

Mondkonstellationen

Die Umlaufbahn des Mondes um die Erde ist durch seinen tiefsten Punkt (Sternbild Schütze) und seinem höchsten Punkt (Sternbild Zwilling) gekennzeichnet. Von seinem Tiefststand bis zum Höchststand bewegt sich der Mond aufsteigend (nicht zu verwechseln mit dem zunehmenden und abnehmenden Mond). Dieser Zeitraum wird auch als das Ausatmen der Erde bezeichnet. Die Phase des absteigenden Mondes verkörpert das Einatmen der Erde. Es findet ein Rückzug der Kräfte in bodennähere Organe statt, wodurch oberhalb des Bodens eine Ruhephase eintritt. Für die Pflanzung sollte bevorzugt dieser Zeitraum genutzt werden. Die Pflanzzeit ist jeweils durch eine gelbe Unterlegung nach dem Datum gekennzeichnet. Die Sommerzeit wurde berücksichtigt. Kurz vor Neumond empfiehlt es sich, von gärtnerischen Tätigkeiten abzusehen, da die Reproduktionskräfte der Pflanzen in dieser Zeit geschwächt sind.
Sind im Kalendarium drei Striche (---) vermerkt, sollten Sie wegen Störfaktoren (z. B. Knoten) keine Gartenarbeiten vornehmen.

Verwendete Symbole:

☽ = zunehmender Mond
☻ = Neumond
☾ = abnehmender Mond
☺ = Vollmond
Pg = Perigäum (Erdnähe)
Ag = Agopäum (Erdferne)
SA: Sonnenaufgang
SU: Sonnenuntergang
☊ = aufsteigender Mondknoten
☋ = absteigender Mondknoten

Jahr 1999

Januar 1999

01	Fr	Beginn Pflanzzeit	Stier / ab 8.00 Zwilling Blüte ab 9.30	
02	Sa		Zwilling Blüte	☺
03	So		Zwilling / ab 6.00 Krebs Blatt	
04	Mo		Krebs / ab 19.00 Löwe Blatt	SA: 8.26 SU: 16.27 ☊ 3.20
05	Di		Löwe Frucht	
06	Mi		Löwe Frucht	
07	Do		Löwe / ab 12.00 Jungfrau Frucht bis 10.30 Wurzel ab 13.30	
08	Fr		Jungfrau Wurzel	
09	Sa		Jungfrau Wurzel	☽
10	So		Jungfrau Wurzel	
11	Mo		Jungfrau / ab 8.00 Waage Blüte 9.30 bis 10.45 und ab 15.45	SA: 8.23 SU: 16.36 Ag: 12.42
12	Di		Waage / ab 22.00 Skorpion Blüte	
13	Mi		Skorpion Blatt	
14	Do		Skorpion Blatt	
15	Fr	Ende Pflanzzeit	Skorpion Blatt	
16	Sa		Schütze Frucht	
17	So		Schütze / ab 19.00 Steinbock Frucht	☺
18	Mo		Steinbock Wurzel	SA: 8.18 SU: 16.47
19	Di		Steinbock / ab 22.00 Wassermann Wurzel bis 12.45	☋ 14.38
20	Mi		Wassermann Blüte	
21	Do		Wassermann / ab 18.00 Fisch Blüte bis 16.30	
22	Fr		Fisch Blatt	
23	Sa		Fisch Blatt	
24	So		Fisch / ab 11.00 Widder Blatt bis 9.30 Frucht ab 12.30	☽
25	Mo		Widder Frucht	SA: 8.10 SU: 16.59 Pg: 22.25
26	Di		Widder / ab 4.00 Stier Wurzel bis 10.30	
27	Mi		Stier Wurzel ab 10.30	
28	Do		Stier / ab 16.00 Zwilling Wurzel bis 14.30	
29	Fr	Beginn Pflanzzeit	Zwilling Blüte	
30	Sa		Zwilling / ab 16.00 Krebs Blüte bis 14.30	
31	So		Krebs Blatt	☺

Februar 1999

01	Mo		Krebs / ab 5.00 Löwe Frucht (außer 10.15 bis 15.15)	SA: 8.00 SU: 17.11 ☊ 12.19
02	Di		Löwe Frucht	
03	Mi		Löwe / ab 21.00 Jungfrau Frucht	
04	Do		Jungfrau Wurzel	
05	Fr		Jungfrau Wurzel	
06	Sa		Jungfrau Wurzel	
07	So		Jungfrau / ab 16.00 Waage Wurzel bis 14.30	
08	Mo		Waage Blüte ab 13.00	SA: 7.49 SU: 17.24 Ag: 9.53 ☽
09	Di		Waage / ab 7.00 Skorpion Blatt ab 8.30	
10	Mi		Skorpion Blatt	
11	Do	Ende Pflanzzeit	Skorpion / ab 18.00 Schütze Blatt bis 16.30	
12	Fr		Schütze Frucht	
13	Sa		Schütze Frucht	
14	So		Schütze / ab 3.00 Steinbock Wurzel	
15	Mo		Steinbock Wurzel	SA: 7.36 SU: 17.37 ☋ 22.54
16	Di		Steinbock / ab 6.00 Wassermann Wurzel	☺
17	Mi		Wassermann Blüte	
18	Do		Wassermann / ab 1.00 Fisch Blatt	
19	Fr		Fisch Blatt	
20	Sa		Fisch / ab 17.00 Widder ---	Pg: 15.33
21	So		Widder Frucht	
22	Mo		Widder / ab 9.00 Stier Wurzel ab 10.30	SA: 7.23 SU: 17.49
23	Di		Stier Wurzel	☽
24	Mi		Stier / ab 22.00 Zwilling Wurzel	
25	Do	Beginn Pflanzzeit	Zwilling Blüte	
26	Fr		Zwilling / ab 23.00 Krebs Blüte	
27	Sa		Krebs Blatt	
28	So		Krebs / ab 13.00 Löwe Blatt bis 11.30 Frucht ab 14.30	☊ 20.41

Aussaatdaten

März 1999

01	Mo		Löwe	SA: 7.08
			Frucht	SU: 18.02
02	Di		Löwe	☺
			Frucht	
03	Mi		Löwe / ab 6.00 Jungfrau	Merkur knoten: 14.00
			Wurzel bis 8.00	
04	Do		Jungfrau	
			Wurzel	
05	Fr		Jungfrau	
			Wurzel	
06	Sa		Jungfrau	
			Wurzel	
07	So		ab 0.00 Waage	
			Blüte	
08	Mo		Waage / ab 15.00 Skorpion	SA: 6.53
			Blüte ab 9.15 bis 13.30	SU: 18.14
			Blatt ab 16.30	Ag: 6.09
09	Di		Skorpion	
			Blatt	
10	Mi		Skorpion	☾
			Blatt	
11	Do	Ende Pflanzzeit	Skorpion / ab 3.00 Schütze	
			Frucht	
12	Fr		Schütze	
			Frucht	
13	Sa		Schütze / ab 13.00 Steinbock	
			Frucht bis 11.30	
			Wurzel ab 14.30	
14	So		Steinbock	
			Wurzel	
15	Mo		Steinbock / 15.00 Wassermann	SA: 6.37 SU: 18.26
			Wurzel ab 10.15 bis 13.30	☍ 8.15
			Blüte ab 16.30	
16	Di		Wassermann	
			Blüte	
17	Mi		Wassermann / ab 10.00 Fisch	☺
			Blüte bis 8.30	
			Blatt ab 11.30	
18	Do		Fisch	
			Blatt	
19	Fr		Fisch	
			Blatt bis 13.15	
20	Sa		ab 0.00 Widder	Pg: 1.15
			Frucht ab 13.15	
21	So		Widder / ab 16.00 Stier	
			Frucht bis 14.30	
			Wurzel ab 17.30	
22	Mo		Stier	SA: 6.21
			Wurzel	SU: 18.38
23	Di		Stier	
			Wurzel	
24	Mi	Beginn Pflanzzeit	Stier / ab 4.00 Zwilling	☽
			Blüte	
25	Do		Zwilling	
			Blüte	
26	Fr		Zwilling / ab 5.00 Krebs	
			Blatt ab 6.30	
27	Sa		Krebs / ab 19.00 Löwe	
			Blatt bis 17.30	
28	So		Löwe	Beginn Sommerzeit
			Frucht	
29	Mo		Löwe	SA: 7.06
			Frucht	SU: 19.49 ☊ 2.32
30	Di		Löwe / ab 14.00 Jungfrau	
			Frucht bis 12.30	
			Wurzel ab 15.30	
31	Mi		Jungfrau	
			Wurzel	

April 1999

01	Do		Jungfrau	☺
			Wurzel	
02	Fr		Jungfrau	

03	Sa		Jungfrau / ab 9.00 Waage	

04	So		Waage / ab 23.00 Skorpion	Ag: 23.32
			Blüte	
05	Mo		Skorpion	SA: 6.50
			Blatt	SU: 20.01
06	Di		Skorpion	
			Blatt	
07	Mi	Ende Pflanzzeit	Skorpion / 12.00 Schütze	
			Blatt bis 10.30	
			Frucht ab 13.30	
08	Do		Schütze	
			Frucht	
09	Fr		Schütze / 23.00 Steinbock	☾
			Wurzel	
10	Sa		Steinbock / Wurzel	
11	So		Steinbock	☍ 16.05
			Wurzel (außer 14.00 bis 18.00)	
12	Mo		Steinbock / 2.00 Wassermann	SA: 6.34
			Blüte	SU: 20.12
13	Di		Wassermann / 22.00 Fisch	
			Blüte	
14	Mi		Fisch	
			Blatt	
15	Do		Fisch	
			Blatt	
16	Fr		Fisch / ab 11.00 Widder	☺
			Blatt bis 9.30	
17	Sa		Widder	Pg: 7.26

18	So		Widder / 1.00 Stier	
			Wurzel	
19	Mo		Stier	SA: 6.19
			Wurzel	SU: 20.24
20	Di		Stier / 12.00 Zwilling	
			Wurzel bis 10.30	
			Blüte ab 13.30	
21	Mi	Beginn Pflanzzeit	Zwilling	
			Blüte	
22	Do		Zwilling / 12.00 Krebs	☽
			Blüte bis 10.30	
			Blatt ab 13.30	
23	Fr		Krebs	
			Blatt	
24	Sa		Krebs / 2.00 Löwe	☊ 3.55
			Frucht	
25	So		Löwe	
			Frucht	
26	Mo		Löwe / ab 20.00 Jungfrau	SA: 6.05
			Frucht bis 18.30	SU: 20.36
27	Di		Jungfrau	
			Wurzel	
28	Mi		Jungfrau	
			Wurzel	
29	Do		Jungfrau	
			Wurzel	
30	Fr		Jungfrau / ab 15.00 Waage	☺
			Wurzel bis 13.30	
			Blüte ab 16.30	

Jahr 1999

Mai 1999

01	Sa		Waage	
			Blüte	
02	So		Waage / ab 5.00 Skorpion	Ag: 8.14
			Blatt ab 11.15	
03	Mo		Skorpion	SA: 5.52
			Blatt	SU: 20.47
04	Di	Ende Pflanzzeit	Skorpion / 18.00 Schütze	
			Blatt bis 16.30	
			Frucht ab 19.30	
05	Mi		Schütze	
			Frucht	
06	Do		Schütze	
			Frucht	
07	Fr		Schütze / 6.00 Steinbock	
			Wurzel ab 7.30	
08	Sa		Steinbock	♋ 18.59
			Wurzel bis 17.00	☺
09	So		Steinbock / ab 11.00 Wassermann	
			Wurzel bis 9.30	
			Blüte ab 12.30	
10	Mo		Wassermann	SA: 5.40
			Blüte	SU: 20.58
11	Di		Wassermann / ab 7.00 Fisch	
			Blatt ab 8.30	
12	Mi		Fisch	
			Blatt	
13	Do		Fisch / ab 22.00 Widder	
			Frucht bis 20.30	
14	Fr		Widder	
			Frucht	
15	Sa		Widder / ab 12.00 Stier	Pg: 17.08
			---	☺
16	So		Stier	
			Wurzel	
17	Mo		Stier / ab 21.00 Zwilling	SA: 5.29
			Wurzel bis 19.30	SU: 21.09
18	Di	Beginn Pflanzzeit	Zwilling	
			Blüte	
19	Mi		Zwilling / ab 19.00 Krebs	
			Blüte bis 17.30	
			Blatt ab 20.30	
20	Do		Krebs	
			Blatt	
21	Fr		Krebs / ab 8.00 Löwe	♌ 5.12
			Frucht ab 9.30	
22	Sa		Löwe	☽
			Frucht	
23	So		Löwe	
			Frucht	
24	Mo		Löwe / ab 2.00 Jungfrau	SA: 5.20
			Wurzel	SU: 21.19
25	Di		Jungfrau	
			Wurzel	
26	Mi		Jungfrau	
			Wurzel	
27	Do		Jungfrau / 21.00 Waage	
			Wurzel bis 19.30	
28	Fr		Waage	
			Blüte	
29	Sa		Waage / ab 11.00 Skorpion	Ag: 10.14
			Blüte bis 8.15	
			Blatt ab 13.15	
30	So		Skorpion	☺
			Blatt	
31	Mo	Ende Pflanzzeit	Skorpion	SA: 5.13
			Blatt	SU: 21.27

Juni 1999

01	Di		0.00 Schütze	
			Frucht	
02	Mi		Schütze	
			Frucht	
03	Do		Schütze / ab 12.00 Steinbock	
			Frucht bis 10.30	
			Wurzel ab 13.30	
04	Fr		Steinbock	♋ 20.05
			Wurzel bis 18.00	
05	Sa		Steinbock / ab 17.00 Wassermann	
			Wurzel bis 15.30	
			Blüte ab 18.30	
06	So		Wassermann	
			Blüte	
07	Mo		Wassermann / ab 15.00 Fisch	SA: 5.08
			Blüte bis 13.30	SU: 21.34
			Blatt ab 16.30	☺
08	Di		Fisch	
			Blatt	
09	Mi		Fisch	
			Blatt	
10	Do		Fisch / ab 8.00 Widder	
			Blatt bis 6.30	
			Frucht ab 9.30	
11	Fr		Widder / ab 23.00 Stier	Venusknoten: 14.00

12	Sa		Stier	
			Wurzel bis 14.45	
13	So		Stier	Pg: 2.38
			Wurzel ab 14.45	☺
14	Mo		Stier / ab 8.00 Zwilling	SA: 5.05
			Wurzel bis 6.30	SU: 21.39
			Blüte ab 9.30	
15	Di	Beginn Pflanzzeit	Zwilling	
			Blüte	
16	Mi		Zwilling / ab 5.00 Krebs	
			Blatt ab 6.30	
17	Do		Krebs / ab 17.00 Löwe	♌ 9.51
			Blatt bis 7.45 und 12.45 bis 15.30	
			Frucht ab 18.30	
18	Fr		Löwe	
			Frucht	
19	Sa		Löwe	
			Frucht	
20	So		Löwe / ab 9.00 Jungfrau	☽
			Frucht bis 7.30	
			Wurzel ab 10.30	
21	Mo		Jungfrau	SA: 5.05
			Wurzel	SU: 21.42
22	Di		Jungfrau	
			Wurzel	
23	Mi		Jungfrau	
			Wurzel	
24	Do		Jungfrau / ab 3.00 Waage	
			Blüte	
25	Fr		Waage / ab 18.00 Skorpion	Ag: 17.30
			Blüte bis 15.30	
			Blatt ab 20.30	
26	Sa		Skorpion	
			Blatt	
27	So		Skorpion	
			Blatt	
28	Mo	Ende Pflanzzeit	Skorpion / ab 6.00 Schütze	SA: 5.08
			Frucht ab 7.30 bis 19.00	SU: 21.42
				☺
29	Di		Schütze	Merkurknoten: 1.00
			Frucht ab 7.00	
30	Mi		Schütze / ab 17.00 Steinbock	
			Frucht bis 15.30	
			Wurzel ab 18.30	

Juli 1999

01	Do		Steinbock	☋ 22.47
			Wurzel bis 20.45	
02	Fr		Steinbock / ab 23.00	
			Wassermann	
			Wurzel bis 21.30	
03	Sa		Wassermann	
			Blüte	
04	So		Wassermann / ab 21.00	
			Fisch	
			Blüte bis 19.30	
05	Mo		Fisch	SA: 5.13
			Blatt	SU: 21.40
06	Di		Fisch	☾
			Blatt	
07	Mi		Fisch / ab 16.00 Widder	
			Blatt bis 14.30	
			Frucht ab 17.30	
08	Do		Widder	
			Frucht	
09	Fr		Widder / ab 7.00 Stier	
			Wurzel ab 8.30	
10	Sa		Stier	
			Wurzel bis 20.15	
11	So		Stier / ab 18.00 Zwilling	Pg: 8.09
			Blüte ab 20.15	
12	Mo	Beginn	Zwilling	SA: 5.19
		Pflanzzeit	Blüte	SU: 21.35
13	Di		Zwilling / ab 15.00 Krebs	☺
			Blüte bis 13.30	
			Blatt ab 16.30	
14	Mi		Krebs	♋ 18.15
			Blatt bis 16.15	
15	Do		Krebs / ab 3.00 Löwe	
			Frucht	
16	Fr		Löwe	
			Frucht	
17	Sa		Löwe / ab 17.00 Jungfrau	
			Frucht bis 15.30	
			Wurzel ab 18.30	
18	So		Jungfrau	
			Wurzel	
19	Mo		Jungfrau	SA: 5.27
			Wurzel	SU: 21.28
20	Di		Jungfrau	☽
			Wurzel	
21	Mi		Jungfrau / ab 10.00 Waage	
			Wurzel bis 8.30	
			Blüte ab 11.30	
22	Do		Waage	
			Blüte	
23	Fr		Waage / ab 1.00 Skorpion	Ag: 7.44
			Blatt ab 10.45	
24	Sa		Skorpion	
			Blatt	
25	So	Ende	Skorpion / ab 13.00 Schütze	
		Pflanzzeit	Blatt bis 11.30	
			Frucht ab 14.30	
26	Mo		Schütze	SA: 5.37
			Frucht	SU: 21.19
27	Di		Schütze	
			Frucht	
28	Mi		0.00 Steinbock	☺
			Wurzel	
29	Do		Steinbock	☋ 4.33
			Wurzel ab 6.30	
30	Fr		Steinbock / ab 5.00	
			Wassermann	
			Blüte ab 6.30	
31	Sa		Wassermann	
			Blüte	

August 1999

01	So		Wassermann / ab 3.00 Fisch	
			Blatt	
02	Mo		Fisch	SA: 5.47
			Blatt	SU: 21.09
03	Di		Fisch / ab 21.00 Widder	
			Blatt bis 19.30	
04	Mi		Widder	☾
			Frucht	
05	Do		Widder / ab 14.00 Stier	
			Frucht bis 12.30	
			Wurzel ab 15.30	
06	Fr		Stier	
			Wurzel	
07	Sa		Stier	
			Wurzel bis 13.30	
08	So	Beginn	Stier / ab 2.00 Zwilling	Pg: 1.37
		Pflanzzeit	Blüte bis 13.30	
09	Mo		Zwilling	SA: 5.58
			Blüte	SU: 20.56
10	Di		Zwilling / ab 1.00 Krebs	
			Blatt	
11	Mi		Krebs / ab 12.00 Löwe	☺ Totale Sonnen- finsternis
			Frucht ab 13.30	
12	Do		Löwe	
			Frucht	
13	Fr		Löwe	
			Frucht	
14	Sa		Löwe / ab 2.00 Jungfrau	Merkur- knoten: 16.00
			Wurzel bis 10.00	
15	So		Jungfrau	
			Wurzel	
16	Mo		Jungfrau	SA: 6.09
			Wurzel	SU: 20.43
17	Di		Jungfrau / ab 18.00 Waage	
			Wurzel bis 16.30	
			Blüte ab 19.30	
18	Mi		Waage	
			Blüte	
19	Do		Waage / ab 8.00 Skorpion	☽
			Blatt ab 9.30	
20	Fr		Skorpion	Ag: 1.27
			Blatt	
21	Sa	Ende	Skorpion / ab 21.00 Schütze	
		Pflanzzeit	Blatt bis 19.30	
22	So		Schütze	
			Frucht	
23	Mo		Schütze	SA: 6.20
			Frucht	SU: 20.29
24	Di		Schütze / ab 8.00 Steinbock	
			Wurzel ab 9.30	
25	Mi		Steinbock	☋ 12.24
			Wurzel (außer 10.30 bis 14.30)	
26	Do		Steinbock / ab 12.00	
			Wassermann	
			Wurzel bis 10.30	
			Blüte ab 13.30	
27	Fr		Wassermann	☺
			Blüte	
28	Sa		Wassermann / ab 9.00 Fisch	
			Blüte bis 7.30	
			Blatt ab 10.30	
29	So		Fisch	
			Blatt	
30	Mo		Fisch	SA: 6.31
			Blatt	SU: 20.14
31	Di		Fisch / ab 3.00 Widder	
			Frucht	

September 1999

01	Mi		Widder / 19.00 Stier Frucht bis 17.30	
02	Do		Stier Wurzel bis 8.00	
03	Fr		Stier Wurzel ab 8.00	☾
04	Sa		Stier / ab 8.00 Zwilling Blüte ab 9.30	
05	So	Beginn Pflanzzeit	Zwilling Blüte	
06	Mo		Zwilling / ab 8.00 Krebs Blatt ab 9.30	SA: 6.42 SU: 19.58
07	Di		Krebs / ab 21.00 Löwe Blatt (außer 9.30 bis 14.30)	☊ 11.37
08	Mi		Löwe Frucht	
09	Do		Löwe Frucht	
10	Fr		Löwe / ab 11.00 Jungfrau Frucht bis 9.30 Wurzel ab 12.30	☺
11	Sa		Jungfrau Wurzel	
12	So		Jungfrau Wurzel	
13	Mo		Jungfrau Wurzel	SA: 6.53 SU: 19.42
14	Di		Jungfrau / ab 3.00 Waage Blüte	
15	Mi		Waage / ab 16.00 Skorpion Blüte bis 14.30 Blatt ab 17.30	
16	Do		Skorpion Blatt bis 18.45	Ag: 20.39
17	Fr		Skorpion Blatt	☽
18	Sa	Ende Pflanzzeit	Skorpion / ab 5.00 Schütze Frucht	
19	So		Schütze Frucht	
20	Mo		Schütze / ab 17.00 Steinbock Frucht bis 15.30 Wurzel ab 18.30	SA: 7.04 SU: 19.26
21	Di		Steinbock Wurzel bis 17.45	☋ 19.50
22	Mi		Steinbock / ab 21.00 Wassermann Wurzel	
23	Do		Wassermann Blüte	
24	Fr		Wassermann / ab 18.00 Fisch Blüte bis 16.30	
25	Sa		Fisch Blatt	☺
26	So		Fisch Blatt	
27	Mo		Fisch / ab 10.00 Widder Blatt bis 8.30 Frucht ab 11.30	
28	Di		Widder ---	Pg: 18.41
29	Mi		Widder / ab 2.00 Stier Wurzel	
30	Do		Stier Wurzel	

Oktober 1999

01	Fr		Stier / ab 14.00 Zwilling Wurzel bis 12.30 Blüte ab 15.30	
02	Sa	Beginn Pflanzzeit	Zwilling Blüte	☾
03	So		Zwilling / ab 14.00 Krebs Blüte bis 12.30 Blatt ab 15.30	
04	Mo		Krebs Blatt (außer 13.15 bis 18.15)	☊ 15.11
05	Di		Krebs / ab 3.00 Löwe Frucht	
06	Mi		Löwe Frucht	
07	Do		Löwe / ab 19.00 Jungfrau Frucht bis 17.30	
08	Fr		Jungfrau Wurzel	
09	Sa		Jungfrau Wurzel	☺
10	So		Jungfrau Wurzel	
11	Mo		Jungfrau / ab 10.00 Waage Wurzel bis 8.30 Blüte ab 11.30	SA: 7.38 SU: 18.39
12	Di		Waage Blüte	
13	Mi		0.00 Skorpion Blatt	
14	Do		Skorpion Blatt bis 13.45	Ag: 15.49
15	Fr	Ende Pflanzzeit	Skorpion / ab 13.00 Schütze Blatt bis 11.30 Frucht ab 14.30	
16	Sa		Schütze Frucht	
17	So		Schütze Frucht	☽
18	Mo		Schütze / ab 1.00 Steinbock Wurzel	SA: 7.50 SU: 18.24
19	Di		Steinbock Wurzel	☋ 0.26
20	Mi		Steinbock / ab 7.00 Wassermann Blüte ab 8.30	
21	Do		Wassermann Blüte	
22	Fr		Wassermann / ab 4.00 Fisch Blatt	
23	Sa		Fisch Blatt	
24	So		Fisch / ab 20.00 Widder Blatt bis 18.00	☺
25	Mo		Widder Frucht	SA: 8.02 SU: 18.10 Merkur- knoten: 0.00
26	Di		Widder / ab 10.00 Stier ---	Pg: 14.58
27	Mi		Stier Wurzel	
28	Do		Stier / ab 20.00 Zwilling Wurzel	
29	Fr	Beginn Pflanzzeit	Zwilling Blüte	
30	Sa		Zwilling / ab 19.00 Krebs Blüte bis 13.00	
31	So		Krebs Blatt 13.00 bis 13.45	☊ 15.42 Venus- knoten: 1.00 ☾ Ende Som- merzeit

Aussaatdaten

November 1999

01	Mo		Krebs / ab 7.00 Frucht ab 8.30	SA: 7.14 SU: 16.56
02	Di		Löwe Frucht	
03	Mi		Löwe Frucht	
04	Do		0.00 Jungfrau Wurzel	
05	Fr		Jungfrau Wurzel	
06	Sa		Jungfrau Wurzel	
07	So		Jungfrau / ab 16.00 Waage Wurzel bis 14.30	
08	Mo		Waage Blüte	SA: 7.26 SU: 16.44 ☺
09	Di		Waage / ab 6.00 Skorpion Blatt	
10	Mi		Skorpion Blatt	
11	Do	Ende Pflanzzeit	Skorpion / ab 19.00 Schütze Blatt ab 9.30	
12	Fr		Schütze Frucht	
13	Sa		Schütze Frucht	
14	So		Schütze / ab 8.00 Steinbock Wurzel ab 9.30	
15	Mo		Steinbock Wurzel	SA: 7.38 SU: 16.34 ☿ 1.07
16	Di		Steinbock / ab 15.00 Wassermann Wurzel bis 13.30	
17	Mi		Wassermann Blüte	
18	Do		Wassermann / ab 13.00 Fisch Blüte bis 11.30 Blatt ab 14.30	
19	Fr		Fisch Blatt	
20	Sa		Fisch Blatt	
21	So		Fisch / ab 6.00 Widder Frucht	
22	Mo		Widder / ab 20.00 Stier ---	SA: 7.50 SU: 16.25
23	Di		Stier Wurzel bis 11.00	Pg: 22.56 ☺
24	Mi		Stier Wurzel ab 11.00	
25	Do	Beginn Pflanzzeit	Stier / ab 5.00 Zwilling Blüte	
26	Fr		Zwilling Blüte	
27	Sa		Zwilling / ab 2.00 Krebs Blatt bis 14.45	
28	So		Krebs / ab 14.00 Löwe Blatt bis 12.30 Frucht ab 15.30	
29	Mo		Löwe Frucht	SA: 8.01 SU: 16.19 ☾
30	Di		Löwe Frucht	

Dezember 1999

01	Mi		Löwe / ab 5.00 Jungfrau Wurzel	
02	Do		Jungfrau Wurzel	
03	Fr		Jungfrau Wurzel	
04	Sa		Jungfrau / ab 22.00 Waage Wurzel	
05	So		Waage Blüte	
06	Mo		Waage / ab 12.00 Skorpion Blüte bis 10.30 Blatt ab 13.30	SA: 8.10 SU: 16.15
07	Di		Skorpion Blatt	☺
08	Mi		Skorpion Blatt (außer 10.00 bis 15.00)	Ag: 12.01
09	Do	Ende Pflanzzeit	Skorpion / ab 1.00 Schütze Frucht	
10	Fr		Schütze Frucht	
11	Sa		Schütze / ab 14.00 Steinbock Frucht bis 12.30 Wurzel ab 15.30	
12	So		Steinbock Wurzel	☿ 2.48
13	Mo		Steinbock / ab 21.00 Wassermann Wurzel	SA: 8.18 SU: 16.14
14	Di		Wassermann Blüte	
15	Mi		Wassermann / ab 21.00 Fisch Blüte	
16	Do		Fisch Blatt	☽
17	Fr		Fisch Blatt	
18	Sa		Fisch / ab 16.00 Widder Blatt bis 14.30	
19	So		Widder Frucht	
20	Mo		Widder / ab 7.00 Stier Wurzel ab 8.30	SA: 8.23 SU: 16.15
21	Di		Stier Wurzel	
22	Mi		Stier / ab 16.00 Zwilling ---	Pg: 11.55 ☺
23	Do	Beginn Pflanzzeit	Zwilling Blüte	
24	Fr		Zwilling / ab 12.00 Krebs Blüte bis 10.30 Blatt ab 13.30	♌ 23.58
25	Sa		Krebs / ab 23.00 Löwe Blatt	
26	So		Löwe Frucht	
27	Mo		Löwe Frucht	SA: 8.26 SU: 16.19
28	Di		Löwe / ab 12.00 Jungfrau Frucht bis 10.30 Wurzel ab 13.30	
29	Mi		Jungfrau Wurzel	☾
30	Do		Jungfrau Wurzel	
31	Fr		Jungfrau Wurzel	

Januar 2000

01	Sa		Jungfrau / ab 4.00 Waage Blüte	
02	So		Waage / ab 18.00 Skorpion Blüte	
03	Mo		Skorpion Blatt	SA: 8.27 SU: 16.26
04	Di		Skorpion Blatt bis 11.30	Ag: 13.24
05	Mi	Ende Pflanzzeit	Skorpion / ab 7.00 Schütze Frucht	
06	Do		Schütze Frucht	☺
07	Fr		Schütze / ab 20.00 Steinbock Frucht	
08	Sa		Steinbock Wurzel ab 9.15	♌ 7.11
09	So		Steinbock Wurzel	
10	Mo		Steinbock / ab 3.00 Wassermann Blüte	SA: 8.24 SU: 16.35
11	Di		Wassermann Blüte	
12	Mi		Wassermann / ab 3.00 Fisch Blatt	
13	Do		Fisch Blatt	
14	Fr		Fisch Blatt	☽
15	Sa		0.00 Widder Frucht	
16	So		Widder / ab 17.00 Stier Frucht bis 15.30	
17	Mo		Stier Wurzel	SA: 8.19 SU: 16.45
18	Di		Stier Wurzel	
19	Mi	Beginn Pflanzzeit	Stier / ab 3.00 Zwilling Blüte bis 12.00	Pg: 23.47
20	Do		Zwilling Blüte ab 12.00	
21	Fr		0.00 Krebs Blatt (außer 9.00 bis 14.00)	♋ 10.55 ☺
22	Sa		Krebs / ab 10.00 Löwe Frucht ab 11.30	
23	So		Löwe Frucht	
24	Mo		Löwe / ab 22.00 Jungfrau Frucht	SA: 8.12 SU: 16.57
25	Di		Jungfrau Wurzel	
26	Mi		Jungfrau Wurzel	
27	Do		Jungfrau Wurzel	
28	Fr		Jungfrau / ab 11.00 Waage Wurzel bis 9.30 Blüte ab 12.30	☾
29	Sa		Waage Blüte	
30	So		Waage / ab 1.00 Skorpion Blatt	
31	Mo		Skorpion Blatt	SA: 8.02 SU: 17.09

Februar 2000

01	Di	Ende Pflanzzeit	Skorpion / ab 14.00 Schütze Blatt bis 12.30 / Frucht ab 15.30	Ag: 2.19
02	Mi		Schütze Frucht	
03	Do		Schütze Frucht	
04	Fr		Schütze / ab 3.00 Steinbock Wurzel (außer 12.00 bis 16.00)	♌ 13.57
05	Sa		Steinbock Wurzel	☺
06	So		Steinbock / ab 9.00 Wassermann Blüte ab 10.30	
07	Mo		Wassermann Blüte	SA: 7.51 SU: 17.22
08	Di		Wassermann / ab 9.00 Fisch Blatt ab 10.30	
09	Mi		Fisch Blatt	
10	Do		Fisch Blatt	
11	Fr		Fisch / ab 6.00 Widder Frucht ab 10.00	Merkur- knoten: 4.00
12	Sa		Widder / ab 23.00 Stier Frucht	
13	So		Stier Wurzel	☽
14	Mo		Stier Wurzel	SA: 7.34 SU: 17.34
15	Di		Stier / ab 12.00 Zwilling Wurzel bis 10.30 / Blüte ab 13.30	
16	Mi	Beginn Pflanzzeit	Zwilling ---	Venus- knoten: 19.00
17	Do		Zwilling / ab 10.00 Krebs Blatt ab 15.30	Pg: 3.33 ♋ 21.09
18	Fr		Krebs / ab 21.00 Löwe Blatt	
19	Sa		Löwe Frucht	☺
20	So		Löwe Frucht	
21	Mo		Löwe / ab 8.00 Jungfrau Wurzel ab 9.30	SA: 7.25 SU: 17.47
22	Di		Jungfrau Wurzel	
23	Mi		Jungfrau Wurzel	
24	Do		Jungfrau / ab 20.00 Waage Wurzel	
25	Fr		Waage Blüte	
26	Sa		Waage / ab 9.00 Skorpion Blatt ab 10.30	
27	So		Skorpion Blatt	☾
28	Mo		Skorpion / ab 22.00 Schütze Blatt	SA: 7.11 SU: 17.59 Ag: 21.46
29	Di	Ende Pflanzzeit	Schütze Frucht	

März 2000

01	Mi		Schütze Frucht	
02	Do		Schütze / ab 10.00 Steinbock Frucht bis 8.30 Wurzel ab 11.30	♌ 20.41
03	Fr		Steinbock Wurzel	
04	Sa		Steinbock / ab 17.00 Wassermann Wurzel bis 15.30	
05	So		Wassermann Blüte	
06	Mo		Wassermann / ab 16.00 Fisch Blüte bis 14.30 Blatt ab 17.30	SA: 6.56 SU: 18.12 ☺
07	Di		Fisch Blatt	
08	Mi		Fisch Blatt	
09	Do		Fisch / ab 11.00 Widder Blatt bis 9.30 Frucht ab 12.30	
10	Fr		Widder Frucht	
11	Sa		Widder / ab 5.00 Stier Wurzel	
12	So		Stier Wurzel	
13	Mo		Stier / ab 18.00 Zwilling Wurzel bis 16.30	SA: 6.40 SU: 18.24 ☽
14	Di	Beginn Pflanzzeit	Zwilling Blüte bis 12.45	
15	Mi		Zwilling / ab 18.00 Krebs Blüte ab 12.45 bis 16.30	Pg: 0.38
16	Do		Krebs Blatt	☊ 2.53
17	Fr		Krebs / ab 5.00 Löwe Frucht	
18	Sa		Löwe Frucht	
19	So		Löwe / ab 18.00 Jungfrau Frucht bis 16.30	
20	Mo		Jungfrau Wurzel ab 17.00	SA: 6.24 SU: 18.35 ☺ Merkur- knoten: 11.00
21	Di		Jungfrau Wurzel	
22	Mi		Jungfrau Wurzel	
23	Do		Jungfrau / ab 5.00 Waage Blüte	
24	Fr		Waage / ab 18.00 Skorpion Blüte bis 16.30	
25	Sa		Skorpion Blatt	
26	So		Skorpion Blatt	Beginn Sommer- zeit
27	Mo	Ende Pflanzzeit	Skorpion / ab 7.00 Schütze Frucht ab 8.30 bis 17.15	SA: 7.08 SU: 19.47 Ag: 19.21 ☺
28	Di		Schütze Frucht	
29	Mi		Schütze / ab 19.00 Steinbock Frucht bis 17.30	
30	Do		Steinbock Wurzel	♌ 2.06
31	Fr		Steinbock Wurzel	

April 2000

01	Sa		Steinbock / ab 3.00 Wassermann Blüte	
02	So		Wassermann Blüte	
03	Mo		Wassermann / ab 1.00 Fisch Blatt	SA: 6.53 SU: 19.59
04	Di		Fisch Blatt	☺
05	Mi		Fisch / ab 20.00 Widder Blatt bis 18.30	
06	Do		Widder Frucht	
07	Fr		Widder / ab 12.00 Stier Frucht bis 10.30 Wurzel ab 13.30	
08	Sa		Stier Wurzel bis 12.00	
09	So		Stier Wurzel ab 12.00	Pg: 0.04
10	Mo	Beginn Pflanzzeit	Stier / ab 1.00 Zwilling Blüte	SA: 6.37 SU: 20.10
11	Di		Zwilling Blüte	☽
12	Mi		0.00 Krebs Blatt ab 8.15	☊ 5.09
13	Do		Krebs / ab 12.00 Löwe Blatt bis 10.30 Frucht ab 13.30	
14	Fr		Löwe Frucht	
15	Sa		Löwe Frucht	
16	So		Löwe / ab 2.00 Jungfrau Wurzel	
17	Mo		Jungfrau Wurzel	SA: 6.22 SU: 20.22
18	Di		Jungfrau Wurzel	☺
19	Mi		Jungfrau / ab 14.00 Waage Wurzel bis 12.30 Blüte ab 15.30	
20	Do		Waage Blüte	
21	Fr		Waage / ab 3.00 Skorpion ---	
22	Sa		Skorpion ---	
23	So	Ende Pflanzzeit	Skorpion / ab 15.00 Schütze Blatt bis 13.30 Frucht ab 16.30	
24	Mo		Schütze Frucht (außer 12.30 bis 17.30)	SA: 6.08 SU: 20.34 Ag: 14.26
25	Di		Schütze Frucht	
26	Mi		Schütze / ab 4.00 Steinbock Wurzel	♌ 3.17 ☺
27	Do		Steinbock Wurzel	
28	Fr		Steinbock / ab 11.00 Wassermann Wurzel bis 9.30 Blüte ab 12.30	
29	Sa		Wassermann Blüte	
30	So		Wassermann / ab 11.00 Fisch Blüte bis 9.30 Blatt ab 12.30	

Jahr 2000

Mai 2000

01	Mo		Fisch / Blatt	SA: 5.54 / SU: 20.45
02	Di		Fisch / Blatt	
03	Mi		Fisch / ab 5.00 Widder / Frucht ab 6.30	
04	Do		Widder / ab 21.00 Stier / Frucht bis 19.30	☺
05	Fr		Stier / Wurzel	
06	Sa		Stier / ---	Pg: 11.05
07	So		Stier / ab 8.00 Zwilling / Wurzel bis 6.30 / Blüte ab 9.30	
08	Mo	Beginn Pflanzzeit	Zwilling / Blüte	SA: 5.42 / SU: 20.56
09	Di		Zwilling / ab 6.00 Krebs / Blatt ab 10.00	☋ 6.05 Merkurknoten: 4.00
10	Mi		Krebs / ab 18.00 Löwe / Blatt bis 16.30 / Frucht ab 19.30	☽
11	Do		Löwe / Frucht	
12	Fr		Löwe / Frucht	
13	Sa		Löwe / 8.00 Jungfrau / Frucht bis 6.30 / Wurzel ab 9.30	
14	So		Jungfrau / Wurzel	
15	Mo		Jungfrau / Wurzel	
16	Di		Jungfrau / ab 21.00 Waage / Wurzel bis 19.30	
17	Mi		Waage / Blüte	
18	Do		Waage / ab 10.00 Skorpion / Blüte bis 8.30 / Blatt ab 11.30	☺
19	Fr		Skorpion / Blatt	
20	Sa		Skorpion / ab 22.00 Schütze / Blatt bis 20.30	
21	So		Schütze / Frucht	
22	Mo	Ende Pflanzzeit	Schütze / Frucht ab 9.00	SA: 5.21 / SU: 21.17 / Ag: 5.59
23	Di		Schütze / ab 11.00 Steinbock / Wurzel ab 12.30	☋ 6.30
24	Mi		Steinbock / Wurzel	
25	Do		Steinbock / ab 19.00 Wassermann / Wurzel bis 17.30 / Blüte ab 20.30	
26	Fr		Wassermann / Blüte	☾
27	Sa		Wassermann / 19.00 Fisch / Blüte bis 17.30 / Blatt ab 20.30	
28	So		Fisch / Blatt	
29	Mo		Fisch / Blatt	SA: 5.14 / SU: 21.26
30	Di		Fisch / ab 15.00 Widder / Blatt bis 13.30 / Frucht ab 16.30	
31	Mi		Widder / Frucht	

Juni 2000

01	Do		Widder / ab 7.00 Stier / Wurzel ab 8.30	
02	Fr		Stier / Wurzel	☺
03	Sa		Stier / ab 17.00 Zwilling / ---	Pg: 15.19
04	So	Beginn Pflanzzeit	Zwilling / Blüte	
05	Mo		Zwilling / ab 14.00 Krebs / Blüte bis 9.00 / Blatt ab 15.30	SA: 5.09 / SU: 21.33 / ☋ 10.55
06	Di		Krebs / Blatt	
07	Mi		0.00 Löwe / Frucht	
08	Do		Löwe / Frucht bis 11.00	Venusknoten: 23.00
09	Fr		Löwe / ab 13.00 Jungfrau / Frucht ab 11.00 bis 11.30 / Wurzel ab 14.30	☽
10	Sa		Jungfrau / Wurzel	
11	So		Jungfrau / Wurzel	
12	Mo		Jungfrau / Wurzel	SA: 5.06 / SU: 21.38
13	Di		Jungfrau / ab 3.00 Waage / Blüte	
14	Mi		Waage / ab 16.00 Skorpion / Blüte bis 14.30 / Blatt ab 17.30	
15	Do		Skorpion / Blatt	
16	Fr		Skorpion / Blatt ab 17.00	Merkurknoten: 11.00
17	Sa	Ende Pflanzzeit	Skorpion / ab 4.00 Schütze / Frucht ab 5.30	☺
18	So		Schütze / Frucht (außer 13.00 bis 18.00)	Ag: 14.56
19	Mo		Schütze / ab 17.00 Steinbock / Frucht (außer 8.30 bis 12.30) / Wurzel ab 18.30	SA: 5.05 / SU: 21.42 / ☋ 10.37
20	Di		Steinbock / Wurzel	
21	Mi		Steinbock / Wurzel	
22	Do		Steinbock / ab 2.00 Wassermann / Blüte	
23	Fr		Wassermann / Blüte	
24	Sa		Wassermann / ab 3.00 Fisch / Blatt	
25	So		Fisch / Blatt	☾
26	Mo		Fisch / Blatt	SA: 5.07 / SU: 21.42
27	Di		0.00 Widder / Frucht	
28	Mi		Widder / ab 17.00 Stier / Frucht bis 15.30 / Wurzel ab 18.30	
29	Do		Stier / Wurzel	
30	Fr		Stier / Wurzel	

Aussaatdaten

Juli 2000

01	Sa	Beginn Pflanzzeit	Stier / ab 3.00 Zwilling Blüte bis 12.15	☺
02	So		Zwilling Blüte ab 12.15 bis 18.00	Pg: 0.17 ☊ 20.04
03	Mo		0.00 Krebs Blatt	SA: 5.12 SU: 21.40
04	Di		Krebs / ab 8.00 Löwe Blatt bis 6.30 Frucht ab 9.30	
05	Mi		Löwe Frucht	
06	Do		Löwe / ab 20.00 Jungfrau Frucht bis 18.30	
07	Fr		Jungfrau Wurzel	
08	Sa		Jungfrau Wurzel	◐
09	So		Jungfrau Wurzel	
10	Mo		Jungfrau / ab 9.00 Waage Wurzel bis 7.30 Blüte ab 10.30	SA: 5.18 SU: 21.36
11	Di		Waage / ab 22.00 Skorpion Blüte bis 20.30	
12	Mi		Skorpion Blatt	
13	Do		Skorpion Blatt	
14	Fr	Ende Pflanzzeit	Skorpion / ab 10.00 Schütze Blatt bis 8.30 Frucht ab 11.30	
15	Sa		Schütze Frucht (außer 15.30 bis 20.30)	Ag: 17.34
16	So		Schütze / ab 23.00 Steinbock Frucht (außer 14.30 bis 18.30)	☺ ☊ 16.32 Totale Mondfinsternis (in Deutschland nicht sichtbar)
17	Mo		Steinbock Wurzel	SA: 5.26 SU: 21.30
18	Di		Steinbock Wurzel	
19	Mi		Steinbock / ab 8.00 Wassermann Wurzel bis 6.30 Blüte ab 9.30	
20	Do		Wassermann Blüte	
21	Fr		Wassermann / ab 9.00 Fisch Blüte bis 7.30 Blatt ab 10.30	
22	Sa		Fisch Blatt	
23	So		Fisch Blatt	
24	Mo		Fisch / ab 8.00 Widder Blatt bis 6.30 Frucht ab 9.30	SA: 5.35 SU: 21.21 ◑
25	Di		Widder Frucht	
26	Mi		Widder / ab 2.00 Stier Wurzel	
27	Do		Stier Wurzel	
28	Fr		Stier / ab 14.00 Zwilling Wurzel bis 12.30 Blüte ab 15.30	
29	Sa	Beginn Pflanzzeit	Zwilling Blüte bis 20.45	
30	So		Zwilling / ab 10.00 Krebs Blatt ab 20.45	☊ 6.52 Pg: 9.45
31	Mo		Krebs / ab 20.00 Löwe Blatt bis 18.30	SA: 5.45 SU: 21.11 ☺

August 2000

01	Di		Löwe Frucht	
02	Mi		Löwe Frucht	
03	Do		Löwe / ab 5.00 Jungfrau Wurzel ab 6.30	
04	Fr		Jungfrau Wurzel bis 21.00	
05	Sa		Jungfrau Wurzel ab 9.00	Merkurknoten: 3.00
06	So		Jungfrau / ab 16.00 Waage Wurzel bis 14.30 Blüte ab 17.30	
07	Mo		Waage Blüte	SA: 5.56 SU: 20.59 ◐
08	Di		Waage / ab 4.00 Skorpion Blatt	
09	Mi		Skorpion Blatt	
10	Do	Ende Pflanzzeit	Skorpion / ab 17.00 Schütze Blatt bis 15.30 Frucht ab 18.30	
11	Fr		Schütze Frucht	
12	Sa		Schütze Frucht bis 20.45	Ag: 0.23 ☊ 22.42
13	So		Schütze / ab 6.00 Steinbock Wurzel ab 7.30	
14	Mo		Steinbock Wurzel	SA: 6.07 SU: 20.45
15	Di		Steinbock / ab 14.00 Wassermann Wurzel bis 12.30 Blüte ab 15.30	☺
16	Mi		Wassermann Blüte	
17	Do		Wassermann / ab 14.00 Fisch Blüte bis 12.30 Blatt ab 15.30	
18	Fr		Fisch Blatt	
19	Sa		Fisch Blatt	
20	So		Fisch / ab 13.00 Widder Blatt bis 11.30 Frucht ab 14.30	
21	Mo		Widder Frucht	SA: 6.18 SU: 20.31
22	Di		Widder / ab 9.00 Stier Frucht bis 7.30 Wurzel ab 10.30	◑
23	Mi		Stier Wurzel	
24	Do		Stier / ab 22.00 Zwilling Wurzel	
25	Fr	Beginn Pflanzzeit	Zwilling Blüte	
26	Sa		Zwilling / ab 20.00 Krebs Blüte bis 18.30 (außer 13.45 bis 16.45)	☊ 15.42
27	So		Krebs ---	Pg: 15.59
28	Mo		Krebs / ab 6.00 Löwe Frucht ab 7.30	SA: 6.29 SU: 20.16
29	Di		Löwe Frucht	☺
30	Mi		Löwe / ab 16.00 Jungfrau Frucht bis 14.30 Wurzel ab 17.30	
31	Do		Jungfrau Wurzel	

Jahr 2000

September 2000

01	Fr		Jungfrau / Wurzel
02	Sa		Jungfrau / Wurzel
03	So		0.00 Waage / Blüte
04	Mo		Waage / ab 12.00 Skorpion / Blüte bis 10.30 / Blatt ab 13.30 — SA: 6.40 SU: 20.01
05	Di		Skorpion / Blatt — ☽
06	Mi		Skorpion / Blatt
07	Do	Ende Pflanzzeit	0.00 Schütze / Frucht
08	Fr		Schütze / Frucht (außer 12.30 bis 17.30) — Ag: 14.35
09	Sa		Schütze / ab 13.00 Steinbock / Frucht bis 11.30 / Wurzel ab 14.30 — ☊ 3.25
10	So		Steinbock / Wurzel
11	Mo		Steinbock / ab 21.00 Wassermann / Wurzel — SA: 6.51 SU: 19.45
12	Di		Wassermann / Blüte ab 16.00 — Merkurknoten: 10.00
13	Mi		Wassermann / ab 21.00 Fisch / Blüte bis 19.30 — ☺
14	Do		Fisch / Blatt
15	Fr		Fisch / Blatt
16	Sa		Fisch / ab 19.00 Widder / Blatt bis 17.30
17	So		Widder / Frucht
18	Mo		Widder / ab 14.00 Stier / Frucht bis 12.30 / Wurzel ab 15.30 — SA: 7.02 SU: 19.29
19	Di		Stier / Wurzel
20	Mi		Stier / Wurzel
21	Do		Stier / ab 4.00 Zwilling / Blüte — ☻
22	Fr	Beginn Pflanzzeit	Zwilling / Blüte bis 18.00 — ☊ 19.58
23	Sa		Zwilling / ab 4.00 Krebs / Blatt
24	So		Krebs / ab 15.00 Löwe / --- — Pg: 10.24
25	Mo		Löwe / Frucht — SA: 7.13 SU: 19.13
26	Di		Löwe / Frucht
27	Mi		Löwe / ab 1.00 Jungfrau / Wurzel — ☺
28	Do		Jungfrau / --- — Venusknoten: 13.00
29	Fr		Jungfrau / Wurzel
30	Sa		Jungfrau / ab 10.00 Waage / Wurzel bis 8.30 / Blüte ab 11.30

Oktober 2000

01	So		Waage / ab 21.00 Skorpion / Blüte
02	Mo		Skorpion / Blatt — SA: 7.24 SU: 18.57
03	Di		Skorpion / Blatt
04	Mi	Ende Pflanzzeit	Skorpion / ab 7.00 Schütze / Frucht ab 8.30
05	Do		Schütze / Frucht — ☽
06	Fr		Schütze / ab 20.00 Steinbock / Frucht ab 12.00 bis 18.30 — ☊ 6.02 Ag: 9.03
07	Sa		Steinbock / Wurzel
08	So		Steinbock / Wurzel
09	Mo		Steinbock / ab 5.00 Wassermann / Blüte — SA: 7.36 SU: 18.42
10	Di		Wassermann / Blüte
11	Mi		Wassermann / ab 5.00 Fisch / Blatt
12	Do		Fisch / Blatt
13	Fr		Fisch / Blatt — ☺
14	Sa		Fisch / ab 2.00 Widder / Frucht
15	So		Widder / ab 20.00 Stier / Frucht
16	Mo		Stier / Wurzel — SA: 7.48 SU: 18.26
17	Di		Stier / Wurzel
18	Mi		Stier / ab 10.00 Zwilling / Wurzel bis 8.30 / Blüte ab 11.30
19	Do	Beginn Pflanzzeit	Zwilling / Blüte bis 12.00 — ☊ 20.34
20	Fr		Zwilling / ab 9.00 Krebs / Blatt ab 12.00 — Pg: 0.00 ☻
21	Sa		Krebs / ab 21.00 Löwe / Blatt
22	So		Löwe / Frucht
23	Mo		Löwe / Frucht — SA: 8.00 SU: 18.12
24	Di		Löwe / ab 9.00 Jungfrau / Wurzel ab 10.30
25	Mi		Jungfrau / Wurzel
26	Do		Jungfrau / Wurzel
27	Fr		Jungfrau / ab 18.00 Waage / Wurzel bis 16.30 — ☺
28	Sa		Waage / Blüte
29	So		Waage / ab 5.00 Skorpion / Blatt — Ende Sommerzeit
30	Mo		Skorpion / Blatt — SA: 7.12 SU: 16.59
31	Di	Ende Pflanzzeit	Skorpion / ab 15.00 Schütze / Blatt bis 13.30 / Frucht ab 16.30

Aussaatdaten

November 2000

Tag	Wo		Zeichen / Pflanzenteil	Notizen
01	Mi		Schütze / Frucht	Merkurknoten: 1.00
02	Do		Schütze / Frucht ab 9.00	♌ 7.03
03	Fr		Schütze / ab 3.00 Steinbock / Wurzel	Ag: 4.30
04	Sa		Steinbock / Wurzel	☽
05	So		Steinbock / ab 13.00 Wassermann / Wurzel bis 11.30 / Blüte ab 14.30	
06	Mo		Wassermann / Blüte	SA: 7.24 / SU: 16.47
07	Di		Wassermann / ab 13.00 Fisch / Blüte bis 11.30 / Blatt ab 14.30	
08	Mi		Fisch / Blatt	
09	Do		Fisch / Blatt	
10	Fr		Fisch / ab 10.00 Widder / Blatt bis 8.30 / Frucht ab 11.30	
11	Sa		Widder / Frucht	☺
12	So		Widder / ab 3.00 Stier / Wurzel	
13	Mo		Stier / Wurzel	SA: 7.36 / SU: 16.36
14	Di		Stier / ab 15.00 Zwilling / Wurzel bis 12.00	
15	Mi	Beginn Pflanzzeit	Zwilling / Blüte ab 12.00	Pg: 0.00 / ☋ 21.12
16	Do		Zwilling / ab 14.00 Krebs / Blüte bis 12.30 / Blatt ab 15.30	
17	Fr		Krebs / Blatt	
18	Sa		Krebs / ab 1.00 Löwe / Frucht	☾
19	So		Löwe / Frucht	
20	Mo		Löwe / ab 14.00 Jungfrau / Frucht bis 12.30 / Wurzel ab 15.30	SA: 7.48 / SU: 16.27
21	Di		Jungfrau / Wurzel	
22	Mi		Jungfrau / Wurzel	
23	Do		Jungfrau / Wurzel	
24	Fr		Jungfrau / ab 1.00 Waage / Blüte	
25	Sa		Waage / ab 13.00 Skorpion / Blüte bis 11.30 / Blatt ab 14.30	
26	So		Skorpion / Blatt	☺
27	Mo		Skorpion / ab 23.00 Schütze / Blatt	SA: 7.59 / SU: 16.20
28	Di	Ende Pflanzzeit	Schütze / Frucht	
29	Mi		Schütze / Frucht (außer 9.45 bis 14.45)	♌ 10.52
30	Do		Schütze / ab 11.00 Steinbock / Frucht bis 9.30 / Wurzel ab 12.30	

Dezember 2000

Tag	Wo		Zeichen / Pflanzenteil	Notizen
01	Fr		Steinbock / Wurzel	Ag: 0.40
02	Sa		Steinbock / ab 20.00 Wassermann / Wurzel	
03	So		Wassermann / Blüte	
04	Mo		Wassermann / ab 22.00 Fisch / Blüte	SA: 8.09 / SU: 16.16 / ☽
05	Di		Fisch / Blatt	
06	Mi		Fisch / Blatt	
07	Do		Fisch / ab 20.00 Widder / Blatt	
08	Fr		Widder / Frucht	
09	Sa		Widder / ab 14.00 Stier / Wurzel ab 15.30	Merkurknoten: 8.00
10	So		Stier / Wurzel	
11	Mo		Stier / Wurzel bis 11.15	SA: 8.17 / SU: 16.14 / ☺
12	Di	Beginn Pflanzzeit	Stier / ab 1.00 Zwilling / Blüte ab 11.15	PG: 23.22
13	Mi		Zwilling / ab 22.00 Krebs / Blüte	☋ 3.54
14	Do		Krebs / Blatt	
15	Fr		Krebs / ab 8.00 Löwe / Frucht ab 9.30	
16	Sa		Löwe / Frucht	
17	So		Löwe / ab 20.00 Jungfrau / Frucht	
18	Mo		Jungfrau / Wurzel	SA: 8.23 / SU: 16.15 / ☾
19	Di		Jungfrau / Wurzel	
20	Mi		Jungfrau / Wurzel	
21	Do		Jungfrau / ab 7.00 Waage / Blüte	
22	Fr		Waage / ab 19.00 Skorpion / Blüte	
23	Sa		Skorpion / Blatt	
24	So		Skorpion / Blatt	
25	Mo	Ende Pflanzzeit	Skorpion / ab 6.00 Schütze / Frucht	SA: 8.26 / SU: 16.18 / ☺ / partielle Sonnenfinsternis
26	Di		Schütze / Frucht bis 15.00	♌ 16.57
27	Mi		Schütze / ab 18.00 Steinbock / Frucht	
28	Do		Steinbock / Wurzel bis 14.00	Ag: 16.05
29	Fr		Steinbock / Wurzel	
30	Sa		Steinbock / ab 5.00 Fisch / Blatt	
31	So		Fisch / Blatt	

Jahr 2001

Januar 2001

01	Mo		Fisch Blatt	SA: 8.27 SU: 16.25
02	Di		Fisch Blatt	☽
03	Mi		Fisch Blatt	
04	Do		Fisch / ab 6.00 Widder Frucht	
05	Fr		Widder Frucht	
06	Sa		0.00 Stier Wurzel	
07	So		Stier Wurzel	
08	Mo		Stier / ab 12.00 Zwilling Wurzel bis 10.30 Blüte ab 13.30	
09	Di	Beginn Pflanzzeit	Zwilling Blüte bis 13.00	☋ 14.54 ☺
10	Mi		Zwilling / 9.00 Krebs ---	Pg: 10.01
11	Do		Krebs / ab 18.00 Löwe Blatt	
12	Fr		Löwe Frucht	
13	Sa		Löwe Frucht	
14	So		Löwe / ab 3.00 Jungfrau Wurzel	
15	Mo		Jungfrau Wurzel	SA: 8.20 SU: 16.43
16	Di		Jungfrau Wurzel	☾
17	Mi		Jungfrau / ab 12.00 Waage Wurzel bis 10.30 Blüte ab 13.30	
18	Do		Waage Blüte	
19	Fr		0.00 Skorpion Blatt	
20	Sa		Skorpion ---	Venus- knoten: 15.00
21	So	Ende Pflanzzeit	Skorpion / ab 12.00 Schütze Blatt bis 10.30 Frucht ab 13.30	
22	Mo		Schütze Frucht	SA: 8.13 SU: 16.55 ☊ 23.23
23	Di		Schütze Frucht	
24	Mi		0.00 Steinbock Wurzel	Ag: 20.05 ☻
25	Do		Steinbock Wurzel	
26	Fr		Steinbock / ab 9.00 Wassermann Blüte ab 10.30	
27	Sa		Wassermann Blüte	
28	So		Wassermann / ab 11.00 Fisch Blüte bis 9.30 / Blatt ab 12.30	Merkur- knoten: 1.00
29	Mo		Fisch Blatt	SA: 8.04 SU: 17.07
30	Di		Fisch Blatt	
31	Mi		Fisch / ab 13.00 Widder Blatt bis 11.30 Frucht ab 14.30	

Februar 2001

01	Do		Widder Frucht	☽
02	Fr		Widder / ab 9.00 Stier Wurzel ab 10.30	
03	Sa		Stier Wurzel	
04	So		Stier / ab 23.00 Zwilling Wurzel	
05	Mo	Beginn Pflanzzeit	Zwilling Blüte	SA: 7.53 SU: 17.19
06	Di		Zwilling / ab 20.00 Krebs Blüte bis 11.15	☋ 1.49
07	Mi		Krebs Blatt ab 11.15	Pg: 23.15
08	Do		Krebs / ab 5.00 Löwe Frucht	☺
09	Fr		Löwe Frucht	
10	Sa		Löwe / ab 13.00 Jungfrau Frucht bis 11.30 Wurzel ab 14.30	
11	So		Jungfrau Wurzel	
12	Mo		Jungfrau Wurzel	SA: 7.41 SU: 17.32
13	Di		Jungfrau / ab 20.00 Waage Wurzel	
14	Mi		Waage Blüte	
15	Do		Waage / ab 7.00 Skorpion Blatt ab 8.30	☾
16	Fr		Skorpion Blatt	
17	Sa	Ende Pflanzzeit	Skorpion / ab 18.00 Schütze Blatt bis 16.30	
18	So		Schütze Frucht	
19	Mo		Schütze Frucht	SA: 7.28 SU: 17.45 ☊ 3.52
20	Di		Schütze / ab 7.00 Steinbock Wurzel ab 8.30	Ag: 22.40
21	Mi		Steinbock Wurzel	
22	Do		Steinbock / ab 16.00 Wassermann Wurzel bis 14.30	
23	Fr		Wassermann Blüte	☺
24	Sa		Wassermann / ab 17.00 Fisch Blüte bis 15.30	
25	So		Fisch Blatt	
26	Mo		Fisch Blatt	SA: 7.13 SU: 17.57
27	Di		Fisch / ab 19.00 Widder Blatt bis 17.30	
28	Mi		Widder Frucht	

März 2001

01	Do		Widder / ab 16.00 Stier	
			Frucht bis 14.30	
			Wurzel ab 17.30	
02	Fr		Stier	
			Wurzel	
03	Sa		Stier	☽
			Wurzel	
04	So		Stier / ab 7.00 Zwilling	
			Blüte ab 8.30	
05	Mo	Beginn Pflanzzeit	Zwilling	SA: 6.58
			Blüte ab 11.30	SU: 18.09
				☋ 8.24
06	Di		Zwilling / ab 6.00 Krebs	
			Blatt ab 7.30	
07	Mi		Krebs / ab 16.00 Löwe	Merkur-
			Frucht ab 17.30	knoten: 8.00
08	Do		Löwe	Pg: 9.54

09	Fr		Löwe	☺
			Frucht	
10	Sa		0.00 Jungfrau	
			Wurzel	
11	So		Jungfrau	
			Wurzel	
12	Mo		Jungfrau	SA: 6.43
			Wurzel	SU: 18.22
13	Di		Jungfrau / ab 5.00 Waage	
			Blüte	
14	Mi		Waage / ab 15.00 Skorpion	
			Blüte bis 13.30	
			Blatt ab 16.30	
15	Do		Skorpion	
			Blatt	
16	Fr		Skorpion	☾
			Blatt	
17	Sa	Ende Pflanzzeit	Skorpion / ab 1.00 Schütze	
			Frucht	
18	So		Schütze	☊ 5.59
			Frucht ab 8.00	
19	Mo		Schütze / ab 13.00 Steinbock	SA: 6.27
			Frucht bis 11.30	SU: 18.33
			Wurzel ab 14.30	
20	Di		Steinbock	Ag: 12.25
			Wurzel (außer 10.30 bis 15.30)	
21	Mi		Steinbock / ab 22.00 Wassermann	
			Wurzel	
22	Do		Wassermann	
			Blüte	
23	Fr		Wassermann	
			Blüte	
24	Sa		0.00 Fisch	
			Blatt	
25	So		Fisch	☻
			Blatt	Beginn Sommerzeit
26	Mo		Fisch	SA: 7.11
			Blatt	SU: 19.45
27	Di		Fisch / ab 2.00 Widder	
			Frucht	
28	Mi		Widder / ab 22.00 Stier	
			Frucht	
29	Do		Stier	
			Wurzel	
30	Fr		Stier	
			Wurzel	
31	Sa		Stier / ab 14.00 Zwilling	
			Wurzel bis 12.30	
			Blüte ab 15.30	

April 2001

01	So	Beginn Pflanzzeit	Zwilling	☋ 11.02
			Blüte (außer 9.00 bis 14.00)	☽
02	Mo		Zwilling / ab 15.00 Krebs	SA: 6.55
			Blüte bis 13.30	SU: 19.57
			Blatt ab 16.30	
03	Di		Krebs	
			Blatt	
04	Mi		Krebs / ab 2.00 Löwe	
			Frucht	
05	Do		Löwe	Pg: 12.06

06	Fr		Löwe / ab 11.00 Jungfrau	
			Frucht bis 9.30	
			Wurzel ab 12.30	
07	Sa		Jungfrau	
			Wurzel	
08	So		Jungfrau	
			Wurzel	
09	Mo		Jungfrau / ab 16.00 Waage	SA: 6.40
			Wurzel bis 14.30	SU: 20.08
			Blüte ab 17.30	
10	Di		Waage	
			Blüte	
11	Mi		Waage / ab 2.00 Skorpion	
			Blatt	
12	Do		Skorpion	
			Blatt	
13	Fr	Ende Pflanzzeit	Skorpion / ab 10.00 Schütze	

14	Sa		Schütze	☊ 8.52

15	So		Schütze / ab 22.00 Steinbock	☾
			Frucht	
16	Mo		Steinbock	SA: 6.25
			Wurzel	SU: 20.20
17	Di		Steinbock	Ag: 8.07
			Wurzel ab 11.00	
18	Mi		Steinbock / ab 7.00 Wassermann	
			Blüte ab 8.30	
19	Do		Wassermann	
			Blüte	
20	Fr		Wassermann / ab 8.00 Fisch	
			Blatt ab 9.30	
21	Sa		Fisch	
			Blatt	
22	So		Fisch	
			Blatt	
23	Mo		Fisch / ab 9.00 Widder	SA: 6.10
			Blatt bis 7.30	SU: 20.32
			Frucht ab 10.30	☻
24	Di		Widder	
			Frucht	
25	Mi		Widder / ab 4.00 Stier	
			Wurzel bis 19.00	
26	Do		Stier	Merkur-
			Wurzel ab 7.00	knoten: 1.00
27	Fr		Stier / ab 20.00 Zwilling	
			Wurzel bis 18.30	
28	Sa	Beginn Pflanzzeit	Zwilling	☋ 11.44
			Blüte (außer 9.45 bis 14.45)	
29	So		Zwilling / ab 20.00 Krebs	
			Blüte bis 18.30	
30	Mo		Krebs	SA: 5.56
			Blatt	SU: 20.43
				☽

Jahr 2001

Mai 2001

01	Di		Krebs / ab 8.00 Löwe Blatt bis 6.30 Frucht ab 9.30 bis 17.45	
02	Mi		Löwe Frucht ab 17.45	Pg: 5.41
03	Do		Löwe / ab 19.00 Jungfrau Frucht bis 17.30	
04	Fr		Jungfrau Wurzel	
05	Sa		Jungfrau Wurzel	
06	So		Jungfrau Wurzel	
07	Mo		Jungfrau / ab 1.00 Waage Blüte	SA: 5.44 SU: 20.54 ☺
08	Di		Waage / ab 11.00 Skorpion Blüte bis 9.30 / Blatt ab 12.30	
09	Mi		Skorpion Blatt	
10	Do	Ende Pflanzzeit	Skorpion / ab 19.00 Schütze Blatt bis 17.30	
11	Fr		Schütze Frucht ab 17.00	♌ 13.03 Venus-knoten: 5.00
12	Sa		Schütze Frucht	
13	So		Schütze / ab 6.00 Steinbock Wurzel ab 7.30	
14	Mo		Steinbock Wurzel	SA: 5.33 SU: 21.05
15	Di		Steinbock / ab 15.00 Wassermann Wurzel ab 6.30 bis 13.30 Blüte ab 16.30	Ag: 3.30 ☾
16	Mi		Wassermann Blüte	
17	Do		Wassermann / ab 17.00 Fisch Blüte bis 15.30 Blatt ab 18.30	
18	Fr		Fisch Blatt	
19	Sa		Fisch Blatt	
20	So		Fisch / ab 17.00 Widder Blatt bis 15.30 Frucht ab 18.30	
21	Mo		Widder Frucht	SA: 5.23 SU: 21.15
22	Di		Widder / ab 13.00 Stier Frucht bis 11.30 Wurzel ab 14.30	
23	Mi		Stier Wurzel	☺
24	Do		Stier Wurzel	
25	Fr		Stier / ab 3.00 Zwilling Blüte (außer 13.45 bis 18.45)	☋ 15.51
26	Sa	Beginn Pflanzzeit	Zwilling Blüte bis 21.00	
27	So		Zwilling / ab 2.00 Krebs Blatt ab 21.00	Pg: 9.00
28	Mo		Krebs / ab 13.00 Löwe Blatt bis 11.30 Frucht ab 14.30	SA: 5.15 SU: 21.24
29	Di		Löwe Frucht	
30	Mi		Löwe Frucht	☾
31	Do		0.00 Jungfrau Wurzel	

Juni 2001

01	Fr		Jungfrau Wurzel	
02	Sa		Jungfrau Wurzel	
03	So		Jungfrau / ab 9.00 Waage Blüte ab 16.00	Merkur-knoten: 8.00
04	Mo		Waage / ab 19.00 Skorpion Blüte bis 17.30 Blatt ab 20.30	SA: 5.09 SU: 21.32
05	Di		Skorpion Blatt	
06	Mi		Skorpion Blatt	☺
07	Do	Ende Pflanzzeit	Skorpion / ab 3.00 Schütze Frucht bis 17.45	♌ 19.39
08	Fr		Schütze Frucht	
09	Sa		Schütze / ab 14.00 Steinbock Frucht bis 12.30 Wurzel ab 15.30	
10	So		Steinbock Wurzel	
11	Mo		Steinbock / ab 22.00 Wassermann Wurzel bis 19.45	SA: 5.06 SU: 21.38 Ag: 21.48
12	Di		Wassermann Blüte	
13	Mi		Wassermann Blüte	
14	Do		Wassermann / ab 1.00 Fisch Blatt	☽
15	Fr		Fisch Blatt	
16	Sa		Fisch Blatt	
17	So		Fisch / ab 2.00 Widder Frucht	
18	Mo		Widder / ab 22.00 Stier Frucht bis 20.30	SA: 5.05 SU: 21.41
19	Di		Stier Wurzel	
20	Mi		Stier Wurzel	
21	Do		Stier / ab 12.00 Zwilling Wurzel bis 10.30 Blüte ab 13.30	☺ Totale Sonnen-finsternis (in Deutschland nicht sichtbar)
22	Fr	Beginn Pflanzzeit	Zwilling Blüte	☋ 0.11
23	Sa		Zwilling / ab 10.00 Krebs Blüte bis 7.15	Pg: 19.18
24	So		Krebs / ab 20.00 Löwe Blatt ab 7.15 bis 18.30	
25	Mo		Löwe Frucht	SA: 5.07 SU: 21.42
26	Di		Löwe Frucht	
27	Mi		Löwe / ab 6.00 Jungfrau Wurzel ab 7.30	
28	Do		Jungfrau Wurzel	☽
29	Fr		Jungfrau Wurzel	
30	Sa		Jungfrau / ab 14.00 Waage Wurzel bis 12.30 Blüte ab 15.30	

Juli 2001

Tag	Wochentag	Pflanzzeit	Tierkreiszeichen / Element	Notizen
01	So		Waage / Blüte	
02	Mo		Waage / ab 1.00 Skorpion / Blatt	SA: 5.11 / SU: 21.41
03	Di		Skorpion / Blatt	
04	Mi	Ende Pflanzzeit	Skorpion / ab 10.00 Schütze / Blatt bis 8.30 / Frucht ab 11.30	
05	Do		Schütze / Frucht	☊ 2.49 ☺ Partielle Mondfinsternis (in Deutschland nicht sichtbar)
06	Fr		Schütze / ab 21.00 Steinbock / Frucht bis 19.30	
07	Sa		Steinbock / Wurzel	
08	So		Steinbock / Wurzel	
09	Mo		Steinbock / ab 6.00 Wassermann / Blüte ab 7.30 (außer 11.30 bis 16.30)	SA: 5.17 / SU: 21.37 / Ag: 13.23
10	Di		Wassermann / Blüte	
11	Mi		Wassermann / ab 8.00 Fisch / Blüte bis 6.30 / Blatt ab 9.30	
12	Do		Fisch / Blatt	
13	Fr		Fisch / Blatt	☾
14	Sa		Fisch / ab 11.00 Widder / Blatt bis 9.30 / Frucht ab 12.30	
15	So		Widder / Frucht	
16	Mo		Widder / ab 7.00 Stier / Wurzel ab 8.30	SA: 5.24 / SU: 21.31
17	Di		Stier / Wurzel	
18	Mi		Stier / ab 22.00 Zwilling / Wurzel bis 20.30	
19	Do	Beginn Pflanzzeit	Zwilling / Blüte (außer 8.30 bis 13.30)	☊ 10.24
20	Fr		Zwilling / ab 20.00 Krebs / Blüte bis 18.30	☻
21	Sa		Krebs / Blatt bis 10.45	Pg: 22.45
22	So		Krebs / ab 5.00 Löwe / Frucht ab 10.45 bis 18.00	
23	Mo		Löwe / Frucht ab 6.00	SA: 5.33 / SU: 21.23 / Merkurknoten: 0.00
24	Di		Löwe / ab 13.00 Jungfrau / Frucht bis 11.30 / Wurzel ab 14.30	
25	Mi		Jungfrau / Wurzel	
26	Do		Jungfrau / Wurzel	
27	Fr		Jungfrau / ab 20.00 Waage / Wurzel bis 18.30	☽
28	Sa		Waage / Blüte	
29	So		Waage / ab 7.00 Skorpion / Blatt ab 8.30	
30	Mo		Skorpion / Blatt	SA: 5.43 / SU: 21.13
31	Di	Ende Pflanzzeit	Skorpion / ab 16.00 Schütze / Blatt bis 14.30 / Frucht ab 17.30	

August 2001

Tag	Wochentag	Pflanzzeit	Tierkreiszeichen / Element	Notizen
01	Mi		Schütze / Frucht (außer 6.15 bis 10.15)	☊ 8.21
02	Do		Schütze / Frucht	
03	Fr		Schütze / ab 3.00 Steinbock / Wurzel	
04	Sa		Steinbock / Wurzel	☺
05	So		Steinbock / ab 12.00 Wassermann / Wurzel bis 10.30 / Blüte ab 13.30	Ag: 23.05
06	Mo		Wassermann / Blüte	SA: 5.54 / SU: 21.01
07	Di		Wassermann / ab 15.00 Fisch / Blüte bis 13.30 / Blatt ab 16.30	
08	Mi		Fisch / Blatt	
09	Do		Fisch / Blatt	
10	Fr		Fisch / ab 18.00 Widder / Blatt bis 16.30 / Frucht ab 19.30	
11	Sa		Widder / Frucht	
12	So		Widder / ab 16.00 Stier / Frucht bis 14.30 / Wurzel ab 17.30	☾
13	Mo		Stier / Wurzel	SA: 6.05 / SU: 20.48
14	Di		Stier / Wurzel	
15	Mi		Stier / ab 8.00 Zwilling / Wurzel bis 6.30 / Blüte ab 9.30 bis 17.00	☋ 19.04
16	Do	Beginn Pflanzzeit	Zwilling / Blüte	
17	Fr		Zwilling / ab 6.00 Krebs / Blatt ab 7.30	
18	Sa		Krebs / ab 16.00 Löwe / Blatt bis 14.30 / Frucht ab 17.30 bis 19.45	
19	So		Löwe / Frucht ab 19.45	Pg: 7.40 ☻
20	Mo		Löwe / ab 23.00 Jungfrau / Frucht	SA: 6.16 / SU: 20.34
21	Di		Jungfrau / Wurzel	
22	Mi		Jungfrau / Wurzel	
23	Do		Jungfrau / Wurzel	
24	Fr		Jungfrau / ab 3.00 Waage / Blüte	
25	Sa		Waage / ab 13.00 Skorpion / Blüte bis 11.30 / Blatt ab 14.30	☽
26	So		Skorpion / Blatt	
27	Mo	Ende Pflanzzeit	Skorpion / ab 22.00 Schütze / Blatt	SA: 6.27 / SU: 20.19
28	Di		Schütze / Frucht (außer 9.15 bis 13.15)	☊ 11.11
29	Mi		Schütze / Frucht	
30	Do		Schütze / ab 9.00 Steinbock / Wurzel ab 13.00	Merkurknoten: 7.00
31	Fr		Steinbock / Wurzel	

Jahr 2001

September 2001

01	Sa		Steinbock / ab 18.00 Wassermann	Venusknoten: 9.00
02	So		Wassermann Blüte	Ag: 1.28 ☺
03	Mo		Wassermann / ab 20.00 Fisch Blüte bis 18.30	SA: 6.38 SU: 20.04
04	Di		Fisch Blatt	
05	Mi		Fisch Blatt	
06	Do		Fisch Blatt	
07	Fr		0.00 Widder Frucht	
08	Sa		Widder / ab 22.00 Stier Frucht	
09	So		Stier Wurzel	
10	Mo		Stier Wurzel	SA: 6.49 SU: 19.48 ☾
11	Di		Zwilling / ab 16.00 Zwilling Blüte bis 14.30 Blüte ab 17.30	☋ 23.36
12	Mi	Beginn Pflanzzeit	Zwilling Blüte	
13	Do		Zwilling / ab 16.00 Krebs Blüte bis 14.30 Blatt ab 17.30	
14	Fr		Krebs Blatt	
15	Sa		Krebs / ab 2.00 Löwe Frucht	
16	So		Löwe ---	Pg: 17.47
17	Mo		Löwe / ab 9.00 Jungfrau Frucht bis 7.30 Wurzel ab 10.30	SA: 7.00 SU: 19.32 ☺
18	Di		Jungfrau Wurzel	
19	Mi		Jungfrau Wurzel	
20	Do		Jungfrau / ab 12.00 Waage Wurzel bis 10.30 Blüte ab 13.30	
21	Fr		Waage / ab 21.00 Skorpion Blüte	
22	Sa		Skorpion Blatt	
23	So		Skorpion Blatt	
24	Mo	Ende Pflanzzeit	Skorpion / ab 4.00 Schütze Frucht (außer 10.30 bis 14.30)	SA: 7.11 SU: 19.16 ☊ 12.29 ☽
25	Di		Schütze Frucht	
26	Mi		Schütze / ab 16.00 Steinbock Frucht bis 14.30 Wurzel ab 17.30	
27	Do		Steinbock Wurzel	
28	Fr		Steinbock Wurzel	
29	Sa		Wassermann Blüte ab 10.30	Ag: 7.32
30	So		Wassermann Blüte	

Oktober 2001

01	Mo		Wassermann / ab 3.00 Fisch Blatt	SA: 7.22 SU: 19.00
02	Di		Fisch Blatt	☺
03	Mi		Fisch Blatt	
04	Do		Fisch / ab 6.00 Widder Frucht ab 7.30	
05	Fr		Widder Frucht	
06	Sa		Widder / ab 4.00 Stier Wurzel	
07	So		Stier Wurzel	
08	Mo		Stier / ab 22.00 Zwilling Wurzel	SA: 7.34 SU: 18.44
09	Di	Beginn Pflanzzeit	Zwilling Blüte	☋ 0.33
10	Mi		Zwilling / ab 23.00 Krebs Blüte	☾
11	Do		Krebs Blatt	
12	Fr		Krebs / ab 11.00 Löwe Blatt bis 9.30 Frucht ab 12.30	
13	Sa		Löwe Frucht	
14	So		Löwe / ab 20.00 Jungfrau Frucht bis 13.00	
15	Mo		Jungfrau Wurzel ab 13.00	SA: 7.46 SU: 18.29 Pg: 1.01
16	Di		Jungfrau Wurzel	☺
17	Mi		Jungfrau / ab 22.00 Waage Wurzel	
18	Do		Waage Blüte bis 17.00	Merkurknoten: 23.00
19	Fr		Waage / ab 7.00 Skorpion Blatt ab 8.30	
20	Sa		Skorpion Blatt	
21	So	Ende Pflanzzeit	Skorpion / ab 13.00 Schütze Blatt bis 11.30 Frucht ab 17.30	☊ 15.22
22	Mo		Schütze Frucht	SA: 7.57 SU: 18.15
23	Di		Schütze / ab 23.00 Steinbock Frucht	
24	Mi		Steinbock Wurzel	☽
25	Do		Steinbock Wurzel	
26	Fr		Steinbock / ab 7.00 Wassermann Blüte ab 8.30	Ag: 22.12
27	Sa		Wassermann Blüte	
28	So		Wassermann / ab 10.00 Fisch Blüte bis 8.30 Blatt ab 11.30	Ende Sommerzeit
29	Mo		Fisch Blatt	SA: 7.10 SU: 17.01
30	Di		Fisch Blatt	
31	Mi		Fisch / ab 11.00 Widder Blatt bis 9.30 Frucht ab 12.30	

Aussaatdaten

November 2001

01	Do		Widder	
			Frucht	
02	Fr		Widder / ab 9.00 Stier	
			Wurzel ab 10.30	
03	Sa		Stier	
			Wurzel	
04	So		Stier	
			Wurzel	
05	Mo		Stier / ab 2.00 Zwilling	SA: 7.22
			Blüte	SU: 16.49 ☽ 0.59
06	Di	Beginn Pflanzzeit	Zwilling	
			Blüte	
07	Mi		Zwilling / ab 4.00 Krebs	
			Blatt	
08	Do		Krebs / ab 16.00 Löwe	☺
			Blatt bis 14.30	
09	Fr		Löwe	
			Frucht	
10	Sa		Löwe	
			Frucht	
11	So		Löwe / ab 3.00 Jungfrau	Pg: 18.26

12	Mo		Jungfrau	SA: 7.34
			Wurzel	SU: 16.38
13	Di		Jungfrau	
			Wurzel	
14	Mi		Jungfrau / ab 8.00 Waage	
			Blüte ab 9.30	
15	Do		Waage / ab 17.00 Skorpion	☺
			Blüte bis 15.30	
16	Fr		Skorpion	
			Blatt	
17	Sa	Ende Pflanzzeit	Skorpion / ab 22.00 Schütze	☊ 20.51
			Blatt	
18	So		Schütze	
			Frucht	
19	Mo		Schütze	SA: 7.46
			Frucht	SU: 16.28
20	Di		Schütze / ab 8.00 Steinbock	
			Wurzel ab 9.30	
21	Mi		Steinbock	
			Wurzel	
22	Do		Steinbock / ab 15.00 Wassermann	
			Wurzel bis 13.30	
23	Fr		Wassermann	Ag: 16.45
			Blüte bis 14.45	☽
24	Sa		Wassermann / ab 18.00 Fisch	
			Blüte	
25	So		Fisch	
			Blatt	
26	Mo		Fisch	SA: 7.57
			Blatt ab 12.00	SU: 16.21 Merkurknoten: 6.00
27	Di		Fisch / ab 21.00 Widder	
			Blatt	
28	Mi		Widder	
			Frucht	
29	Do		Widder / ab 18.00 Stier	
			Frucht	
30	Fr		Stier	☺
			Wurzel	

Dezember 2001

01	Sa		Stier	
			Wurzel	
02	So		Stier / ab 10.00 Zwilling	☊ 6.31
			Blüte ab 11.30	
03	Mo	Beginn Pflanzzeit	Zwilling	SA: 8.07
			Blüte	SU: 16.16
04	Di		Zwilling / ab 11.00 Krebs	
			Blüte bis 9.30	
			Blatt ab 12.30	
05	Mi		Krebs / ab 22.00 Löwe	
			Blatt	
06	Do		Löwe	Pg: 23.46
			Frucht bis 11.45	
07	Fr		Löwe	☽
			Frucht ab 11.45	
08	Sa		Löwe / ab 10.00 Jungfrau	
			Wurzel ab 11.30	
09	So		Jungfrau	
			Wurzel	
10	Mo		Jungfrau	SA: 8.15
			Wurzel	SU: 16.14
11	Di		Jungfrau / ab 16.00 Waage	
			Wurzel bis 14.30	
12	Mi		Waage	
			Blüte	
13	Do		Waage / ab 1.00 Skorpion	
			Blatt	
14	Fr		Skorpion	☺ Ringförmige Sonnenfinsternis (in Deutschland nicht sichtbar)
			Blatt	
15	Sa	Ende Pflanzzeit	Skorpion / ab 8.00 Schütze	☊ 5.32
			Frucht ab 9.30	
16	So		Schütze	
			Frucht	
17	Mo		Schütze / ab 16.00 Steinbock	SA: 8.22
			Frucht bis 14.30	SU: 16.14
18	Di		Steinbock	
			Wurzel	
19	Mi		Steinbock	
			Wurzel	
20	Do		0.00 Wassermann	
			Blüte	
21	Fr		Wassermann	Ag: 14.02 Venusknoten: 21.00
			Blüte bis 9.00	
22	Sa		Wassermann / ab 2.00 Fisch	☽
			Blatt ab 9.00	
23	So		Fisch	
			Blatt	
24	Mo		Fisch	SA: 8.26
			Blatt	SU: 16.18
25	Di		Fisch / ab 6.00 Widder	
			Frucht	
26	Mi		Widder	
			Frucht	
27	Do		Widder / ab 3.00 Stier	
			Wurzel	
28	Fr		Stier	
			Wurzel	
29	Sa		Stier / ab 19.00 Zwilling	☊ 15.51
			Wurzel bis 12.45	
30	So	Beginn Pflanzzeit	Zwilling	☺
			Blüte	
31	Mo		Zwilling / ab 19.00 Krebs	SA: 8.27
			Blüte	SU: 16.23

Januar 2002

01	Di		Krebs Blatt	
02	Mi		Krebs / ab 5.00 Löwe ---	Pg: 8.12
03	Do		Löwe Frucht	
04	Fr		Löwe / ab 15.00 Jungfrau Frucht bis 13.30	
05	Sa		Jungfrau Wurzel	
06	So		Jungfrau Wurzel	☾
07	Mo		Jungfrau / ab 22.00 Waage Wurzel	SA: 8.25 SU: 16.31
08	Di		Waage Blüte	
09	Mi		Waage / ab 8.00 Skorpion Blatt ab 9.30	
10	Do		Skorpion Blatt	
11	Fr	Ende Pflanzzeit	Skorpion / ab 15.00 Schütze Blatt (außer 11.00 bis 15.00)	♋ 12.56
12	Sa		Schütze Frucht	
13	So		Schütze Frucht	☺
14	Mo		0.00 Steinbock Wurzel bis 16.00	SA: 8.21 SU: 16.41 Merkur- knoten: 22.00
15	Di		Steinbock Wurzel	
16	Mi		Steinbock / ab 7.00 Wassermann Blüte ab 8.30	
17	Do		Wassermann Blüte	
18	Fr		Wassermann / ab 10.00 Fisch Blatt ab 12.45	Ag: 9.50
19	Sa		Fisch Blatt	
20	So		Fisch Blatt	
21	Mo		Fisch / ab 14.00 Widder Blatt bis 12.30 Frucht ab 15.30	SA: 8.15 SU: 16.52 ☽
22	Di		Widder Frucht	
23	Mi		Widder / ab 13.00 Stier Frucht bis 11.30 Wurzel ab 14.30	
24	Do		Stier Wurzel	
25	Fr		Stier Wurzel	
26	Sa		Stier / ab 7.00 Zwilling Blüte ab 8.30	♉ 1.27
27	So	Beginn Pflanzzeit	Zwilling Blüte	
28	Mo		Zwilling / ab 5.00 Krebs Blatt	SA: 8.06 SU: 17.05 ☺
29	Di		Krebs / ab 15.00 Löwe Blatt bis 13.30 Frucht ab 16.30	
30	Mi		Löwe ---	Pg: 10.00
31	Do		Löwe / ab 23.00 Jungfrau Frucht	

Februar 2002

01	Fr		Jungfrau Wurzel	
02	Sa		Jungfrau Wurzel	
03	So		Jungfrau Wurzel	
04	Mo		Jungfrau / ab 4.00 Waage Blüte	SA: 7.55 SU: 17.17 ☾
05	Di		Waage / ab 13.00 Skorpion Blüte bis 11.30 Blatt ab 14.30	
06	Mi		Skorpion Blatt	
07	Do	Ende Pflanzzeit	Skorpion / ab 21.00 Schütze Blatt bis 14.30	♋ 16.34
08	Fr		Schütze Frucht	
09	Sa		Schütze Frucht	
10	So		Schütze / ab 7.00 Steinbock Wurzel ab 8.30	
11	Mo		Steinbock Wurzel	SA: 7.43 SU: 17.30
12	Di		Steinbock / ab 14.00 Wassermann Wurzel bis 12.30 Blüte ab 15.30	☺
13	Mi		Wassermann Blüte	
14	Do		Wassermann / ab 17.00 Fisch Blüte bis 15.30	Ag: 23.22
15	Fr		Fisch Blatt	
16	Sa		Fisch Blatt	
17	So		Fisch / ab 21.00 Widder Blatt	
18	Mo		Widder Frucht	SA: 7.30 SU: 17.42
19	Di		Widder / ab 21.00 Stier Frucht	
20	Mi		Stier Wurzel	☽
21	Do		Stier Wurzel	
22	Fr		Stier / ab 16.00 Zwilling Wurzel ab 11.00 bis 14.30 Blüte ab 17.30	♉ 7.27 Merkur- knoten: 5.00
23	Sa	Beginn Pflanzzeit	Zwilling Blüte	
24	So		Zwilling / ab 16.00 Krebs Blüte bis 14.30 Blatt ab 17.30	
25	Mo		Krebs Blatt	SA: 7.16 SU: 17.55
26	Di		Krebs / ab 2.00 Löwe Frucht	
27	Mi		Löwe Frucht bis 8.45	Pg: 20.43 ☺
28	Do		Löwe / ab 9.00 Jungfrau Wurzel ab 10.30	

März 2002

01	Fr		Jungfrau Wurzel	
02	Sa		Jungfrau Wurzel	
03	So		Jungfrau / ab 11.00 Waage Wurzel bis 9.30 Blüte ab 12.30	
04	Mo		Waage / ab 20.00 Skorpion Blüte	SA: 7.01 SU: 18.07
05	Di		Skorpion Blatt	
06	Mi		Skorpion Blatt bis 15.15	☊ 17.20
07	Do	Ende Pflanzzeit	Skorpion / ab 2.00 Schütze Frucht	
08	Fr		Schütze Frucht	
09	Sa		Schütze / ab 12.00 Steinbock Frucht bis 10.30 Wurzel ab 13.30	
10	So		Steinbock Wurzel	
11	Mo		Steinbock / ab 20.00 Wassermann Wurzel	SA: 6.46 SU: 18.19
12	Di		Wassermann Blüte	
13	Mi		Wassermann / ab 23.00 Fisch Blüte	
14	Do		Fisch Blatt	Ag: 2.11
15	Fr		Fisch Blatt	
16	Sa		Fisch Blatt	
17	So		Fisch / ab 3.00 Widder Frucht	
18	Mo		Widder Frucht	SA: 6.30 SU: 18.31
19	Di		Widder / ab 3.00 Stier Wurzel	
20	Mi		Stier Wurzel	
21	Do		Stier Wurzel (außer 7.15 bis 12.15)	♋ 9.15
22	Fr	Beginn Pflanzzeit	0.00 Zwilling Blüte	
23	Sa		Zwilling Blüte	
24	So		Zwilling / ab 1.00 Krebs Blatt	
25	Mo		Krebs / ab 13.00 Löwe Blatt bis 11.30 Frucht ab 14.30	SA: 6.14 SU: 18.43
26	Di		Löwe Frucht	
27	Mi		Löwe / ab 21.00 Jungfrau Frucht	
28	Do		Jungfrau ---	Pg: 8.41
29	Fr		Jungfrau ---	
30	Sa		Jungfrau / ab 21.00 Waage ---	
31	So		Waage Blüte	Beginn Sommer- zeit

April 2002

01	Mo		Waage / ab 6.00 Skorpion Blatt ab 7.30	SA: 6.58 SU: 19.55
02	Di		Skorpion Blatt bis 18.15	☊ 20.22
03	Mi	Ende Pflanzzeit	Skorpion / ab 11.00 Schütze Blatt bis 9.30 Frucht ab 12.30	
04	Do		Schütze Frucht	
05	Fr		Schütze / ab 20.00 Steinbock Frucht bis 18.30	
06	Sa		Steinbock Wurzel	
07	So		Steinbock Wurzel	
08	Mo		Steinbock / ab 3.00 Wassermann Blüte	SA: 6.43 SU: 20.06
09	Di		Wassermann Blüte	
10	Mi		Wassermann / ab 6.00 Fisch Blatt ab 10.30	Ag: 7.31
11	Do		Fisch Blatt	
12	Fr		Fisch Blatt bis 16.00	Merkur- knoten: 22.00
13	Sa		Fisch / ab 10.00 Widder Blatt bis 8.30 / Frucht ab 11.30 bis 14.00	
14	So		Widder Frucht ab 14.00	Venus- knoten: 2.00
15	Mo		Widder / ab 10.00 Stier Frucht bis 8.30 Wurzel ab 11.30	SA: 6.27 SU: 20.18
16	Di		Stier Wurzel	
17	Mi		Stier Wurzel (außer 9.15 bis 14.15)	♋ 11.15
18	Do		Stier / ab 7.00 Zwilling Blüte ab 8.30	
19	Fr	Beginn Pflanzzeit	Zwilling Blüte	
20	Sa		Zwilling / ab 9.00 Krebs Blüte bis 7.30 Blatt ab 10.30	
21	So		Krebs / ab 22.00 Löwe Blatt	
22	Mo		Löwe Frucht	SA: 6.13 SU: 20.29
23	Di		Löwe Frucht	
24	Mi		Löwe / ab 8.00 Jungfrau Wurzel ab 9.30	
25	Do		Jungfrau ---	Pg: 18.24
26	Fr		Jungfrau Wurzel ab 6.30	
27	Sa		Jungfrau / ab 9.00 Waage Wurzel bis 7.30 / Blüte ab 10.30	
28	So		Waage / ab 16.00 Skorpion Blüte bis 14.30 Blatt ab 17.30	
29	Mo		Skorpion Blatt	SA: 5.59 SU: 20.41
30	Di	Ende Pflanzzeit	Skorpion / ab 20.00 Schütze Blatt bis 18.30	☊ 2.30

Jahr 2002

Mai 2002

Tag			Zeichen / Pflanzenteil	Notizen
01	Mi		Skorpion Blatt	
02	Do		Skorpion Blatt	
03	Fr		Skorpion / ab 3.00 Steinbock Wurzel	
04	Sa		Steinbock Wurzel	☾
05	So		Steinbock / ab 10.00 Wassermann Wurzel bis 8.30 Blüte ab 11.30	
06	Mo		Wassermann Blüte	SA: 5.46 SU: 20.52
07	Di		Wassermann / ab 12.00 Fisch Blüte bis 10.30 Blatt ab 13.30 bis 19.15	Ag: 21.15
08	Mi		Fisch Blatt	
09	Do		Fisch Blatt	
10	Fr		Fisch / ab 17.00 Widder Blatt bis 15.30 Frucht ab 18.30	
11	Sa		Widder Frucht	
12	So		Widder / ab 16.00 Stier Frucht bis 14.30 Wurzel ab 17.30	●
13	Mo		Stier Wurzel	SA: 5.34 SU: 21.03
14	Di		Stier Wurzel (außer 13.00 bis 18.00)	☊ 15.01
15	Mi		Stier / ab 12.00 Zwilling Wurzel bis 10.30 Blüte ab 13.30	
16	Do	Beginn Pflanzzeit	Zwilling Blüte	
17	Fr		Zwilling / ab 15.00 Krebs Blüte bis 13.30 Blatt ab 16.30	
18	Sa		Krebs Blatt	
19	So		Krebs / ab 4.00 Löwe Frucht	☽
20	Mo		Löwe Frucht	SA: 5.24 SU: 21.13
21	Di		Löwe / ab 15.00 Jungfrau Frucht ab 11.00 bis 13.30 Wurzel ab 16.30	Merkur-knoten: 5.00
22	Mi		Jungfrau Wurzel	
23	Do		Jungfrau ---	Pg: 17.32
24	Fr		Jungfrau / ab 19.00 Waage Wurzel bis 17.30 Blüte ab 20.30	
25	Sa		Waage Blüte	
26	So		Waage / ab 2.00 Skorpion Blatt	☺
27	Mo		Skorpion Blatt (außer 9.45 bis 13.45)	SA: 5.16 SU: 21.23 ☋ 11.39
28	Di	Ende Pflanzzeit	Skorpion / ab 6.00 Schütze Frucht ab 7.30	
29	Mi		Schütze Frucht	
30	Do		Schütze / ab 12.00 Steinbock Frucht bis 10.30 Wurzel ab 13.30	
31	Fr		Steinbock Wurzel	

Juni 2002

Tag			Zeichen / Pflanzenteil	Notizen
01	Sa		Steinbock / ab 18.00 Wassermann Wurzel bis 16.30 Blüte ab 19.30	
02	So		Wassermann Blüte	
03	Mo		Wassermann / ab 20.00 Fisch Blüte bis 18.30	SA: 5.10 SU: 21.31 ☾
04	Di		Fisch Blatt (außer 13.00 bis 18.00)	Ag: 14.58
05	Mi		Fisch Blatt	
06	Do		Fisch Blatt	
07	Fr		0.00 Widder Frucht	
08	Sa		Widder / ab 23.00 Stier Frucht	
09	So		Stier Wurzel	
10	Mo		Stier Wurzel bis 20.00	SA: 5.06 SU: 21.37 ☊ 22.00
11	Di		Stier / ab 19.00 Zwilling Wurzel bis 17.30 Blüte ab 20.30	● Ringförmige Sonnenfinsternis (in Deutschland nicht sichtbar)
12	Mi	Beginn Pflanzzeit	Zwilling Blüte	
13	Do		Zwilling / ab 21.00 Krebs Blüte bis 19.30	
14	Fr		Krebs Blatt	
15	Sa		Krebs / ab 9.00 Löwe Blatt bis 7.30 Frucht ab 10.30	
16	So		Löwe Frucht	
17	Mo		Löwe / ab 21.00 Jungfrau Frucht bis 19.30	SA: 5.05 SU: 21.41
18	Di		Jungfrau Wurzel bis 21.30	☽
19	Mi		Jungfrau Wurzel bis 21.30	Pg: 9.33
20	Do		Jungfrau Wurzel	
21	Fr		Jungfrau / ab 2.00 Waage Blüte	
22	Sa		Waage / ab 11.00 Skorpion Blüte bis 9.30 Blatt ab 12.30	
23	So		Skorpion Blatt bis 17.45	☋ 19.39
24	Mo	Ende Pflanzzeit	Skorpion / ab 15.00 Schütze Blatt bis 13.30 Frucht ab 16.30	SA: 5.06 SU: 21.42 ☺
25	Di		Schütze Frucht	
26	Mi		Schütze / ab 21.00 Steinbock Frucht bis 19.30	
27	Do		Steinbock Wurzel	
28	Fr		Steinbock Wurzel	
29	Sa		Steinbock / ab 3.00 Wassermann Blüte	
30	So		Wassermann Blüte	

282 Aussaatdaten

Juli 2002

01	Mo		Wassermann / ab 4.00 Fisch	SA: 5.10
			Blatt ab 5.30	SU: 21.41
02	Di		Fisch	Ag: 9.35
			Blatt (außer 7.30 bis 12.30)	☺
03	Mi		Fisch	
			Blatt	
04	Do		Fisch / ab 9.00 Widder	
			Blatt bis 7.30	
			Frucht ab 10.30	
05	Fr		Widder	
			Frucht	
06	Sa		Widder / ab 8.00 Stier	
			Frucht bis 6.30	
			Wurzel ab 9.30	
07	So		Stier	
			Wurzel	
08	Mo		Stier	SA: 5.16
			Wurzel ab 9.15	SU: 21.38
				☋ 6.15
09	Di	Beginn Pflanzzeit	Stier / ab 3.00 Zwilling	Merkur-knoten: 21.00
			Blüte bis 15.00	
10	Mi		Zwilling	☺
			Blüte	
11	Do		Zwilling / ab 4.00 Krebs	
			Blatt	
12	Fr		Krebs / ab 16.00 Löwe	
			Blatt bis 14.30 / Frucht ab 17.30	
13	Sa		Löwe	
			Frucht	
14	So		Löwe	Pg: 15.21

15	Mo		Löwe / ab 2.00 Jungfrau	SA: 5.23
			Wurzel	SU: 21.32
16	Di		Jungfrau	
			Wurzel	
17	Mi		Jungfrau	☺
			Wurzel	
18	Do		Jungfrau / ab 8.00 Waage	
			Wurzel bis 6.30	
			Blüte ab 9.30	
19	Fr		Waage / ab 17.00 Skorpion	
			Blüte bis 15.30	
			Blatt ab 18.30	
20	Sa		Skorpion	
			Blatt	
21	So	Ende Pflanzzeit	Skorpion / ab 22.00 Schütze	☋ 2.41
			Blatt	
22	Mo		Schütze	SA: 5.32
			Frucht	SU: 21.24
23	Di		Schütze	
			Frucht	
24	Mi		Schütze / ab 5.00 Steinbock	☺
			Wurzel ab 6.30	
25	Do		Steinbock	
			Wurzel	
26	Fr		Steinbock / ab 10.00 Wassermann	
			Wurzel bis 8.30	
			Blüte ab 11.30	
27	Sa		Wassermann	
			Blüte	
28	So		Wassermann / ab 12.00 Fisch	
			Blüte bis 10.30	
			Blatt ab 13.30	
29	Mo		Fisch	SA: 5.41
			Blatt	SU: 21.14
30	Di		Fisch	Ag: 3.43
			Blatt ab 6.45	
31	Mi		Fisch / ab 17.00 Widder	
			Blatt bis 15.30	
			Frucht ab 18.30	

August 2002

01	Do		Widder	☾
			Frucht	
02	Fr		Widder / ab 16.00 Stier	
			Frucht bis 14.30	
			Wurzel ab 17.30	
03	Sa		Stier	Venus-knoten: 15.00

04	So		Stier	☋ 13.05
			Wurzel (außer 11.00 bis 16.00)	
05	Mo		Stier / ab 13.00 Zwilling	SA: 5.52
			Wurzel bis 11.30	SU: 21.03
			Blüte ab 14.30	
06	Di	Beginn Pflanzzeit	Zwilling	
			Blüte	
07	Mi		Zwilling / ab 14.00 Krebs	
			Blüte bis 12.30	
			Blatt ab 15.30	
08	Do		Krebs	☺
			Blatt	
09	Fr		Krebs / ab 1.00 Löwe	
			Frucht	
10	Sa		Löwe	
			Frucht bis 13.30	
11	So		Löwe / ab 10.00 Jungfrau	Pg: 1.30
			Wurzel ab 13.30	
12	Mo		Jungfrau	SA: 6.03
			Wurzel	SU: 20.50
13	Di		Jungfrau	
			Wurzel	
14	Mi		Jungfrau / ab 13.00 Waage	
			Wurzel bis 11.30	
			Blüte ab 14.30	
15	Do		Waage / ab 22.00 Skorpion	☽
			Blüte bis 20.30	
16	Fr		Skorpion	
			Blatt	
17	Sa		Skorpion	☋ 4.54
			Blatt ab 10.00	Merkur-knoten: 4.00
18	So	Ende Pflanzzeit	Skorpion / ab 4.00 Schütze	
			Frucht	
19	Mo		Schütze	SA: 6.14
			Frucht	SU: 20.36
20	Di		Schütze / ab 12.00 Steinbock	
			Frucht bis 10.30	
			Wurzel ab 13.30	
21	Mi		Steinbock	
			Wurzel	
22	Do		Steinbock / ab 18.00 Wassermann	
			Wurzel bis 16.30	
			Blüte ab 19.30	
23	Fr		Wassermann	☺
			Blüte	
24	Sa		Wassermann / ab 19.00 Fisch	
			Blüte bis 17.30	
25	So		Fisch	
			Blatt	
26	Mo		Fisch	SA: 6.25
			Blatt bis 17.45	SU: 20.22
				Ag: 19.42
27	Di		Fisch	
			Blatt	
28	Mi		0.00 Widder	
			Frucht	
29	Do		Widder	
			Frucht	
30	Fr		0.00 Stier	
			Wurzel	
31	Sa		Stier	☋ 16.44
			Wurzel (außer 14.45 bis 19.45)	☺

Jahr 2002

September 2002

01	So		Stier / ab 22.00 Zwilling Wurzel	
02	Mo	Beginn Pflanzzeit	Zwilling Blüte	SA: 6.36 SU: 20.06
03	Di		Zwilling Blüte	
04	Mi		0.00 Krebs Blatt	
05	Do		Krebs / ab 11.00 Löwe Blatt bis 9.30 Frucht ab 12.30	
06	Fr		Löwe Frucht	
07	Sa		Löwe / ab 19.00 Jungfrau Frucht bis 17.15	☺
08	So		Jungfrau Wurzel ab 17.15	Pg: 5.18
09	Mo		Jungfrau Wurzel	SA: 6.47 SU: 19.51
10	Di		Jungfrau / ab 21.00 Waage Wurzel bis 19.30	
11	Mi		Waage Blüte	
12	Do		Waage / ab 5.00 Skorpion Blatt	
13	Fr		Skorpion Blatt ab 7.45	♋ 5.39
14	Sa	Ende Pflanzzeit	Skorpion / ab 9.00 Schütze Blatt bis 7.30 Frucht ab 10.30	
15	So		Schütze Frucht	
16	Mo		Schütze / ab 17.00 Steinbock Frucht bis 15.30 Wurzel ab 18.30	SA: 6.58 SU: 19.35
17	Di		Steinbock Wurzel	
18	Mi		Steinbock Wurzel	
19	Do		0.00 Wassermann Blüte	
20	Fr		Wassermann Blüte	
21	Sa		Wassermann / ab 1.00 Fisch Blatt	☺
22	So		Fisch Blatt	
23	Mo		Fisch Blatt ab 8.30	SA: 7.09 SU: 19.19 Ag: 5.26
24	Di		Fisch / ab 6.00 Widder Frucht ab 7.30	
25	Mi		Widder Frucht	
26	Do		Widder / ab 7.00 Stier Wurzel ab 8.30	
27	Fr		Stier Wurzel bis 16.00	♋ 18.07
28	Sa		Stier Wurzel	
29	So		Stier / ab 5.00 Zwilling Blüte	☺
30	Mo	Beginn Pflanzzeit	Zwilling Blüte	SA: 7.20 SU: 19.03

Oktober 2002

01	Di		Zwilling / ab 9.00 Krebs Blatt ab 10.30	
02	Mi		Krebs / ab 21.00 Löwe Blatt	
03	Do		Löwe Frucht	
04	Fr		Löwe Frucht	
05	Sa		Löwe / ab 6.00 Jungfrau Wurzel bis 14.00	Merkur- knoten: 20.00
06	So		Jungfrau	Pg: 15.17 --- ☺
07	Mo		Jungfrau Wurzel	SA: 7.32 SU: 18.47
08	Di		Jungfrau / ab 7.00 Waage Blüte ab 8.30	
09	Mi		Waage / ab 13.00 Skorpion Blüte bis 11.30 Blatt ab 14.30	
10	Do		Skorpion Blatt ab 11.15	♋ 9.08
11	Fr	Ende Pflanzzeit	Skorpion / ab 16.00 Schütze Blatt bis 14.30 Frucht ab 17.30	
12	Sa		Schütze Frucht	
13	So		Schütze / ab 23.00 Steinbock Frucht	☽
14	Mo		Steinbock Wurzel	SA: 7.43 SU: 18.32
15	Di		Steinbock Wurzel	
16	Mi		Steinbock / ab 5.00 Wassermann Blüte	
17	Do		Wassermann Blüte	
18	Fr		Wassermann / ab 7.00 Fisch Blatt ab 9.30	
19	Sa		Fisch Blatt	
20	So		Fisch Blatt ab 9.45	Ag: 6.40
21	Mo		Fisch / ab 12.00 Widder Blatt bis 10.30 Frucht ab 13.30	SA: 7.55 SU: 18.17 ☺
22	Di		Widder Frucht	
23	Mi		Widder / ab 13.00 Stier Frucht bis 11.30 Wurzel ab 14.30	
24	Do		Stier Wurzel	♋ 20.18
25	Fr		Stier Wurzel	
26	Sa		Stier / ab 12.00 Zwilling Wurzel bis 10.30 Blüte ab 13.30	
27	So	Beginn Pflanzzeit	Zwilling Blüte	Ende Sommer- zeit
28	Mo		Zwilling / ab 15.00 Krebs Blüte bis 13.30 Blatt ab 16.30	SA: 7.07 SU: 17.03
29	Di		Krebs Blatt	☺
30	Mi		Krebs / ab 5.00 Löwe Frucht	
31	Do		Löwe Frucht	

Aussaatdaten

November 2002

01	Fr		Löwe / ab 15.00 Jungfrau Frucht bis 13.30 Wurzel ab 16.30	
02	Sa		Jungfrau Wurzel	
03	So		Jungfrau Wurzel bis 13.45	
04	Mo		Jungfrau / ab 17.00 Waage Wurzel ab 13.45 bis 15.30	SA: 7.20 SU: 16.51 Pg: 1.47 ☺
05	Di		Waage / ab 23.00 Skorpion Blüte	
06	Mi		Skorpion Blatt bis 14.15	♌ 16.22
07	Do	Ende Pflanzzeit	Skorpion Blatt	
08	Fr		Skorpion / ab 1.00 Schütze Frucht	
09	Sa		Schütze Frucht	
10	So		Schütze / ab 6.00 Steinbock Wurzel ab 7.30	
11	Mo		Steinbock Wurzel	SA: 7.32 SU: 16.39 ☽
12	Di		Steinbock / ab 11.00 Wassermann Wurzel bis 9.30 Blüte ab 12.30	
13	Mi		Wassermann Blüte ab 9.00	Merkur- knoten: 3.00
14	Do		Wassermann / ab 13.00 Fisch Blüte bis 11.30 Blatt ab 14.30	
15	Fr		Fisch Blatt	
16	Sa		Fisch Blatt (außer 10.30 bis 15.30)	Ag: 12.30
17	So		Fisch / ab 18.00 Widder Blatt	
18	Mo		Widder Frucht	SA: 7.44 SU: 16.30
19	Di		Widder / ab 18.00 Stier Frucht	
20	Mi		Stier Wurzel	☺
21	Do		Stier Wurzel	♉ 0.26
22	Fr		Stier / ab 16.00 Zwilling Wurzel bis 14.30	
23	Sa	Beginn Pflanzzeit	Zwilling Blüte	
24	So		Zwilling / ab 21.00 Krebs ---	Venus- knoten: 17.00
25	Mo		Krebs Blatt	SA: 7.55 SU: 16.22
26	Di		Krebs / ab 11.00 Löwe Blatt bis 9.30 Frucht ab 12.30	
27	Mi		Löwe Frucht	☾
28	Do		Löwe / ab 23.00 Jungfrau Frucht	
29	Fr		Jungfrau Wurzel	
30	Sa		Jungfrau Wurzel	

Dezember 2002

01	So		Jungfrau Wurzel	
02	Mo		Jungfrau / ab 3.00 Waage ---	SA: 8.05 SU: 16.17 Pg: 9.51
03	Di		Waage / ab 10.00 Skorpion Blüte bis 8.30 Blatt ab 11.30	
04	Mi		Skorpion Blatt	☺ Totale Sonnen- finsternis (in Deutsch- land nicht sichtbar)
05	Do	Ende Pflanzzeit	Skorpion / ab 11.00 Schütze Blatt bis 9.30 Frucht ab 12.30	
06	Fr		Schütze Frucht	
07	Sa		Schütze / ab 16.00 Steinbock Frucht bis 14.30	
08	So		Steinbock Wurzel	
09	Mo		Steinbock / ab 19.00 Wassermann Wurzel	SA: 8.14 SU: 16.14
10	Di		Wassermann Blüte	
11	Mi		Wassermann / ab 20.00 Fisch Blüte	☽
12	Do		Fisch Blatt	
13	Fr		Fisch Blatt	
14	Sa		Fisch Blatt	Ag: 4.56
15	So		Fisch / ab 1.00 Widder Frucht	
16	Mo		Widder Frucht	SA: 8.21 SU: 16.14
17	Di		Widder / ab 1.00 Stier Wurzel	
18	Mi		Stier Wurzel ab 10.45	♉ 7.47
19	Do		Stier / ab 23.00 Zwilling Wurzel	☺
20	Fr	Beginn Pflanzzeit	Zwilling Blüte	
21	Sa		Zwilling Blüte	
22	So		Zwilling / ab 3.00 Krebs Blatt	
23	Mo		Krebs / ab 16.00 Löwe Blatt bis 14.30	SA: 8.25 SU: 16.17
24	Di		Löwe Frucht	
25	Mi		Löwe Frucht	
26	Do		Löwe / ab 5.00 Jungfrau Wurzel	
27	Fr		Jungfrau Wurzel	☾
28	Sa		Jungfrau Wurzel	
29	So		Jungfrau / ab 11.00 Waage Wurzel bis 9.30 Blüte ab 12.30	
30	Mo		Waage / ab 19.00 Skorpion Blüte ab 14.00	SA: 8.27 SU: 16.22 Pg: 2.07
31	Di		Skorpion Blatt (außer 10.15 bis 14.15)	♌ 12.17

Jahr 2003

Januar 2003

01	Mi	Ende Pflanzzeit	Skorpion / ab 22.00 Schütze Blatt bis 13.00	Merkurknoten: 19.00
02	Do		Schütze Frucht	☺
03	Fr		Schütze Frucht	
04	Sa		Schütze / ab 2.00 Steinbock Frucht	
05	So		Steinbock Wurzel	
06	Mo		Steinbock / ab 5.00 Wassermann Blüte	SA: 8.26 SU: 16.30
07	Di		Wassermann Blüte	
08	Mi		Wassermann / ab 5.00 Fisch Blatt	
09	Do		Fisch Blatt	
10	Fr		Fisch Blatt	☺
11	Sa		Fisch / ab 9.00 Widder Frucht ab 10.30	Ag: 1.42
12	So		Widder Frucht	
13	Mo		Widder / ab 9.00 Stier Wurzel ab 10.30	SA: 8.22 SU: 16.39
14	Di		Stier Wurzel bis 12.45	☋ 14.39
15	Mi		Stier Wurzel	
16	Do		Stier / ab 7.00 Zwilling Blüte ab 8.30	
17	Fr	Beginn Pflanzzeit	Zwilling Blüte	
18	Sa		Zwilling / ab 10.00 Krebs Blatt ab 11.30	☺
19	So		Krebs / ab 23.00 Löwe Blatt	
20	Mo		Löwe Frucht	SA: 8.16 SU: 16.50
21	Di		Löwe Frucht	
22	Mi		Löwe / ab 11.00 Jungfrau Frucht bis 9.30 Wurzel ab 12.30	
23	Do		Jungfrau Wurzel bis 11.30	Pg: 23.32
24	Fr		Jungfrau Wurzel ab 11.30	
25	Sa		Jungfrau / ab 18.00 Waage Wurzel bis 16.30	☺
26	So		Waage Blüte	
27	Mo		Waage / ab 1.00 Skorpion Blatt bis 14.30	SA: 8.08 SU: 17.02 ☋ 16.25
28	Di		Skorpion Blatt	
29	Mi	Ende Pflanzzeit	Skorpion / ab 5.00 Schütze Frucht	
30	Do		Schütze Frucht	
31	Fr		Schütze / ab 10.00 Steinbock Frucht bis 8.30 Wurzel ab 11.30	

Februar 2003

01	Sa		Steinbock Wurzel	☺
02	So		Steinbock / ab 14.00 Wassermann Wurzel bis 12.30 Blüte ab 15.30	
03	Mo		Wassermann Blüte	SA: 7.57 SU: 17.15
04	Di		Wassermann / ab 13.00 Fisch Blüte bis 11.30 Blatt ab 14.30	
05	Mi		Fisch Blatt	
06	Do		Fisch Blatt	
07	Fr		Fisch / ab 17.00 Widder Blatt bis 15.30	Ag: 22.58
08	Sa		Widder Frucht	
09	So		Widder / ab 18.00 Stier Frucht bis 16.30	☺ Merkurknoten: 2.00
10	Mo		Stier Wurzel bis 16.45	SA: 7.46 SU: 17.27 ☋ 18.39
11	Di		Stier Wurzel	
12	Mi		Stier / ab 17.00 Zwilling Wurzel bis 15.30	
13	Do	Beginn Pflanzzeit	Zwilling Blüte	
14	Fr		Zwilling / ab 20.00 Krebs Blüte	
15	Sa		Krebs Blatt	
16	So		Krebs / ab 8.00 Löwe Frucht ab 9.30	
17	Mo		Löwe Frucht	SA: 7.33 SU: 17.40 ☺
18	Di		Löwe / ab 19.00 Jungfrau Frucht bis 17.30	
19	Mi		Jungfrau ---	Pg: 17.14
20	Do		Jungfrau Wurzel	
21	Fr		Jungfrau / ab 22.00 Waage Wurzel	
22	Sa		Waage Blüte	
23	So		Waage / ab 6.00 Skorpion Blatt ab 7.30 bis 14.45	☋ 16.48 ☺
24	Mo		Skorpion Blatt	SA: 7.19 SU: 17.53
25	Di	Ende Pflanzzeit	Skorpion / ab 11.00 Schütze Blatt bis 9.30 Frucht ab 12.30	
26	Mi		Schütze Frucht	
27	Do		Schütze / ab 17.00 Steinbock Frucht bis 15.30	
28	Fr		Steinbock Wurzel	

März 2003

01	Sa		Steinbock / ab 21.00 Wassermann Wurzel	
02	So		Wassermann Blüte	
03	Mo		Wassermann / ab 21.00 Fisch Blüte	SA: 7.04 SU: 18.05 ☻
04	Di		Fisch Blatt	
05	Mi		Fisch Blatt	
06	Do		Fisch Blatt	
07	Fr		Fisch / ab 1.00 Widder Frucht bis 15.30	Ag: 17.33
08	Sa		Widder Frucht	
09	So		Widder / ab 2.00 Stier Wurzel	♋ 20.22
10	Mo		Stier Wurzel	SA: 6.48 SU: 18.17
11	Di		Stier Wurzel	☽
12	Mi	Beginn Pflanzzeit	Stier / ab 1.00 Zwilling Blüte	
13	Do		Zwilling Blüte	
14	Fr		Zwilling / ab 6.00 Krebs Blatt ab 7.30	
15	Sa		Krebs / ab 19.00 Löwe Blatt bis 17.30	
16	So		Löwe ---	Venus-knoten: 7.00
17	Mo		Löwe Frucht	SA: 6.33 SU: 18.29
18	Di		Löwe / ab 5.00 Jungfrau Wurzel	☺
19	Mi		Jungfrau Wurzel bis 8.00	Pg: 20.01
20	Do		Jungfrau Wurzel ab 8.00	
21	Fr		Jungfrau / ab 6.00 Waage Blüte ab 7.30	
22	Sa		Waage / ab 13.00 Skorpion Blüte bis 11.30 Blatt ab 14.30 bis 16.45	♋ 18.38
23	So		Skorpion Blatt	
24	Mo	Ende Pflanzzeit	Skorpion / ab 16.00 Schütze Blatt bis 14.30 Frucht ab 17.30	SA: 6.17 SU: 18.41
25	Di		Schütze Frucht	☹
26	Mi		Schütze / ab 22.00 Steinbock Frucht	
27	Do		Steinbock Wurzel	
28	Fr		Steinbock Wurzel	
29	Sa		Steinbock / ab 3.00 Wassermann Blüte	
30	So		Wassermann Blüte bis 13.00	Merkur-knoten: 19.00 Beginn Sommer-zeit
31	Mo		Wassermann / ab 4.00 Fisch Blatt	SA: 7.01 SU: 19.53

April 2003

01	Di		Fisch Blatt	☻
02	Mi		Fisch Blatt	
03	Do		Fisch / ab 8.00 Widder Frucht 9.30	
04	Fr		Widder Blüte ab 9.30	Ag: 6.30
05	Sa		Widder / ab 9.00 Stier Frucht bis 7.30 Wurzel ab 10.30	♋ 23.41
06	So		Stier Wurzel	
07	Mo		Stier Wurzel	SA: 6.45 SU: 20.04
08	Di		Stier / ab 10.00 Zwilling Wurzel bis 8.30 Blüte ab 11.30	
09	Mi	Beginn Pflanzzeit	Zwilling Blüte	
10	Do		Zwilling / ab 15.00 Krebs Blüte bis 13.30 / Blatt ab 16.30	☽
11	Fr		Krebs Blatt	
12	Sa		Krebs / ab 5.00 Löwe Frucht	
13	So		Löwe Frucht	
14	Mo		Löwe / ab 17.00 Jungfrau Frucht bis 15.30 Wurzel ab 18.30	SA: 6.30 SU: 20.16
15	Di		Jungfrau Wurzel	
16	Mi		Jungfrau Wurzel bis 19.00	☺
17	Do		Jungfrau / ab 18.00 Waage Blüte ab 19.30	Pg: 6.55
18	Fr		Waage ---	
19	Sa		0.00 Skorpion ---	♋ 2.25
20	So	Ende Pflanzzeit	Skorpion Blatt	
21	Mo		Skorpion / ab 1.00 Schütze Frucht	SA: 6.15 SU: 20.27
22	Di		Schütze Frucht	
23	Mi		Schütze / ab 5.00 Steinbock Wurzel ab 6.30	☹
24	Do		Steinbock Wurzel	
25	Fr		Steinbock / ab 10.00 Wassermann Wurzel bis 8.30 Blüte ab 11.30	
26	Sa		Wassermann Blüte	
27	So		Wassermann / ab 10.00 Fisch Blüte bis 8.30 Blatt ab 11.30	
28	Mo		Fisch Blatt	SA: 6.01 SU: 20.39
29	Di		Fisch Blatt	
30	Mi		Fisch / ab 15.00 Widder Blatt bis 13.30 Frucht ab 16.30	

Jahr 2003

Mai 2003

Tag			Tierkreis/Pflanzenteil	Zeiten
01	Do		Widder Frucht (außer 7.45 bis 12.45)	Ag: 9.38 ☺
02	Fr		Widder / ab 15.00 Stier Frucht bis 13.30 Wurzel ab 16.30	
03	Sa		Stier Wurzel ab 7.15	☽ 4.18
04	So		Stier Wurzel	
05	Mo		Stier / ab 16.00 Zwilling Wurzel bis 14.30 Blüte ab 17.30	SA: 5.48 SU: 20.50
06	Di	Beginn Pflanzzeit	Zwilling Blüte	
07	Mi		Zwilling / ab 22.00 Krebs Blüte bis 20.00	
08	Do		Krebs Blatt ab 8.00	Merkurknoten: 2.00
09	Fr		Krebs / ab 13.00 Löwe Blatt bis 11.30 Frucht ab 14.30	☽
10	Sa		Löwe Frucht	
11	So		Löwe Frucht	
12	Mo		Löwe / ab 2.00 Jungfrau Wurzel	SA: 5.36 SU: 21.01
13	Di		Jungfrau Wurzel	
14	Mi		Jungfrau Wurzel	
15	Do		Jungfrau / ab 5.00 Waage ---	Pg: 17.37
16	Fr		Waage / ab 11.00 Skorpion Blüte bis 9.30 Blatt ab 14.45	☽ 12.51 ☺ Totale Mondfinsternis
17	Sa		Skorpion Blatt	
18	So	Ende Pflanzzeit	Skorpion / ab 11.00 Schütze Blatt bis 9.30 Frucht ab 12.30	
19	Mo		Schütze Frucht	SA: 5.26 SU: 21.12
20	Di		Schütze / ab 14.00 Steinbock Frucht bis 12.30 Wurzel ab 15.30	
21	Mi		Steinbock Wurzel	
22	Do		Steinbock / ab 16.00 Wassermann Wurzel bis 14.30 Blüte ab 17.30	
23	Fr		Wassermann Blüte	☾
24	Sa		Wassermann / ab 16.00 Fisch Blüte bis 14.30 Blatt ab 17.30	
25	So		Fisch Blatt	
26	Mo		Fisch Blatt	SA: 5.18 SU: 21.21
27	Di		Fisch / ab 21.00 Widder Blatt bis 19.30	
28	Mi		Widder Frucht (außer 13.00 bis 18.00)	Ag: 15.05
29	Do		Widder / ab 21.00 Stier Frucht bis 19.30	
30	Fr		Stier Wurzel (außer 8.30 bis 13.30)	☽ 10.33
31	Sa		Stier Wurzel	☺ Ringförmige Sonnenfinsternis (in Deutschland nicht sichtbar)

Juni 2003

Tag			Tierkreis/Pflanzenteil	Zeiten
01	So		Stier / ab 22.00 Zwilling Wurzel	
02	Mo	Beginn Pflanzzeit	Zwilling Blüte	SA: 5.11 SU: 21.29
03	Di		Zwilling Blüte	
04	Mi		Zwilling / ab 4.00 Krebs Blatt ab 5.30	
05	Do		Krebs / ab 19.00 Löwe Blatt bis 17.30 Frucht ab 20.30	
06	Fr		Löwe Frucht	
07	Sa		Löwe Frucht	☾
08	So		Löwe / ab 10.00 Jungfrau Frucht bis 8.30 Wurzel ab 11.30	
09	Mo		Jungfrau Wurzel	SA: 5.07 SU: 21.36
10	Di		Jungfrau Wurzel	
11	Mi		Jungfrau / ab 14.00 Waage Wurzel bis 12.30 Blüte ab 15.30	
12	Do		Waage / ab 21.00 Skorpion Blüte bis 13.15	☽ 23.17
13	Fr		Skorpion Blatt ab 13.15	Pg: 1.17
14	Sa	Ende Pflanzzeit	Skorpion / ab 21.00 Schütze Blatt bis 19.30	☺
15	So		Schütze Frucht	
16	Mo		Schütze / ab 23.00 Steinbock Frucht	SA: 5.05 SU: 21.40
17	Di		Steinbock Wurzel	
18	Mi		Steinbock Wurzel	
19	Do		Steinbock / ab 1.00 Wassermann Blüte	
20	Fr		Wassermann Blüte	
21	Sa		0.00 Fisch Blatt	☾
22	So		Fisch Blatt	
23	Mo		Fisch Blatt	SA: 5.06 SU: 21.42
24	Di		Fisch / ab 3.00 Widder Frucht	
25	Mi		Widder Frucht ab 7.30	Ag: 4.24
26	Do		Widder / ab 4.00 Stier Wurzel ab 5.30 bis 12.00	☽ 16.33 Merkurknoten: 18.00
27	Fr		Stier Wurzel	
28	Sa		Stier Wurzel	
29	So	Beginn Pflanzzeit	Stier / ab 4.00 Zwilling Blüte ab 5.30	☺
30	Mo		Zwilling Blüte	SA: 5.09 SU: 21.42

Aussaatdaten

Juli 2003

01	Di		Zwilling / ab 10.00 Krebs Blüte bis 8.30 Blatt ab 11.30	
02	Mi		Krebs Blatt	
03	Do		Krebs / ab 1.00 Löwe Frucht	
04	Fr		Löwe Frucht	
05	Sa		Löwe / ab 15.00 Jungfrau Frucht bis 13.30 Wurzel ab 16.30	
06	So		Jungfrau Wurzel	
07	Mo		Jungfrau ---	SA: 5.14 SU: 21.39 ☽ Venusknoten: 11.00
08	Di		Jungfrau / ab 22.00 Waage Wurzel bis 20.30	
09	Mi		Waage Blüte	
10	Do		Waage / ab 6.00 Skorpion Blatt ab 8.15	☊ 6.18
11	Fr		Skorpion Blatt	Pg: 0.02
12	Sa	Ende Pflanzzeit	Skorpion / ab 7.00 Schütze Frucht ab 8.30	
13	So		Schütze Frucht	☺
14	Mo		Schütze / ab 9.00 Steinbock Frucht	SA: 5.21 SU: 21.33
15	Di		Steinbock Wurzel	
16	Mi		Steinbock / ab 10.00 Wassermann Wurzel bis 8.30 Blüte ab 11.30	
17	Do		Wassermann Blüte	
18	Fr		Wassermann / ab 8.00 Fisch Blüte bis 6.30 Blatt ab 9.30	
19	Sa		Fisch Blatt	
20	So		Fisch Blatt	
21	Mo		Fisch / ab 11.00 Widder Blatt bis 9.30 Frucht ab 12.30	SA: 5.30 SU: 21.26 ☽
22	Di		Widder Frucht bis 19.45	Ag: 21.38
23	Mi		Widder / ab 12.00 Stier Frucht bis 10.30 Wurzel ab 13.30 bis 18.45	☊ 20.46
24	Do		Stier Wurzel	
25	Fr		Stier Wurzel	
26	Sa		Stier / ab 11.00 Zwilling Wurzel bis 9.30 Blüte ab 12.30	
27	So	Beginn Pflanzzeit	Zwilling Blüte	
28	Mo		Zwilling / ab 17.00 Krebs Blüte bis 15.30 / Blatt ab 18.30	SA: 5.40 SU: 21.16
29	Di		Krebs Blatt	☺
30	Mi		Krebs / ab 7.00 Löwe Frucht ab 8.30	
31	Do		Löwe Frucht	

August 2003

01	Fr		Löwe / ab 21.00 Jungfrau Frucht bis 19.30	
02	Sa		Jungfrau Wurzel	
03	So		Jungfrau Wurzel bis 19.00	
04	Mo		Jungfrau Wurzel ab 7.00	SA: 5.50 SU: 21.05 Merkurknoten: 1.00
05	Di		Jungfrau / ab 4.00 Waage Blüte	☽
06	Mi		Waage / ab 12.00 Skorpion ---	☊ 8.50 Pg: 16.04
07	Do		Skorpion Blatt	
08	Fr	Ende Pflanzzeit	Skorpion / ab 15.00 Schütze Blatt bis 13.30 Frucht ab 16.30	
09	Sa		Schütze Frucht	
10	So		Schütze / ab 18.00 Steinbock Frucht bis 16.30 / Wurzel ab 19.30	
11	Mo		Steinbock Wurzel	SA: 6.01 SU: 20.53
12	Di		Steinbock / ab 19.00 Wassermann Wurzel bis 17.30	☺
13	Mi		Wassermann Blüte	
14	Do		Wassermann / ab 17.00 Fisch Blüte bis 15.30 Blatt ab 18.30	
15	Fr		Fisch Blatt	
16	Sa		Fisch Blatt	
17	So		Fisch / ab 19.00 Widder Blatt bis 17.30	
18	Mo		Widder Frucht	SA: 6.12 SU: 20.39
19	Di		Widder / ab 19.00 Stier Frucht bis 14.30	Ag: 16.23 ☊ 23.08
20	Mi		Stier Wurzel	☽
21	Do		Stier Wurzel	
22	Fr		Stier / ab 20.00 Zwilling Wurzel bis 18.30	
23	Sa	Beginn Pflanzzeit	Zwilling Blüte	
24	So		Zwilling Blüte	
25	Mo		Zwilling / ab 1.00 Krebs Blatt	SA: 6.23 SU: 20.24
26	Di		Krebs / ab 15.00 Löwe Blatt bis 13.30 Frucht ab 16.30	
27	Mi		Löwe Frucht	☺
28	Do		Löwe Frucht	
29	Fr		Löwe / ab 4.00 Jungfrau Wurzel	
30	Sa		Jungfrau Wurzel	
31	So		Jungfrau Wurzel bis 8.45	Pg: 20.49

Jahr 2003

September 2003

01	Mo		Jungfrau / ab 9.00 Waage Blüte ab 10.30	SA: 6.34 SU: 20.09
02	Di		Waage / ab 17.00 Skorpion Blüte bis 15.30 (außer 7.30 bis 11.30) Blatt ab 18.30	♃ 9.24
03	Mi		Skorpion Blatt	☾
04	Do	Ende Pflanzzeit	Skorpion / ab 20.00 Schütze Blatt bis 18.30	
05	Fr		Schütze Frucht	
06	Sa		Schütze Frucht	
07	So		Schütze / ab 1.00 Steinbock Wurzel	
08	Mo		Steinbock Wurzel	SA: 6.45 SU: 19.54
09	Di		Steinbock / ab 3.00 Wassermann Blüte	
10	Mi		Wassermann Blüte	☺
11	Do		Wassermann / ab 1.00 Fisch Blatt	
12	Fr		Fisch Blatt	
13	Sa		Fisch Blatt	
14	So		Fisch / ab 3.00 Widder Frucht	
15	Mo		Widder Frucht	SA: 6.56 SU: 19.38
16	Di		Widder / ab 3.00 Stier Wurzel (außer 9.15 bis 14.15)	☊ 1.28 Ag: 11.22
17	Mi		Stier Wurzel	
18	Do		Stier Wurzel	☾
19	Fr	Beginn Pflanzzeit	Stier / ab 4.00 Zwilling Blüte	
20	Sa		Zwilling Blüte	
21	So		Zwilling / ab 10.00 Krebs Blüte bis 8.30 Blatt ab 11.30	
22	Mo		Krebs Blatt bis 11.00	SA: 7.07 SU: 19.22 Merkur- knoten: 17.00
23	Di		Krebs / ab 1.00 Löwe Frucht	
24	Mi		Löwe Frucht	
25	Do		Löwe / ab 13.00 Jungfrau Frucht bis 11.30 Wurzel ab 14.30	
26	Fr		Jungfrau Wurzel	☺
27	Sa		Jungfrau Wurzel	
28	So		Jungfrau / ab 17.00 Waage ---	Pg: 7.59 ☊ 12.34
29	Mo		Waage Blüte	SA: 7.18 SU: 19.06
30	Di		0.00 Skorpion Blatt	

Oktober 2003

01	Mi	Ende Pflanzzeit	Skorpion Blatt	
02	Do		Skorpion / ab 2.00 Schütze Frucht	☾
03	Fr		Schütze Frucht	
04	Sa		Schütze / ab 6.00 Steinbock Wurzel	
05	So		Steinbock Wurzel	
06	Mo		Steinbock / ab 9.00 Wassermann Blüte ab 10.30	SA: 7.30 SU: 18.50
07	Di		Wassermann Blüte	
08	Mi		Wassermann / ab 8.00 Fisch Blatt ab 9.30	
09	Do		Fisch Blatt	
10	Fr		Fisch Blatt	☺
11	Sa		Fisch / ab 10.00 Widder Blatt bis 8.30 Frucht ab 11.30	
12	So		Widder Frucht	
13	Mo		Widder / ab 10.00 Stier Wurzel ab 11.30	SA: 7.41 SU: 18.34 ☊ 5.41
14	Di		Stier Wurzel	Ag: 4.27
15	Mi		Stier Wurzel	
16	Do		Stier / ab 12.00 Zwilling Wurzel bis 10.30 Blüte ab 13.30	
17	Fr	Beginn Pflanzzeit	Zwilling Blüte	
18	Sa		Zwilling / ab 19.00 Krebs Blüte bis 17.30	☾
19	So		Krebs Blatt	
20	Mo		Krebs / ab 10.00 Löwe Blatt bis 8.30 Frucht ab 11.30	SA: 7.53 SU: 18.20
21	Di		Löwe Frucht	
22	Mi		Löwe Frucht	
23	Do		0.00 Jungfrau Wurzel	
24	Fr		Jungfrau Wurzel	
25	Sa		Jungfrau Wurzel	☺
26	So		Jungfrau / ab 2.00 Waage ---	Pg: 12.32 ☊ 19.44 Ende Sommer- zeit
27	Mo		Waage / ab 8.00 Skorpion Blatt ab 12.00	SA: 7.05 SU: 17.06 Venus- knoten: 0.00
28	Di		Skorpion Blatt	
29	Mi	Ende Pflanzzeit	Skorpion / ab 8.00 Schütze Frucht ab 9.30	
30	Do		Schütze Frucht	
31	Fr		Schütze / ab 11.00 Steinbock Frucht bis 9.30 Wurzel ab 12.30	Merkur- knoten: 0.00

Aussaatdaten

November 2003

01	Sa		Steinbock Wurzel	☽
02	So		Steinbock / ab 13.00 Wassermann Wurzel bis 11.30 Blüte ab 14.30	
03	Mo		Wassermann Blüte	SA: 7.18 SU: 16.53
04	Di		Wassermann / ab 13.00 Fisch Blüte bis 11.30 Blatt ab 14.30	
05	Mi		Fisch Blatt	
06	Do		Fisch Blatt	
07	Fr		Fisch / ab 15.00 Widder Blatt bis 13.30 Frucht ab 16.30	
08	Sa		Widder Frucht	
09	So		Widder / ab 16.00 Stier Frucht bis 14.30 (außer 8.45 bis 13.45)	☋ 10.48 ☺ Totale Mondfinsternis
10	Mo		Stier Wurzel (außer 11.00 bis 16.00)	SA: 7.30 SU: 16.41 Ag: 13.04
11	Di		Stier Wurzel	
12	Mi		Stier / ab 17.00 Zwilling Wurzel bis 15.30	
13	Do	Beginn Pflanzzeit	Zwilling Blüte	
14	Fr		Zwilling Blüte	
15	Sa		Zwilling / ab 1.00 Krebs Blatt	
16	So		Krebs / ab 17.00 Löwe Blatt bis 15.30	
17	Mo		Löwe Frucht	☺ SA: 7.42 SU: 16.31
18	Di		Löwe Frucht	
19	Mi		Löwe / ab 9.00 Jungfrau Wurzel ab 10.30	
20	Do		Jungfrau Wurzel	
21	Fr		Jungfrau Wurzel	
22	Sa		Jungfrau / ab 13.00 Waage Wurzel bis 11.30 Blüte ab 14.30	
23	So		Waage / ab 19.00 Skorpion Blüte ab 9.00 bis 12.15	☊ 7.03 ☺ Totale Sonnenfinsternis (in Deutschland teilweise sichtbar)
24	Mo		Skorpion Blatt ab 12.15	SA: 7.53 SU: 16.23 Pg: 0.18
25	Di	Ende Pflanzzeit	Skorpion / ab 18.00 Schütze Blatt	
26	Mi		Schütze Frucht	
27	Do		Schütze / ab 19.00 Steinbock Frucht	
28	Fr		Steinbock Wurzel	
29	Sa		Steinbock / ab 20.00 Wassermann Wurzel	
30	So		Wassermann Blüte	☽

Dezember 2003

01	Mo		Wassermann / ab 19.00 Fisch	SA: 8.04 SU: 16.18
02	Di		Fisch Blatt	
03	Mi		Fisch Blatt	
04	Do		Fisch / ab 21.00 Widder Blatt	
05	Fr		Widder Frucht	
06	Sa		Widder / ab 22.00 Stier Frucht bis 15.00	☋ 17.00
07	So		Stier Wurzel (außer 11.00 bis 16.00)	Ag: 13.06
08	Mo		Stier Wurzel	SA: 8.13 SU: 16.14 ☺
09	Di		Stier / ab 23.00 Zwilling Wurzel	
10	Mi	Beginn Pflanzzeit	Zwilling Blüte	
11	Do		Zwilling Blüte	
12	Fr		Zwilling / ab 7.00 Krebs Blatt ab 8.30	
13	Sa		Krebs / ab 23.00 Löwe Blatt	
14	So		Löwe Frucht	
15	Mo		Löwe Frucht	SA: 8.20 SU: 16.14
16	Di		Löwe / ab 16.00 Jungfrau Frucht bis 14.30	☺
17	Mi		Jungfrau Wurzel	
18	Do		Jungfrau Wurzel	
19	Fr		Jungfrau / ab 23.00 Waage Wurzel bis 10.00	Merkurknoten: 16.00
20	Sa		Waage Blüte bis 15.00	☊ 17.07
21	So		Waage / ab 6.00 Skorpion Blatt	
22	Mo	Ende Pflanzzeit	Skorpion ---	SA: 8.25 SU: 16.16 Pg: 12.51
23	Di		Skorpion / ab 6.00 Schütze Frucht	☺
24	Mi		Schütze Frucht	
25	Do		Schütze / ab 6.00 Steinbock Wurzel	
26	Fr		Steinbock Wurzel	
27	Sa		Steinbock / ab 5.00 Wassermann Blüte	
28	So		Wassermann Blüte	
29	Mo		Wassermann / ab 2.00 Fisch Blatt	SA: 8.27 SU: 16.21
30	Di		Fisch Blatt	☽
31	Mi		Fisch Blatt	

Jahr 2004

Januar 2004

01	Do		Fisch / ab 4.00 Widder Frucht	
02	Fr		Widder Frucht	♉ 21.11
03	Sa		Widder / ab 5.00 Stier Wurzel	Ag: 21.17
04	So		Stier Wurzel	
05	Mo		Stier Wurzel	SA: 8.26 SU: 16.28
06	Di	Beginn Pflanzzeit	Stier / ab 6.00 Zwilling Blüte	
07	Mi		Zwilling Blüte	☺
08	Do		Zwilling / ab 13.00 Krebs Blüte bis 11.30 Blatt ab 14.30	
09	Fr		Krebs Blatt	
10	Sa		Krebs / ab 5.00 Löwe Frucht	
11	So		Löwe Frucht	
12	Mo		Löwe / ab 22.00 Jungfrau Frucht	SA: 8.23 SU: 16.38
13	Di		Jungfrau Wurzel	
14	Mi		Jungfrau Wurzel	
15	Do		Jungfrau Wurzel	☾
16	Fr		Jungfrau / ab 7.00 Waage Blüte ab 8.30	☊ 22.10
17	Sa		Waage / ab 15.00 Skorpion Blüte bis 13.30	
18	So		Skorpion Blatt	
19	Mo	Ende Pflanzzeit	Skorpion / ab 16.00 Schütze Blatt bis 8.30	SA: 8.17 SU: 16.48 Pg: 20.26
20	Di		Schütze Frucht ab 8.30	
21	Mi		Schütze / ab 17.00 Steinbock Frucht bis 15.30	☺
22	Do		Steinbock Wurzel	
23	Fr		Steinbock / ab 16.00 Wassermann Wurzel bis 14.30	
24	Sa		Wassermann Blüte	
25	So		Wassermann / ab 11.00 Fisch Blüte bis 9.30 Blatt ab 12.30	
26	Mo		Fisch Blatt	SA: 8.09 SU: 17.00 Merkur- knoten: 23.00
27	Di		Fisch Blatt	
28	Mi		Fisch / ab 12.00 Widder Blatt bis 10.30 Frucht ab 13.30	
29	Do		Widder Frucht	♉ 23.07 ☽
30	Fr		Widder / ab 12.00 Stier Frucht bis 10.30 Wurzel ab 13.30	
31	Sa		Stier Wurzel bis 13.00	Ag: 14.59

Februar 2004

01	So		Stier Wurzel	
02	Mo		Stier / ab 13.00 Zwilling Wurzel bis 11.30 Blüte ab 14.30	SA: 7.59 SU: 17.13
03	Di	Beginn Pflanzzeit	Zwilling Blüte	
04	Mi		Zwilling / ab 20.00 Krebs Blüte	
05	Do		Krebs Blatt	
06	Fr		Krebs / ab 12.00 Löwe Blatt bis 10.30 / Frucht ab 13.30	☺
07	Sa		Löwe Frucht	
08	So		Löwe Frucht	
09	Mo		Löwe / ab 4.00 Jungfrau Wurzel	SA: 7.48 SU: 17.25
10	Di		Jungfrau Wurzel	
11	Mi		Jungfrau Wurzel	
12	Do		Jungfrau / ab 12.00 Waage Wurzel bis 10.30 / Blüte ab 13.30	☊ 22.45
13	Fr		Waage / ab 21.00 Skorpion Blüte	☾
14	Sa		Skorpion Blatt	
15	So	Ende Pflanzzeit	Skorpion Blatt	
16	Mo		0.00 Schütze ---	SA: 7.35 SU: 17.38 Pg: 8.44
17	Di		Schütze Frucht ab 15.00	Venus- knoten: 3.00
18	Mi		Schütze / ab 2.00 Steinbock Wurzel	
19	Do		Steinbock Wurzel	
20	Fr		Steinbock / ab 1.00 Wassermann Blüte	☺
21	Sa		Wassermann / ab 21.00 Fisch Blüte	
22	So		Fisch Blatt	
23	Mo		Fisch Blatt	SA: 7.21 SU: 17.51
24	Di		Fisch / ab 20.00 Widder Blatt	
25	Mi		Widder Frucht	
26	Do		Widder / ab 20.00 Stier Frucht	♉ 1.15
27	Fr		Stier Wurzel	
28	Sa		Stier Wurzel (außer 9.45 bis 14.45)	Ag: 11.45 ☽
29	So		Stier / ab 21.00 Zwilling Wurzel	

März 2004

01	Mo	Beginn Pflanzzeit	Zwilling Blüte	SA: 7.07 SU: 18.03
02	Di		Zwilling Blüte	
03	Mi		Zwilling / ab 4.00 Krebs Blatt	
04	Do		Krebs / ab 20.00 Löwe Blatt	
05	Fr		Löwe Frucht	
06	Sa		Löwe Frucht	
07	So		Löwe / ab 11.00 Jungfrau Frucht bis 9.30 Wurzel ab 12.30	☺
08	Mo		Jungfrau Wurzel	SA: 6.51 SU: 18.15
09	Di		Jungfrau Wurzel	
10	Mi		Jungfrau / ab 18.00 Waage Wurzel bis 16.30	
11	Do		Waage Blüte bis 17.00	☊ 0.05
12	Fr		Waage / ab 2.00 Skorpion Blatt ab 17.00	Pg: 4.56
13	Sa	Ende Pflanzzeit	Skorpion Blatt	☾
14	So		Skorpion / ab 5.00 Schütze Frucht	
15	Mo		Schütze Frucht	SA: 6.36 SU: 18.27
16	Di		Schütze / ab 9.00 Steinbock Frucht bis 7.30	Merkurknoten: 15.00
17	Mi		Steinbock Wurzel	
18	Do		Steinbock / ab 9.00 Wassermann Wurzel bis 7.30 Blüte ab 10.30	
19	Fr		Wassermann Blüte	
20	Sa		Wassermann / ab 6.00 Fisch Blatt ab 7.30	☺
21	So		Fisch Blatt	
22	Mo		Fisch Blatt	SA: 6.20 SU: 18.39
23	Di		Fisch / ab 5.00 Widder Frucht ab 6.30	
24	Mi		Widder Frucht ab 9.00	☊ 5.55
25	Do		Widder / ab 4.00 Stier Wurzel	
26	Fr		Stier Wurzel	
27	Sa		Stier Wurzel ab 11.00	Ag: 8.01
28	So	Beginn Pflanzzeit	Stier / ab 6.00 Zwilling Blüte ab 7.30	Beginn Sommerzeit
29	Mo		Zwilling Blüte	SA: 7.04 SU: 19.50 ☽
30	Di		Zwilling / ab 14.00 Krebs Blüte bis 12.30 Blatt ab 15.30	
31	Mi		Krebs Blatt	

April 2004

01	Do		Krebs / ab 6.00 Löwe Frucht ab 7.30	
02	Fr		Löwe Frucht	
03	Sa		Löwe / ab 22.00 Jungfrau Frucht	
04	So		Jungfrau Wurzel	
05	Mo		Jungfrau Wurzel	SA: 6.48 SU: 20.02 ☺
06	Di		Jungfrau Wurzel	
07	Mi		Jungfrau / ab 3.00 Waage Blüte 9.00 bis 16.30	☊ 7.05
08	Do		Waage / ab 10.00 Skorpion Blatt ab 16.30	Pg: 4.25
09	Fr		Skorpion ---	
10	Sa	Ende Pflanzzeit	Skorpion / ab 12.00 Schütze ---	
11	So		Schütze Frucht	
12	Mo		Schütze / ab 15.00 Steinbock Frucht bis 13.30 Wurzel ab 16.30	SA: 6.33 SU: 20.14 ☾
13	Di		Steinbock Wurzel	
14	Mi		Steinbock / ab 16.00 Wassermann Wurzel bis 14.30 Blüte ab 17.30	
15	Do		Wassermann Blüte	
16	Fr		Wassermann / ab 14.00 Fisch Blüte bis 12.30 Blatt ab 15.30	
17	Sa		Fisch Blatt	
18	So		Fisch Blatt	
19	Mo		Fisch / ab 14.00 Widder Blatt bis 12.30 Frucht ab 15.30	SA: 6.18 SU: 20.25 ☺ Partielle Sonnenfinsternis (in Deutschland nicht sichtbar)
20	Di		Widder Frucht (außer 11.45 bis 16.45)	☊ 13.41
21	Mi		Widder / ab 13.00 Stier Frucht bis 11.30 Wurzel ab 14.30	
22	Do		Stier Wurzel	
23	Fr		Stier Wurzel bis 14.30	Merkurknoten: 23.00
24	Sa		Stier / ab 14.00 Zwilling Blüte ab 15.30	Ag: 2.26
25	So	Beginn Pflanzzeit	Zwilling Blüte	
26	Mo		Zwilling / ab 22.00 Krebs Blüte	SA: 6.04 SU: 20.37
27	Di		Krebs Blatt	☽
28	Mi		Krebs / ab 15.00 Löwe Blatt bis 13.30 Frucht ab 16.30	
29	Do		Löwe Frucht	
30	Fr		Löwe Frucht	

Jahr 2004

Mai 2004

01	Sa		Löwe / ab 8.00 Jungfrau Frucht bis 6.30 Wurzel ab 9.30	
02	So		Jungfrau Wurzel	
03	Mo		Jungfrau Wurzel	SA: 5.50 SU: 20.48
04	Di		Jungfrau / ab 13.00 Waage Wurzel bis 11.30 Blüte ab 14.30 (außer 15.00 bis 19.00)	♋ 17.00 ☺ Totale Mondfinsternis
05	Mi		Waage / ab 20.00 Skorpion Blüte bis 18.30	
06	Do		Skorpion Blatt ab 18.30	Pg: 6.33
07	Fr	Ende Pflanzzeit	Skorpion / ab 20.00 Schütze Blatt bis 18.30	
08	Sa		Schütze Frucht	
09	So		Schütze / ab 21.00 Steinbock Frucht bis 19.30	
10	Mo		Steinbock Wurzel	SA: 5.38 SU: 20.59 ☾
11	Di		Steinbock / ab 22.00 Wassermann Wurzel bis 20.30	
12	Mi		Wassermann Blüte	
13	Do		Wassermann / ab 19.00 Fisch Blüte bis 17.30 Blatt ab 20.30	
14	Fr		Fisch Blatt	
15	Sa		Fisch Blatt	
16	So		Fisch / ab 20.00 Widder Blatt bis 18.30	
17	Mo		Widder Frucht bis 18.15	SA: 5.28 SU: 21.10 ♋ 20.17
18	Di		Widder / ab 20.00 Stier Frucht bis 18.30	
19	Mi		Stier Wurzel	☺
20	Do		Stier Wurzel	
21	Fr		Stier / ab 20.00 Zwilling Wurzel bis 18.30 (außer 12.00 bis 17.00)	Ag: 14.01
22	Sa	Beginn Pflanzzeit	Zwilling Blüte	
23	So		Zwilling Blüte	
24	Mo		Zwilling / ab 5.00 Krebs Blatt ab 6.30	SA: 5.19 SU: 21.20
25	Di		Krebs / ab 23.00 Löwe Blatt	
26	Mi		Löwe Frucht	
27	Do		Löwe Frucht	☾
28	Fr		Löwe / ab 17.00 Jungfrau Frucht bis 15.30 Wurzel ab 18.30	
29	Sa		Jungfrau Wurzel	
30	So		Jungfrau Wurzel	
31	Mo		Jungfrau Wurzel	SA: 5.12 SU: 21.28

Juni 2004

01	Di		0.00 Waage Blüte	♋ 3.20
02	Mi		Waage / ab 7.00 Skorpion Blatt ab 8.30	
03	Do	Ende Pflanzzeit	Skorpion ---	Pg: 15.12 ☺
04	Fr		Skorpion / ab 6.00 Schütze Frucht ab 7.30	
05	Sa		Schütze Frucht	
06	So		Schütze / ab 6.00 Steinbock Wurzel ab 7.30	
07	Mo		Steinbock ---	SA: 5.07 SU: 21.35 Venusknoten: 17.00
08	Di		Steinbock / ab 5.00 Wassermann Blüte ab 6.30	
09	Mi		Wassermann Blüte	☾
10	Do		Wassermann / ab 1.00 Fisch Blatt	
11	Fr		Fisch Blatt	
12	Sa		Fisch Blatt bis 9.00	Merkurknoten: 15.00
13	So		Fisch / ab 1.00 Widder Frucht	
14	Mo		Widder Frucht	SA: 5.05 SU: 21.39 ♋ 0.49
15	Di		Widder / ab 1.00 Stier Wurzel	
16	Mi		Stier Wurzel	
17	Do		Stier Wurzel (außer 16.00 bis 21.00)	Ag: 18.03 ☺
18	Fr	Beginn Pflanzzeit	Stier / ab 2.00 Zwilling Blüte	
19	Sa		Zwilling Blüte	
20	So		Zwilling / ab 11.00 Krebs Blüte bis 9.30 Blatt ab 12.30	
21	Mo		Krebs Blatt	SA: 5.06 SU: 21.42
22	Di		Krebs / ab 5.00 Löwe Frucht ab 6.30	
23	Mi		Löwe Frucht	
24	Do		Löwe Frucht	
25	Fr		0.00 Jungfrau Wurzel	☽
26	Sa		Jungfrau Wurzel	
27	So		Jungfrau Wurzel	
28	Mo		Jungfrau / ab 9.00 Waage Wurzel bis 7.30 Blüte ab 12.30	SA: 5.08 SU: 21.42 ♋ 10.37
29	Di		Waage / ab 17.00 Skorpion Blüte bis 15.30 / Blatt ab 18.30	
30	Mi		Skorpion Blatt	

Aussaatdaten

Juli 2004

01	Do	Ende Pflanzzeit	Skorpion / ab 17.00 Schütze Blatt bis 13.00	
02	Fr		Schütze Frucht bis 13.00	Pg: 0.57 ☺
03	Sa		Schütze / ab 16.00 Steinbock Frucht bis 14.30 Wurzel ab 17.30	
04	So		Steinbock Wurzel	
05	Mo		Steinbock / ab 14.00 Wassermann Wurzel bis 12.30 Blüte ab 15.30	SA: 5.13 SU: 21.39
06	Di		Wassermann Blüte	
07	Mi		Wassermann / ab 9.00 Fisch Blüte bis 7.30 / Blatt ab 10.30	
08	Do		Fisch Blatt	
09	Fr		Fisch Blatt	☾
10	Sa		Fisch / ab 8.00 Widder Blatt bis 6.30 Frucht ab 9.30	
11	So		Widder Frucht ab 6.00	☊ 2.59
12	Mo		Widder / ab 7.00 Stier Wurzel ab 8.30	SA: 5.20 SU: 21.35
13	Di		Stier Wurzel	
14	Mi		Stier Wurzel bis 21.15	Ag: 23.10
15	Do	Beginn Pflanzzeit	Stier / ab 8.00 Zwilling Wurzel bis 6.30 Blüte ab 9.30	
16	Fr		Zwilling Blüte	
17	Sa		Zwilling / ab 17.00 Krebs Blüte bis 15.30 Blatt ab 18.30	☺
18	So		Krebs Blatt	
19	Mo		Krebs / ab 10.00 Löwe Blatt bis 8.30 Frucht ab 11.30	SA: 5.28 SU: 21.27
20	Di		Löwe Frucht (außer 8.00 bis 20.00)	Merkurknoten: 14.00
21	Mi		Löwe Frucht	
22	Do		Löwe / ab 5.00 Jungfrau Wurzel ab 6.30	
23	Fr		Jungfrau Wurzel	
24	Sa		Jungfrau Wurzel	
25	So		Jungfrau / ab 17.00 Waage Wurzel bis 11.30 Blüte ab 18.30	☊ 13.31 ☾
26	Mo		Waage Blüte	SA: 5.38 SU: 21.18
27	Di		Waage / ab 1.00 Skorpion Blatt	
28	Mi	Ende Pflanzzeit	Skorpion Blatt	
29	Do		Skorpion / ab 3.00 Schütze Frucht bis 20.15	
30	Fr		Schütze Frucht ab 20.15	Pg: 8.22
31	Sa		Schütze / ab 2.00 Steinbock Wurzel	☺

August 2004

01	So		Steinbock Wurzel	
02	Mo		0.00 Wassermann Blüte	SA: 5.48 SU: 21.07
03	Di		Wassermann / ab 18.00 Fisch Blüte bis 16.30 Blatt ab 19.30	
04	Mi		Fisch Blatt	
05	Do		Fisch Blatt	
06	Fr		Fisch / ab 15.00 Widder Blatt bis 13.30 Frucht ab 16.30	
07	Sa		Widder Frucht ab 7.45	☊ 4.40
08	So		Widder / ab 14.00 Stier Frucht bis 12.30 Wurzel ab 15.30	☾
09	Mo		Stier Wurzel	SA: 5.59 SU: 20.55
10	Di		Stier Wurzel	
11	Mi		Stier / ab 15.00 Zwilling Wurzel bis 9.30 Blüte ab 16.30	Ag: 11.35
12	Do	Beginn Pflanzzeit	Zwilling Blüte	
13	Fr		Zwilling / ab 23.00 Krebs Blüte	
14	Sa		Krebs Blatt	
15	So		Krebs / ab 17.00 Löwe Blatt bis 15.30 Frucht ab 18.30	
16	Mo		Löwe Frucht	SA: 6.10 SU: 20.42 ☺
17	Di		Löwe Frucht	
18	Mi		Löwe / ab 11.00 Jungfrau Frucht bis 9.30 Wurzel ab 12.30	
19	Do		Jungfrau Wurzel	
20	Fr		Jungfrau Wurzel	
21	Sa		Jungfrau / ab 22.00 Waage Wurzel bis 20.30 (außer 12.15 bis 16.15)	☊ 14.12
22	So		Waage Blüte	
23	Mo		Waage / ab 7.00 Skorpion Blatt ab 8.30	SA: 6.21 SU: 20.27 ☾
24	Di	Ende Pflanzzeit	Skorpion Blatt	
25	Mi		Skorpion / ab 10.00 Schütze Blatt bis 8.30 Frucht ab 11.30	
26	Do		Schütze Frucht bis 19.45	
27	Fr		Schütze / ab 12.00 Steinbock Wurzel ab 19.45	Pg: 7.39
28	Sa		Steinbock Wurzel	
29	So		Steinbock / ab 10.00 Wassermann Wurzel bis 8.30 Blüte ab 11.30	
30	Mo		Wassermann Blüte	SA: 6.32 SU: 20.12 ☺
31	Di		Wassermann / ab 4.00 Fisch Blatt	

Jahr 2004

September 2004

01	Mi		Fisch Blatt	
02	Do		Fisch Blatt	
03	Fr		0.00 Widder Frucht ab 11.30	☊ 8.34
04	Sa		Widder / ab 22.00 Stier Frucht	
05	So		Stier Wurzel	
06	Mo		Stier Wurzel	SA: 6.43 SU: 19.56 ☽
07	Di		Stier / ab 23.00 Zwilling Wurzel	
08	Mi	Beginn Pflanzzeit	Zwilling ---	Ag: 4.43 Merkur- knoten: 14.00
09	Do		Zwilling Blüte	
10	Fr		Zwilling / ab 7.00 Krebs Blatt ab 8.30	
11	Sa		Krebs Blatt	
12	So		0.00 Löwe Frucht	
13	Mo		Löwe Frucht	SA: 6.54 SU: 19.41
14	Di		Löwe / ab 18.00 Jungfrau Frucht bis 16.30	☺
15	Mi		Jungfrau Wurzel	
16	Do		Jungfrau Wurzel	
17	Fr		Jungfrau Wurzel bis 14.45	☊ 16.52
18	Sa		Jungfrau / ab 4.00 Waage Blüte	
19	So		Waage / ab 13.00 Skorpion Blüte bis 11.30 Blatt ab 14.30	
20	Mo		Skorpion Blatt	SA: 7.05 SU: 19.24
21	Di	Ende Pflanzzeit	Skorpion / ab 16.00 Schütze Blatt bis 14.30 Frucht ab 17.30	☾
22	Mi		Schütze Frucht bis 11.00	Pg: 22.57
23	Do		Schütze / ab 19.00 Steinbock Frucht ab 11.00 bis 17.30	
24	Fr		Steinbock Wurzel	
25	Sa		Steinbock / ab 18.00 Wassermann Wurzel bis 16.30	
26	So		Wassermann Blüte	
27	Mo		Wassermann / ab 13.00 Fisch Blüte bis 11.30 Blatt ab 14.30	SA: 7.16 SU: 19.08
28	Di		Fisch Blatt bis 9.00	☺ Venus- knoten: 21.00
29	Mi		Fisch Blatt ab 9.00	
30	Do		Fisch / ab 9.00 Widder Frucht ab 10.30 (außer 13.30 bis 18.30)	☊ 15.31

Oktober 2004

01	Fr		Widder Frucht	
02	Sa		Widder / ab 7.00 Stier Wurzel ab 8.30	
03	So		Stier Wurzel	
04	Mo		Stier Wurzel	SA: 7.28 SU: 18.53
05	Di	Beginn Pflanzzeit	Stier / ab 7.00 Zwilling Blüte ab 8.30	
06	Mi		Zwilling Blüte	Ag: 0.10 ☾
07	Do		Zwilling / ab 15.00 Krebs Blüte bis 13.30 Blatt ab 16.30	
08	Fr		Krebs Blatt	
09	Sa		Krebs / ab 9.00 Löwe Frucht ab 10.30	
10	So		Löwe Frucht	
11	Mo		Löwe Frucht	SA: 7.39 SU: 18.37
12	Di		Löwe / ab 3.00 Jungfrau Wurzel	
13	Mi		Jungfrau Wurzel	
14	Do		Jungfrau Wurzel	☊ 23.48 ☺ Partielle Sonnen- finsternis (in Deutsch- land nicht sichtbar)
15	Fr		Jungfrau / ab 11.00 Waage Wurzel bis 9.30 Blüte ab 12.30	
16	Sa		Waage / ab 19.00 Skorpion Blüte bis 16.00	Merkur- knoten: 22.00
17	So		Skorpion Blatt bis 14.00	
18	Mo	Ende Pflanzzeit	Skorpion / ab 21.00 Schütze Blatt ab 14.00	SA: 7.51 SU: 18.22 Pg: 1.54
19	Di		Schütze Frucht	
20	Mi		Schütze Frucht	☽
21	Do		0.00 Steinbock Wurzel	
22	Fr		Steinbock Wurzel	
23	Sa		0.00 Wassermann Blüte	
24	So		Wassermann / ab 20.00 Fisch Blüte	
25	Mo		Fisch Blatt	SA: 8.03 SU: 18.08
26	Di		Fisch Blatt	
27	Mi		Fisch / ab 17.00 Widder Blatt bis 15.30	☊ 23.41
28	Do		Widder Frucht	☺ Totale Mond- finsternis
29	Fr		Widder / ab 15.00 Stier Frucht bis 13.30 Wurzel ab 16.30	
30	Sa		Stier Wurzel	
31	So	Ende Sommerzeit	Stier Wurzel	

November 2004

01	Mo		Stier / ab 14.00 Zwilling Wurzel bis 12.30 Blüte ab 15.30	SA: 7.15 SU: 16.55
02	Di	Beginn Pflanzzeit	Zwilling Blüte	Ag: 19.09
03	Mi		Zwilling / ab 22.00 Krebs Blüte	
04	Do		Krebs Blatt	
05	Fr		Krebs / ab 16.00 Löwe Blatt bis 14.30	☽
06	Sa		Löwe Frucht	
07	So		Löwe Frucht	
08	Mo		Löwe / ab 11.00 Jungfrau Frucht bis 9.30 Wurzel ab 12.30	SA: 7.28 SU: 16.43
09	Di		Jungfrau Wurzel	
10	Mi		Jungfrau Wurzel	
11	Do		Jungfrau / ab 20.00 Waage Wurzel ab 10.45	♌ 8.44
12	Fr		Waage Blüte	☺
13	Sa		Waage / ab 3.00 Skorpion Blatt	
14	So	Ende Pflanzzeit	Skorpion ---	Pg: 14.55
15	Mo		Skorpion / ab 4.00 Schütze Frucht	SA: 7.40 SU: 16.33
16	Di		Schütze Frucht	
17	Mi		Schütze / ab 5.00 Steinbock Wurzel	
18	Do		Steinbock Wurzel	
19	Fr		Steinbock / ab 4.00 Wassermann Blüte	☻
20	Sa		Wassermann Blüte	
21	So		Wassermann / ab 1.00 Fisch Blatt	
22	Mo		Fisch Blatt	SA: 7.51 SU: 16.25
23	Di		Fisch / ab 23.00 Widder Blatt	
24	Mi		Widder Frucht ab 8.00	♈ 5.05
25	Do		Widder / ab 21.00 Stier Frucht	
26	Fr		Stier Wurzel	☺
27	Sa		Stier Wurzel	
28	So		Stier / ab 21.00 Zwilling Wurzel	
29	Mo	Beginn Pflanzzeit	Zwilling Blüte	SA: 8.02 SU: 16.19
30	Di		Zwilling Blüte (außer 10.30 bis 15.30)	Ag: 12.25

Dezember 2004

01	Mi		Zwilling / ab 5.00 Krebs Blatt	
02	Do		Krebs Blatt	
03	Fr		0.00 Löwe Frucht	
04	Sa		Löwe Frucht	
05	So		Löwe / ab 20.00 Jungfrau ---	☽ Merkur- knoten: 13.00
06	Mo		Jungfrau Wurzel	SA: 8.11 SU: 16.15
07	Di		Jungfrau Wurzel	
08	Mi		Jungfrau Wurzel	♌ 17.57
09	Do		Jungfrau / ab 7.00 Waage Blüte ab 8.30	
10	Fr		Waage / ab 14.00 Skorpion Blüte bis 12.30 Blatt ab 15.30	
11	Sa		Skorpion Blatt	
12	So	Ende Pflanzzeit	Skorpion / ab 14.00 Schütze Blatt bis 10.30	Pg: 22.28 ☺
13	Mo		Schütze Blatt ab 10.30	SA: 8.19 SU: 16.14
14	Di		Schütze / ab 14.00 Steinbock Frucht bis 12.30 Wurzel ab 15.30	
15	Mi		Steinbock Wurzel	
16	Do		Steinbock / ab 11.00 Wassermann Wurzel bis 9.30 Blüte ab 12.30	
17	Fr		Wassermann Blüte	
18	Sa		Wassermann / ab 6.00 Fisch Blatt	☻
19	So		Fisch Blatt	
20	Mo		Fisch Blatt	SA: 8.24 SU: 16.16
21	Di		Fisch / ab 5.00 Widder Frucht ab 10.45	♈ 7.50
22	Mi		Widder Frucht	
23	Do		Widder / ab 3.00 Stier Wurzel	
24	Fr		Stier Wurzel	
25	Sa		Stier Wurzel	
26	So	Beginn Pflanzzeit	Stier / ab 3.00 Zwilling Blüte	☺
27	Mo		Zwilling Blüte	SA: 8.27 SU: 16.20 Ag: 20.14
28	Di		Zwilling / ab 12.00 Krebs Blüte bis 10.30 Blatt ab 13.30	
29	Mi		Krebs Blatt	
30	Do		Krebs / ab 6.00 Löwe Frucht	
31	Fr		Löwe Frucht	

Jahr 2005

Januar 2005

01	Sa		Löwe Frucht	
02	So		Löwe / ab 4.00 Jungfrau Wurzel	
03	Mo		Jungfrau Wurzel	SA: 8.26 SU: 16.27 ☾
04	Di		Jungfrau Wurzel	☊ 22.53
05	Mi		Jungfrau / ab 17.00 Waage Wurzel bis 15.30	
06	Do		Waage Blüte	
07	Fr		Waage / ab 1.00 Skorpion Blatt	
08	Sa	Ende Pflanzzeit	Skorpion Blatt	
09	So		Skorpion / ab 2.00 Schütze Frucht	
10	Mo		Schütze ---	SA: 8.24 SU: 16.36 Pg: 11.07 ☻
11	Di		Schütze / ab 1.00 Steinbock Wurzel	
12	Mi		Steinbock / ab 21.00 Wassermann Wurzel bis 14.00	Merkur- knoten: 20.00
13	Do		Wassermann Blüte	
14	Fr		Wassermann / ab 15.00 Fisch Blüte bis 13.30	
15	Sa		Fisch Blatt	
16	So		Fisch Blatt	
17	Mo		Fisch / ab 11.00 Widder Frucht ab 12.30	SA: 8.18 SU: 16.46 ☊ 8.32 ☽
18	Di		Widder ---	Venus- knoten: 9.00
19	Mi		Widder / ab 9.00 Stier Wurzel	
20	Do		Stier Wurzel	
21	Fr		Stier Wurzel	
22	Sa	Beginn Pflanzzeit	Stier / ab 9.00 Zwilling Blüte ab 10.30	
23	So		Zwilling Blüte	Ag: 19.56
24	Mo		Zwilling / ab 18.00 Krebs Blüte bis 16.30	SA: 8.11 SU: 16.58 ☺
25	Di		Krebs Blatt	
26	Mi		Krebs / ab 12.00 Löwe Blatt bis 10.30 Frucht ab 13.30	
27	Do		Löwe Frucht	
28	Fr		Löwe Frucht	
29	Sa		Löwe / ab 9.00 Jungfrau Wurzel ab 10.30	
30	So		Jungfrau Wurzel	
31	Mo		Jungfrau Wurzel	SA: 8.01 SU: 17.10 ☊ 23.50

Februar 2005

01	Di		Jungfrau Wurzel	
02	Mi		0.00 Waage Blüte	☾
03	Do		Waage / ab 10.00 Skorpion Blüte bis 8.30 Blatt ab 11.30	
04	Fr	Ende Pflanzzeit	Skorpion Blatt	
05	Sa		Skorpion / ab 12.00 Schütze Blatt bis 10.30 Frucht ab 13.30	
06	So		Schütze Frucht	
07	Mo		Schütze / ab 12.00 Steinbock Frucht bis 10.30	SA: 7.50 SU: 17.23 Pg: 23.11
08	Di		Steinbock Wurzel ab 11.15	☻
09	Mi		Steinbock / ab 8.00 Wassermann Blüte ab 9.30	
10	Do		Wassermann Blüte	
11	Fr		Wassermann / ab 1.00 Fisch Blatt	
12	Sa		Fisch Blatt	
13	So		Fisch / ab 19.00 Widder Blatt (außer 9.30 bis 14.30)	☊ 11.26
14	Mo		Widder Frucht	SA: 7.37 SU: 17.36
15	Di		Widder / ab 16.00 Stier Frucht bis 14.30	
16	Mi		Stier Wurzel	☽
17	Do		Stier Wurzel	
18	Fr		Stier / ab 16.00 Zwilling Wurzel bis 14.30	
19	Sa	Beginn Pflanzzeit	Zwilling Blüte	
20	So		Zwilling Blüte ab 9.00	Ag: 5.59
21	Mo		0.00 Krebs Blatt	SA: 7.24 SU: 17.48
22	Di		Krebs / ab 19.00 Löwe Blatt bis 17.30	
23	Mi		Löwe Frucht	
24	Do		Löwe Frucht	☺
25	Fr		Löwe / ab 15.00 Jungfrau Frucht bis 13.30 Wurzel ab 16.30	
26	Sa		Jungfrau Wurzel	
27	So		Jungfrau Wurzel	
28	Mo		Jungfrau Wurzel	SA: 7.09 SU: 18.01 ☊ 1.10

298 Aussaatdaten

März 2005

01	Di		Jungfrau / ab 5.00 Waage Blüte	
02	Mi		Waage / ab 16.00 Skorpion Blüte bis 14.30 Blatt ab 17.30	
03	Do		Skorpion ---	Merkur- knoten: 12.00 ☺
04	Fr	Ende Pflanzzeit	Skorpion / ab 19.00 Schütze Blatt bis 17.30	
05	Sa		Schütze Frucht	
06	So		Schütze / ab 21.00 Steinbock Frucht	
07	Mo		Steinbock Wurzel bis 16.45	SA: 6.54 SU: 18.13
08	Di		Steinbock / ab 19.00 Wassermann Wurzel ab 16.45	Pg: 4.40
09	Mi		Wassermann Blüte	
10	Do		Wassermann / ab 12.00 Fisch Blüte bis 10.30 Blatt ab 13.30	☺
11	Fr		Fisch Blatt	
12	Sa		Fisch Blatt bis 16.30	☿ 18.37
13	So		Fisch / ab 5.00 Widder Frucht	
14	Mo		Widder Frucht	SA: 6.38 SU: 18.25
15	Di		Widder / ab 1.00 Stier Wurzel	
16	Mi		Stier Wurzel	
17	Do		Stier / ab 23.00 Zwilling Wurzel	☽
18	Fr	Beginn Pflanzzeit	Zwilling Blüte	
19	Sa		Zwilling Blüte bis 12.00	Ag: 23.55
20	So		Zwilling / ab 8.00 Krebs Blatt ab 12.00	
21	Mo		Krebs Blatt	SA: 6.23 SU: 18.37
22	Di		Krebs / ab 2.00 Löwe Frucht	
23	Mi		Löwe Frucht	
24	Do		Löwe / ab 22.00 Jungfrau Frucht	
25	Fr		Jungfrau Wurzel	☺
26	Sa		Jungfrau Wurzel	
27	So		Jungfrau Wurzel ab 9.15	☊ 7.16 Beginn Sommer- zeit
28	Mo		Jungfrau / ab 12.00 Waage Wurzel bis 10.30 Blüte ab 13.30	SA: 7.07 SU: 19.48
29	Di		Waage / ab 22.00 Skorpion Blüte	
30	Mi		Skorpion Blatt	
31	Do	Ende Pflanzzeit	Skorpion Blatt	

April 2005

01	Fr		Skorpion / ab 2.00 Schütze Frucht	
02	Sa		Schütze Frucht	☺
03	So		Schütze / ab 5.00 Steinbock Wurzel	
04	Mo		Steinbock ---	SA: 6.51 SU: 20.00 Pg: 13.11
05	Di		Steinbock / ab 4.00 Wassermann Blüte	
06	Mi		Wassermann / ab 22.00 Fisch Blüte	
07	Do		Fisch Blatt	
08	Fr		Fisch Blatt	☺ Totale Sonnen- finsternis (in Deutsch- land nicht sichtbar)
09	Sa		Fisch / ab 15.00 Widder Blatt ab 8.00 bis 13.30 Frucht ab 16.30	☊ 4.58
10	So		Widder Frucht bis 14.00	Merkur- knoten: 20.00
11	Mo		Widder / ab 11.00 Stier Frucht bis 9.30 Wurzel ab 12.30	SA: 6.36 SU: 20.12
12	Di		Stier Wurzel	
13	Mi		Stier Wurzel	
14	Do	Beginn Pflanzzeit	Stier / ab 9.00 Zwilling ---	
15	Fr		Zwilling ---	
16	Sa		Zwilling / ab 17.00 Krebs Blüte bis 15.30	Ag: 20.42 ☽
17	So		Krebs Blatt	
18	Mo		Krebs / ab 11.00 Löwe Blatt bis 9.30 Frucht ab 12.30	SA: 6.21 SU: 20.23
19	Di		Löwe Frucht	
20	Mi		Löwe Frucht	
21	Do		Löwe / ab 8.00 Jungfrau Wurzel ab 9.30	
22	Fr		Jungfrau Wurzel	
23	Sa		Jungfrau Wurzel (außer 13.30 bis 17.30)	☊ 15.31
24	So		Jungfrau / ab 20.00 Waage Wurzel bis 18.30	☺
25	Mo		Waage Blüte	SA: 6.06 SU: 20.35
26	Di		Waage / ab 5.00 Skorpion Blatt ab 6.30	
27	Mi	Ende Pflanzzeit	Skorpion Blatt	
28	Do		Skorpion / ab 8.00 Schütze Frucht ab 9.30	
29	Fr		Schütze ---	Pg: 12.14
30	Sa		Schütze / ab 10.00 Steinbock Frucht bis 8.30 Wurzel ab 11.30	

Jahr 2005

Mai 2005

01	So		Steinbock Wurzel	☾
02	Mo		Steinbock / ab 9.00 Wassermann Wurzel bis 7.30 Blüte ab 10.30	SA: 5.53 SU: 20.46
03	Di		Wassermann Blüte	
04	Mi		Wassermann / ab 4.00 Fisch Blatt	
05	Do		Fisch Blatt	
06	Fr		Fisch Blatt (außer 11.00 bis 16.00)	☊ 12.56
07	Sa		0.00 Widder Frucht	
08	So		Widder / ab 20.00 Stier Frucht bis 18.30	☺
09	Mo		Stier Wurzel	SA: 5.40 SU: 20.57
10	Di		Stier Wurzel	
11	Mi		Stier / ab 17.00 Zwilling Wurzel bis 15.30 Blüte ab 18.30	
12	Do	Beginn Pflanzzeit	Zwilling Blüte	
13	Fr		Zwilling Blüte	
14	Sa		Zwilling / ab 1.00 Krebs Blatt (außer 13.45 bis 18.45)	Ag: 15.41
15	So		Krebs / ab 19.00 Löwe Blatt bis 17.30 Frucht ab 20.30	
16	Mo		Löwe Frucht	SA: 5.30 SU: 21.08 ☽
17	Di		Löwe Frucht	
18	Mi		Löwe / ab 17.00 Jungfrau Frucht bis 15.30 Wurzel ab 18.30	
19	Do		Jungfrau Wurzel	
20	Fr		Jungfrau Wurzel	
21	Sa		Jungfrau Wurzel	☊ 0.03
22	So		Jungfrau / ab 5.00 Waage Blüte ab 6.30	
23	Mo		Waage / ab 14.00 Skorpion Blüte bis 12.30 Blatt ab 15.30	SA: 5.20 SU: 21.18 ☺
24	Di		Skorpion Blatt	
25	Mi	Ende Pflanzzeit	Skorpion / ab 15.00 Schütze Blatt bis 13.30 Frucht ab 16.30	
26	Do		Schütze ---	Pg: 12.43
27	Fr		Schütze / ab 16.00 Steinbock Frucht bis 14.30 Wurzel ab 17.30	
28	Sa		Steinbock Wurzel	
29	So		Steinbock / ab 15.00 Wassermann Wurzel bis 13.30 Blüte ab 16.30	
30	Mo		Wassermann Blüte ab 18.00	SA: 5.13 SU: 21.27 Merkur- knoten: 12.00 ☾
31	Di		Wassermann / ab 10.00 Fisch Blüte bis 8.30 Blatt ab 11.30	

Juni 2005

01	Mi		Fisch Blatt	
02	Do		Fisch Blatt (außer 15.15 bis 20.15)	☊ 17.14
03	Fr		Fisch / ab 6.00 Widder Frucht ab 7.30	
04	Sa		Widder Frucht	
05	So		Widder / ab 3.00 Stier Wurzel	
06	Mo		Stier Wurzel	SA: 5.08 SU: 21.34 ☺
07	Di		Stier Wurzel	
08	Mi	Beginn Pflanzzeit	0.00 Zwilling Blüte	
09	Do		Zwilling Blüte	
10	Fr		Zwilling / ab 8.00 Krebs Blüte bis 6.30 Blatt ab 9.30	
11	Sa		Krebs Blatt (außer 6.15 bis 11.15)	Ag: 8.12
12	So		Krebs / ab 3.00 Löwe Frucht	
13	Mo		Löwe Frucht	SA: 5.06 SU: 21.39
14	Di		Löwe Frucht	
15	Mi		Löwe / ab 1.00 Jungfrau Wurzel	☽
16	Do		Jungfrau Wurzel	
17	Fr		Jungfrau Wurzel ab 8.00	☊ 6.01
18	Sa		Jungfrau / ab 15.00 Waage Wurzel bis 13.30 Blüte ab 16.30	
19	So		Waage Blüte	
20	Mo		0.00 Skorpion Blatt	SA: 5.05 SU: 21.42
21	Di	Ende Pflanzzeit	Skorpion Blatt	
22	Mi		Skorpion / ab 1.00 Schütze Frucht	☺
23	Do		Schütze ---	Pg: 13.48
24	Fr		Schütze / ab 1.00 Steinbock Wurzel	
25	Sa		Steinbock / ab 22.00 Wassermann Wurzel bis 20.30	
26	So		Wassermann Blüte	
27	Mo		Wassermann / ab 16.00 Fisch Blüte bis 14.30 Blatt ab 17.30	SA: 5.08 SU: 21.42
28	Di		Fisch Blatt	☾
29	Mi		Fisch Blatt bis 16.30	☊ 18.28
30	Do		Fisch / ab 11.00 Widder Blatt bis 9.30 Frucht ab 12.30	

300 Aussaatdaten

Juli 2005

01	Fr		Widder	
			Frucht	
02	Sa		Widder / ab 9.00 Stier	
			Frucht bis 7.30	
			Wurzel ab 12.30	
03	So		Stier	
			Wurzel	
04	Mo		Stier	SA: 5.12
			Wurzel	SU: 21.40
05	Di	Beginn Pflanzzeit	Stier / ab 7.00 Zwilling	
			Blüte ab 8.30	
06	Mi		Zwilling	☺
			Blüte	
07	Do		Zwilling / ab 15.00 Krebs	Merkur-knoten: 19.00
			Blüte ab 13.00 bis 13.30	
			Blatt ab 16.30	
08	Fr		Krebs	Ag: 19.38
			Blatt bis 17.45	
09	Sa		Krebs / ab 9.00 Löwe	
			Blatt bis 7.30	
			Frucht ab 10.30	
10	So		Löwe	
			Frucht	
11	Mo		Löwe	SA: 5.19
			Frucht	SU: 21.36
12	Di		Löwe / ab 8.00 Jungfrau	
			Frucht bis 6.30	
			Wurzel ab 9.30	
13	Mi		Jungfrau	
			Wurzel	
14	Do		Jungfrau	☊ 8.37
			Wurzel (außer 6.30 bis 10.30)	☾
15	Fr		Jungfrau	
			Wurzel	
16	Sa		0.00 Waage	
			Blüte	
17	So		Waage / ab 10.00 Skorpion	
			Blüte bis 8.30	
			Blatt ab 11.30	
18	Mo	Ende Pflanzzeit	Skorpion	SA: 5.27
			Blatt	SU: 21.29
19	Di		Skorpion / ab 12.00 Schütze	
			Blatt bis 10.30	
			Frucht ab 13.30	
20	Mi		Schütze	
			Frucht	
21	Do		Schütze / ab 11.00 Steinbock	Pg: 21.45
			Frucht bis 9.30	☺
22	Fr		Steinbock	
			Wurzel ab 9.45	
23	Sa		Steinbock / ab 7.00 Wassermann	
			Blüte ab 8.30	
24	So		Wassermann	
			Blüte	
25	Mo		0.00 Fisch	SA: 5.36
			Blatt	SU: 21.20
26	Di		Fisch	☋ 19.58
			Blatt bis 18.00	
27	Mi		Fisch / ab 18.00 Widder	
			Blatt bis 16.30	
			Frucht ab 19.30	
28	Do		Widder	☾
			Frucht	
29	Fr		Widder / ab 14.00 Stier	
			Frucht bis 12.30	
			Wurzel ab 15.30	
30	Sa		Stier	
			Wurzel	
31	So		Stier	
			Wurzel	

August 2005

01	Mo	Beginn Pflanzzeit	Stier / ab 12.00 Zwilling	SA: 5.46
			Wurzel bis 10.30	SU: 21.09
02	Di		Zwilling	
			Blüte	
03	Mi		Zwilling / ab 21.00 Krebs	
			Blüte bis 19.30	
04	Do		Krebs	Ag: 23.49
			Blatt	
05	Fr		Krebs / ab 15.00 Löwe	☺
			Blatt bis 13.30	
			Frucht ab 16.30	
06	Sa		Löwe	
			Frucht	
07	So		Löwe	
			Frucht	
08	Mo		Löwe / ab 14.00 Jungfrau	SA: 5.57
			Frucht bis 12.30	SU: 20.57
			Wurzel ab 15.30	
09	Di		Jungfrau	
			Wurzel	
10	Mi		Jungfrau	☊ 9.54
			Wurzel (außer 8.00 bis 12.00)	
11	Do		Jungfrau	
			Wurzel	
12	Fr		Jungfrau / ab 8.00 Waage	
			Wurzel bis 6.30	
			Blüte ab 9.30	
13	Sa		Waage / ab 19.00 Skorpion	☽
			Blüte bis 17.30	
14	So		Skorpion	
			Blatt	
15	Mo	Ende Pflanzzeit	Skorpion / ab 22.00 Schütze	SA: 6.08
			Blatt	SU: 20.44
16	Di		Schütze	
			Frucht	
17	Mi		Schütze / ab 23.00 Steinbock	
			Frucht	
18	Do		Steinbock	
			Wurzel bis 19.30	
19	Fr		Steinbock / ab 19.00 Wassermann	Pg: 7.37 ☺

20	Sa		Wassermann	
			Blüte	
21	So		Wassermann / ab 11.00 Fisch	
			Blüte bis 9.30	
			Blatt ab 12.30	
22	Mo		Fisch	SA: 6.19
			Blatt	SU: 20.30
23	Di		Fisch	☋ 1.05
			Blatt	
24	Mi		Fisch / ab 3.00 Widder	
			Frucht	
25	Do		Widder / ab 22.00 Stier	
			Frucht	
26	Fr		Stier	Merkur-knoten: 12.00 ☾
			Wurzel ab 18.00	
27	Sa		Stier	
			Wurzel	
28	So		Stier / ab 19.00 Zwilling	
			Wurzel bis 17.30	
29	Mo	Beginn Pflanzzeit	Zwilling	SA: 6.30
			Blüte	SU: 20.15
30	Di		Zwilling	
			Blüte bis 15.00	
31	Mi		Zwilling / ab 4.00 Krebs	Venus-knoten: 3.00
			Blatt ab 15.00	

Jahr 2005

September 2005

01	Do		Krebs / ab 22.00 Löwe Blatt ab 7.30	Ag: 4.35
02	Fr		Löwe Frucht	
03	Sa		Löwe Frucht	☽
04	So		Löwe / ab 20.00 Jungfrau Frucht bis 18.30	
05	Mo		Jungfrau Wurzel	SA: 6.41 SU: 19.59
06	Di		Jungfrau Wurzel (außer 11.00 bis 16.00)	☊ 12.53
07	Mi		Jungfrau Wurzel	
08	Do		Jungfrau / ab 14.00 Waage Wurzel bis 12.30 Blüte ab 15.30	
09	Fr		Waage Blüte	
10	Sa		Waage / ab 1.00 Skorpion Blatt	
11	So	Ende Pflanzzeit	Skorpion Blatt	☾
12	Mo		Skorpion / ab 6.00 Schütze Frucht ab 7.30	SA: 6.52 SU: 19.43
13	Di		Schütze Frucht	
14	Mi		Schütze / ab 8.00 Steinbock Wurzel ab 9.30	
15	Do		Steinbock Wurzel	
16	Fr		Steinbock / ab 5.00 Wassermann ---	Pg: 15.53
17	Sa		Wassermann / ab 22.00 Fisch Blüte	
18	So		Fisch Blatt	☺
19	Mo		Fisch Blatt (außer 8.15 bis 13.15)	SA: 7.03 SU: 19.27 ☊ 10.09
20	Di		Fisch / ab 13.00 Widder Blatt bis 11.30 Frucht ab 14.30	
21	Mi		Widder Frucht	
22	Do		Widder / ab 7.00 Stier Wurzel ab 8.30	
23	Fr		Stier Wurzel	
24	Sa		Stier Wurzel	
25	So	Beginn Pflanzzeit	Stier / ab 3.00 Zwilling Blüte	☽
26	Mo		Zwilling Blüte	SA: 7.14 SU: 19.11
27	Di		Zwilling / ab 10.00 Krebs Blüte bis 8.30 Blatt ab 11.30	
28	Mi		Krebs ---	Ag: 17.21
29	Do		Krebs / ab 5.00 Löwe Frucht	
30	Fr		Löwe Frucht	

Oktober 2005

01	Sa		Löwe Frucht	
02	So		Löwe / ab 3.00 Jungfrau Wurzel	
03	Mo		Jungfrau Wurzel bis 13.00	SA: 7.26 SU: 18.55 ☊ 17.51 Merkurknoten: 19.00 ☾ Ringförmige Sonnenfinsternis (in Deutschland teilweise sichtbar)
04	Di		Jungfrau Wurzel	
05	Mi		Jungfrau / ab 19.00 Waage Wurzel bis 17.30	
06	Do		Waage Blüte	
07	Fr		Waage / ab 6.00 Skorpion Blatt	
08	Sa	Ende Pflanzzeit	Skorpion Blatt	
09	So		Skorpion / ab 12.00 Schütze Blatt bis 10.30 Frucht ab 13.30	
10	Mo		Schütze Frucht	SA: 7.37 SU: 18.40 ☽
11	Di		Schütze / ab 15.00 Steinbock Frucht bis 13.30 Wurzel ab 16.30	
12	Mi		Steinbock Wurzel	
13	Do		Steinbock / ab 14.00 Wassermann Wurzel bis 12.30 Blüte ab 15.30	
14	Fr		Wassermann ---	Pg: 16.00
15	Sa		Wassermann / ab 7.00 Fisch Blatt ab 8.30	
16	So		Fisch Blatt	☋ 20.25
17	Mo		Fisch / ab 23.00 Widder Blatt	SA: 7.49 SU: 18.25 ☺ Partielle Mondfinsternis (in Deutschland nicht sichtbar)
18	Di		Widder Frucht	
19	Mi		Widder / ab 17.00 Stier Frucht bis 15.30	
20	Do		Stier Wurzel	
21	Fr		Stier Wurzel	
22	Sa	Beginn Pflanzzeit	Stier / ab 11.00 Zwilling Wurzel bis 9.30 Blüte ab 12.30	
23	So		Zwilling Blüte	
24	Mo		Zwilling / ab 18.00 Krebs Blüte bis 16.30	SA: 8.01 SU: 18.11
25	Di		Krebs Blatt	☽
26	Mi		Krebs / ab 13.00 Löwe Blatt bis 9.30 Frucht ab 14.30	Ag: 11.35
27	Do		Löwe Frucht	
28	Fr		Löwe Frucht	
29	Sa		Löwe / ab 11.00 Jungfrau Frucht bis 9.30 Wurzel ab 12.30	
30	So		Jungfrau Wurzel	Ende Sommerzeit
31	Mo		Jungfrau Wurzel	SA: 7.13 SU: 16.57 ☊ 1.33

Aussaatdaten

November 2005

01	Di		Jungfrau Wurzel	
02	Mi		Jungfrau / ab 2.00 Waage Blüte	☺
03	Do		Waage / ab 12.00 Skorpion Blüte bis 10.30 Blatt ab 13.30	
04	Fr	Ende Pflanzzeit	Skorpion Blatt	
05	Sa		Skorpion / ab 16.00 Schütze Blatt bis 14.30	
06	So		Schütze Frucht	
07	Mo		Schütze / ab 20.00 Steinbock Frucht	SA: 7.25 SU: 16.45
08	Di		Steinbock Wurzel	
09	Mi		Steinbock / ab 19.00 Wassermann Wurzel bis 13.15	☽
10	Do		Wassermann Blüte ab 13.15	Pg: 1.22
11	Fr		Wassermann / ab 13.00 Fisch Blüte bis 11.30 Blatt ab 14.30	
12	Sa		Fisch Blatt	
13	So		Fisch Blatt	☊ 3.03
14	Mo		Fisch / ab 7.00 Widder Frucht ab 8.30	SA: 7.38 SU: 16.35
15	Di		Widder Frucht	
16	Mi		Widder / ab 1.00 Stier Wurzel	☺
17	Do		Stier Wurzel	
18	Fr		Stier / ab 19.00 Zwilling Wurzel	
19	Sa	Beginn Pflanzzeit	Zwilling Blüte	
20	So		Zwilling Blüte	
21	Mo		Zwilling / ab 2.00 Krebs Blatt	SA: 7.49 SU: 16.26
22	Di		Krebs / ab 20.00 Löwe ---	Merkur- knoten: 10.00
23	Mi		Löwe Frucht ab 10.15	Ag: 7.17 ☾
24	Do		Löwe Frucht	
25	Fr		Löwe / ab 19.00 Jungfrau Frucht	
26	Sa		Jungfrau Wurzel	
27	So		Jungfrau Wurzel ab 10.15	♌ 8.13
28	Mo		Jungfrau Wurzel	SA: 8.00 SU: 16.19
29	Di		Jungfrau / ab 11.00 Waage Wurzel bis 9.30 Blüte ab 12.30	
30	Mi		Waage / ab 20.00 Skorpion Blüte	

Dezember 2005

01	Do		Skorpion Blatt	☺
02	Fr	Ende Pflanzzeit	Skorpion Blatt	
03	Sa		0.00 Schütze Frucht	
04	So		Schütze Frucht	
05	Mo		Schütze / ab 2.00 Steinbock ---	SA: 8.10 SU: 16.15 Pg: 5.32
06	Di		Steinbock Wurzel	
07	Mi		0.00 Wassermann Blüte	
08	Do		Wassermann / ab 19.00 Fisch Blüte	☽
09	Fr		Fisch Blatt	
10	Sa		Fisch Blatt ab 9.00	☊ 5.50
11	So		Fisch / ab 13.00 Widder Blatt bis 11.30 Frucht ab 14.30	
12	Mo		Widder Frucht	SA: 8.18 SU: 16.14
13	Di		Widder / ab 9.00 Stier Wurzel ab 10.30	
14	Mi		Stier Wurzel	
15	Do		Stier Wurzel	☺
16	Fr	Beginn Pflanzzeit	Stier / ab 4.00 Zwilling Blüte	
17	Sa		Zwilling Blüte	
18	So		Zwilling / ab 10.00 Krebs Blatt ab 11.30	
19	Mo		Krebs Blatt	SA: 8.23 SU: 16.15
20	Di		Krebs / ab 4.00 Löwe Frucht	
21	Mi		Löwe Frucht	Ag: 3.51
22	Do		Löwe ---	Venus- knoten: 5.00
23	Fr		Löwe / ab 3.00 Jungfrau Wurzel	☾
24	Sa		Jungfrau Wurzel (außer 9.45 bis 13.45)	♌ 11.44
25	So		Jungfrau Wurzel	
26	Mo		Jungfrau / ab 20.00 Waage Wurzel	SA: 8.26 SU: 16.19
27	Di		Waage Blüte	
28	Mi		Waage / ab 7.00 Skorpion Blatt	
29	Do	Ende Pflanzzeit	Skorpion Blatt	
30	Fr		Skorpion / ab 10.00 Schütze ---	Merkur- knoten: 17.00
31	Sa		Schütze Frucht	☺

Anhang

Bezugsquellen und Adressen

Adressen von Versandgärtnereien, Herstellern und Vertreibern von Samen, Blumenzwiebeln, Gewächshäusern, Geräten, Pflanzenpflegemitteln, Rosen, Gehölzen und vielen mehr können Sie den einschlägigen Gartenzeitschriften entnehmen. Im Branchenfernsprechbuch finden Sie die Adressen des ortsansässigen Gartenfachhandels.

Baumschulen
Deutschland
Informationen über Baumschulen beim
Bund deutscher Baumschulen e.V.
Bismarckstr. 49
25421 Pinneberg

Österreich
Bundesfachsektion Baumschule
Draschestr. 13–19
A – 1232 Wien

Schweiz
Verband Schweizerischer Baumschulen
Zürcherstr. 17
CH – 5200 Windisch

Stauden
Deutschland
Adressen von Staudengärtnereien beim
Bund deutscher Staudengärtner
Gießener Str. 47
35305 Grünberg

Österreich
Bundesverband der Erwerbsgärtner Österreichs für Stauden und Alpenpflanzen
Draschestr. 13–19
A – 1232 Wien

Schweiz
Verband Schweizerischer Baumschulen
Zürcherstr. 17
CH – 5200 Windisch

Pflanzengesellschaften und Vereine
Deutschland
Gesellschaft der Heidefreunde
Tangstedter Landstr. 276
22417 Hamburg

Deutsche Citrus-Gesellschaft
Peter Klock
Stutsmoor 42
22607 Hamburg

Deutsche Kakteengesellschaft
Nordstr. 18
26939 Övelgönne

Deutsche Fuchsiengesellschaft
Pankratiusstr. 10
Großförste
31180 Giesen

Deutsche Dahlien-, Fuchsien-, und Gladiolengesellschaft
Drachenfelsstr. 9a
53177 Bonn/Bad Godesberg

Europäische Bambus-Gesellschaft
John-Wesly-Str. 4
63584 Gründau

Interessengesellschaft Passiflora
M. Müller
Hauptstr. 145/1
75334 Straubenhardt

Internationale Kameliengesellschaft
Dr. Ingrid Batzenschlager
Altstadt 28
84028 Landshut

Österreich
Bundesobstverband
Löwelstr. 16
A – 1010 Wien

Amtliche Pflanzenschutzberatung (Auswahl)
Deutschland
Außenstellen der Landesanstalt für Landwirtschaft, Institut für Integrierten Pflanzenschutz
Attrachau 7
01139 Dessau

Hauptstr. 1
04463 Leipzig-Großpösna

Frankenberger Str. 164
09131 Chemnitz

Landesanstalt für Pflanzenschutz
Institut für Integrierten Pflanzenschutz
Stübelallee 2
01307 Dresden

Pflanzenschutzamt Berlin
Mohringer Allee 137
12347 Berlin

Landespflanzenschutzamt
Graf-Lippe-Str. 1
18059 Rostock

Institut für angewandte Botanik
Abt. Pflanzenschutz
Marseiller Str. 7
20355 Hamburg

Pflanzenschutzamt des Landes Schleswig-Holstein
Westring 383
24118 Kiel

Pflanzenschutzamt der Landwirtschaftskammer Weser-Ems
Sedanstr. 4
26121 Oldenburg

Pflanzenschutz Bremen
Große Weidestr. 4–16
28195 Bremen

Pflanzenschutzamt der Landwirtschaftskammer
Wunstorfer Landstr. 9
30453 Hannover

Landespflanzenschutzamt
Sachsen-Anhalt Halle
Sitz Magdeburg
Zum Waldsee 1
39114 Magdeburg

Landwirtschaftskammer Westfalen-Lippe
Institut für Pflanzenschutz, Saatgutuntersuchung und Bienenkunde
Nevinghoff 40
48147 Münster

Pflanzenschutzamt der Landwirtschaftskammer Rheinland
Siebengebirgsstr. 200
53229 Bonn

Pflanzenschutzberatungsstellen in den Landes-, Lehr- und Versuchsanstalten für Landwirtschaft, Weinbau und Gartenbau
Walporzheimer Str. 48
53474 Bad Neuenahr/Ahrweiler

Am Zuckerberg 19
55276 Oppenheim

Breitenweg 71
67435 Neustadt/Weinstraße

Landes-Pflanzenschutzamt
Essenheimer Str. 144
55128 Mainz/Bretzenheim

Hess. Landesamt für Ernährung, Landwirtschaft und Landesentwicklung – Pflanzenschutzdienst
Friedr.-Wilhelm-v.-Steuben-Str. 2
60487 Frankfurt/Main

Pflanzenschutzamt Saarbrücken
Lessingstr. 12–14
66121 Saarbrücken

Landesanstalt für Pflanzenschutz
Reinsburgstr. 107
70197 Stuttgart

Bay. Landesanstalt für Bodenkultur und Pflanzenbau
Menzinger Str. 54
80638 München

Informationsstelle der Versuchsanstalt für Gartenbau an der Fachhochschule Weihenstephan
Am Staudengarten 9
85354 Freising

Garteninformation der Bay. Landesanstalt für Weinbau und Gartenbau
An der Steige 15
97209 Veitshöchheim

Thüringer Landesverwaltungsamt
Abt. Landwirtschaft
Referat Pflanzenschutz
Carl-August-Allee 1a
99423 Weimar

Österreich
Bundesanstalt für Pflanzenschutz
Trunnerstr. 5
A - 1020 Wien

Schweiz
Bundesamt für Landwirtschaft
Hauptabteilung Pflanzenbau
Sektion Zertifizierung und Pflanzenschutz
Mattenhofstr. 5
CH - 3003 Bern

Kant. Zentralstelle für Pflanzenschutz
Rütti
CH - 3052 Zollikofen

Wirtschafts- und Sozialdepartement des Kantons Basel-Stadt
Kant. Pflanzenschutzdienst
Marktplatz 9
CH - 4001 Basel

Zentralstelle für Pflanzenschutz des Kantons Aargau
c/o Landw. Schule
CH - 5630 Muri

Kant. Zentralstelle für Pflanzenschutz, Landwirtschaft und Maschinenschule
CH - 6276 Hohenrain

Kant. Zentralstelle für Pflanzenschutz
Plantahof
CH - 7302 Landquart

Kant. Zentralstelle für Pflanzenschutz
Strickhof
CH - 8315 Lindau

Kant. Zentralstelle für Pflanzenschutz
Rheinhof
CH - 9465 Salez

Staatliche Bodenuntersuchungsinstitute
Deutschland

(LUFA = Landwirtschaftliche Untersuchungs- und Forschungsanstalt)

Sächsische Landesanstalt für Landwirtschaft
Institut für Landwirtschaftliche Untersuchungen
LUFA Leipzig/Möckern
Gustav-Kühn-Str. 8
04159 Leipzig

LUFA des Landes Sachsen-Anhalt
Schlepziger Str. 29
06120 Halle/Lettin

LUFA Thüringen
Naumburger Str. 98
07743 Jena

LUFA Potsdam
Templiner Str. 21
14473 Potsdam

LUFA Rostock
Graf-Lippe-Str. 1
18059 Rostock

Institut für Angewandte Botanik
Abt. KVT
Marseiller Str. 7
20355 Hamburg

LUFA Kiel
Institut für Tiergesundheit und Lebensmittelqualität
Gutenbergstr. 75-77
24116 Kiel

LUFA der Landwirtschaftkammer Weser-Ems
Jägerstr. 23-27
26121 Oldenburg

LUFA Hameln
Finkenborner Weg 1a
31787 Hameln

Hessische Landwirtschaftliche Versuchsanstalt
Landwirtschaftliches Untersuchungsamt
Am Versuchsfeld 13
34128 Kassel/Harlehausen

LUFA Westfalen-Lippe
Nevinghoff 40
48147 Münster

LUFA Bonn
Landwirtschaftskammer
Siebengebirgsstr. 200
53229 Bonn

Landes-, Lehr- und Versuchsanstalt für Landwirtschaft, Weinbau und Gartenbau
Institut für Bodenkunde
Egbertstr. 18
54295 Trier

Hess. Landwirtschaftliche Versuchsanstalt
Rheinstr. 91
64295 Darmstadt

LUFA Speyer
Bezirksverband Pfalz
Obere Langgasse 40
67346 Speyer

Landesanstalt für landwirtschaftliche Chemie
Bodenabteilung
Emil-Wolff-Str. 14
70599 Stuttgart

LUFA Augustenberg
Neßlerstr. 23
76227 Karlsruhe

Landesanstalt für Bodenkultur
Vöttinger Str. 38
85354 Freising

Bayerische Landesanstalt für Weinbau und Gartenbau
Abt. Kellerwirtschaft und Untersuchungswesen
Herrnstr. 8
97209 Veitshöchheim

Österreich
Landwirtschaftlich-chemische Bundesanstalt
Trunnerstr. 1
A - 1021 Wien

HBLVA für Gartenbau
Grünbergstr. 24
A - 1131 Wien

Bundesanstalt für Bodenwirtschaft
Denisgasse 31-33
A - 1200 Wien

Bundesanstalt für Agrarbiologie
Wienigerstr. 8
A - 4025 Linz

Landwirtschaftlich chemische Versuchsanstalt
A - 6200 Jenbach (Rotholz)

Landwirtschaftlich chem. Landesversuchs- und Untersuchungsanstalt
Burggasse 2
A - 8010 Graz

Landwirtschaftlich chem. Versuchs- und Lebensmitteluntersuchungsanstalt
Lastenstr. 40
A - 9020 Klagenfurt

Schweiz
Station de recherches de Changins
CH - 1260 Nyon

Bundesamt für Landwirtschaft
Mattenhofstr. 5
CH - 3003 Bern

Eidg. Forschungsanstalt für landwirtschaftlichen Pflanzenbau
Reckenholzstr. 191/211
CH - 8046 Zürich

Eidg. Forschungsanstalt für Obst, Wein und Gartenbau
CH - 8820 Wädenswil

Register

Halbfette Seitenzahlen verweisen auf Abbildungen

Abmoosen 48, **49**
Absenker 49, **48**
Abwehrwirkung, Gemüsepflanzen 243
Acaena-Arten 146
Acer 156
Achillea 140
Acinos alpina syn. *Satureja alpina* 179
Ackerwinde **41**, 227
Aconitum 142
Aconitum napellus 165
Adiantum pedatum 148
Ageratum houstinianum 172
Ahorn 156
Ajuga reptans 147
Akelei **143**, 144
Alant, Schmalblättriger 145
Alcea rosea 135
Alchemilla mollis 139
Algen 229
Alkoholische Köstlichkeiten 210 ff.
Allium-Arten 138
Alpensteinquendel 179
Alyssum saxatile 146, 179
Ameisen 227
Amelanchier lamarckii 155
Amerikanischer Mehltau 227
Amsel 227, 259
Ananassalbei **93**
Andenbeeren 182
Anemone sylvestris 144
Anemone-Japonica-Arten 142
Anis 99, **99**
Anthemis tinctoria 144
Anthirrhinum majus 133
Apfel **112**, 116, **116**, 182
Apfel, Blüte **27**
Apfelsorten 117
Apfelsorten, Alte 252 f.
Apfelwickler 36, **37**
Apfelwickler-Granulosevirus 35
Aprikose 122, **122**, **202**
Aprikosen-Stachelbeer-Konfitüre **202**
Aquilegia vulgaris 144
Arabis caucasica 146
Arbeitskalender 214 ff.
Artischocke 78, **79**
Aruncus dioicus 142
Asarina barclaiana 180
Asarum europaeum 142
Asseln 227
Aster 133, 140
Aster dumosus 140
Aster ericoides 140
Aster novi-angliae 140
Aster novi-belgii 140
Asteriscus maritimus 172
Astilbe 142
Astrantia major 144

Ätherische Öle 39
Athyrium filix-femina 148
Atlasblume 133
Aubergine 71, **71**, 181
Aubrieta 12
Aubrieta-Hybriden 146
Ausläufer, oberirdische 49, **48**
Ausläufer, unterirdische 49, **49**
Aussaat 48, **49**, **217**
Aussaat, Kräuter 88
Aussaat, Vorkultur **58**
Aussaatdaten 260 ff.
Austernseitling 80
Automatische Tropfbewässerung 33
Azalee **18**, **157**, 158

Bacillus thuringiensis 34 f., 242
Bacopa **174**
Baldrian **24**
Balkon 167 ff.
Balkon, Bepflanzung **168**
Balkon, Pflanzung 170
Balkon, rechtliches 171
Ballerina-Baum **105**
Balsamine 172
Bärenfellschwingel **149**
Bärenklau **165**
Bartblume 157
Bartiris 140
Bartnelke 135
Basilikum **97**
Baumstümpfe 227
Bechereibe 177
Bechermalve 134
Beerenobst 182
Beerenobst, Vermehrung 245
Beetabdeckungen 59
Beetrosen 150
Begonia-Semperflorens-Hybriden 172
Begonien 230
Beinwell 147
Bellis perennis 135
Berberis buxifolia 155, 177
Berberis thunbergii **155**, 177
Berberis vulgaris **154**, 155
Bergenia cordifolia 142
Bergenie 142
Berufskraut 139
Bewässerung 32 f., 170
Bienenfreund **31**, 133
Bierfalle 36, **37**
Biogarten **14**
Birne 118, **118**
Birne, Spalier **107**
Birnen, Einkochen 193
Birnen-Gitterrost **45**
Birnenlikör 213, **213**
Birnenmelonen 181
Birnensorten, Alte 253
Blattgemüse 181
Blattlaus 36, **37**, 46, **46**, 227
Blattpflanze 51
Blattsteckling 49, **49**
Blattstücksteckling 49, **48**

Blaukissen **12**, 146
Blauraute 157
Blauschwingel 149
Blaustern 138
Blaustrahlhafer 149
Blautafeln 242
Blechnum spicant 148
Blumenhartriegel 157
Blumenkohl 68, **69**
Blumenrohr 138
Blumenuhr 256
Blumenwiese 162 f., **162**
Blumenwiese, Anlage 162
Blumenzwiebeln 228
Blumenzwiebelpflanzer **19**
Blütenhecke 154, **154**
Blütenpflanze 50
Blütensträucher 157
Blutmehl 28 f.
Boden 16 ff.
Bodenarten 18
Bodenbearbeitung 16 ff., 19 f.
Bodendecker 146 f.
Bodendeckerrosen **150**, 151
Bodenhilfsstoffe 18
Bodenprobe **17**, 20
Bohnen **194**
Bohnenlaus, Schwarze 42
Borretsch 95, **95**
Böschungsmyrte 155
Braunfäule 42, **43**
Breitblattsegge 149
Brennessel **24**, 228
Brennessel, Große 39
Brennesseljauche 29
Briza media 149
Brokkoli 68, **199**
Brombeere 124, **124**
Brombeer-Zwetschgen-Konfitüre **202**
Brühe 38 ff., 40
Brühe, Kaltwasser 39
Brunnera macrophylla 142
Brutblatt 48, **49**
Brutknollen 49, **49**
Brutzwiebeln 49, **49**
Buchsbaum 155, 158
Buddleja davidii 154
Bügelzughacke **19**
Bukettknospen **112**
Bulbillen 48, **49**
Buschbaum 105
Buschbohnen 73, 181
Buschwindröschen 145
Buxus sempervirens 158
Buxus-Arten 155

*C*alceolaria integrifolia 172
Calendula officinalis 133, 179
Callistephus chinensis 133
Campanula-Arten 146
Campanula latifolia 144
Campanula medium 135
Canna-Indica-Arten 138
Cardy 78
Carex grayi 149
Carex morowii 'Variegata' 149
Carex pendula 149
Carex plantaginea 149

Carpinus betulus 155
Caryopteros x clandonensis 157
Catananche caerulea 135
Catawbiense-Hybriden 158
Celosia 172
Celosie 172
Centaurea-Arten 139
Centaurea cyanus 134
Cerastium tomentosum 146
Ceris siliquastrum 156
Chamaecyparis lawsoniana 155, 177
Chamaecyparis obtusa 177
Chamaecyparis pisifera 177
Champignon 81
Cheiranthus cheiri 135, 179
Chicorée, Antreiben **66**
Chinakohl 69
Chinaschilf 149
Choenomeles japonica 155
Christrose **142**, 143, 228
Chrysanthemum frutescens 173
Chrysanthemum maximum 140
Cimicifuga 142
Clarkia amoena 133
Clematis 161
Cleome spinosa 133
C/N-Verhältnis 22
Cobaea scandens 180
Cocktailtomaten **70**
Convallaria majalis 144
Coreopsis verticillata 139
Cornus florida 157
Cornus mas 154
Cortaderia selloana 149
Corylus avellana 177
Cosmos bipinnatus 133
Cotinus coggygria 157
Cotoneaster dammeri 177
Crataegus-Arten 156
Crataegus monogyna 155
Crocus-Arten 138
Cytisus praecox 177
Cytisus Scorparia-Hybriden 157

*D*ahlia-Hybriden 138, 173
Dahlien **137**, 138, 173, 230
Dampfentsafter **204**
Delphinium-Arten 140
Delphinium ajacis 134
Delphinium consolida 134
Dendranthema-Grandiflorum-Hybriden 140
Deschampsia caespitosa 149
Deutzia 154
Deutzie 154
Dianthus barbatus 135
Dianthus chinensis 173
Dianthus deltoides 146
Dianthus plumarius 179
Dicentra 143
Digitalis purpurea 144, 165
Dill 94, **95**
Dillgurken 194
Distelfalter **163**
Disteln 228
Dörrobst 191

Dost 98, 179
Drahtwurm 43, **43**, 228
Dreiastkrone **111**
Dreiblatt 142
Dreifruchtlikör 213
Dryas x *suendermannii* 146
Dryopteris filix-mas 148
Duftbalkon 178
Duftblattpelargonien 179
Duftgeranien **175**
Duftpelargonie 179, **178** f.
Duftpflanzen 178 f.
Duftsteinkraut **174**
Duftsteinrich 174, 179
Duftveilchen 144
Duftwicken 179 f., **179**
Düngen, Kompost und Jauchen 28 f.
Dünger, mineralisch 28
Dünger, organisch 28 f.
Düngerpraxis, Biogarten 29
Düngung 26 ff., 109, 170

Eberesche 129, **129**, 154, **154**, 156
Eccremocarpus scaber 180
Echter Mehltau 46, **47**
Edelginster 157
Edelrosen 150
Efeu, Gelbbunter 177
Eibe 155, **165**
Eichenrinde 24
Eichhörnchen 228
Eidechse 36, **37**
Einfassungen, niedrige 155
Einfrieren 196 ff.
Einfrieren, Kräuter 198
Einjährige, Kletterpflanzen 180
Einjährige, Kräuter 94
Einjährige, Sommerblumen 133 f.
Einkochen 192 ff.
Einkochzeiten 193, 195
Einmachglas 192
Eisbegonie **172**, 172
Eisenhut 142, 165
Eisenkraut 176
Eisenmangel 29
Eissalat 64, **65**
Eleagnus x *ebbingei* 158
Elfenbeinginster 177
Elfenblume **146**, 147
Endivie 64, 65, **222**
Entsaften 204 f.
Entsafter **205**
Epimedium 147
Erbsen 73, **73**, **220**, 228
Erdbeerbäumchen 182
Erdbeeren 123, **123**, 182
Erde 169, 228
Erdflöhe 229
Erdmiete 186, **186**
Eremurus-Hybriden 138
Erigeron-Hybriden 139
Ernte, Obst 114
Erysimum x *allonii* 135
Erziehungsschnitt, Pyramidenkrone **111**
Essig-Gurken **194**
Eßkastanie 128, **128**
Estragon 95

Euonymus europaeus 165
Eupatorium cannabium 144
Euphorbia amygdaloides 165
Euphorbia polychroma 144
Euronymus fortunei 177
Extrakte 39

Fächenkompostierung 24
Fächerbesen **19**
Fackellilie 139
Fadenzypresse, Gelbe 177
Fagus sylvatica 155
Falscher Mehltau 43, **43**
Färberkamille 144
Farne 148, **148**
Federgras 149
Federnelke 179
Feldahorn 155
Feldsalat 65
Felicia amelloides 173
Felsenbirne 155
Felsenefeu 177
Festuca cinerea 149
Feuerbohne 165, 180, **180**
Feuersalbei 175
Fichte 155
Filipendula ulmaria 145
Fingerhut 165
Fingerhut, Roter 144, **145**
Fingerkraut 155
Flächenkompost 29
Flächenkompostierung 24, 237
Flächenrosen 151
Flammenblume **140**, 141
Fledermaus 36, **37**, 259
Fleißiges Lieschen 173
Flieder 154
Fliege 229
Flockenblume 139
Florfliege 35, **37**
Florfliegenquartier 35, **37**
Föhre, niedrige 177
Folie **218**
Folienabdeckung **217**
Folientunnel 59, **59**
Forsythia x *intermedia* 154
Forsythie 154
Frauenfarn 148
Frauenmantel 139, **146**, **151**
Fritillaria imperialis 137
Frosch, Gras- 259
Frostspanner 36, **37**
Frostspanner, Großer 47
Fruchtfolge, Folien-/Gewächshaus 251
Fruchtfolge im Gemüsegarten, Beispiele 250 f.
Fruchtfolgekrankheiten 240
Fruchtgemüse 70 f., 181
Fruchtpflanzen 51
Fruchtwechsel 56
Frühbeet **59**, 60, 60 f., 187, **218**
Frühkartoffel 76
Frühlingsfingerkraut 144
Fünffingerstrauch 157
Funkien **142**, 143

Gallmilben 45, **45**
Gallmücken 36, **37**
Gamander 144
Gänseblümchen **134**, 135, 175
Gänsekresse 146
Gartengehölze 156 ff.
Gartengladiole 138
Gartenkräuter 41
Gartenmargeriten **139**
Gartenmelde 66, **67**
Gartenresede 133
Gartenschnur **19**
Gartenteich 36
Gartenwiesel **19**
Gazania-Hybriden 173
Gazanien **172**, 173
Gedenkemein 147
Gefäße 168 f.
Gefurchter Dickmaulrüßler 47, **47**
Gehölze, Pflanzung **160**
Gehölze, Schnitt 160
Geißfußpfropfen 115, **115**
Gelbbunter Salbei 175
Gelbes Gänseblümchen 175
Gelbtafeln 242
Gemeine Nachtkerze 135
Gemüse 181 f.
Gemüse, Lagerung 257
Gemüsegarten 53 ff.
Gemüsegarten, Fruchtfolge, Beispiele 250 f.
Gemüse-Konserven 195
Gemüsepflanzen, Abwehrwirkung 243
Gemüseschutznetz 37, **37**
Geranie **174**
Geranium-Arten 139
Geranium pratense 145
Geräte **19**
Gewächshaus 61, **61**
Giersch 41
Gießen 32
Gießkanne 33
Gießzeitpunkt 32 f.
Giftpflanzen 165
Gitterrost 45
Gladiolen 229
Gladiolus-Arten 138
Glockenblume 144, **144**, 146
Glockenrebe 180, **180**
Glockenwinde 174
Gnomenfichte 177
Goldbandleistengras 149
Goldblasenbaum 156
Goldeibe 177
Goldfelberich 143, **143**
Goldjohannisbeere 155, **155**
Goldlack 135, 179
Goldliguster 155
Goldmohn **163**
Goldnessel 147
Goldregen 156, 165
Goldtalerblume 172
Gomphrena globosa 173
Grabegabel 19, **19**
Grasmücke 36, **37**
Grauschimmel 44, **44**

Greiskraut 142
Große Brennessel **39**
Große Kohlfliege 42
Große Rosenblattlaus 46
Großer Frostspanner 47, **47**
Großer Kohlweißling 43
Grubber-Dreizack **19**
Gründüngung 30 f.
Gründüngungspflanzen 31, 238
Grünkohl 68, **69**
Grünspargel **78**, 79, 229
Guano 28
Günsel 147
Gurke 70, **71**, 181
Gurken, gesäuerte 209

Hacken **18**
Hagebutten 129, **129**
Hahnenfuß 229
Hainbuche 155
Halbstamm 105, **105**
Haltbarmachen 185 ff.
Hamamelis mollis 157
Handelsdünger, Organischer 240
Hängebirke **158**
Haselnuß 128, **128**
Haselwurz 142
Hasenglöckchen 138
Hauptnährstoffe 27
Hausrotschwanz 259
Hecke 154 f.
Hecke, Pflanzung 155
Hecke, Pflege 155
Hecke, Schnitt 155
Heckenprofile **154**
Heidelbeere 125, **125**, 182, 183
Heidenelke 144
Heiligenkraut 155, 179
Helenium-Hybriden 140
Helianthemum-Hybriden 146
Helianthus 140
Helianthus annuus **134**, 173
Helichrysum bracteatum 173
Helictotrichon sempervirens 149
Heliopsis scabra 139
Helitropium arborescens 133
Helleborus-Arten 143
Hemerocallis 140
Herbstanemone 142
Herbstäpfel **117**
Herbstastern **139**, 140
Herbst-Chrysanthemen 140
Herzblume 143
Hesperis matronalis 179
Heuchera-Hybriden 142
Hibiscus syriacus 157
Hilfreiche Methoden gegen Schaderreger 242
Himbeeren 124, **124**, 199, **199**
Himbeerkonfitüre 203, **203**
Himbeerlikör 213
Himbeersaft **223**

Register

Hirschzungenfarn 148, **148**
Hochbeet **33**, 62 f., **62**, **63**
Hochstamm 105, **105**, 170
Holunder, Schwarzer 129, **129**, 154
Hornkraut 146
Hornmehl 28 f.
Hornspäne 28
Hortensie 157, **157**
Hosta 143, **174**
Hügelbeet 62 f., **63**
Hühnermist 28
Hülsenfrüchte 73
Humulus scandens 'Variegatus' 180
Hundsrose **150**
Husarenknöpfchen 175
Hyacinthoides-Arten 138
Hyazinthe 137
Hyazinthus orientalis 137
Hydrangea 157
Hypericum-Arten 146

*I*beris sempervirens 146
Igel 36, **25**, **37**, 259
Igelfichte 177
Ilex aquifolium 155, 158
Immergrün 147, **147**
Immergrüne 158 f.
Immortelle **162**
Impatiens balsamia 133
Indianernessel 139, 179
Inkarnat-Klee **30**
Inula ensifolia 145
Ipomea purpurea 180
Iris 137
Iris-Arten 137
Iris-Barbata-Hybriden 140

Jahres-Arbeitskalender 214 ff.
Japanhopfen 180
Japansegge 149
Jasmin, Winter- 177
Jasminum nudiflorum 177
Jauchen 38 ff., 40
Johannisbeere 126, **126**, 182, **203**
Johannisbeere, Schnitt **126**
Johannisbeere, Stämmchen **109**
Johannisbeergelee 202, **203**
Johannisbeersaft 205
Johanniskraut 146, **146**
Judasbaum 156
Judastaler 135
Jungfer im Grünen 133
Juniperus chinensis 177
Juniperus communis 177
Juniperus horizontalis 177
Juniperus squamata 177
Juniperus virginiana 177

*K*aiserkrone 137
Kaliseife 35
Kalium 27
Kaliummangel **29**
Kalmia angustifolia 158
Kaltwasser-Brühen 39
Kalzium 27
Kamille 24, **133**
Kamille, Römische **93**

Kaninchen 229
Kapaster 173
Kapkörbchen 174
Kapmargeriten 174
Kapuzinerkresse **100**, 101, 133
Kartoffel 58, 76, **76**, **222**
Kartoffelkäfer 42, **42**, 230
Kartoffelkiste **76**
Kartoffelrose **150**
Katzenminze 139, **151**
Kaukasus-Vergißmeinnicht 142
Keimsprossen **216**
Kerbel 94
Kerria japonica 154
Kiefernnadeln 230
Kindel 49, **49**
Kirengeshoma palmata 142
Kirschbaum, Blüte **121**, **218**
Kirschensorten 120
Kirschfruchtfliege 45, **45**
Kirschfruchtfliegenfalle 36, **37**, 242
Kirschkonfitüre 201, **201**
Kirschlikör 213
Kirschlorbeer 155, 158
Kirschsaft **220**
Kisseneibe 177
Kissenfichte 177
Kissenhemlock 177
Kissenkiefer 177
Kissenzypresse, Blaue 177
Kiwi 126, **127**, 183
Kiwi, Schnitt **127**
Klatschmohn **133**, 134
Kleine Kohlfliege 42
Kleiner Frostspanner 47, **47**
Kleiner Kohlweißling 43
Kleingewächshaus 61
Kletterpflanzen, Einjährige 160, 180
Kletterrosen 150
Kniphofia-Hybriden 139
Knoblauch 77, **77**
Knochenmehl 28 f.
Knollenfenchel 67, **67**
Knollenpflanzen 136
Knollensellerie **75**
Knöterich 142
Koeleria glauca 149
Koelreuteria paniculata 156
Kohlfliege, Kleine 42
Kohlfliege, Larven **42**
Kohlgemüse 68 f.
Kohlhernie, 43, **43**
Kohlrabi 68, **69**, 181
Kohlweißling, Kleiner 43
Kohlweißling, Larve 43
Kolkwitzia amabilis 154
Kolkwitzie **154**, 156
Kombi-Gerät **19**
Kombikrümler **23**
Kompost 21 ff., **21**, 230
Kompost, Aufsetzen 23
Kompost, Ausbringen 25
Kompost, biologisch-dynamisch 24

Kompost, organisch-biologisch 24
Kompost, Zutaten 23
Kompostaufbau, makrobiotisch 24, **25**
Kompostaufbau, veganistisch 24, **25**
Kompostbrühe 28
Komposter, geschlossen 22
Komposter, offen 22
Komposthaufen 230
Kompostierprobleme 236
Kompostplatz 21
Kompostzutaten **22**
Konfitüre 200 ff.
Koniferenhecke 155
Königsfarn 148
Königskerze 145
Kopfsalat 64, **64**
Kopfstecklinge 48, **49**
Kopulation 115, **115**
Korkenzieherhasel **173**, 177
Kornblume **132** f., **134**, **163**
Kornelkirsche 129, 154
Kornformen 110, **110**
Krail **19**
Krankheiten, Gemüse 42 f.
Krankheiten, Obst 44 f.
Krankheiten, Zierpflanzen 46 f.
Kräuselkrankheit 44, **44**
Kräuter 84 ff.
Kräuter, Aussaat 88
Kräuter, Einfrieren 198
Kräuter, Einjährige 94
Kräuter, Ernte 90
Kräuter, Hecken 84
Kräuter, Mehrjährige 96
Kräuter, Pflanzenschutzwirkung 243
Kräuter, Sammeln 38
Kräuter, Standort 85
Kräuter, Topfkultur 91, 183
Kräuter, Trocknen 190, **191**
Kräuter, Vermehrung **84**, 88, 244 ff.
Kräuter, Zweijährige 94
Kräuterbutter 198
Kräuteressig 207, **207**
Kräutergarten 82 ff.
Kräuterlikör 211
Kräuteröl 206
Kräuter-Öl-Paste 206
Kräuterporträts 94 ff.
Kräuterspirale 89, **89**
Krautfäule 42, **43**
Kresse **93**, 181
Kriechwacholder 177
Krokus **136**, 138
Kronenformen 110, **110**
Kröte 36, **37**
Kübelpflanzen, Auffrischen **169**
Küchenkräuter 183
Küchenkräuter, Lagerung 257
Kugelamarant 173
Kultivator **19**
Kulturträuschling 80, **81**
Kümmel 97
Kürbis 72, **72**, 181

Kurzflügelkäfer 36, **37**

*L*aburnum anagryoides 165
Laburnum x wateri 'Vossii' 156
Lagern 185 ff.
Lagerraum **188**
Lagerung, Frühbeet 186
Lagerung, Gemüse 257
Lagerung, Kohl 188
Lagerung, Küchenkräuter 257
Lagerung, Obst 114, 188, 258
Lagerung, Wurzelgemüse 188, **189**
Lamiastrum galeobdolon 147
Lampenputzergras 149, **149**
Lantana-Camara-Hybriden 173
Lathyrus odoratus 133, 179 f.
Laubbäume 156
Laubgehölze 177
Laubgehölze, Vermehrung 249
Laubgehölzhecke 155
Laubkomposte 24
Lauch 77
Laufkäfer **37**
Lavandula angustifolia 174, 179
Lavatera trimestris 134
Lavendel **87**, 97, **97**, 174, **174**, 179
Lavendelheide 158
Lebensbaum 155
Leberbalsam 172
Lebermoos 230
Lecithin 35
Lehmboden 17 f.
Leucanthemum-Maximum-Hybriden 174
Levkojen 133, **178**, 179
Libelle 36, **37**
Ligularia-Arten 142
Liguster 158
Ligustrum ovalifolium 155, 158
Liköre 210 ff.
Lilien 138
Lilium-Arten 138
Limonenminze 96
Linde 159
Linum perenne 145
Lobelie **174**
Lobularia maritima 133, 174, 179
Lochfolien 59
Lonicera pileata 155
Lorbeer 91
Lorbeerrose 158
Löwenmäulchen 133
Löwenzahn **24**, 230
Lunaria annua 135
Lungenkraut 147
Lupine **30**, 139, 165
Lupinus 30
Lupinus polyphyllus 165
Lupinus-Polyphyllus-Hybriden 139

Luzerne **30**
Luzula nivea 149
Luzula sylvatica 149
Lysimachia punctata 143

Mädchenauge 139
Mädchenkiefer, Blaue 177
Maden 36
Maden, Kirschen 45
Mädesüß 145
Magnesium 27
Magnolia-Arten 156
Magnolie 156
Mahonia aquifolium 158
Mahonie 158
Maiglöckchen 144
Majoran 98, **99**, 179
Malus-Arten 156
Malva moschata 145
Malven **162 f.**
Mangold **66**, 67, 181, **223**
Margeriten 140
Marienglockenblume 135
Marienkäfer **34**, 35, **37**
Matteuccia struthiopteris 148
Matthiola incana 133, 179
Maulwurf 230
Maulwurfsgrille **47**, **47**, 232
Maurandie 180
Mäuse 230, 259
Medicago sativa 30
Meerrettich 78, **78**, 87
Mehltau 44, **44**, 231
Mehltau, Amerikanischer **44**, 227
Mehltau, Echter 46, **47**
Mehltau, Falscher 43, **43**
Mehrfruchtkonfitüre 201
Mehrjährige Kräuter 96
Meise 259
Melampodium paludosum 174
Melissa officinalis **96**
Melone 71
Mentha piperita var. *citrata* **96**
Mentha x piperita **97**
Miete 21
Milchsäuregärung 208
mineralische Dünger 28
Minimum-Maximum-Thermometer **13**
Minirosen **176**
Minze 190
Mirabelle 121, **121**
Miscanthus sinensis 149
Mischkultur 57, **221**
Mischkultur, Gemüsegarten **55**, 56
Mischkultur, Kräuter 86
Mischkulturtabelle 56, 86
Mittagsgold **172**, 173
Mittelzehrer 54 f., **57**
Möhren 74, **75**, 181, **216**
Molinia caerulea 149
Molucella laevis 133
Monarada-Hybriden 139, 179
Monatserdbeeren 182
Mond 50 f.
Mondkalender 50 f.

Moorboden 17
Moossteinbrech 146
Morgensternsegge 149, **149**
Moschusmalve 145
Mücken 231
Mückenlarven 231
Mulchen **16**, 17 f., 160, 237
Mulchfolie 59, **59**
Muschelblume 133
Muschelzypresse 177
Myosotis sylvatica 135

Nachtkerze 179
Nachtschmetterlinge 258
Nachtviole 179
Nacktschnecken 42
Nadelgehölze 159 f., **177**
Nadelstreukomposte 24
Nährstoffe 26 ff.
Narcissus-Arten 137
Narzisse 137
Nashi 118, **119**
Naturgartenwiese 162
Naturgemäße Bekämpfung 242
Nektarine 122, **122**, 182
Nelken **172**, 173
Nepeta x faassenii 139
Nicotiana x sanderae 133
Niederstamm 105
Nierembergia hippomanica 174
Nieswurz 143
Nigella damascena 133
Nisthöhle 36, **37**
Nisthölzer **37**
Nistkästen 231
Nolana paradoxa 174
Noppenfolie **171**
Nützliche Räuber 241
Nützlinge 35 f.
Nützling, Förderung 35
Nützling, Schonung 35

Oberirdische Ausläufer 49, **48**
Obst 182 f.
Obst, Lagerung 258
Obstbaum, Pflanzung **109**
Obstgarten 102 ff.
Obstgehölze, Vermehrung 245
Obstkonserven 193
Obstmade **37**
Obstmadenfanggürtel 36, **37**
Obstporträts 116 ff.
Obstsorten, Alte 119
Ocimum **97**
Oenothera biennis 135, 179
Ohrkneifer 35 f., **37**, 231
Ohrwurm 35 f., **37**, 231
Öle, ätherische 39
Ölweide 158
Omphalodes verna 147
Onoclea sensibilis 148
Oregano 98, 174
Organische Dünger 28 f., 240
Origanum vulgare 174, 179
Osmunda regalis 148

Osteospermum syn. *Dimorphotheca* 174
Osterglocke **136**

Pachysandra terminalis 147
Paeonia-Lactiflora-Hybriden 141
Pak Choi 69
Pampasgras 149
Panicum virgatum 149
Pantoffelblumen 172
Papaver orientale 141
Papaver rhoeas 134
Papaver somniferum 165
Paprika **70**, 71, 181
Parasiten 241
Pastinake 75
Pelargonium crispum 179
Pelargonium denticulatum 179
Pelargonium-Zonale-Hybride 174
Pennisetum alopecuroides 149
Peperoni 181
Perlfarn 148
Perovskia abrotanoides 157
Perückenstrauch 157
Pesto 207
Petersilie **88**, **98**, 99
Petroselinum crispum 98
Petunia-Hybriden 133
Petunie 133, **172**, **174**
Pfaffenhütchen 165
Pfauenradfarn 148
Pfefferminze **97**, 98
Pfeifengras 149
Pfeifenstrauch 154, **156**, 177
Pferdemist 28
Pfingstrose **140**, 141
Pfirsich 122, **122**, 182
Pfirsiche, Einkochen 194
Pflanzenschutz 34 ff.
Pflanzenschutzwirkung, Kräuter 243
Pflanzer **19**
Pflanzkörbe **137**
Pflanzschaufel **19**
Pflanztiefe **137**
Pflanzung, Obstgehölze 108 f.
Pflaume 121
Pflege, Obstgarten 109
Pflücksalat 64, 181
Phacelia tanacetifolia **31**, 133
Phaseolus coccineus 165, 180
Pheromonfalle 36, **37**, 242
Philadelphus-Hybride 154, 177
Phlox subulata 146
Phlox-Paniculata-Hybriden 141
Phosphor 27
Phosphormangel **29**
pH-Wert 20
Phyllitis scolopendrium 148
Picea abies 'Echiniformis' 177

Picea abies 'Little Gem' 177
Picea abies 'Pygmaea' 177
Picea abies 155
Picea glauca 177
Picea omorika 177
Picea pungens 177
Pieris japonica 158
Pilze 80 f.
Pinus mugo 177
Pinus praviflora 177
Pinus sylvestris 177
Planung, allgemeine 12 ff.
Planung, Gemüsegarten 54
Planung, Obstgarten 104 ff.
Polsterberberitze 177
Polsterphlox 146
Polygonatum odoratum 142
Polygonum capitatum 175
Polygonum-Arten 142
Polypodium vulgare 148
Polystrichum setiferum 148
Porree 77, **77**
Potentilla 157
Potentilla-Arten 155
Potentilla tabernaemontani 144
Prachtsalbei 175
Prachtspiere 142
Prachtstauden 140 f.
Prachtstorchschnabel **144**
Preiselbeeren 183
Primeln 143, **143**
Primula 143
Primula veris 144
Prunkwinde 180
Prunus-Arten 156
Prunus laurocerasus 155, 158
Prunus spinosa 155, **155**
Pulmonaria 147
Purpurfetthenne 139
Purpurglöckchen 142
Purpursalbei 175
Pyramidenkrone **110**
Pyrethrum 35

Quecke **41**, 231
Quitte 119, **119**

Radiccio 65, **65**
Radieschen 74, **74**, 181
Rainfarn **39**
Raketenwacholder 177
Ranunculus-Asiaticus-Arten 138
Ranunkel 138
Ranunkelstrauch 145, **157**
Rapsöl 35
Rasen 164
Rasen, Anlage **164**
Rasen, Saat **164**
Rasselblume 135
Räuber, Nützliche 241
Raubmilben 35, **37**
Raubwanze 36, **37**
Raupenleimring 36, **37**, 242
Rechen **19**
Regenwasser 32
Regner 33
Rehe 231

Reiherfedergras 149
Reneclode 121
Reseda odorata 133, 179
Resede 179
Rettich 74, **74**
Rhabarber 79, **79**, **196**
Rhododendron **18**, 158
Ribes aureum 155, **155**
Riesengräser 149
Riesensegge 149
Rindenerde 238
Rindenhumus 238
Rindenkultursubstrat 238
Rindenmulch 238
Rindenpfropfen 115, **115**
Rindermist 28
Ringelblume **85**, **95**, 96, **132**, 133, **163**, 179
Rippenfarn 148
Rißling 49, **49**
Rittersporn 134, 140, **141**
Rizinusschrot 28
Rodgersia-Arten 142
Romantische Rosen 150
Römische Kamille **93**
Römischer Salat 64
Rosa **154**
Rosa canina 155
Rosa rugosa 155
Rosen 150 ff., **151**, 177, 232
Rosen, Standort 151
Rosen, Pflanzung **152**
Rosen, Pflege 152
Rosen, Romantische 150
Rosen, Schnitt 152, **153**
Rosenblattlaus, Große 46
Roseneibisch 157
Rosenkohl **68**, 69, **216**
Rosmarin **93**, 99, **101**
Rosmarinwein 212, **212**
Rotbuche 155
Rotdorn 156
Rote Bete 75, **75**
Roter Fingerhut 144, **145**
Rotkohl 68, **68**, 182
Rottephasen 23
Rudbeckia fulgida var. *sullivantii* 139
Rumtopf 212, **212**
Ruta graveolens 165
Rutenhirse 149

Säfte 204 f.
Salat 64 f, 181
Salat, Römischer 64
Salatrauke 65, **65**
Salbei **88**, **91**, 100, **101**, 139, 175
Salbei, Mehliger 179, **179**
Salix caprea 177
Salomonsiegel 142
Salvia coccinea 175
Salvia farinacea 179, **179**
Salvia nemorosa 139
Salvia officinalis 'Iceterina' 175
Salvia officinalis 'Purpurascens' 175
Salvia splendens 175
Sambucus nigra 129, 154
Sammeln, Kräuter 38

Sandboden 16, 18
Santolina chamaecyparissus 155, 179
Sanvitalia procumbens 175
Sauerdorn **154**, 155
Sauerkirsche 120, 182
Sauerkraut 208
Säuleneibe 177
Säulenlebensbaum 177
Säulenrost 45, **45**
Sauzahn 19, **19**
Saxifraga arendsii 146
Saxifraga-Arten 142
Schaderreger 242
Schädlinge 241
Schädlinge und natürliche Gegenspieler 214
Schädlinge, Gemüse 42 f.
Schädlinge, Obst 44 f.
Schädlinge, Zierpflanzen 46 f.
Schafgarbe **24**, 140
Schattenmorellen **120**
Schattenstauden 142 f.
Schaublatt 142
Schaumblüte 147
Scheinzypresse 155
Schildfarn, Weicher 148
Schildläuse 232
Schilfmatten **171**
Schillergras 149
Schlafmohn 165
Schlauch 33
Schlehe 155, **155**
Schlehenelixier 211
Schleifenblume 146
Schlupfwespe 36, **37**
Schlüsselblume 144, **145**
Schmalblättriger Alant 145
Schmuckkörbchen **132**, 133
Schnecken 36, **37**, 232
Schneeball 154, **155**
Schneeglöckchen **136**
Schneemarbel 149
Schnitt, Johannisbeere **126**
Schnitt, Kiwi **127**
Schnitt, Obstgarten 110 ff.
Schnitthecke 155
Schnittlauch 94, **94**, 232
Schnittlauch, Treiberei **223**
Schnittsalat 64
Schnittwunden 113
Schönranke 180
Schorf 44, **44**
Schöterich 135
Schuffel **10**
Schutznetz 242
Schwachzehrer 54 f., **57**
Schwalbenschwanz **163**
Schwarzäugige Susanne 161
Schwarze Bohnenlaus 42
Schwarzer Holunder 129, **129**, 154
Schwarzwurzel 76, **76**
Schwebfliege 36, **37**
Schwefel 27
Scilla-Arten 138
Sedum telephium 139
Sellerie 74, **74**
Serbische Kegelfichte 177
Shii-Take 80, **80 f.**

Silberberberritze 177
Silberkerze 142
Silberwurz 146
Sitkafichtenlaus 46, **46**
Solitärwespe 36
Sommerblumen 132 ff.
Sommerblumen, Einjährige 133
Sommerblumen, Zweijährige 135
Sommerflieder 154
Sommerjasmin 177
Sommerzypresse 175
Sonderkomposte 24
Sonnenauge 139, **141**
Sonnenblume **27**, **50**, **132**, 134, 140, **173**, 173, **176**
Sonnenbraut 140
Sonnenhut 139
Sonnenröschen 146
Sorbus aucuparia 154, **154**
Sorbus-Arten 156
Spargel 79
Spargelkäfer 229
Spartina pectinata 149
Spaten 19, **19**
Spatenprobe **20**
Spiere **154**
Spierstrauch 154, **154**, 177
Spinat 66, **67**
Spindel 105, **105**
Spindelkrone 111
Spindelstrauch 177
Spinne 36, **37**
Spinnenblume 133
Spiraea **154**
Spiraea japonica 154, 177
Spitzendürre 44, **44**
Spitzmaus 36, **37**, 259
Spurennährstoffe 27
Stachelbeere 125, **125**, **202**, 227
Stachelnüßchen 146
Standort, Obstgarten 106
Standort, Rosen 151
Stangenbohnen 73, **73**, 181, **220**
Stangensellerie 67
Starkzehrer 54 f., **57 f.**
Stauden 139 ff.
Stauden, Stütze **141**
Stauden, Teilen **141**
Stauden, Vermehrung 246 f.
Staudenflachs 145
Staudenknöterich 175, **175**
Staudenmargeriten 174
Stechfichte 177
Stechpalme 155, 158, **158**
Steckholz 48, **48**, 49
Stecklinge 48
Steinbrech 142
Steinginster 177
Steinkraut 146, 179
Steinmehl **18**
Steinrich 133
Steppenkerze 138
Sterndolde 144
Sternfräse **19**
Sternrußtau 46, **47**

Sterntalerblume 174
Stickstoff 27
Stickstoffmangel **29**
Stiefmütterchen 135
Stipa barbata 149
Stipa pennata 149
Stockrose 135
Storchschnabel 139, **175**
Sträucher, Schnitt **160**
Strauchmargeriten 173
Strauchrosen 150
Strauchwacholder 177
Studentenblume 134, 175
Substrate 169
Süßkirsche **112**, 120, **120**
Symphytum-Arten 147
Syringa 154

Tagetes-Arten 134, 175
Taglilie 140, **140**
Tagschmetterlinge 258
Taxus baccata 155
Taxus baccata 'Festigiata' 177
Taxus baccata 'Repandens' 177
Taxus media 177
Tees 38 ff., 40
Teehybriden 150
Teilung 48
Teppichmispel 177
Teppichwacholder 177
Terrasse 167 ff.
Teucrium chamaedrys 144
Thalictrum aquilegifolium 145
Thermokomposter 22
Thermometer, Minimum-Maximum **13**
Thuja occidentalis 155, 177
Thymian **93**, **101**, 146
Thymophylla tenuiloba 175
Thymus-Arten 146
Tiarella cordifolia 147
Tiere im Garten 258 f.
Tigerblume 138
Tigrida pavonia 138
Tomate 70, **70 f.**, 181 f.
Tomaten-Knoblauchpaste 195
Tomatensaft 205
Tonboden 17 f.
Traubenhyazinthen **138**
Trauer-Kätzchenweide 177
Trichterfarn 148
Triebsteckling 49, **49**
Trifolium incarnatum **30**
Trillium erectum 142
Trockenmauer **37**
Trockensträuße 254 f.
Trocknen 190 f.
Tropaeolum-Arten 133
Tropfbewässerung, automatische 33
Tsuga canadensis 177
Tulipa-Arten 138
Tulpe 138
Tüpfelfarn 148
Türkenmohn 141

Umgraben 18
Umtopfen **168**
Unkraut, Bekämpfung 41
Unkräuter 36, 41
Unkrauthacke **19**
Unkrautstecher **19**
Unterirdische Ausläufer 49, **49**
Unterlagen 106

Vanilleblume 133, **172**
Veilchen 179
Verbascum 145
Verbena canadensis 176
Verbena rigida 176
Verbena tenara 176
Verbenen **172**, **174**
Veredlungsmethoden 115
Vergißmeinnicht 135, **135**
Vermehrung, Beerenobst 245
Vermehrung, Kräuter 88, 244 f.
Vermehrung, Laubgehölze 249
Vermehrung, Obstgehölze 245
Vermehrung, Stauden 246 f.
Verstell-Kultivator **19**
Viburnum opulus 154, **155**
Vierzahn **19**
Vinca minor 147
Viola odorata 144, 179
Viola x *Wittrockiana*-Hybride 135

Vlies 59, 242
Vogelabwehrnetz 37, **37**

Wacholder **158**
Wachsglocke 142
Waldanemone 144
Walderdbeeren 182
Waldgeißbart 142, **144**
Waldmarbel 149
Waldschmiele 149
Waldsteinia ternata 147
Waldsteinie 147, **147**
Walnuß 128, **128**
Wandelröschen 173
Waschmaschinentrommel 187, **187**
Wasser 32 f.
Wasserdost 144
Wassermangel 32 f.
Wasserversorgung, Obstgarten 109
Weicher Schildfarn 148
Weichkäfer 36, **37**
Weide, Trauer-Kätzchen- 177
Weigelia-Hybride 154, **154**
Weigelie 154, **154**
Weinraute 88, 100, 165
Weinreben 183
Weintrauben **126**, 127
Weißbecher 174
Weißdorn 155 f.
Weiße Fliege 46, **46**
Weißkohl 68, 182
Wermut 95
Werren 232
Wicke 133

Wiesenraute 145
Wiesenstorchschnabel 145
Wildblumenwiese 162
Wildobst 128 f.
Wildobstarten 129
Wildrose 151, 154 f.
Wildstauden 144 f.
Wildsträucher **154**
Williamsianum-Hybriden 158
Winterjasmin **175**, 177
Winterschnitt **110**
Winterschutz 171
Wirsingkohl 69, 182
Wolfsmilch 144, 165
Wolläuse 233
Wucherblume **163**
Wühlmäuse 233
Wühlmausfraß 228
Wurmfarn 148
Wurmkompost 24, **24**
Wurzelgemüse 181, 188, **189**
Wurzelpetersilie 223
Wurzelpflanze 50
Wurzelschnittlinge 49, **48**
Wurzelteilung 49, **48**

Yakushimanum-Hybriden 158
Ysander 147

Zauberrnuß 157
Zeigerpflanzen 20
Zierapfel 156
Ziergarten 130 ff.

Ziergräser 149
Zierkirsche 156
Zierlauch 138
Zierquitte 155, 182
Ziertabak 133
Zinnia angustifolia 134
Zinnia elegans 134, 176
Zinnia lineraris 176
Zinnie 134, **135**, **168** f., 176
Zitronenmelisse **96**, 97
Zitrusgewächse 182
Zittergras 149
Zucchini 72, 181 f.
Zuccini, Blüte **72**
Zucker 201
Zuckerhut 65
Zuckermais 72
Zweijährige Kräuter 94
Zweijährige, Sommerblumen 135
Zwergberberitze 155, 177
Zwergfichte 177
Zwergmandel, Rote 177
Zwergstrohblumen 173
Zwergwacholder 177
Zwetschgen 121
Zwetschgen, Eingelegte 211
Zwetschgen-Brombeer-Konfitüre 202
Zwiebel 77, **77**
Zwiebelfliege 233
Zwiebelgemüse 77 f.
Zwiebelpflanzen 136
Zwiebelschuppenvermehrung 49, **49**
Zwiebelzopf **191**

Rat für Pflanzenfreunde

Erfahrene Autoren informieren in diesem Handbuch, wie man Zimmerpflanzen erfolgreich pflegt und lange Freude daran hat.
Einzigartige Diagnose-Tafeln zu Krankheitsbildern und Schädlingen helfen bei der raschen Problemlösung.

281 Seiten
771 Abbildungen
ISBN 3-440-07073-5

In Zusammenarbeit mit mein schöner Garten

Das umfassende Standardwerk für alle Fragen rund um den Garten. Schritt für Schritt werden alle wichtigen Arbeiten des Hobbygärtners beschrieben.
Mit über 1.000 Pflanzenbeschreibungen, Jahresarbeitskalender, Gartenplänen und vielem mehr.

316 Seiten
647 Abbildungen
ISBN 3-440-07532-X

kosmos

Bücher • Videos • CDs • Kalender
zu den Themen: Natur, Garten- und Zimmerpflanzen, Astronomie, Heimtiere, Pferde, Kinder- und Jugendbücher, Eisenbahn/Nutzfahrzeuge

Ein Gartenbuch zum Entdecken und Selbermachen

Zusammen mit Sophie erfahren kleine Pflanzenfreunde allerlei Nützliches und Vergnügliches für ein erfolgreiches Gärtnerjahr draußen, auf dem Balkon und auf der Fensterbank. So gibt es Schritt-für-Schritt-Anleitungen und praktische Tips, Gedichte, Lieder, Bastelideen und einfache Kochrezepte für eigenes Obst und Gemüse.

95 Seiten
19 Abbildungen
ab 5 Jahren
ISBN 3-440-07309-2

kosmos

Bücher • Videos • CDs • Kalender
zu den Themen: Natur, Garten- und Zimmerpflanzen, Astronomie,
Heimtiere, Pferde, Kinder- und Jugendbücher, Eisenbahn/Nutzfahrzeuge